国家社科基金一般项目 (10BJL017) 最终成果

走向创新经济

On the Road of Entrepreneurial Economy

刘　刚 ⊙ 等著

中国财经出版传媒集团
中国财政经济出版社

图书在版编目（CIP）数据

走向创新经济 / 刘刚等著. —北京：中国财政经济出版社，2017.4

ISBN 978-7-5095-7416-4

Ⅰ. ①走… Ⅱ. ①刘… Ⅲ. ①中国经济—经济发展—研究 Ⅳ. ① F124

中国版本图书馆 CIP 数据核字（2017）第 075980 号

责任编辑：周桂元　　责任校对：刘　靖
封面设计：陈宇琰　　版式设计：逸品文化

中国财政经济出版社出版

URL：http：// www.cfeph.cn.

E-mail：cfeph@cfeph.cn

社址：北京市海淀区阜成路甲 28 号　邮政编码：100142

营销中心电话：88190406　北京财经书店电话：64033436　84041336

北京财经印刷厂印刷　各地新华书店经销

787 × 1092 毫米　16 开　30.75 印张　428 000 字

2017 年 8 月第 1 版　2017 年 8 月北京第 1 次印刷

定价：69.80 元

ISBN 978-7-5095-7416-4

（图书出现印装问题，本社负责调换）

本社质量投诉电话：010-88190744

作者自序

从 2006 年开始，建设创新型国家被列为国家战略。[①] 2007 年进一步把坚持走中国特色的自主创新道路、提高自主创新能力和建设创新型国家确定为国家发展战略的核心和提高综合国力的关键。光阴似箭，随着包括创新驱动发展、互联网 +、中国制造 2025 和“双创”在内的一系列战略的制定和实施，历经十年的艰辛探索，中国特色的创新经济初现端倪。

与发达国家不同，中国创新经济源于制造业升级。当中国制造在 2001 年成为“世界工厂”之后，如何摆脱因外源型技术进步带来的“低端锁定”效应，成为政府和产业界制定和实施创新驱动发展战略的直接动力来源。

制约中国制造升级的因素主要包括四个方面：一是技术来源的外源型，即中国制造的技术主要来源于发达国家成熟产品和标准化生产技术的引进、消化和吸收；二是服务业滞后，包括专业批发市场和小批发市场在内的零售和供应体系严重滞后于制造业升级的需求；三是科技与经济“两张皮”，在创新基础设施与产业国际竞争力提升之间存在着系统失灵；四是政府政策的取向是优化投资环境和招商引资，而不是构建创新创业环境。

---

① 2006 年 1 月 9 日，时任中共中央总书记的胡锦涛同志在全国科学技术大会上发表重要讲话，首次提出建设创新型国家目标。

从十年创新经济形成和发展的历程看，四个方面的制约因素同时被突破。

首先，以创新为导向的创业活动和科技型中小企业的发展，逐渐使内生型技术成为经济增长的主导。深圳手机产业的创新发展是一个范例。在跨国公司的技术控制下，以电子制造服务（EMS）和元器件生产为主体缺乏核心技术支撑的本地生产网络仅仅处于全球价值链的低端，面临“低端锁定”困境。充分利用安卓和3G技术突破带来的窗口期，依赖创新型创业活动和科技型中小企业的发展打破了跨国公司主导的技术和产业双重垄断，形成了从模仿创新到开放创新的创新生态系统和生产组织模式。

其次，为了突破传统零售批发和供应链系统对制造业升级的制约，以阿里巴巴为代表，新兴互联网企业把互联网技术应用于零售和供应链服务，推动了中国电子商务经济体的爆炸式增长。短短的十年时间，基于互联网商业基础设施的技术变革所引发的零售业革命，通过不断向生产型服务业和制造业的渗透，推动中国经济从IT时代走向DT时代。

再次，随着创新主体的多元化和新型混合组织的发展，创新基础设施和产业发展之间的创新系统失灵现象正在逐渐消除。创新主体的多元化不仅表现为创新型创业活动和科技型中小企业的发展，而且表现为创业型科研院所和创客群体的涌现。创新经济是人力资源开发的经济，而知识产权保护则是人力资源开发的前提和基础。创新主体的多元化及其互动中形成的新规则，正在改变资源配置的机制和制度结构。

最后，以2005年无锡市制定和实施“530”计划为标志，构建创新创业环境成为政府政策的新取向。创新生态系统，尤其是产业创新生态系统是构建创新创业环境的重心。为了激发企业家精神和促进新知识的创造及其商业化，政府在培育创新生态系统的关键角色是集聚创新资源和有效促进创新主体之间的互动和知识重组。

本书的研究就是围绕这四个方面展开的。导论和第一章从总体上考察从制造经济向创新经济演化的逻辑主线，总结研究中得到的重要发现和理论思考。第二章到第七章在界定和分析创新型创业活动和科技型中小企业发生和发展规律的同时，研究多元化创新主体及其互动如何推动中国制造“低端锁定”的突破和变革现有经济结构的内在机制。第八章的重心在于围绕战略性新兴产业的启动，以无锡市为例，总结和提炼政府如何解决创新系统失灵和构建创新生态系统的经验。第九章则考察战略性新兴产业在兴起和发展过程中的商业模式创新。第十章研究新兴互联网企业如何通过互联网技术的创新和应用推动电子商务经济体的形成和发展的过程。第十一章则以新型创新区为对象，考察如何通过把科技创新与老城区的更新改造相结合，推动城市经济转型和发展。

十年过去了，目前中国在创新经济发展中所取得的成绩只是万里长征的第一步。把发展创新经济作为国家核心战略，有着更深远的内涵。从近代经济发展的历史看，创新不仅是一国经济发展和国家竞争力提升的根本驱动力，更为重要的是，伴随创新经济发展而沉淀的创新能力、制度结构和文化形态最终成为一个国家软硬实力和影响力的真正依托。在知识经济时代，作为经济新形态，创新经济是高度开放的，所创造的制度和文化同样是有活力的、开放的和包容性的。

我们从 2001 年开始研究创新经济，每当总结前一阶段成果时，总是产生研究工作刚刚启动的感觉。原因主要来自两个方面：一是中国经济结构变革的速度太快，新情况和问题不断涌现，新实践需要持续总结和概括；二是理论与现实的脱节。无论是宏观还是微观经济学，现有理论基本上属于工业经济时代，难以对充满不确定性的复杂创新现象及其本质作出科学的理论解释。例如，现有理论强调比较优势是后发国家经济发展的基础，而现实中带来竞争优势的创新却常常源于比较劣势。引发经济结构变革和经济增长的创新，在初始阶段是高度不确定的，往往表现为经济行为主体适应环境的过程中出现的偶然试错。而使一个偶然的试错最终演变为经济发展的主导因素的，则是经济行为主体之间的非线性互动中产生的报酬递增效应。

这两个方面的原因造成我们的研究更多地依赖实际调查，而不是文献阅读。为了更真实地刻画客观事实，在研究中不得不强调基于实际调查中的现场感展开理论抽象和概括。我们把这种方法总结为“事实发现的研究方法”，即在系统调查研究中获取现场感、归纳事实逻辑和提炼理论假设。这种研究方法在推动研究工作不断深化的同时，给研究团队带来的最大困惑是：研究工作离过去所熟悉的经济理论和方法越来越远。

刘　刚

2017 年 1 月 26 日

目 录

导 论

自 2001 年《日经商务》以《中国：世界的工厂》为题报道中国制造的崛起及其对国际社会的影响以来，“世界工厂”逐渐成为中国经济崛起的标签。[①] 随着国际和国内市场条件的变化、资源和环境约束的加强，如何继“世界工厂”之后成长为有全球影响力的科技创新中心，实现从制造经济向创新经济的转型，成为当今中国经济和社会发展的核心战略取向。

一

改革开放近 40 年来，充分把握经济全球化带来的历史机遇，立足比较优势，通过外源型技术的引进、生产的国际分工和劳动力资源的利用，中国制造快速融入全球价值链体系，在实现经济快速增长的同时成长为“世界工厂”。[②] 但是对外源型技术的过度依赖使中国企业和产业仅仅处于全球价值链的低端。与经济高速增长形成鲜明对照的，是中国企业普遍存的技术创新能力不足和核心能力的缺乏。更加严重的是，生产的全球分工

①《华盛顿邮报》在 2001 年 11 月 25 日发表以《中国已成为世界工厂》为题的文章。2002 年 3 月 4 日,《财富》杂志刊登的比尔·鲍威尔的《现在一切都是中国制造》的文章，认为今天的中国如同 19 世纪英国工业革命的摇篮兰开夏，已经成为一座世界工厂。

② 在“2012 年中国节能与低碳发展论坛”上，工业和信息化部副部长苏波指出，2012 年中国工业占国内生产总值的 40% 左右，制造业占全球比重提升到 19.8%，规模位居世界第一，220 余种产品产量都位居世界前列，中国已经成为名副其实的全球制造业大国和世界工厂。

打破了计划经济时代形成的原有技术创新循环体系，使新产业创新体系和生态系统迟迟难以建立。[①] 因为科技与产业“两张皮”的长期存在，造成中国的科技成果的产业化率与发达国家相比严重偏低、过度依赖外源型技术和中国制造的“低端锁定”现象。[②] [③]

尽管制造业对一国，尤其是后发国家的经济发展具有非常重要的影响，但是制造业占全球比重的高低与国家竞争力，尤其是创新能力不存在着完全的正相关关系。表 0–1 描述了 19 世纪以来中国经济占世界比重的变动情况。1820 年中国经济曾经占到世界经济总量的 33%，但是随着工业革命的兴起，在缺乏科技创新支撑的条件下，中国经济由繁荣走向衰落。因为 1820 年中国经济的基础是手工业，在与以科技革命为基础的工业革命的竞争中，只能以完败告终。尽管依赖制造业的发展，到 2013 年中国经济占世界的比重达到了 12.3%，然而，如果无法实现从制造经济向创新经济的转型，仍然难以实现真正的强国梦想。[④]

表 0–1　　中国经济占世界经济总量的变动趋势

年份	1820	1900	2005	2013
占比（%）	33	11	5	12.3

资料来源：[英] 麦迪森 . 世界经济千年史 [M]. 北京大学出版社，2003.

工业革命以来，能否抓住新的科技产业革命浪潮带来的历史机遇，依赖新兴技术的创新及其商业化实现经济结构调整和经济转型，是成长为具有全球影响力的科技创新中心的基础。从表 0–2 描述的科技产业革命与

① 研究团队在天津等地的调研中发现，无论是在计划经济时代还是在改革开放的前期，以国有企业为主体，存在着一批以科技成果转化为导向的科研院所。随着体制改革和人才流失，部分科研院所渐渐丧失了科技成果的转化功能。

② 陈至立在 2011 年诺贝尔奖获得者北京论坛开幕式上的讲话中指出，中国的科技成果转化率仅为 5%。资料来源：2011 年 9 月 28 日，http：//www.chinanews.com/cj/2011/09-29/3363551.shtml.

③ 中国制造的“低端锁定”现象是指，因为过度依赖外源型技术和缺乏创新体系支撑，中国制造业被锁定在全球价值链的低端和非核心环节的现象。

④ [英] 麦迪森 . 世界经济千年史 [M]. 北京：北京大学出版社，2003.

世界经济发展格局的演化趋势看，成为“世界工厂”仅仅是一个国家和地区竞争力某个方面的表现，成长为具有影响力的全球科技创新中心才是国家和地区国际竞争力的根本来源。尤其是第二次科技产业革命以来，全球科技创新中心与制造中心的分离是经济全球化的重要表现。1990 年，伴随着制造业的发展，日本经济总量曾经占世界的 30%，但是因为缺乏原创科技能力的支撑，在世界的经济排名逐渐被中国超越。

表 0-2　　科技产业革命与世界经济发展格局的变动

科技产业革命	科技创新中心	制造中心	在世界经济中占比 / 年代
前工业化时期	中国	中国	33%/1820 年
第一次科技产业革命	英国	英国	60%/1860 年
第二次科技产业革命	美国	美国	43.3%/1929 年
第三次科技产业革命	美国	日本	30%（日本）/1990 年
	美国	中国	12.3%（中国）/2013 年
第四次科技产业革命	—	—	—

资料来源：综合统计数据和网络资料整理，2015.

近年来，中国能否继全球制造中心之后发展为全球科技创新中心，一直是国际争论的焦点。2012 年，毕马威进行了一项针对跨国公司技术高管的全球问卷调查，调查的问题是 2016 年谁将成为全球科技创新中心。问卷调查报告在 2012 年 3 月—2012 年 5 月间完成，总计有 668 份问卷。其受访者是来自全球各地的技术高管，其中美洲地区占 34%，亚太地区占 42%，欧洲、中东和非洲的占 23%。其中认为 2016 年中国将成为全球科技创新中心的赞同比例高达 30%，超过美国（见表 0-3）。

表 0-3　　2016 年哪个国家将成为全球科技创新中心的调查结果

国别	中国	美国	印度	日本	韩国
赞同者比例	30%	29%	13%	8%	5%

之所以跨国公司的技术高管对中国能否成长为具有全球影响力的科技创新中心拥有较高预期，主要原因是看好巨大的国内市场需求和科技创新资源丰富的优势。而能否最终从世界工厂成长为全球科技创新中心，不是

简单的技术变革问题，而是涉及组织和制度在内的一系列结构变革过程。作为国家未来经济发展的核心战略取向，建设具有全球影响力的科技创新中心，是中国甚至世界都要面对的世纪课题。其中，对创新经济形成和发展内在逻辑的把握，是形成具有全球影响力的科技创新中心的前提和基础。

二

在人类发展的历史长河中，创新始终是推动经济增长的关键因素。但是直到20世纪90年代，伴随着知识经济的到来，创新的常态化才成为现实经济活动的基本特征。创新的常态化不仅表现为大企业内部创新活动的惯例化，而且表现为创业活动的大规模涌现，形成了以“双创”为导向的经济系统。与生产为主导的创业活动不同，现代意义上的创业是以新知识的创造及其商业化为主导的，属于创新型创业活动。创新型创业活动的主体不仅表现为科技型中小企业的发展，而且表现为新创企业和“创客运动”的兴起。作为新经济形态，创新经济是由常态化创新和创新型创业活动驱动的经济形态。围绕着创新常态化，通过创新创业活动的涌现、创新生态系统的构建、组织和制度创新推动技术和经济结构变革，是创新驱动经济发展的动力来源和实现机制。

创新经济与改革开放近40年来形成的制造经济根本不同，是两种不同的经济形态。作为制造经济的微观基础，企业活动以加工生产活动为主导，追求生产规模的扩张；技术则是外源型的，主要来自发达国家成熟产品和标准化生产技术的引进；无论是大企业还是中小企业，占主导的组织形态是生产网络，例如跨国公司的本地生产网络和集群生产网络；服务于企业规模扩张，政府政策的重心是简单放松管制和优化投资环境。

与制造经济不同，创新经济的微观基础是创新创业活动及其与之相适应的组织和制度结构。创新创业活动以新知识的创造及其商业化为导向；企业追求的是速度经济和柔性制造；技术进步是内源型的，不仅来自现有企业的内部创新，而且来自新创企业、“创客”和其他创新主体的创新创业活动；微观活动的基本组织形态是创新网络；制度变革的重心是创新创业环境和创新创业生态系统的培育和完善。

中国要发展的创新经济作为知识经济的新前沿，表现为一种新的生产组织方式，与新工业革命密切相关。彼得·马什指出，人类制造业可以划分为少量定制、少量标准化、大批量标准化、大批量定制和个性化量产五个阶段。即将到来的新工业革命属于个性化量产阶段。个性化量产是定制化量产的发展，当3D打印技术成为日常生产的组成部分，大批量个性化时代才真正到来。[①] 克里斯·安德森认为，新的工业革命是创客运动的工业化，即产品自制造和个人自生产。随着网络和数字技术的发展，作为个体的创客可以利用开源软硬件和知识共享社区实现创意的产品化。[②]

无论是彼得·马什还是克里斯·安德森都认识到即将到来的新工业革命是由微观结构的变革带来的，表现为一种新的生产组织方式。正是基于对经济微观结构变革的认知，包括美国和德国在内的发达国家先后提出了"第三次工业革命、再工业化"和"工业4.0"战略以推动创新经济的发展。

随着创新经济的发展，引发了创新理论对创新实践的深入讨论。首先学术界认识到，在信息和网络技术广泛普及的背景下，创新不再仅仅是单个企业内部的事情，而是一个包括多元创新主体开放式互动的复杂系统演化过程。从创新1.0到2.0再到3.0阶段的演化，是对创新经济发展的重要诠释。因为，中国正在发展的创新经济属于创新3.0的范畴。

在创新1.0阶段，创新是封闭的和线性的，创新主体是作为单个个体的企业，通过内部的研发部门开展新产品和新技术研发活动。对于企业而言，无论是国家还是区域创新体系都属于外生变量。而在创新2.0时代，创新是开放的，创新主体是多元的，不再是单纯的企业，而是包括"政产研"在内的"三螺旋"协同创新体系，构建有效率的国家和区域创新体系是推动企业持续创新的政策取向。进入新世纪，创新进入3.0时代，创新不仅依赖现有企业内部创新的惯例化，而且依赖新企业的创业活动和"创客运动"。在创新更加开放和民主化的时代，用户主导的创新过程成为构

---

① [美]彼得·马什.新工业革命[M].北京：中信出版社，2013.

② [美]克里斯·安德森.创客：新工业革命[M].北京：中信出版社，2012.

建共生演化“四螺旋”创新生态系统的重心。①

与创新 3.0 相适应，创新常态化需要新的组织形态。基于对创新 2.0 的认识，鲍莫尔把企业研发活动的部门化和惯例化视为持续创新的组织机制。② 而经济全球化和知识经济背景下，模块化、创新联盟、A&D、孵化器、加速器、平台组织、众创空间和创新集群，越来越成为创新创业活动持续涌现的新兴组织形态。

除了组织创新，约翰·霍金斯认识到在一个依赖创意和创新驱动的经济形态中，知识产权保护制度发挥着重要的作用。③ 在创新经济中，知识和技术交易取代了物的交易，成为交易活动的主导，市场交易的规则和制度随之发生了重大变革。

因而，适应新知识的创造及其商业化驱动经济发展的组织和制度变革是创新常态化的实现机制。新的组织和制度形态不仅促进了创新创业活动的持续涌现，而且对创新创业活动带来的经济活动多样性进行有效选择，通过报酬递增机制的作用，把偶然的微小创新转变为持续的经济结构变革，驱动经济的持续发展。

创新经济的兴起同样对经济政策的制定提出了挑战。早期制定创新政策的理论基础是古典经济增长理论，是创新 1.0 和 2.0 阶段的政策思维。基于对创新外部性和市场失灵的分析认为，在市场配置失灵的条件下，政府创新政策制定的重心是对基础研究展开资助以实现外部性的内部化。进而强调作为创新基础设施建设的国家和区域创新体系的重要作用，认为政府创新政策制定的的重心是增加研发投入、制定税收优惠政策、实施知识产权保护计划和推动“产学研”协同创新。

围绕着新的创新实践，尤其是创新生态系统研究范式的提出，如何有效促进多元创新主体之间的结网互动和培育用户需求导向的创新系统，成为创新政策制定的方向和重点领域。例如，包括城市、产业和企业创新生

① [美] 埃里克·冯·希普尔. 民主化创新 [M]. 北京：知识产权出版社，2007.

② [美] 威廉·鲍莫尔. 资本主义的增长奇迹自由市场创新机器 [M]. 北京：中信出版社，2002.

③ [英] 约翰·霍金斯. 创意经济：如何点石成金 [M]. 上海：上海三联书店，2006.

态系统的构建，促进多元创新主体结网和互动的创新中心和平台建设，鼓励“创客运动”的“创客空间”培育。

2012 年以来，在创新国家和创新驱动发展战略提出之后，经过积极探索和实践，政府和学术界都认识到创新 3.0 是构建中国创新经济形态的微观基础。2014 年 9 月 10 日在天津举办的夏季达沃斯论坛开幕式上，李克强总理正式提出“大众创业、万众创新”是经济新常态条件下中国经济发展的新引擎。为了推动创新创业活动的发展，2015 年 3 月 2 日，国务院出台了《国务院办公厅关于发展众创空间推动大众创新创业的指导意见》，试图通过发展包括众创空间在内的新型创业服务平台，营造良好的创新创业生态系统，激发大众的企业家精神和创新活力。

2015 年 6 月 2 日，国务院出台了《国务院关于大力推进大众创业万众创新若干政策措施的意见》，提出推进大众创业、万众创新，是发展的动力之源，对于推动经济结构调整，打造发展新引擎、增强发展新动力、走创新驱动发展的道路具有重要意义。

从近期出台的推动创新创业活动系列政策措施看，国家决策者深刻认识到只有通过经济的微观结构变革，推动创新创业活动的持续涌现才能最终使创新驱动发展战略落在实处。作为创新经济的微观基础，推动创新创业活动的持续涌现是一个复杂的系统工程，涉及体制机制改革、人力资源的培养和开发、科技成果的转化、组织和制度变革等方面的协同。

三

从更为宏观的视角看，对“双创”经济与新科技产业革命之间互动关系的认识，将进一步加深对创新经济本质及其发生和发展规律的理解。18 世纪末期以来，无论是早期的英国还是作为后继者的美国、德国和日本，都先后通过引领新科技产业革命，依赖先发优势迅速发展为经济强国。而创新创业活动的大规模涌现，则是科技产业革命发生和发展的根本推动力。

2008 年全球金融危机之后，以美国、德国和日本为代表的发达国家开始酝酿通过率先启动新一轮科技产业革命抢占国际竞争前沿。从目前的发展态势看，依赖在信息科技、物质科学和生命科学及其交叉科学领域的基础研究和重大突破，发达国家通过包括新一代信息技术和清洁能源在内的新兴产业的孕育正在启动新的科技产业革命浪潮。

新的科技产业革命对中国经济的影响表现在两个方面：一是战略性新兴产业的发展和产业结构的调整能够与世界同步，否则将会再次扮演技术追赶者的角色和面临低端锁定局面；二是新的科技产业革命带来的生产方式变革，例如数字化制造和“工业 4.0”，进一步加快了新产品设计及其应用和制造的速度，将改变全球技术要素和市场要素的配置，从而极大地冲击中国制造业以劳动密集为代表的比较优势。作为世界第二大经济体，中国发展创新经济不是要讨论一般意义上的技术进步问题，而是要引领新的科技产业革命浪潮，构筑先发优势，抢占国际竞争前沿，带动经济结构的调整和经济发展方式的转变。

在启动新的科技产业革命过程中，改造和提升现有制造业和发展新兴产业是经济增长的重要来源。其中，美国的“再工业化”战略和德国的“工业 4.0”计划对中国新的经济发展将带来重大影响。“再工业化”战略是美国政府在 2010 年正式提出的。20 世纪 80 年代以来，随着信息技术的发展和劳动力成本的上升，制造业的分工成为经济全球化的趋势。为了追求利润最大化，在跨国公司的主导下，以美国为代表的发达国家出现了“去工业化”浪潮。其中的典型特征表现为金融和房地产业的突飞猛进和制造业的大规模外迁。但是随着金融衍生品的泛滥和第二产业的空洞化，在 2008 年，美国陷入了 20 世纪 20 年代末至 30 年代初（自 1929 年至 1933 年）大萧条后的最大经济危机之中。

在反思“去工业化”战略的基础上，2010 年开始，美国政府把引领美国经济走出困境的突破口放在了“再工业化”战略的制定和实施上。从实际情况看，美国政府一开始就把“再工业化”作为国家战略提出和实施的。例如，在奥巴马的第一个任期内，就先后推出“买美国货”、《制造业促进法案》、“五年出口翻番目标”和“促进就业措施”等一系列政策措施及战略部署。从未来的目标看，美国政府“再工业化”战略的实质，是要继信息革命之后，再次掀起新的工业革命和生产组织方式变革，抢占国际竞争的新前沿。

继美国制定“再工业化”计划之后，德国电气电子和信息技术协会于2013年12月19日发布了“工业4.0”标准化路线图。“工业4.0”是德国政府确定的面向2020年的国家战略，试图通过推动新的制造业革命使德国成为全球最有竞争力的国家。

与美国流行的第三次工业革命的说法不同，德国将18世纪引入机械制造设备定义为工业1.0，20世纪初的电气化为2.0，始于20世纪70年代的信息化定义为3.0，把物联网和制造业服务化的出现定义为第四次工业革命。

从现有的资料看，德国“工业4.0”概念的关键是将软件、传感器和通信系统集成于所谓的物理网络系统之中，实现互联网、物联网和智能制造的结合。“工业4.0”概念包含了由集中式控制向分散式增强型控制的基本模式转变，目标是建立一个高度灵活的个性化和数字化的产品与服务的生产模式。在新的模式中，传统的行业界限将消失，从而出现各种新的活动领域和合作形式。价值的创造过程将发生改变，产业链分工将被重组。

无论是美国的“再工业化”还是德国的“工业4.0”，对世界和中国的制造业都会带来深远的影响。集中表现在三个方面：

第一，改革开放以来，中国制造业的快速崛起是发达国家“去工业化”和产品内全球分工的结果。“再工业化”和“工业4.0”战略的实施，将进一步拉大中国制造业与发达国家正在缩小的技术差距，使中国制造陷入“低端锁定”的可能性增加。

第二，如果发达国家能够把包括清洁能源、纳米技术、新材料、生物医药和机器人在内的新兴技术产业化与新的制造革命相结合，将使中国在战略性新兴产业和产业结构的调整上全面落后，难以与世界同步，将再次扮演技术引进和追赶者的角色。

第三，新的制造业革命是一个复杂系统，不仅包括制造技术和生产方式的变革，而且包括政府职能、教育和科技体系的变革。因而，在新制造业革命方面的滞后，对中国经济发展带来的影响将是系统性的。

应对新的科技产业革命带来的机遇和挑战，通过“双创”为导向的经济系统的建设，依赖科技创新构筑企业和产业国际竞争的先发优势，是中国从经济大国走向经济强国的必由之路。令人惊喜的是，新科技产业革命的重点领域均是中国“双创”经济发展的热点和焦点。尤其是以杭州为代表的大数据和云计算产业领域的创新创业活动，正在形成先发优势，成为中国经济转型发展的引领者。

四

近年来，为了系统总结中国创新经济发展的新实践，研究团队先后在包括北京、上海、杭州、深圳、天津、成都和重庆在内的“双创”经济前沿城市进行调查研究。在理论总结和概括中，对研究团队最大的冲击在于深刻认识到现有经济理论与实践的脱节。

第一，与发展制造经济相比，创新经济赖以发展的基础是创新带来的先发优势和竞争优势，而创新本身则可能来源于比较劣势，而不是比较优势。例如，在考察以色列科技创新的过程中，大家所形成的普遍共识是包括滴灌和通讯技术在内的重大创新皆来自比较劣势。[①] 而在现有理论中，则更多地强调通过比较优势的利用发展经济。无论对于国家还是对于地方来说，在发展创新经济的过程中，不应当再过度强调比较优势，而应当从解决比较劣势的过程中，真正落实和实施创新驱动发展战略。

第二，创新经济推动经济增长和发展的动力来源是内生性的，主要来自于人力资本的开发和利用。因而，对政府而言，发展创新经济首先要转变思维，认识到经济工作的重心已经不再是招商引资和投资环境的优化，而是企业家精神的激发、人力资源的开发和引智创新创业。从这个角度看，创新经济就是依赖人力资源的开发实现新知识的创造和商业化，进而克服比较劣势获取先发优势的过程。

第三，在激发企业家精神和人力资源的开发上，科技与资本的结合是创新经济发展的微观机制。例如，在杭州创新经济发展中，主要的动力来源于阿里巴巴及其创业者、浙江的民营企业家、大学科研院所和海归高科

① 这一论点在研究团队调查山东省荷泽市曹县大集镇丁楼村农村创业过程中进一步得到印证。在一个远离城市和交通落后的贫困乡村，依赖返乡农民工和大学生创业，发展起来一个演出服装产业集群。

技人才。其中阿里巴巴的创业者、大学科研院所和海归高科技人才掌握技术，而民营企业家、阿里系拥有雄厚的资本和孵化能力。只有实现科技与资本的结合，才能不断推动创新创业活动的持续涌现和发展。

第四,“平台 + 中小企业 + 生产型服务业”是创新经济的基本组织形态。从创新经济发展的视角看，平台不仅指包括阿里巴巴、腾讯和猪八戒网在内的交易平台，而且包括产学研协同创新组织、技术创新联盟和众创空间在内的创新创业平台。从实际调查情况下，包括阿里巴巴在内的交易平台正在转变为创新创业孵化平台。平台为新创企业和中小企业提供包括研发设计、技术支持、众筹和风险投资在内的服务，加速了创业企业的成长速度，成为创新创业活动的主要推动者。

第五，作为创新经济发展的先导产业，数据产业的发展正在重新塑造中国经济的组织和发展模式。例如，数据企业大都是平台企业，依赖实时在线共享数据，数据平台正在成为现实经济活动的主导者和组织者。随着数据产业的发展，数据和计算将成为类似电力一样的廉价投入要素，通过向其他产业和领域的应用和渗透，推动经济的转型和升级。

第六，以世界一流大学和创业型大学为导向，加快教育和科技体制改革。“双创”经济发展的生力军是掌握先进科技知识的青年人，尤其是大学生和研究生。所谓创业带动就业就是指通过处于科技前沿的青年人的创业活动在推动产业发展和创造新兴产业的同时，带动就业的增长。从科技创新和产业化发展的经验看，重大科技创新，尤其是颠覆性科技创新大都来自青年人，尤其是刚毕业的大学生和研究生。因而，创业精神应当在大学，甚至在中学就应当培养。

如果说从计划经济到市场经济转型过程中的实践诞生了中国特色的社会主义市场经济理论和经济转型理论的话，从制造经济向创新经济发展的实践同样会催生中国特色的创新经济理论。理论创新既来自实践，又是指导实践。对创新经济发展的系统研究，将使我们更加清晰地把握决定中国从经济大国走向经济强国的新动力来源和实现机制，明确经济结构和组织制度变革的内在逻辑，为新阶段企业、产业、城市和国家制定和实施创新经济发展战略和政策提供决策依据。

第一章

中国经济发展的新动力*

改革开放以来，在创造“中国奇迹”的同时，对外源型技术和要素投入的过度依赖也造成了科技与经济的“两张皮”。在从制造经济向创新经济的转型过程中，以新知识创造及其商业化为导向的创新型创业活动及其组织和制度创新，是推动中国经济结构性变革和可持续发展新的动力来源和实现机制。对新的动力来源和实现机制的理论概括和总结，是制定和实施创新驱动发展战略的前提和基础。与经济发展的创新驱动相适应，组织变革的重心是从生产网络向创新网络的演化，制度变革的重心则是从优化投资环境向构建创新创业环境的转变。作为社会主义市场经济体制改革和发展的方向，要形成在科技创新资源的配置中市场起决定作用和政府增进市场的新机制和规则体系。

改革开放以来，依赖技术引进和要素投入，中国经济经历了长达30年的高速增长，被誉为“中国奇迹”。随着国际和国内市场条件的变化、要素成本的上涨和资源环境约束的加强，仅仅依赖外源型技术和要素投入难以实现经济的持续增长和发展。探索新的动力来源和实现机制，使科技创新和内源型技术进步成为经济增长的内生力量，推动经济结构调整和经济发展方式转变，是实现经济可持续发展和国际竞争力提升的根本途径。

* 本章作者刘刚。

第一节　创新驱动发展的理论讨论

一、引言

作为复杂适应系统，经济发展是经济行为主体及其与环境之间相互联系和作用的结果。解释经济发展动力来源和实现机制的关键，是揭示作为经济发展基因的集聚经济行为主体及其与环境之间相互联系和相互作用的方式和规则体系，从而探索特定阶段国家和地区实现经济发展的驱动因素、动力机制和发展路径。

在不同的历史时期，劳动力、土地、资本和技术进步都曾经成为主导经济增长的关键因素。依据主要依赖要素投入还是技术进步，可以把经济发展战略划分为要素驱动和创新驱动两种战略。① 要素驱动的经济发展战略立足于资源禀赋和比较优势，主要依靠廉价劳动力、土地和资源的配置和利用所产生的“要素租金”推动经济增长和发展。而创新驱动的经济发展战略则立足于先发优势和竞争优势，强调依靠科技创新和技术进步所带来的“创新租金”实现经济的可持续发展。

究竟哪种经济发展战略能够带来经济快速增长，使经济发展呈现出报酬递增效应，并不以人们的主观意志为转移，而是取决于特定条件下可获得和利用的驱动因素是什么及其与之相适应的组织和制度安排的适应性和有效性。随着外部环境的改变，尤其是可获得和利用的驱动因素及其相应租金的耗散，发现和创造新的驱动因素，制定和实施新的经济发展战略，是实现经济持续发展的根本途径。经济发展战略的转变，不仅仅涉及驱动因素的变化，而且涉及实现机制的形成及其组织和制度变革过程。

① 迈克尔·波特在《国家竞争优势》一书中，基于钻石模型把一国经济发展划分为四个阶段：要素驱动、投资驱动、创新驱动和财富驱动阶段。在经济全球化背景下，要素和投资驱动都属于要素驱动，因而，使用要素驱动和创新驱动作为划分发展阶段的标准，更适合中国的实际。参见迈克尔·波特．国家竞争优势 [M]. 北京：华夏出版社，2002.

改革开放以来，立足于资源禀赋和比较优势，充分利用有利于自由贸易的国际秩序和与发达国家的技术差距，依赖要素投入和外源型技术进步，中国经济实现了长达30年的高增长，成长为世界第二大经济体和全球制造中心，被誉为“中国奇迹”。随着国际和国内市场条件的新变化、要素成本的上涨和资源环境约束的加强，要素驱动的经济发展战略局限性开始显现。首先，过度依赖要素投入驱动经济增长，尤其在包括人口和土地红利在内的“要素租金”枯竭的条件下，经济面临报酬递减和资源环境约束的瓶颈；其次，由于过度依赖外源型技术的引进和吸收，在国际竞争中，中国企业和产业仅仅拥有比较优势，长期处于全球价值链低端环节；最后，在比较优势和后发优势逐渐丧失的条件下，如果不能通过科技创新获取先发优势和实现从外源型技术向内源型技术的转变，中国经济将可能步入“中等收入陷阱”。

近年来，以美国为代表的西方发达国家开始酝酿启动新的科技产业革命以抢占新一轮国际竞争前沿。发达国家的新战略举措对中国经济的影响表现在两个方面：一是在发达国家不断加大包括清洁能源、纳米技术、新材料、生物医药和机器人在内的新兴技术及其产业化研发投入的背景下，中国在发展战略性新兴产业和调整产业结构上如果不能与世界同步，将再次扮演技术引进和追赶者的角色；二是新的制造方式变革，如数字化制造，将进一步加快新产品研发设计和制造的速度，从而改变全球技术、要素和市场的配置机制，极大地冲击中国制造现有的优势。无论从国际环境还是从国内条件看，中国经济已经进入到一个新的发展阶段，经济发展占主导的驱动因素不再是要素投入和外源型技术进步，而是科技创新和内源型技术进步。

对于科技创新在经济发展中的作用，党和政府始终高度重视，先后提出“向科学进军”（1956年）、“科学技术是第一生产力”（1988年）、“科教兴国战略”（1995年）、“建设创新型国家战略”（2006年）和“实施创新驱动发展战略”（2012年）等科学论断。尤其是近年来，从中央到地方在实施创新驱动发展战略上进行了积极探索和实践，但是受要素驱动发展战略及其思维的影响，科技与经济“两张皮”现象依然存在。无论从总量还是从结构指标上看，科技创新和内源型技术进步都远没有成为经济增长和发展的内生力量。

根据国际普遍认可标准，创新型国家的科技创新对经济发展的贡献率一般在 70% 以上，研发投入占 GDP 的比重超过 2%，技术对外依存度低于 20%。2012 年，中国的研发投入占 GDP 的比重已经达到 1.97%，但是科技创新对经济发展的贡献率却仅为 40%，技术对外依存度则高达 50% 以上，科技成果转化率不足 25%，真正实现产业化的不足 5%（见表 1–1）。①

表 1–1　　中国与发达国家在创新活动指标上的差距

单位：%

	科技创新贡献率	研发投入 /GDP	技术对外依存度	科技成果转化率
创新型国家	70	2	<20	80
2020 年中国	>60	2.5	<30	……
2012 年中国	40	1.97	50—70	15—25

资料来源：根据国家中长期科学和技术发展纲要（2006—2020）和相关资料整理，2014。

中国与发达国家在创新活动指标上的差距表明，对外源型技术和要素投入的过度依赖导致现实经济中科技与经济之间存在着隔绝机制。科技与经济两个系统的独立运行导致两个严重后果：一是对技术引进的过度依赖，造成企业和产业在获得标准化生产技术和制造能力的同时，无法通过技术创新实现升级和转型，面临“低端锁定”困境；二是包括大学和科研机构在内的科技创新组织脱离产业发展的实际，难以形成“官产学研”协同创新和发展机制，最终将影响到整个国家综合国力和国家竞争力的提升。

与要素驱动发展战略不同，创新驱动发展战略立足于先发优势和竞争优势，依赖科技创新和内源型技术进步推动中国经济的内生增长和可持续发展。从要素驱动向创新驱动发展战略的转变，绝不仅仅是简单的技术问题，而是涉及企业、产业、政府、组织和制度在内的结构性变革过程。

① 参见陈至立在 2011 年诺贝尔奖获得者北京论坛开幕式上的讲话，2011 年 9 月 28 日，http：//www.cet.com.cn/zt/zt001/nuobeier/index.htm.

二、近期讨论

对创新如何驱动经济发展的理论研究，可以追溯到熊彼特。在熊彼特看来，经济发展不是静态的，而是动态的质变过程。[①] 从动态的角度看，创新是经济发展和社会变迁的根本驱动力量。但是在熊彼特之后，对创新的理论研究曾经长期淡出主流经济学家的视野。尽管经济学家们都承认，新产品和新工艺是资本主义发展的主要力量源泉，但是却把创新看作是一个“黑盒子”。[②] 20 世纪 70 年代以来，随着信息技术革命的兴起，创新再次成为经济理论研究的焦点。与传统经济发展的驱动因素不同，通过一系列组织创新和制度变革，科技创新已经成为当代经济发展的内生变量。[③]

伴随着信息技术革命和新经济的兴起，对创新如何驱动经济发展的理论研究，基本上沿着创业和技术变迁两个视角展开。从创业的视角看，创新是指企业家对资源的重新组合，即引入一个新产品、新的生产方法、新原材料供应来源、开辟新市场以及新的企业组织方式。从这个角度看，创新和企业家创业是一回事，主要考察企业创新和创业行为及其对经济活动的影响。而在技术变迁的研究视野中，则把创新看作是技术变革及其对经济发展的影响过程。

20 世纪 80 年代以来，技术变迁理论进入成熟阶段，取得了一系列理论突破。继 Nelson and Winter 提出从整体、系统和演化视角研究技术变迁如何影响经济长期增长的观点之后，[④] 在 Dosi 技术范式概念的基础

① Shumpeter，J. A. The theory of economic development，Harvard University Press，1934.

② Nathan，Rosenberg，Inside the black box：technology and economcs，Cambridge University Press，1982，p.vii.

③ Nathan Rosenberg. 20 世纪美国的内生力量，载于 [美] 伊坦·谢辛斯基、罗伯特·J. 斯特罗姆、威廉·J. 鲍莫尔主编 . 自由企业经济体的创业、创新与增长机制 [M]. 刘志阳、吴桂兴、陈惠国译，北京：中国出版集团东方出版中心，2009：77.

④ Nelson，Richard R. and Sidney. G. Winter，An evolutionary theory of economic change，Harvard Press，1982：3.

上，[①] Freeman and Perez 提出技术经济范式范畴，把技术创新与经济增长直接联系起来研究创新如何驱动经济发展。[②][③] 他们的系列研究表明，技术创新和扩散是由关键技术投入到主导技术再到主导产品和产业的过程，决定了特定时期的经济增长模式、经济结构和制度及政策结构。其中，经济结构包括生产的组织结构、产业结构、市场需求结构、投资结构和劳动力结构，而制度和政策结构则包括研发体制、教育培训制度和金融体系等一整套机制和政策体系。技术经济范式是对技术创新及其所引发的经济结构、制度结构和政策结构之间相互作用内在逻辑的抽象和概括。

20 世纪 90 年代以来，以信息技术革命为主导的新科技产业革命浪潮带来了资本主义经济的持续繁荣，被誉为“新经济”。Freeman and Louçã 指出，信息革命及其所引发的经济变革属于新技术经济范式。[④] 新技术经济范式的核心是信息技术革命，与之相对应的是新型组织形态和调节机制的形成和演化。Perez 认为，新技术经济范式的“关键投入”是集成电路芯片，它决定了信息技术和主导产业群的出现和发展，推动当代资本主义经济进入一个新的发展阶段。[⑤]

技术经济范式理论解释了人类经济发展史上的科技产业革命与经济增长和发展的内在联系和实现机制。但是技术经济范式分析更多地从技术变迁的视角考察问题，缺乏对微观主体的分析。无论是新知识的创造还是新知识的利用，技术变革推动经济增长和发展首先表现为微观行为主体类型和结构的变化。

---

① Dosi，G. 1982，Technological paradigms and technological trajectories：as suggested interpretation of the determinants and directions of technical change，Research Policy，11（3），1：47–162.

② Freeman，Christopher. The economics of hope：essays on technical change，economic growth and the environment，London：Pinter，1992.

③ Perez，Carlota，Technological revolutions and financial capital：the dynamics of bubbles and golden ages，Cheltenham：Edward Elgar，2002.

④ Freeman，Christopher and Louçã，Francisco，As time goes by：from the industrial revolutions to the information revolution，Oxford：Oxford University Press，2001.

⑤ Perez，Carlota，Technological revolutions and financial capital：the dynamics of bubbles and golden ages，Cheltenham：Edward Elgar，2002：18–19.

沿着创业的研究视角，Audretsch and Thurik 指出，作为一种新的经济形态，以美国为代表的新经济是以创业活动为主导的创新经济。[①][②] 创新经济不仅源于作为创业活动结果的技术变革，而且来源于与创业活动相适应的组织和制度变革。

Timmons 指出，在过去的 30 年中，新的创业活动彻底改变了美国和世界经济和社会的结构，为未来设定了创业遗传代码。[③] Audretsch and Thurik 在讨论美国新经济究竟新在什么地方时，把新经济的出现看作是从传统的管理型经济向创业经济的转型，是美国经济增长和发展的主要推动力和国际竞争力提升的基石。[④]

因而，作为经济新的增长来源和竞争力基础的创业不是传统创业，而是创新型创业，即以新知识创造和商业化为导向的创业活动 [⑤] 从经济发展的历史看，创业无处不在，但是 20 世纪 70 年代之后的创业与之前的创业存在着明显的不同，创新型创业强调的不是知识的利用及其生产的规模扩张，而是新知识的持续创造和柔性制造。[⑥]

Audretsch 和 Thurik 认为，新的创业活动通过如下途径影响经济增长：一是创业本身就是促进经济增长的重要力量。劳动力、土地、资本、企业家与创业精神是驱动经济增长的主要因素，其中劳动力、土地、资本属于

---

① Audretsch，D. B. and A. R. Thurik，Capitalism and democracy in the 21st century：from the managed to the entrepreneurial economy，Journal of Evolutionary Economics，2000，10（1）：17–34.

② Audretsch，D.B and A.R. Rurik，A model of the entereneurial economy，International Journal of enterpreneurship education，Forthcoming，2004.

③ Timmons，Jeffry A. New Venture Creation：Entrepreneurship for the 21st Century（5th Edition）. Irwin McGraw Hill，1999.

④ Audretsch，D. B. and A. R. Thurik，Capitalism and democracy in the 21st century：from the managed to the entrepreneurial economy，Journal of Evolutionary Economics，2000，10（1）：17–34.

⑤ 从不同的视角可以对创业进行分类，例如，生存型创业和机会型创业，生产型创业和创新型创业。本文所说的创新型创业，是指以新知识的创造及其商业化为导向的创业活动。

⑥ 对于持续创新和柔性制造最新的例证就是近年来发展起来的工业 4.0 和智能制造。

要素投入，而企业家的主要功能则是整合相关要素实现价值创造。二是通过知识创造和溢出推动经济增长。作为促进经济增长的重要机制，创业活动通过把知识溢出到新创企业和其他产业推动产业发展和经济增长。三是通过新企业的创建和数量的增加，促进经济体系的自我更新。①

创新驱动经济发展不仅包括新型创业活动的涌现，而且包括与之适应的组织和制度变革。在组织变革的研究中，Baldwin and Clark 对作为新的知识分工组织形态的模块化展开了系统研究。② 与传统的分工组织模式不同，模块化强调的是知识的分工与协作，从硅谷 IT 产业发展的实际进程看，模块化的基本功能是把创新型创业活动纳入一个半开放的网络组织之中，不仅降低了风险，而且增加了多样化方案选择的可能。Baumol 则着重考察了创新经济的制度基础，认为自由市场制度是资本主义创新不断涌现的基本机制。③ 在资本主义创新经济中，最为重要的是保证企业家从事生产性活动和使创新惯例化的制度安排。R. Nelson 提出和运用“国家创新体系”概念，考察与创业和创新相关的制度安排，即决定一个行业或国家创新能力大小的一切制度、政策和策略的集合。④ 国家创新体系理论关注的制度要素包括资本市场、劳动力市场、教育体制、研发政策和政府开支、产业结构、知识产权保护以及贸易政策等一系列问题。创新经济的制度形态不仅表现在宏观方面，同样表现劳动者、企业、产业和法律等微观层面。

立足于中国实际，许多国内学者对如何理解和实施创新驱动发展战略提出了自己的看法。作为后发国家，中国实施创新驱动发展战略首先需要

---

① Audretsch，D. B. and A. R. Thurik，Capitalism and democracy in the 21st century：from the managed to the entrepreneurial economy，Journal of Evolutionary Economics，2000，10（1）：17–34.

② C. Y. Baldwin，K. B. Clark，1997 Managing in an age of modularity. Harvard Business Review，Vol. 75，No. 5.（t1997），pp. 84–93.

③ Baumol，W. J. The Free Market Innovation Machine：Analyzing the Growth Miracle of Capitalism，Princeton University Press，2002.

④ R. Nelson，National Innovation Systems：A Comparative Analysis：A Comparative Analysis，Oxford University Press，1993.

摆脱比较优势和后发优势思维，考虑如何通过自主创新体系的建设构筑先发优势，通过科技创新，在关键产业、支柱产业、主导产业领域实施技术赶超。[①] 对于中国而言，与创新驱动相对应的不是投资和要素投入驱动战略，而是以技术引进和模仿为主导的经济发展战略。[②] 因而，创新驱动发展的基本内涵是摆脱对技术引进的过度依赖，实现从外源型技术为主导向内源型技术为主导的转变。

如何实现从外源型技术进步向内源型技术进步为主导的转变，理论界存在着两种不同的观点：一是仍然强调立足后发优势，通过集成创新和引进消化吸收再创新实现技术追赶；二是强调立足先发优势，尤其是抓住新的科技产业革命带来的机遇，通过自主创新实现技术赶超。历史和现实的经验表明，对于后发国家而言，仅仅立足后发优势试图通过技术引进和再创新实现技术赶超的想法仅仅是一厢情愿。技术进步从外源型向内源型的转变所强调的科技进步更多的不是现有技术的追赶，而是通过新知识的创造及其商业化获取先发优势，抢占国际竞争的前沿。

对中国创新经济形成和发展的理论研究，必须综合创业和技术变迁两个研究视角，从创新经济的微观基础——创新型创业活动出发，考察技术、产业、组织和制度变革过程，概括和提炼创新驱动经济发展的内在逻辑和规律。同时，要考虑后发国家实施创新驱动发展战略的特殊性。尤其是在经济全球化背景下，如何实现从后发优势向先发优势、从外源型技术进步为主导向内源型技术为主导、从生产网络向创新网络、从制造中心向创新中心的转变，是中国在制定和实施创新驱动发展战略中需要回答的关键问题。

① 张来武．论创新驱动发展 [J]. 中国软科学，2013（1）.

② 刘志彪．从后发到先发：关于实施创新驱动战略的理论思考 [J]. 产业经济研究，2011（4）.

第二节 创新驱动的微观基础和动力来源

一、两种经济形态及其演化

对现实中国经济及其演化趋势的分析，是制定和实施创新驱动发展战略的前提和基础。改革开放以来，中国经济 30 年的高速增长是加速工业化的结果，集中表现为中国制造的快速崛起。① 作为新的世界工厂，中国制造的崛起不是来自自主创新和内源型技术进步，而是充分利用经济全球化带来的历史机遇，立足于比较优势，大规模引进国外成熟产品及标准化生产技术和要素投入的结果。因为缺乏本土研发活动的支持，中国制造仅仅处于全球产业分工体系的加工制造环节，经济形态属于典型的制造经济。

图 1–1 刻画了改革开放以来中国制造业发展和演化的趋势。在计划经济时期，中国制造包括四个组成部分：技术密集型产业、资源密集型产业、劳动密集型产业和科技创新资源。随着改革开放的推进，通过外商直接投资和国有企业改革，技术密集型和资源密集型产业逐渐发展为以跨国公司为主导的外资经济和以国有企业为主导的国有经济。而劳动密集型产业主要发展为以民营企业为主导的民营经济。因为主要依赖的是成熟产品和标准化生产技术的引进，本土科技创新资源则游离于三种经济之外。

改革开放之初，在总结后发国家，尤其是亚洲四小龙成功经验的基础上，无论政府还是理论界都认为立足比较优势，充分利用经济全球化带来

① 统计资料显示，到 2009 年中国制造业中就有 200 多种产品的产量位居世界第一。当然数字表面的繁荣背后是对外源型技术的严重依赖和自主创新的缺乏。例如，中国制造业对外技术依赖度超过 50%，拥有自主知识产权核心技术的中国企业仅仅占企业总数的 0.03%，99% 的企业没有申请专利，60% 的企业没有自己的商标，出口产品的 90% 是贴牌生产。参见江涌．“世界工厂”面临痛苦蜕变 [N]. http ：//news.xinhuanet.com/world/2010-08/28/c_12493325.htm.

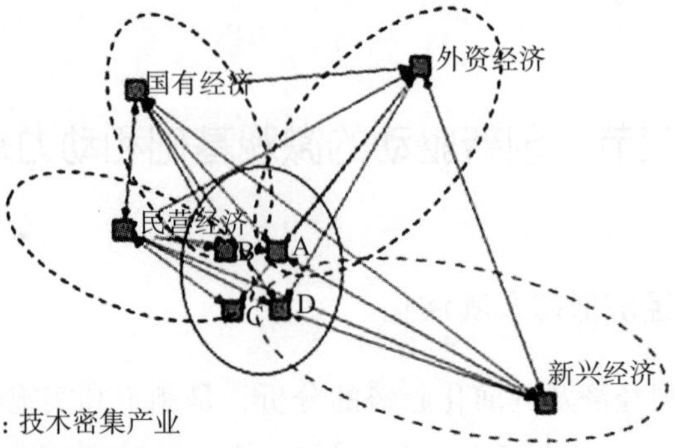

A：技术密集产业
B：资源密集产业
C：带动密集产业
D：科技创新资源

图 1-1　中国制造的内在结构及其演化趋势

的机遇，通过技术引进从 OEM 起步至 ODM 再到 OBM，是中国制造业发展和实现技术追赶的有效路径。受历史局限，在制定和实施该战略时，没有考虑技术引进过程中领先者的技术控制可能带来的“技术锁定”效应。

在“要素租金”驱动下，实施技术引进战略的结果是形成了支撑中国制造快速崛起的跨国公司主导的本地生产网络和以本土企业为主导的集群生产网络。在跨国公司主导的本地生产网络中，跨国公司通过产业内分工，把全球价值链的研发设计和营销环节配置在发达国家，而把加工制造环节配置在中国，主要由本土企业承担。在跨国公司的技术控制和主导下，一方面促进了科技创新和制造的全球分离趋势，另一方面通过生产技术和知识的扩散，在提高中国企业制造能力的同时，使企业陷入“技术锁定”，难以通过技术引进和模仿实现产业升级和转型。G. J. Gilboy 指出，“中国奇迹”存在着严重的弱点，所谓竞争优势及其对西方经济的威胁都是虚幻的。[①] 首先，中国的高技术和工业出口是由外国公司而不是中国公司主导的；其次，中国公司严重依赖从美国和其他发达工业化国家进口的设计、关键零部件和制造设备；最后，中国公司所采取的能够有效吸引进

① George J. Gilboy，The Myth Behind China's Miracle，Foreige Affairs，July/August，2004.

口技术并在当地经济中实现扩散的策略寥寥无几，因而，中国公司不大可能迅速成长为全球工业的竞争者。

与跨国公司主导的本地生产网络不同，传统产业集群生产网络则主要是由本土企业主导，技术不仅来自原有国有企业的扩散而且来自包括港澳台、其他国家和地区的引进。尽管在推动中国制造崛起和区域经济增长方面发挥了重要作用，但本土产业集群主要以生产活动为主导，主体是劳动密集的中小企业，同样面临技术升级和发展的困境。

随着市场条件变化和技术积累的加速，2005 年以来，中国制造的内部结构开始悄悄发生变化。最显著的是以新创企业和科技型中小企业为代表的新兴力量，通过创新型创业活动依赖内源型技术进步获取先发优势和竞争优势，推动现有产业的高端化、新兴产业的启动和生产型服务业的发展。为了适应创新型创业活动的涌现和发展，组织形态开始从生产网络向创新网络演化，制度形态则从简单放松管制和优化投资环境向构建创新创业环境的转变。①

从制造业的内部结构变革及其演化趋势看，中国的现实经济形态正在从制造经济向创新经济转变。表 1–2 对制造经济和创新经济进行了比较。在中国制造的崛起过程中，经济发展的动力来源是“要素租金”。为了获取“要素租金”，制造经济的微观基础是加工制造型活动，技术来源是外源型技术的引进和吸收。与加工制造活动相适应，制造经济的组织形态是生产网络。通过产业内分工，跨国公司主导的开发网络和研究网络分布在发达国家，而分布在中国的生产网络则缺乏本土研究和开发网络的支撑。为了满足生产规模的扩张和低成本制造的需求，制造经济的制度形态是简单放松管制和优化投资环境。其中，放松管制主要是针对外资和民间资本，是大规模外资引进和民营经济发展的关键政策变量。而优化投资环境主要表现在为加工生产型企业物的交易和流通提供良好的交通和通讯基础设施。

① 从作者近年在东部地区的调研看，无论是现有产业的高端化还是战略性新兴产业的发展，突破跨国公司技术控制和“低端锁定”的主体是创新型创业活动，其中以科技为导向的新创企业和科技型中小企业发挥了至关重要的作用。

表 1-2　　　　制造经济和创新经济的比较

	制造经济	创新经济
动力来源	“要素租金”	“创新租金”
微观基础	加工制造活动	创新型创业活动
占主导的技术来源	外源型技术	内源型技术
组织形态	生产网络	创新网络
制度形态	管制放松和优化投资环境	创新创业环境

与制造经济根本不同，创新经济的动力来源不再是“要素租金”，而是“创新租金”。“创新租金”主要来自两个方面：一是先发优势；二是创新政策。前者来自于通过创新率先满足潜在市场需求而产生的准租金（通常是指对供给暂时不变的投入品的支付），是“创新租金”的主体。后者则来自政府为了追求增长绩效倡导创新所提供的扶持资金和政策。作为创新经济的微观基础，创新型创业活动以新知识的创造及其商业化为导向，是经济结构变革和经济发展的根本推动力量。作为创新经济的基本组织形态，创新网络不仅包括生产网络、开发网络和研究网络，而且包括三种网络形态的相互融合和支撑。创新经济制度变革的重心不再是简单放松管制和优化投资环境，而是围绕着创新型创业活动的涌现而展开的创新创业环境构建。

二、创新驱动发展的微观基础和动力机制

从发达国家的实践看，创新驱动经济发展不是自发产生的，而是创新型创业活动涌现和发展的结果。与生产活动相区别，创新型创业活动以新知识的创造及其商业化为导向，是创新经济的微观基础。

企业是创新型创业活动的主体。在早期研究中，熊彼特强调企业家或中小企业在创新中的作用，因为大企业往往存在着对现有技术的惯例依赖，缺乏创新精神。在后期的研究中，熊彼特开始认识到大企业的工艺创新同样属于创新范畴。究竟是新创企业还是大企业的创新更重要，完全取决于产业发展的阶段性。在产业发展的早期，在突破性创新占主导的条件下，新创企业的创新活动更重要。而在产业发展的成熟期，渐进性创新占主导的条件下，大企业的创新更重要。同样，在传统经济条件下，作为经

济发展主导的大企业的渐进性创新更重要。而在以知识为基础的经济条件下，由于创新具有更强的突破性特征，新创企业和科技型中小企业往往能够打破现有技术轨迹，成为新经济发展的主要推动力量。① 美国新经济的兴起和发展表明，在新兴技术及其商业化过程中，新创企业和科技型中小企业发挥着关键作用。

随着新创企业及科技型中小企业的发展和创新性竞争的加剧，大企业在转型过程中更多地强调内部创新和二次创业的重要性。从发达国家的实践经验看，20 世纪 80 年代以来，新创企业和科技型中小企业是创新活动的主角，但是随着大企业从生产型向科技型的转型，逐渐摆脱了在创新方面存在的局限性，而且与中小企业一起共同成为创新型创业活动的主要参与者。②

从更广泛的视角看，创新型创业活动的主体不仅指企业，而且包括大学、科研机构、服务组织和政府部门在内的整个创新网络。以知识为基础，创新型创业活动更多地表现为突破性创新而不是技术和知识的渐进累积。③ 突破性创新强调不同专业知识的交流和重组，创新型创业活动常常发生在不同参与者和资源相互结合起来的网络之中。④ 因而，创新型创业

① Abernathy and Utterback 从产业成长周期角度，对两种创新主体的类型及其相互关系进行了理论考察。参见 Abernathy，William J.，and James M. Utterback，Patterns of industrial innovation，Technology Review 80，1978：41–47. Audretsch and Thurik 指出，在创新经济条件下，打破技术锁定的主要机制就是经济主体创办新企业和中小企业的兴起。从 20 世纪 90 以来对创新主体的研究看，新创企业和科技型中小企业在创新中发挥着日益重要的作用。参见 Audretsch，D. B. and A. R. Thurik，Capitalism and democracy in the 21st century：from the managed to the entrepreneurial economy，Journal of Evolutionary Economics，2000，10（1）：17–34.

② 20 世纪 90 年代以来，发达国家的大企业选择并购研发（Acquisition & Development，简称 A&D）战略，而非传统的内部研发（R&D）实现快速成长。例如，美国思科公司把 A&D 作为企业的核心战略。

③ Audretsch，D. B. and A. R. Thurik，Capitalism and democracy in the 21st century：from the managed to the entrepreneurial economy，Journal of Evolutionary Economics，2000，10（1）：17–34.

④ Lundvall，B. A. and S.Borras，The globalising learning economy，implications for innovation policy，report prepared for the TSER programme，European Commission，Brussels，1998.

活动是以新知识的创造和商业化为导向的价值网络的形成和演化过程。其中，包括企业、大学、科研机构、服务组织和政府在内的创新主体和参与者共同构成价值网络的关键节点，新知识及其商业化过程中的价值创造是在网络成员之间非线性互动之中实现的。

随着新兴技术及其产业化动态发展，价值网络开始从研究网络向开发网络再到生产网络的演变。在研究网络阶段，大学、科研机构和政府常常发挥主导作用。随着新兴技术进入市场导入期和成熟期，研究网络开始向开发网络和生产网络转变，大学、科研机构和政府则让位于企业成为主导者。作为现实的创新网络，不仅包括生产网络、开发网络和研究网络，而且包括网络之间的互动和融合。其中，创新网络诸多创新主体之间的协同创新是新知识创造及其商业化的主要动力机制。从近年来的实践看，无论是现有产业的高端化还是新兴产业的启动，“官产学研”协同创新始终发展着重要作用。创新型创业活动的协同创新机制，尤其是新创企业和科技型中小企业的发展与研究机构的协作，不断突破跨国公司的技术控制和本土生产型企业技术升级过程中的障碍，成为产品、技术和产业结构变革的生力军。①

从经济发展的历史进程看，与每一次科技产业革命相伴随的是组织和制度变革浪潮。组织和制度创新既是科技产业革命、新的产业结构和经济结构调整的主要机制，又是新的经济运行规则体系的关键组成部分。在从制造经济向创新经济转型的过程中，组织变革的逻辑是从生产网络向创新网络的演化。包括创业孵化、技术创新和研发服务平台组织、“官产学研”一体化新型混合组织和创新空间组织在内的组织变革，是创新网络形成和发展的动力机制。

创业孵化组织在中国经历了 20 年的探索和试验之后，迎来了高速发展的新时期。其中，数量的增加仅仅是一个方面，更重要的是功能上的变

① 例如，2009 年作者对天津滨海高新区新兴产业发展的调研中发现，在识别出的包括动力电池及电动汽车、安监产品和物联网、生物医药和数字内容在内的新兴产业价值网络中，新创企业和科技型中小企业及其与当地相关科研机构的协同创新，是战略性新兴产业启动和发展的关键机制。

革。与传统孵化组织强调物理空间和一般性服务供给不同，包括创意孵化在内的新型孵化组织则更加强调增值服务的供给和企业家才能的共享。为了推动产业结构变革，政府主导的创业孵化组织不再仅仅关注个别企业，而是强调整个产业的技术孵化和发展。

在从生产网络向创新网络的演化过程中，科学知识和生产知识的链接表现为开发网络的发展及其与研究网络和生产网络的融合。其中，"官产学研"一体化新型混合组织发挥着重要作用。作为新型混合组织，"官产学研"一体化混合组织实现了政府、产业和大学、科研机构之间职能边界的交叉，共同推动新知识的创造及其商业化，是实现协同创新的重要机制。平台组织则包括多种形式，例如，产业的公共技术和服务平台、供应链管理和交易平台。平台组织的主体既可能是政府和产业协会，也可能是科技型企业。例如，电子商务产业中的淘宝属于典型的由科技型企业主导的产业技术和交易平台。

为了支撑创新经济的发展，近年来国内先进地区开始形成包括高科技产业区、研发服务区、科技城和创新型新兴城区在内的创新功能区。作为新型空间组织形式，创新功能区的主要功能是集聚科技创新资源，通过包括研发服务、技术交易和科技金融在内的服务功能的供给，为创新型创业活动的涌现和发展提供充满活力和柔性的生态系统。

无论是制造经济还是创新经济，制度变革都是围绕着市场机制的完善和市场与政府的关系展开的。为了推动从制造经济向创新经济的转型，实现创新驱动发展的制度变革的重心是构建创新创业环境。

创新体系是创新创业环境的核心组成部分。发展中国家的创新体系常常存在系统失灵现象。[①] 作为后发国家，目前中国创新体系构建中的系统失灵集中表现在三个方面：一是作为关键组成部分、能够有效促进科学知识和生产知识相互融合的"官产学研"一体化新型混合组织和中间组织的发展严重不足；二是创新网络的关键节点之间常常是离散的，即使存在相

① Roman Martin and Michaela Trippl，Knowledge bases and Regional Innovation Policies，Working Paper，Centre for Innovation，Research and Competence in the Learning Economy Lund University，2013，http：//www.circle.lu.se/ publications.

互联系，仅仅处于低水平状态；三是存在着因过度依赖技术引进而出现的“技术锁定”效应，在科技与经济隔绝机制的作用下，难以实现技术追赶和超越。

由于存在着系统失灵，无论是国家还是区域在创新创业环境的构建中，都要充分发挥市场和政府两个方面的积极性，建立以企业为主体、以市场为导向、产学研相结合和政府增进市场的新机制。受现有体制和机制束缚，现有的科技创新资源主要分布在政府、事业单位和国有经济体系之中，企业，尤其是民营企业的科技创新资源严重不足。围绕着创新型创业活动的展开，促进科技创新资源向企业配置，其中，促进高端科技人才创新创业活动、发展科技型中小企业、加速产学研协同创新的新型混合组织和平台建设，这是创新体系建设的主攻方向。同时，大力发展创业孵化、研发服务和科技金融在内的生产型服务业，为创新型创业活动提供优越的生态系统。

三、结论和政策建议

本章的研究表明：对外源型技术和要素投入的过度依赖是科技与经济“两张皮”长期存在的根源。在新的阶段，创新型创业活动的涌现及其组织和制度变革是使科技创新和内源型技术进步成为中国经济发展内生力量，是实现从制造经济向创新经济转型的动力来源和实现机制。对中国经济发展新的动力来源和实现机制的理论探索和总结是制定和实施创新驱动发展战略的前提和基础。

创新型创业活动以新知识创造及其商业化为导向是包括企业、大学、研究机构、服务组织和政府在内的价值网络的形成和演化过程。作为创新经济的微观基础，随着创新型创业活动的涌现，组织变革的重心是推动生产网络向创新网络的转变，制度变革的重心则是发挥市场和政府两个方面的积极作用，构建创新创业环境。创新型创业活动及其组织和制度变革在推动现有产业高端化、新兴产业启动和生产型服务业发展的同时，通过一系列结构性变革，驱动中国经济进入新的可持续发展阶段。

为了加速从制造经济向创新经济的转型，社会主义市场经济体制的发展和完善涉及三个方面的内容：

首先，适应新创企业和科技型中小企业的发展需要，加快放松管制和打破垄断的步伐。现有的一整套产业管制规则体系和管理方式是在制造经济的发展过程中形成的，难以适应创新经济的发展，尤其是新创企业和科技型中小企业的发展需求。在新兴技术产业化和新兴产业的发展过程中，因为触及现有企业，尤其是大企业的利益，现有企业往往利用与政府的特殊关系和市场优势地位抵制和限制新创企业和科技型中小企业的发展。打破现有企业的垄断和放松管制，是加速新创企业和科技型中小企业发展和成长的内在需求。

其次，无论是在全国还是在地方层面上，都要大力发展包括“官产学研”一体化的新型混合组织、创新平台和创新功能区在内的创新组织。新的创新组织的基本功能是推动产学研协同创新和创新型创业活动的涌现。产学研协同创新机制的形成和科技型中小企业的发展，是打破跨国公司技术控制下“技术锁定”效应和实现企业和产业技术升级的关键途径。

最后，在创新创业环境的构建过程中，围绕着“创新租金”的设置，制定和实施创新创业计划、加速计划、知识链接计划、新兴技术产业化计划和建立知识产权保护制度，降低创新型创业活动和新兴技术产业化的进入壁垒和交易成本。同时，建立和完善研发服务、技术交易和科技金融等市场体系。积极发挥政府和市场两个方面的积极性，有效化解后发国家创新体系建设中可能出现的系统失灵现象，形成市场在科技创新资源的配置中起决定性作用和政府增进市场的社会主义市场经济新体制。

第二章

创新型创业活动与中国经济的结构性变革*

从经济发展的角度看，经济增长只是结构变革一个方面的表现。而经济结构变革源于经济活动多样性的生成和选择机制的有效性。作为微观基础，以创新为导向的创业活动是经济活动多样性生成的动力来源，而对多样性进行有效选择的组织和制度则是经济结构性变革的现实机制。随着国际和国内市场条件的变化，创新型创业活动对生产型创业活动的替代及其引发的一系列结构性变革是中国从制造经济走向创新经济和实现可持续发展的根本途径。

第一节　经济增长是结构变革的某个方面的表现

一、引言

随着国际和国内市场条件的变化、劳动成本的上涨和资源环境约束的加强，中国经济已经步入新的发展阶段。面对新的发展环境和条件，学术界对中国经济发展的预期始终存在分歧。早在21世纪初，在对“中国奇迹”的解释中，就已经展开了对中国未来经济发展前景的讨论。例如，

---

* 本章作者刘刚。

针对林毅夫解释“中国奇迹”的“后发优势论”，杨小凯指出，正因为后发展国家可以轻易地实现技术模仿和经济的快速增长，反而缺乏改革自身制度的动力，使“后发优势”演化为“后发劣势”，从而丧失经济长期繁荣的机会。[①][②]

2006 年，世界银行在《东亚经济发展报告》中提出了“中等收入陷阱”（Middle Income Trap）概念，强调在后发国家经济发展过程中，鲜有达到中等收入水平之后能够成功地跻身高收入国家的案例。由于经济发展方式转变的滞后，中等收入国家往往陷入经济增长停滞，既无法在工资方面与低收入国家竞争，又无法在科技研发方面与发达国家竞争。

近年来，中国经济增长速度呈现出连续下滑的态势，进一步引起了国内外对中国经济可能“失速”甚至引发亚洲新一轮经济危机的担忧。[③] 这也似乎印证了“后发劣势”和“中等收入陷阱”对中国经济前景的预期。但是从近年来中国经济的结构性数据看，无论是产业结构还是就业结构都表现出向好的趋势，表明经济增长速度的下滑是结构调整的结果。[④] 如何对中国经济发展的未来作出科学的分析和预测，是当前学术界迫切需要在理论上作出回答的问题。

无论是“后发劣势”还是“中等收入陷阱”，之所以作出悲观预期，

---

① 林毅夫 .“后发优势”与“后发劣势——与杨小凯先生商榷”[J]. 新闻周刊，2002（18）.

② 同上。林毅夫指出，“中国奇迹”根源于中国遵循和实施了充分利用“后发优势”的经济发展战略。其中，“后发优势”是指，由于与发达国家之间存在着技术差距，发展中国家可以通过引进发达国家技术的方式，加快发展中国家的技术变迁，快速经济发展的步伐。因而，中国经济 30 年的高速增长，是实施“后发优势”发展战略的结果。

③ 博鳌亚洲论坛《新兴经济体发展 2012 年度报告》指出，包括中国在内的新兴经济体尽管整体经济增速仍高于发达经济体，但这一数值已从 2010 年的 7.4% 降至 2011 年的 6.2%，2012 年又进一步下探至 5.3%。

④ 从结构数据看，2013 年第三产业（服务业）的增加值占国内生产总值的比重提高到 46.1%，首次超过第二产业，而城镇就业人口比 2012 年增加 1138 万人，远高于预期。因而，总量和结构数据的变化趋势看，中国经济正处于调整期。统计显示，第三产业的壮大发展是改革开放 30 多年来中国产业结构不断优化最明显的特征。1979 年至 2012 年，中国第三产业增加值年均实际增长 10.8%，高出同期 GDP 增速 1 个百分点。国家工商总局数据显示，2016 年上半年中国第三产业企业户数首次突破 1000 万户，占全国企业总数的 71.94%。

是因为在理论前提中否定中国经济出现内生多样性的可能。因为，对外源型技术的过度依赖及其与之相适应的组织和制度结构的内在刚性，将抑制内源型技术及其组织和制度结构变革的出现，从而产生“路径锁定”效应。但是经济发展的历史经验一再表明，尽管存在外部因素的影响，但是引发经济结构变革的多样性活动主要是内生的。在初始阶段，经济活动的内生多样性可能仅仅表现为一个偶然事件，在报酬递增规律支配下，最终成长为推动实现经济发展的关键力量。但是偶然的小概率事件出现报酬递增效应的前提和基础，是现有组织和制度结构的柔性和存在不断变革的可能。

因而，科学预测中国经济未来发展的前提，是揭示新的结构性变革发生和发展的动力来源和实现机制。从经济发展的历史进程看，经济结构变革的微观基础是创业活动。在熊彼特看来，以创新为导向的创业活动是经济发展的根本驱动力量，是现实经济内生多样性产生的动力来源。① 创业活动无时不在，但是现有的组织和制度结构却可能抑制创业活动的涌现，从而阻碍经济活动多样性的产生和报酬递增的出现。对创业活动带来的多样性进行有效选择的组织和制度结构，是经济活动多样性及其报酬递增效应产生的实现机制。

为了解释结构性变革发生和发展的动力来源和实现机制，在对现有理论文献进行综述的基础上，通过对创业活动的分类，本章将系统考察创业活动如何通过内生多样性的产生及其选择机制最终实现经济结构变革和经济持续发展的内在逻辑。通过对改革开放以来天津经济结构变革发生和发展的案例分析表明，随着国际和国内市场条件的变化，创新型创业活动对生产型创业活动的替代及其引发的一系列结构性变革，是中国经济从制造向创造演化和实现可持续发展的根本途径。

二、文献综述

区别于经济增长，经济发展包括经济结构的变迁过程。从经济发展的

① 从熊彼特的论述看，创新和创业是一回事，因为在他看来创新就是企业家的创业活动。因而，在本章中，作者把创业界定为企业家开创新事业的活动，而把创新看作是创业活动的结果。

视角看，经济增长仅仅是结构变革一个方面的表现。[①][②] 长期以来，对结构变革与经济增长和发展关系的研究一直是经济理论关注的焦点。

在经济学说史上，最早考察结构变革与经济增长关系的学者是英国的威廉·配第。在《政治算术》一书中，威廉·配第指出，就业结构在不同产业间的变动是由产业之间的收益差异决定的，而产业结构和就业结构的不同是导致欧洲各国经济发展水平和实力差异的根源。[③] 继威廉·配第之后，在《国民财富的性质和原因的研究》中，亚当·斯密从资本要素投向的视角，对产业结构变革与经济增长的关系做出过精辟论述："按照事物的自然趋势，进步社会的资本，首先是大部分投在农业上，其次投在工业上，最后投在国际贸易上。这种顺序是极自然的。我相信在所有多少拥有领土的社会，资本总是在某种程度上按照这种顺序投用。"[④] 基于多国统计数据的比较，克拉克指出，经济发展的趋势是劳动力从第一产业向第二和第三产业转移。随着产业结构的变革，人均国民收入水平得到提高，因而，就业结构的变动推动经济发展。[⑤]

西蒙·库兹涅茨的统计分析不仅表明国民收入和劳动力在农业、工业和服务业及其内部不同部门之间的分布变动是经济发展的动力来源，而且把引致经济结构变革的因素归结为需求诱导、对外贸易和技术创新。作为发展经济学家，钱纳里的研究表明，在发展中国家非均衡经济条件下，经济增长是经济结构变革的一个方面，劳动和资本从效率低的部门向效率高的部门转移，是加速经济增长的动力来源。[⑥] 麦迪逊基于经济史的长时间序列的研究同样表明，结构变革是经济增长一个重要的独立源泉。[⑦]

---

① 钱纳里 . 发展的模式：1950-1970[M]. 李新华等译，北京：经济科学出版社，1988.

② 钱纳里 . 工业化和经济增长的比较研究 [M]，贺力平等译，成都：四川人民出版社，1995.

③ 威廉·配第 . 政治算术 [M]. 北京：商务印书馆，1978：19-20.

④ 亚当·斯密 . 国民财富的性质和原因的研究（上卷）[M]，北京：商务印书馆，1972：331.

⑤ C. G. Clark，Conditions of Economic Progress，Macmillan，1957.

⑥ H. B Chenery，Patterns of Development：1950-1970，Oxford University Press，1957.

⑦ 麦迪逊 . 世界经济千年史 [M]. 伍晓鹰译，北京：北京大学出版社，2003.

尽管从威廉·配第到钱纳里都认识到结构变革对经济增长的促进作用，但是没有对结构变革发生和发展的动力和机制做出深入的分析。在熊彼特看来，以创新为导向的创业活动是引发结构变革和推动经济发展的动力来源。在继承熊彼特理论传统的基础上，对结构变革如何推动经济发展的动力和机制进行科学分析的是现代演化经济学。

与传统经济学强调劳动和资本积累是经济增长的主要动力源泉不同，在演化经济学看来，新知识的创造及其产业化才是经济增长的永续源泉。经济的增长和发展，表现为通过新知识的创造及其商业化推动包括新产品、新技术和新组织管理方式在内的结构性变革过程。

新的结构变革源于新知识的创造和新事物的创生。新知识创造和新事物创生本身就带来了现实经济活动的多样性。但是多样性并不意味着经济增长，经济增长源于有效的市场机制对多样性的选择及其报酬递增效应的出现。作为市场选择的结果，多样性的减少有利于系统的协同和相互适应，从而使小概率事件最终引发新的结构性变革。因而，新知识创造和新事物创生所引发的经济的结构性变革，是经济发展的本质。

Nelson and Winter 通过搜寻模型的提出，运用现代演化经济学方法考察了创新如何推动经济增长的过程。① 在他的搜寻模型中，企业的技术是由固定比率的资本和劳动来界定的，技术创新表现为对新的资本劳动比率的探索和使用。当企业现有技术难以获得令人满意的利润时，面对竞争，企业开始搜寻新技术。新技术搜寻方式不仅包括本地搜寻，而且包括引进和模仿。其中，引进和模仿是搜寻其他企业正在使用的有效技术。企业的新技术使用和搜寻活动将会改变现有的经济结构，从而推动经济增长和发展。

20 世纪 90 年代，演化经济学开始使用模仿者方程来分析经济增长过程。其中，Silverberg and Lehnert 利用模仿者方程建立了一个多样性基础上的技术选择模型，考察技术创新如何影响经济增长。在他们的技术选择

① 纳尔逊和温特．经济变迁的演化理论 [M]，胡世凯译．北京：商务印书馆，1997.

模型中，选择的对象是技术，适应度是使用技术所获得的利润率。① 经济发展是通过适应度高的技术的选择和应用推动结构变革而获得的。

Saviotti-Pyka 则进一步通过一个新部门创生模型的构建，不再从单部门企业而是从整个经济系统出发，考察新部门创生所引起结构变迁如何推动经济增长和发展的内在机制。② 在模型中，Saviotti-Pyka 认为，经济活动的多样性及其增长是经济发展的必要条件，同时多样性增长和原有部门生产效率的提高构成了经济发展两个相互补充的方面。其中，与传统行业相比，新兴行业的技术机会更多，学习效率更高，对经济发展的贡献更大。与前述学者相比，Foster 的演化增长理论视角更加开阔，认为影响经济增长和发展的结构变革不仅包括经济系统组成部分质的变化，也包括经济系统组成部分比例关系的变化，例如，产出结构、要素结构、需求结构、技术结构和制度结构方面的变化。③

以弗里曼和佩蕾兹为代表的新熊彼特学派，试图从技术革命的视角系统考察技术创新如何通过引致经济结构变革推动经济增长和发展的历史进程，提出了技术经济范式理论。技术经济范式理论通过对两百年来资本主义经历过的五次技术革命浪潮的总结，提出每次技术革命在带来新产品、新行业和新基础设施爆炸式增长的过程中逐渐形成作为经济发展阶段性特征的技术经济范式（techno-economic paradigm）。技术经济范式是由一整套通用的技术和组织原则所构成的最佳行为惯例。④ 随着新技术经济范式的出现，与之相适应的企业将被保留下来，而无法适应的企业则被淘汰掉，与之相对应的是生产效率的提高和经济快速增长。因而，决定和影响国家

① Silverberg G., Lehnert D. Long Waves and Evolutionary Chaos in a Simple Schumpeterian Model of Embodied Technical Change, Structure Change and Economic Dynamics, 1993,（04）: 9–37. 而在 Metcalfe 的模型中，选择对象是企业，适应度是成本 .

② Saviotti P., Pyka A. Product Variety, Competition and Economic Growth , Journal of Evolutionary Economics, 2008, 18（3）: 323–347.

③ Foster, J. Evolutionary Macroeconomics : A research Agenda , Journal of Evolutionary Economics, 2011,（21）.

④ Perez Carlota, Technological revolutions and financial capital : the dynamics of bubbles and golden ages. Cheltenham : Edward Elgar, 2002 : 18–19.

之间兴衰存废的根本原因在于某些国家能够成功发展出一套与新的技术经济范式相匹配的包括科学、技术、政治、文化、组织等在内的基础性制度结构。[①]

在演化经济学的视角下，创新是指新知识的创造及其商业化。创新及其所引发的经济结构变革是经济增长和发展的根本驱动力量。但是创新带来的经济活动的多样性，在缺乏有效选择机制的条件下，难以通过报酬递增效应变革现有的经济结构。因而，引致经济发展和演化的动力机制包括两个方面：创新和选择。结构性变革是创新和选择的结果，从这个意义上说，结构变革不是经济增长的副产品，而是经济发展的动因。

因而，揭示多样性创生和适应性选择的内在机制成为演化经济学解释经济增长和发展的关键。在现代演化经济学文献中，仅仅把创新看作多样性的生成机制过于抽象，尤其是对适应性选择过程而言。因为在现实经济活动中，创新属于更为宏观的现象。作为微观基础，创业活动是现实经济活动多样性产生的主体。

对于创新和创业，鲍莫尔作出了明确的概念区分。在他看来，资本主义自由市场是一个创新机器，而带来创新的则是企业家的创业活动。[②] 作为创新的主体，创业活动包括诸多类型。20 世纪 70 年代以来美国新经济形成和发展的成功经验表明，以创新为导向的创新型创业活动及其引致的结构变革是包括美国在内的发达国家经济增长和国际竞争力提升的根本途径。

更加值得关注的问题是，随着经济全球化的不断深化，经济增长不仅出现在发达国家，而且也出现在包括中国在内的后发国家。如何用创新来解释出现在后发国家的强劲经济增长，是演化经济学面临的问题之一。

从动态的视角看，创新是一个过程，它包括知识创造和利用两个阶段。在经济全球化背景下，知识创造和知识利用在空间范围上的分离是全球经

① Freeman Christopher and Louçã Francisco，As time goes by：from the industrial revolutions to the information revolution. Oxford：Oxford University Press，2001.

② 威廉·鲍莫尔．资本主义的增长奇迹：自由市场创新机器 [M]. 彭敬等译，北京：中信出版社，2004.

济增长和发展的基本特征。作为后发国家，例如中国，创业活动同样活跃，但是与发达国家相比，创业活动的类型存在着明显的差异。后发国家的创业活动更多地属于以知识利用为主导的生产型创业活动，即对发达国家成熟产品和技术的引进和模仿。而发达国家的创业活动则以知识的创造为主导，属于创新型创业。尽管都是创业活动，但是不同类型的创业活动带来的经济活动多样化的水平和程度是不一样的。

"后发优势"和"后发劣势"的争论，针对的就是后发国家如何从以知识利用为主导的经济制度变革为以知识创造为主导的经济制度。"后发优势"论认为后发国家可以通过知识利用实现经济的长期增长。"后发劣势"论则认为，随着要素成本的上升，如果无法实现从知识利用到知识创造的转变，制度变革的滞后将造成后发国家经济增长的长期停滞。

第二节　两类创业活动及其在结构变革中的作用

一、创业活动与经济活动的多样性

相对经济增长，经济发展不仅包括国民收入的增加，而且包括技术、企业、产业、就业、组织和制度在内的结构变革。经济结构变革是创新的产物，是由作为创新主体的创业活动引致的。从经济发展的角度看，经济增长仅仅是经济结构变革一个方面的表现。与不同的经济结构相对应，现实经济表现为不同的发展阶段和形态。

从过程的视角看，创新包括知识创造和利用两个阶段。作为创新的主体，与创新的两个阶段相对应，创业活动可以划分为两类：生产型创业和创新型创业。其中，创新型创业活动以新知识的创造及其商业化为导向，而生产型创业活动则以新知识的利用和扩散为导向。前者强调产品和技术创新，后者强调规模生产和制造。对于后发国家而言，生产型创业活动表现为对发达国家熟产品和标准化生产技术的引进和模仿。在现实经济中，创业活动类型的差异不仅影响经济活动多样性的水平，而且决定着经济发展的形态和阶段性特征。

在本章中，作者首先假设引致经济发展的经济结构变革源于创业活动。依据究竟以知识利用还是以知识创造及其商业化为导向，创业活动可以划分为生产型创业和创新型创业。其次，假设创业活动是现实经济活动多样化产生的根源，正如熊彼特描述的那样，每一次创业活动都是为了引进一种新产品、新生产方法、新市场、新原材料和新工业组织。最后，假设对经济活动多样性进行筛先的选择机制不仅包括市场而且包括企业和政府。选择机制有效运作的结果是使更具适应性的经济活动呈现出报酬递增效应，从而引发新的经济结构变革，推动经济形态演化和发展。在上述假设的基础上，图 2-1 刻画了创业活动如何通过有效的选择机制变革现实经济结构，从而推动经济形态持续演化和发展的内在逻辑。

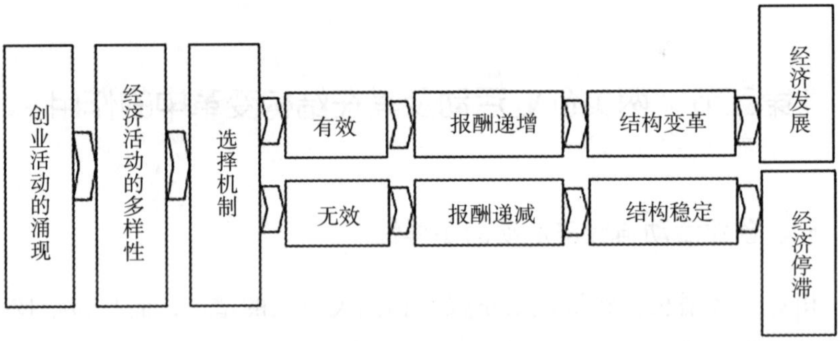

图 2-1 创新型创业活动的涌现与经济发展逻辑图

作为结构变革的动力来源，创业活动增加现实经济活动的多样性。创业活动不仅涉及企业，而且涉及大学、研究机构、政府、供应商和客户在内的经济活动主体，是新价值网络形成和发展的过程。与知识的创造和利用的划分相对应，生产型创业和创新型创业活动的价值网络是不同的。以知识利用为导向，生产型创业活动的主体是生产型企业，几乎不涉及大学、科研院所和其他研发机构。因而，生产型创业活动价值网络的主体是生产网络。而以知识创造为导向，创新型创业活动不仅涉及企业，而且涉及包括大学和研究院所在内的研发和设计机构。因而，创新型创业活动的价值网络不仅包括生产网络，而且包括开发网络和研究网络。尤其是对新兴技术的产业化而言，创新型创业活动表现为从研究网络到开发网络再到生产网络的演化过程。

无论是生产型创业活动还是创新型创业活动，都会增加现实经济的多样性。例如，作为后发国家，通过对发达国家成熟产品和标准化生产技术的引进和模仿，生产型创业活动把新产品和技术引进到中国，增加了经济活动的多样性。

相对于生产型创业，创新型创业活动具有高度的不确定性，不仅带来更高层次的多样性，而且考验着现实经济选择机制的柔性。因为，生产型创业活动主要是引进和模仿现有的成熟产品和标准化生产技术，尽管存在着与当地市场的适应性问题，但是总体来说更容易判断成功的可能性从而做出正确的选择。而创新型创业活动是以新知识的创造及其商业化为导向的，无论从技术还是从市场看，都具有高度的不确定性。

由于引发经济活动的多样性程度和水平的差异，两种创业活动对选择机制的要求是不同的。对于生产型创业活动而言，一方面新的经济活动多样性能否成功，存在着可资借鉴的经验；另一方面通过对现有产品生产网络的移植、引进和模仿，可以低成本复制已有的价值网络，实现快速的扩张和发展。因为存在着可资借鉴的经验，无论是市场还是政府都较容易对新的多样性如何影响经济结构变革的过程作出合理预期。

而对于创新型创业活动而言，由于存在着市场和技术不确定性，无论对市场还是对政府和企业的选择活动都提出了更高的要求。首先，对于从事创新型创业活动的企业而言，对新知识创造及其商业化前景的预期是主观的，是否具有市场适应性没有可资参考的经验；其次，对于新价值网络的其他参与者而言，例如，供应商，由于难以准确预期新产品的市场前景，是否参与新产品的开发和生产，本身就是值得考虑的问题；最后，对于政府而言，因为没有参照系，如何对新产品，尤其是新兴技术的产业化进行管理需要一个摸索和试错的过程。尽管能够带来更高水平的多样性，但是由于技术和市场的不确定性，对创新型创业活动的适应性选择面临着较高的成本约束。

推论1：无论是生产型创业还是创新型创业活动，对现有经济系统而言，都会带来多样性的增加。但是由于市场和技术不确定性程度的差异，创新型创业活动引致的多样性水平更高，同时对选择机制提出了更高的要求。

在传统经济理论研究中，一般把市场看作唯一有效的选择机制。而在现实中，选择机制的不仅包括市场而且包括企业和政府。作为选择机制的重要组成部分，企业选择包括两个方面内容，一是在适应市场需求的过程中发起和参与创业活动；二是组织和参与新价值网络的构建。而政府的选择作用是为创业活动提供政策和制度环境。无论是市场、企业还是政府，在不完全信息条件下都存在失灵现象。

作为最重要的经济选择机制，市场发挥着基础性作用。企业和政府往往以市场为基础，补充和增进市场选择。例如，企业自组织选择机制发挥作用的前提是创业活动是否具有更强的市场适应度。由于目标函数的不一致，政府的选择活动相对复杂，既可能与市场选择一致，也可能相左。

选择失灵现象不仅存在于市场，而且存在于企业和政府。其中，不确定性是市场和企业选择失灵的关键因素。而政府选择失灵比较复杂，不仅与消息不完全性有关，而且受到利益集团的影响。

假设选择机制是有效的，可以区分创业活动的市场适应性程度。在选择机制的作用下，具有市场适应性的创业活动在竞争中会脱颖而出，出现报酬递增效应。受报酬递增规律支配，适应性创业活动通过引入新技术、新产业、新组织和新制度的方式变革现有经济结构，推动经济形态的发展和演化。当出现重大结构变革时，经济发展将呈现出阶段性特征。

假设选择机制因为某种原因出现失灵现象，难以有效区分具有市场适应性的创业活动。在这种情况下，具有市场适应性的创业活动将被抑制。受报酬递减规律支配，经济发展则表现出停滞甚至衰退。

推论 2：创业活动引发的多样性能否最终影响经济结构的变革，关键取决于选择机制的效性，即能够筛选出具有市场适应性的创业活动并使之产生报酬递增效应。其中，发挥市场和企业自组织选择的基础作用是创业活动引发经济结构变革的前提和基础。

假设选择机制是有效的，相对于创新型创业活动，对生产型创业活动的选择成本相对较低。尤其对政府而言，因为生产型创业活动只是成熟产品和标准化生产技术的引进和模仿，对是否具有市场适应性的评估有经验可资借鉴。无论是政策制定还是提供资金支持，政府都很容易作出决策。而对于创新型创业活动而言，由于存在不确定性，政府很难作出有效的分析和判断。在信息不完全条件下，政府对创新型创业活动更加合理的政策取向是包括构建创新创业环境在内的间接支持，或者增进市场选择。

推论 3： 在不完全信息条件下，对于创新型创业活动，有效的政府选择不仅表现在创新创业环境的构建，而且表现在增进市场的政策取向。

随着经济结构变革的发生和发展，经济发展呈现出明显的阶段性特征。新的经济结构的出现，往往是经济进入新的发展阶段的标志性事件。当新的结构进入成熟期，经济发展则相对平稳。

在经济全球化背景下，知识创造和利用在国家之间的分工使后发国家同样能够实现快速经济增长。在引进和模仿发达国家技术的过程中，包括跨国公司和本土企业在内的生产型创业活动发挥了至关重要的作用。对于跨国公司来说，通过在后发国家投资设立制造工厂加速知识的利用和扩散，是实现规模经济的重要途径。对于本土企业而言，通过引进和模仿发达国家已有的成熟产品和技术同样能够获得盈利。通过后发国家的生产型创业活动，知识创造和利用在国际形成了循环。

对后发国家而言，通过以知识利用为导向的生产型创业活动实现经济增长是难以持续的。因为，一方面受到市场需求和资源要素成本上升的限制，知识利用最终会出现报酬递减效应；另一方面对外源型技术的过度依赖最终可能由于制度变革滞后而陷入“后发劣势”。如果无法通过创新型创业活动实现知识创造及其产业化，后发国家最终可能因为“要素租金”的耗散和制度变革滞后使经济陷入长期停滞。

在生产型创业活动为主导的阶段，对于后发国家而言，无论是技术结构还是产业和组织结构的演化都是可预期的。而对于创新型创业活动而言，由于技术、产业和组织结构的演化具有不确定性，对作为有效选择机制基础的制度结构有较高的要求。因而，从生产型创业为主导向创新型创业为主导的转变，不仅涉及企业，而且涉及组织和制度变革在内的一系列结构变革过程，在本质上属于新的经济转型。

推论 4：对于后国家而言，从生产型创业为主导向创新型创业为主导的转变，将引发一系列组织和制度变革，在本质上属于新的经济转型过程。

为了实现从生产型创业为主导向创新型创业活动为主导的转变，一方面市场的作用将被强化，政府的作用将被弱化；另一方面政府发挥作用的基础不再是对经济的直接干预，而是以增进市场的间接干预为主。因而，对后发国家和区域而言，创新创业环境的构建是转型期政府政策体系建设的着力点。

二、创业活动类型的演化与新的经济结构变革

本部分以 1978 年至 2013 年天津经济发展为例进行实证分析，考察并揭示创业活动尤其是两种类型的创业活动的演化对于推动经济结构变革的内在逻辑。

（一）研究方法和设计

作为北方经济中心，改革开放以来，天津先后经历了衰落到再次振兴的发展历程。其中，新的结构性变革是经济发展呈现出阶段性的根源。在计划经济时代，天津市是中国北方重要的工业城市，产业种类齐全。推动城市经济发展的产业要素主要包括四个方面：一是包括钢铁和石化在内的资源密集型产业；二是包括纺织服装、日用化学品、地毯和自行车在内的劳动密集型产业；三是包括汽车和电子产品在内的技术密集型产业；四是科技研发资源。

在改革开放之前，天津拥有较为完善的支撑产业发展的创新体系。原有的创新体系包括三个组成部分：一是大学的科研院所；二是属于国家和地方的科研院所；三是属于行业和国有企业的研究院所。

如图 2-2 所示，在改革开放之初，依托现有的产业优势，天津经济增长的速度在全国是领先的。但是随着其他地区，尤其是南部沿海地区引进国外资本和技术，天津经济的增长速度开始落后于全国平均水平。但是在 1992 年之后，由于大规模引进外资和技术，天津的经济增长速度开始超过全国平均水平，呈现出快速增长的势头。在 2005 年之后，尽管外资和技术的引进速度下降，天津仍然保持着较高的经济增长速度，2007 年至

2013 年增长速度始终保持在全国前列。

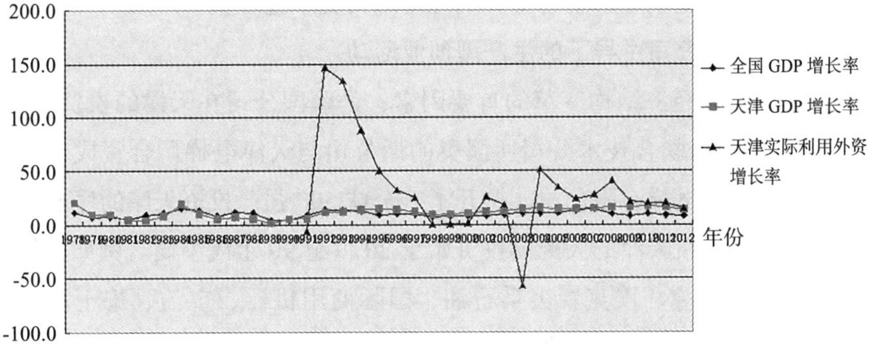

图 2-2　1978—2012 年天津经济发展的主要指标情况

以 2005 年为分界点，本部分把改革开放以来天津经济的发展划分为两个大阶段，考察经济结构变革发生和发展的动力和机制。在研究中，本部分首先对引发经济结构变革的微观主体类型进行识别。识别的依据是究竟以知识创造还是以知识利用为主导。其中，知识利用集中表现为对发达国家成熟产品和标准化技术的引进和模仿，即创业活动以加工制造为特征。而知识创造则表现为对新的技术组合及其商业化的探索，即创业活动以产品和技术创新为主导。

其次，考察不同创业活动如何引发经济结构变革的机制。在研究中，作者引入了价值网络分析工具。价值网络是指企业实现价值创造的网络，不仅包括生产网络，而且包括研发和研究网络。作为组织形态，生产型创业活动的价值网络以生产网络为主导，追求的目标是知识的利用和规模经济。与之相对应，创新型创业活动的价值网络形态以研发网络为主导，追求的目标是知识创造及其商业化。

最后，分析两种类型创业活动如何通过价值网络的扩展和演化引发经济结构变革的过程。价值网络的扩张不仅带来产业结构变革，而且推动着组织和制度结构变革。

（二）实证分析

改革开放以来，天津经济经历了两次大的结构性变革过程。第一次发生在 1992 年至 2005 年之间，主要是以生产型创业活动为主导的经济结构调整过程；第二次发生在 2005 年滨海新区开始纳入国家发展战略至今，主要是以创新型创业活动为主导的经济结构变革过程。

Ⅰ. 跨国公司主导下的生产型创业活动

引致天津经济结构变革的首要因素，是跨国公司在天津的投资活动。1982 年，美国联合技术公司所属奥的斯公司与天津电梯厂合资成立的中国天津奥的斯电梯有限公司，拉开了“全球 500 强”投资天津的序幕。

跨国公司在天津的大规模投资始于 20 世纪 90 年代中期。例如，包括摩托罗拉、史克、埃克森美孚石油、国际商用机器、宝洁、德士古、霍尼维尔、百事可乐、卡特彼勒、松下电器、丰田汽车、大荣、三洋电气、电装、住友电气、LG 、三星、大宇、现代、壳牌、西门子、雀巢等公司纷至沓来，形成了世界“500 强”跨国公司在津投资的高潮。从 1994 年至 1997 年短短的 4 年时间，“全球 500 强”企业在天津投资的项目数量多达 130 个。

1994 年天津市人民政府制定了“三、五、八、十”发展战略。其中，“八”和“十”是与推动外资和技术引进有关系的。“八”是指用八年的时间引进外资嫁接改造国有企业一遍，“十”是指用十年的时间建成以天津经济技术开发区为主体的滨海新区。

以跨国公司为主导的技术引进对天津经济结构变革的影响表现在三个方面：

首先，天津通过跨国公司先后引进和发展了包括电子通讯设备、轿车、航空和制药在内的新兴产业，使天津由传统轻纺工业为主导转变为现代制造业为主导的产业结构。

其次，天津通过对计划经济时代原有产业资源的整合，形成了跨国公司主导下的本地生产网络。例如，以摩托罗拉和三星为主导的电子信息产业集群和以丰田为主导的轿车制造集群。其中，跨国公司是本地生产网络的主导者，通过分包和零部件采购本土企业被纳入到全球供应链体系。参与跨国公司本地生产网络的企业，不仅包括日本、韩国和中国台湾地区的企业，而且包括中国大陆原有的国有企业和民营企业。

最后，为了吸引外资及其对国有企业的嫁接改造，放松对外资的管理和优化投资环境成为政府经济管理职能的重要内容。一方面，通过制定一系列政策法规积极吸引外资的进入；另一方面通过天津经济技术开发区、保税区、空港物流加工区和其他开发区的建设，为外资的大规模引进搭建空间载体。

在大规模引进国际资本和技术的同时，影响天津经济结构变革的另外一个重要变量是传统产业的民营化和产业集群的出现。20 世纪 90 年代，随着国有企业改革，对于跨国公司缺乏参与动力的产业，例如，自行车、地毯和服装，出现了民营经济发展的高潮。为了获得竞争优势，民营经济在改造传统产业的过程中，逐渐形成了以郊区为空间依托的集聚现象，最终形成了企业之间有效竞争与合作的产业集群。以产业集群为主导的乡村工业化是天津经济发展和城市空间扩张的重要驱动因素。

在第一阶段的经济发展进程中，天津的科技研发资源却是相对独立的。无论是跨国公司的引进还是民营经济的发展，技术来源都属于外源型的——国外成熟产品和标准化生产技术的引进和模仿。即使在最为传统的自行车产业发展过程中，技术来源同样是外源型的，例如，关键技术、关键零部件和生产设备主要引进日本和中国台湾地区。原有的科技研发资源仅仅在少数产业提供关键性技术支持，例如中药产业。

20 世纪 90 年代中期至 2005 年，无论是跨国公司还是民营经济的发展，引发天津经济结构变革的都是生产型创业活动。跨国公司进入中国的仅仅是生产活动或加工制造环节，并不包括研发活动。在本地生产网络的构建过程中，引致的创业活动都属于生产型的。同样，在民营经济的发展过程中，产业集群是生产型创业活动的结果。

图 2-3（a）对以跨国公司为主导的生产型创业活动对天津经济结构变革的机制做出了描述。作为跨国公司产品和技术创新源头的研发网络Ⅰ位于发达国家，研发网络Ⅱ则位于天津本地。在外商投资过程中，跨国公司引进的不是研发网络Ⅰ，而仅仅是加工制造环节。受到国家产业政策的限制，跨国公司构建当地生产网络（生产网络Ⅰ）的过程中，不依赖原有生产网络的复制或迁移，而是通过对现有生产网络（生产网络Ⅱ）的改造和整合完成。整合的方式不仅包括本地企业直接嵌入生产网络Ⅰ，而且包括

通过原有配套企业与中国本土企业合资。在整个结构变革中，跨国公司在天津的投资充当了发达国家研发网络与当地生产网络的桥梁。在整个经济结构变革过程中，研发网络Ⅱ的作用可以忽略不计。

因而，引致第一阶段天津经济结构变革的主导力量是生产型创业活动。与原有结构相比，生产型创业活动带来的多样性集中表现为不再单纯依赖内源型技术和资本的积累，而是依赖外源型技术和资本的引进提升企业和产业竞争力。由于生产型创业活动能够快速有效地实现外源型技术和资本的引进，在政府政策的支持下，快速进入报酬递增阶段。生产型创业活动涌现及其引发的结构变革，成为 20 世纪 90 年代中期至 2005 年之间天津经济快速增长的关键驱动因素。更为重要的是，以技术和资本引进为主导的生产型创业活动的涌现和发展，打破了原有的经济结构，使天津发展为一个典型的制造城市。

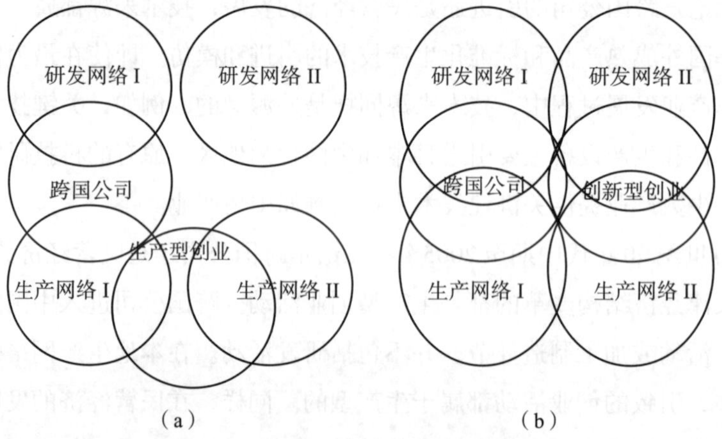

图 2-3　两种创业活动与价值网络演化

通过研发网络Ⅰ，发达国家现实经济活动多样性产生的微观基础是创新型创业活动。创新型创业活动的多样性通过当地的选择机制转化为成熟产品和标准化技术。在经济全球化背景下，跨国公司则把成熟产品和标准化生产技术转移到后发国家。实际上，跨国公司在后发国家发展中充当了产品和技术多样化选择和扩散者的角色。跨国公司的投资行为一方面为后发国家提供了多样性选择的机遇，另一方面又抑制了后发国家发展的多样性。因为，由于存在着巨大的技术差距和自主创新能力的不足，面对跨国公司的冲击，后发国家的企业根本无法抗拒。最终则通过嵌入跨国公司的全球供应链体系，成为跨国公司产品和技术扩散和知识利用的主动参与者。在跨国公司本地生产网络的构建过程中，生产型创业活动附属于跨国公司。

无论从本地企业还是从政府的角度看，在激烈的国际和国内竞争面前，跨国公司的投资行为都提供了更有效率的选择。在证明对企业和产业的竞争力具有提升价值的条件下，企业和政府都对跨国公司的投资行为保持积极态度：一方面企业通过与跨国公司及其配套企业的合资和合作，嵌入全球供应链体系；另一方面政府通过出台积极引进和扶持跨国公司投资活动的优惠政策和改善投资环境，促进跨国公司本地生产网络的构建，推动经济增长和发展。但是在引进跨国公司及其为主导的当地生产网络建设的过程中，后发国家和地区经济发展的潜在多样性被抑制。尤其是作为潜在多样性来源的研发网络Ⅱ处于隔离状态，造成对外源型技术的过度依赖和内源型技术进步的严重不足。

正如杨小凯所指出的，在缺乏制度创新的条件下，对国外技术的过度依赖可能造成后发劣势。从结构变革的视角看，后发劣势产生的根源在于：由于缺乏创新型创业活动及其与之相适应的组织和制度变革，经济发展的多样性受到抑制和相应选择机制的退化。

结论 1：在经济全球化背景下，当经济结构变革是由跨国公司主导的生产型创业活动引发的条件下，后发国家在获得快速经济增长同时，面临着经济多样性被抑制和选择机制退化的困境。

Ⅱ. 创新型创业活动与制造经济向创新经济的演变

与第一个阶段的结构变革不同，2005 年以来，创新型创业活动和科技型中小企业的发展成为推动天津经济结构变革的主导力量。创新型创业活动和科技型中小企业之所以在天津兴起，主要原因表现在四个方面：一是国际和国内市场条件的变化，2005 年前后，国际市场需求的萎缩，导致传统以出口为导向的制造企业感受到越来越强烈的市场压力；二是随着包括廉价劳动力在内的“要素租金”的耗散，产品和技术创新逐渐成为企业竞争优势的基本来源；三是作为北方经济中心，天津拥有科技创新资源丰富和京津高端市场的两大优势；四是创新驱动发展战略的实施和政府创新创业环境的建设。

在上述因素的驱动下，2005 年以来，天津市的科技型创业企业呈现出爆发式增长的态势。科技型中小企业的数量从 2010 年的 12513 家，快速发展为2014年的53360家。[①] 天津市科技型中小企业主要来自三个方面：一是新企业孵化；二是生产型企业的转型和升级；三是引进。

依托京津丰富的科技创新资源，以孵化器为代表的孵化载体成为创新型创业活动聚集地。以国家级孵化器海泰孵化器为例，通过提供物理空间和服务，吸引大批科技创新人才的创业活动。海泰孵化器的在孵企业从 2003 年的 517 家发展到 2013 年的 1285 家。通过“专业化基地 + 特色工业园”的运营模式，海泰孵化器在软件、机电一体化、新材料、生物工程与制药等产业形成了较强的集聚效应，成为天津市新兴产业的发源地。经过多年的发展，天津市累计建立了 120 家专业孵化器，成为推动创新型创业活动涌现和科技型中小企业发展的重要载体。

作为创新型创业活动的类型之一，生产型企业的转型和升级主要是通过与科研院所的合作建立研发部门实施产品和技术创新战略。而外地科技人才的创新创业和科技型中小企业的进入主要受到京津地区科技创新资源丰富和邻近高端市场的吸引。例如，电子商务、动漫、新能源和数字产业的快速发展。

表 2–1 中的数据表明，科技型中小企业不仅在企业总数和工业总产值的占比上得到显著提升，而且在研发投入、企业专利拥有量和从业人员年均收入水平等方面，都高于全市平均水平。

---

① 科技型中小企业的快速发展起步于 2005 年，因为受 2010 年天津市政府才开始认证和统计的影响，政府正式提供的资料只有 2010 年之后的。在 2010 年天津市政府颁布的科技型中小企业认定管理办法中，科技型中小企业是指拥有一定科技人员，掌握自主知识产权、专有技术或先进知识，通过科技投入开展创新活动，提供产品或服务的中小企业。科技小巨人企业是指年销售收入在 1 亿元以上，拥有具有自主知识产权的科技成果、技术和产品，在行业内居于全国前列，具有较高成长性的科技型中小企业。

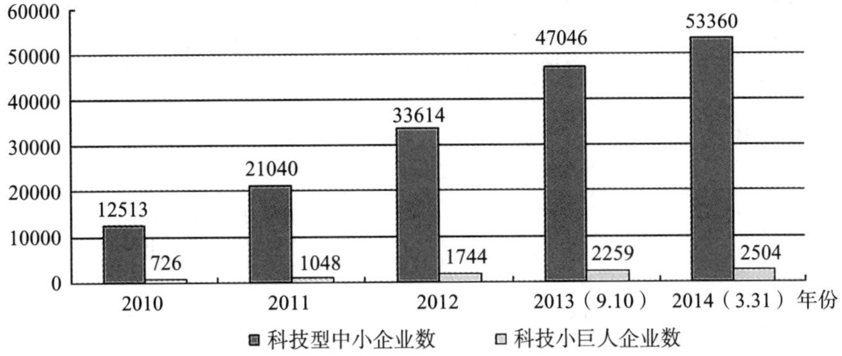

图 2-4　2010 年至 2014 年第一季度天津市科技型中小企业数量变动情况

资料来源：天津市科技型中小企业情况统计，天津市科委，2014.4.

表 2-1　　　2013 年天津科技型中小企业主要指标占全市的比重

项目	占全市的比重	备注
企业总数	20%	2010 年为 9%
工业总产值	37%	2010 年为 23%
研发投入水平	5.4%	全市平均为 2.7%
专利拥有量	71%	2010 年至 2013 年年均增长 30%
就业人数	25%	
从业人员年均收入	高出全市企业职工平均年收入 40%	

资料来源：天津市科技型中小企业情况统计，天津市科委，2013.12.

创新型创业活动的涌现和科技型中小企业的发展对天津经济结构变革的影响，首先表现在本土研发活动的引入和研发网络Ⅱ与生产网络Ⅱ的融合上（如本章的图 2-3（b）所示）。与生产型创业活动相比，创新型创业活动更多地依赖本土科技资源从事研发活动。无论对传统产业的高端化还是对于新兴产业的发展而言，创新型创业活动都是通过研发网络的引入及其与生产网络的结合而生存和发展的。

结论 2：与生产型创业不同，创新型创业活动使本地研发网络和生产网络相互融合，在带来更多多样性选择的同时，推动了技术进步从外源型主导向内源型主导的转变。

以新能源汽车产业的启动和发展为例（如表 2-2），新兴产业的启动

表 2-2　　天津市新能源汽车产业的研发和生产网络

领域	研发网络主要节点	生产网络主要节点
整车系统	天津清源 北京理工大学 中国汽车工程技术中心	天津清源 天津美亚 哈飞赛豹
电池系统	中电集团第十八研究所 力神电池	力神迈尔斯动力电池系统有限公司 匹克电池 贝特瑞 东皋膜 天津斯特兰 天津蓝天高科 巴莫科技 超威电池
电机系统	天津大学电气与自动化工程学院	天津清源
电控系统	天津大学内燃机国家重点实验室 北京航空航天大学	天津松正电子

资料来源：作者的实际调查，2014.

是研究网络Ⅱ与生产网络Ⅱ相互结合的产物。其中，推动新能源汽车产业发展的主体不是传统汽车企业，而是通过创新型创业活动发展起来的科技型中小企业，如天津清源、力神电池和松正电子等。

其次，创新型创业活动和科技型中小企业的发展推动了天津市产业结构的变革。新兴科技型中小企业不仅通过科技创新突破传统产业发展的瓶颈，而且催生了包括物联网、云计算和新能源汽车等新兴产业的发展。从天津科技型中小企业集中的重点领域看，创新型创业活动和科技型中小企业成为传统产业高端化、新兴产业和生产型服务业发展的主要推动力量。2014 年第一季度的统计数据表明，天津市 70% 的科技型中小企业、85% 的科技小巨人企业，分布在航空航天、生物技术与健康、新能源、新材料、节能环保等战略性新兴产业领域。

再次，适应创新型创业活动的涌现和科技型中小企业的发展，新的城市功能开始出现，成为经济变革的重要内容。一方面通过科研机构引入和孵化器设置，工业园区开始逐渐向科技创新园区演化；另一方面随着以科技城和科学城为代表的科技创新集聚区建设，推动新的科技创新功能区的形成和发展。

最后，围绕着创新型创业活动的涌现，制度变革的重心不再是传统简单放松管制和优化投资环境，而是构建创新创业环境。例如，围绕着科技型中小企业的发展，天津市先后出台了一系列政策。例如，《发展科技型中小企业若干意见》、《科技型中小企业五年成长计划》、《科技型中小企业三年行动计划》和相关配套政策，涉及财政、金融、工商、人才诸多方面。把发展中小企业和科技创新相结合，推动着区域创新系统的形成和完善。

与生产型创业活动不同，创新型创业活动具有更多不确定性，选择机制更加复杂。其中，围绕着新知识的创造及其商业化，市场在资源配置中将发挥决定性作用。政府作为主要表现为通过创新体系的构建增进市场机制的功能和作用。

与第一个阶段经济结构变革以生产网络为主导不同，新的结构变革的重心是创新网络。创新型创业活动和科技型中小企业不仅激活了研发网络Ⅱ，而且使研发网络与本地生产网络相互融合，最终推动经济从制造经济向创新经济的转型。

结论 3：在从制造经济向创新经济演变过程中，创新型创业活动的涌现和科技中小企业的发展是基本推动力量。围绕着以新知识的创造及其商业化为导向的创新网络的形成和发展，市场在资源配置中将发挥决定性作用，政府增进市场的功能在于创新创业环境的构建。

从 2005 年以来，天津经济发展的实践看，创新型创业活动的涌现和科技型中小企业的发展是推动包括产业、组织和制度一系列结构性变革的动力来源。而适应性组织和制度变革，尤其是创新创业环境的构建又进一步为创新型创业活动的涌现和科技型中小企业的发展提供了组织和制度保障。

三、结束语

从经济发展的角度看，经济增长只是结构变革一个方面的表现，而经济结构变革源于经济活动多样性的生成和适应性选择机制。其中，创业活动是现实经济活动多样性生成的动力来源，而与之相适应的组织和制度变革则构成了结构性变革的实现机制。

随着国际和国内市场条件的变化、环境和资源约束的加强和劳动成本的上涨，中国的经济结构正在发生着根本性变革。其中，创新型创业活动及其与之相适应的组织和制度变革是新的经济结构变革的动力和机制。

2005年以来，新的经济结构变革的趋势表明，打破“后发劣势”的关键是围绕着创新型创业活动的涌现主动实施组织和制度变革。通过深化改革，形成市场在资源配置中起决定作用和政府增进市场的新体制。对于政府而言，政策变革的重心不再是简单放松管制和优化投资环境，而是构建创新创业环境。

尽管在东部发达地区已经出现了新的经济结构变革和转型的趋势，但是如何建立使市场在资源配置中起决定性作用和政府增进市场的体制和机制，需要在深化改革中不断的探索和试错。此外，天津是拥有科技创新资源优势的直辖市，对于缺乏科技创新资源的城市和地区，能否复制天津的经验需要进一步的理论研究和观察。

第三章

创新组织形态演化与中小企业发展*

创新型创业活动的涌现是推动中国从制造经济向创新经济转型的根本力量。创新经济发展的实践表明，中小企业，尤其是科技型中小企业是创新型创业的关键主体。而组织创新是中小企业发展的重要机制。随着知识经济的深化和信息技术的广泛应用，创新的组织形态已经出现从单一企业和模块化到平台和创新生态系统的演化趋势。作为知识经济发展的前沿，创新生态系统的发育和完善成为中小企业大发展的基础和条件。

从国内外先进地区发展的历程看，以发展中小企业为主导的创新生态系统建设的路径是多样化的。其中，创新平台的引入是构建产业创新生态系统的关键环节。在对创新生态系统的起源和演化做出系统分析的基础上，本章以深圳手机和台湾新竹为例，讨论如何根据产业和区域发展的实际构建创新生态系统推动中小企业的大发展。

第一节　从激发企业家精神到构建创新生态系统

尽管早在1912年熊彼特就提出创新是经济发展的根本驱动力，但是

* 本章是在2014年对天津、深圳和杭州三市中小企业发展情况进行调研的基础上完成的，主要作者为刘刚、马犇。

对创新经济及其微观基础的理论研究则主要集中在20世纪90年代之后。尤其是对新经济、新工业革命和中国经济转型发展微观基础和动力来源方面的理论探讨，为发展中小企业提供了理论支撑。

一、创新经济及其微观基础

（一）“创造性破坏”与经济发展

在人类发展的历史长河中，创新始终是经济发展的关键因素。1912年，在《经济发展理论》一书中，熊彼特首次提出创新是经济发展的根本驱动力。在1939年和1942年出版的《经济周期》和《资本主义、社会主义和民主主义》两部专著中，它再次论述了创新在经济发展中的作用，系统提出了“创造性破坏”理论。

熊彼特所说的创新包括五种情况：一是引进新产品；二是采用一种新生产方式，即工艺创新或生产技术创新；二是开辟一个新市场；四是获得一种原料或半成品新的供给来源；五是实行一种新企业组织形式。在熊彼特看来，作为“创造性破坏”的集中体现，创新是要引入一种新的生产函数，从内部推动经济结构变革和经济发展。因而，通过持续不断的“创造性破坏”推动经济发展的过程，被称为“熊彼特型增长”。

尽管认识到创新是经济发展的根本驱动力，但是在很长的时间里，由于经济增长主要依赖包括劳动力和资本在内的要素驱动，而不是知识驱动，创新是非常态化的。因而，在20世纪90年代之前，经济学的创新理论主要集中在经济周期研究领域，把技术创新看作决定和影响经济长期变动的关键因素。

（二）创新常态化和创新经济的形成

20世纪70年代以来，随着经济全球化的持续深化和知识经济的到来，创新不再是偶然事件，而是现实经济的常态化现象。首先，创新的常态化表现为企业内部创新的惯例化。William J. Baumol 指出，创新越来越成为一种惯例化和可预测的过程。[①] 其中企业把创新决策纳入日常管理过程，是创新惯例化的集中表现。寡头竞争的市场结构、使企业家从事生产性创新活动的制度安排和技术的自由交易，是使创新常态化的体制和机制保障。

其次，对 20 世纪 90 年代出现的美国新经济的研究表明，创新的常态化不仅表现为企业内部研发和设计活动的惯例化，而且表现为中小企业和新创企业创新活动的持续涌现。以 Robert E. Litan，Carl J. Schramm and Audretsch 为代表的当代学者从微观视角对创业活动如何影响经济增长的过程展开了深入分析，在系统总结美国新经济兴起和发展动力来源的基础上明确提出，与传统管理型经济相比，以美国为代表的新经济属于创新经济，自由资本主义体制下创新型创业活动的持续涌现是实现资本主义经济创新驱动的关键。[②] 与管理型经济相比，创新经济是以创新常态化为基本特征的经济形态。围绕着创新的常态化，当代创新理论学者对自由市场体制、创新组织和制度展开了系统而深入的研究。

（三）**创新型创业活动：创新经济的微观基础**

在熊彼特早期的研究中，企业家的创业活动是创新的主导。随着大企业的兴起及其在创新中发挥越来越重要的作用，创业活动逐渐淡出了经济理论研究的视野。创业活动重新引起学者的广泛关注，始于对 20 世纪 70 年代以来对美国经济转型的研究。在《战略与商业机会》一书中，蒂蒙斯指出，在过去的三十多年中，“新的创业活动彻底改变了美国和世界的经济和社会结构，并为未来设定了创业遗传代码，它将比其他任何一种推动力量都更能决定美国和世界的生产、工作和学习方式，并将继续成为下一世纪或几个世纪的领导力量。”[③] 德鲁克认为，只有从创业出发才能真正理清美国经济惊人增长的谜团。[④] 2007 年 2 月发布的《美国国会竞争

---

① Baumol，W. J. The Free Market Innovation Machine：Analyzing the Growth Miracle of Capitalism，Princeton University Press，2002.

② Audretsch，David B.，Max Keilbach and Eric Lehmann. Entrepreneurship and Economic Growth，New York：Oxford University Press，2006.

③ 杰弗里·蒂蒙斯，小斯蒂芬·斯皮内利 . 创业学：21 世纪的创业精神 [M]（第 8 版）（英文版）. 北京：人民邮电出版社，2014.

④ 彼得·德鲁克 . 管理的前沿 [M]. 上海：上海译文出版社，1999.

力指南》中强调，在过去的二十年里，美国经济不仅是世界经济的卓越引擎，而且支撑着世界的财富创造，而创业活动是美国竞争力的真正源泉。Audretsch and Thurik（2000）在讨论美国新经济新在什么地方时，正式把美国新经济的产生称为是从管理型经济（Managed Economy）向创新经济（Entrepreneurial Economy）的转型，强调从管理型经济向创新型经济的转变是美国经济增长和发展的主要推动力和国际竞争力提升的基石。①

更加引人关注的是，作为美国经济新增长源泉和竞争力基础的创业活动不是传统意义的创业，而是创新型创业，即以新知识的创造及其商业化为导向的创业活动。例如，区别于传统创业，Audretch（2007）把创新型创业称之为一种新的创业类型，即以创新为导向的创业。创新型创业强调的不是知识利用和规模经济的实现，而是持续的知识创造和柔性生产。以硅谷为代表的美国高科技产业的发展，充分展示出创新型创业活动的基本特征：持续创新和生产的柔性化。

对美国新经济的近期研究表明，为了追求持续创新和柔性生产，美国经济增长的来源不再是资本和劳动力，而是知识资本。同时，为了推动创新的常态化，作为新经济微观基础的组织和制度同样发生了重大变革。例如，孵化组织的出现和知识产权保护制度的完善。对美国新经济的研究表明，创新经济的微观基础是创新型创业活动及其组织和制度的适应性变革过程（Freeman and Louca，2001；Baldwin and Clark，1997；Baumol，2002；Kotz，2003，2006；Audretsch and Thurik，2004；谢辛斯基、斯特罗姆和鲍莫尔，2009）。

二、创新主体的多元化：从创业活动到“创客运动”

（一）创新型创业活动的兴起

长期以来，创新的主体被看作是拥有研发能力的大企业。但是到20世纪70年代，创新型创业和中小企业的创新活动成为推动经济增长的重

① David B. Audretsch and Roy Thurik，A model of the entrepreneurial economy，Discussion Papers on Entreprineurship，Growth and Public Policy，Working Paper，2002.

要力量。Audretsch and Thurik 认为，创新型创业活动通过如下途径影响经济增长：一是创业促进经济增长。劳动力、土地、资本、企业家与创业精神是驱动经济增长的主要因素，其中劳动力、土地、资本属于生产要素，而企业家的主要功能则在于整合其他要素资源进行价值创造。在知识经济条件下，创新型创业活动已经成为经济发展的基本驱动力。二是通过知识创造和溢出推动经济增长。Romer（1986）、Lucas（1988，1933）、Grossman and Helpman（1991）强调知识创造及其溢出是促进经济增长的重要机制，创新型创业活动正是通过这种机制把知识溢出到其他公司和产业，从而推动产业发展和经济增长。三是通过新企业的创建和数量的增加，促进经济体系的自我更新。Gemski（1994）的实证研究表明，企业的进入和退出，使经济体不断自我更新，使市场结构趋向分散化，从而促进生产效率的提高。四是通过提高企业的异质性、多样化和专业化，有效地促进区域经济增长水平和创新能力的提高。Jacobs（1984）的研究表明，不同企业之间的互补性知识交换是新知识产生的重要来源。

创新型创业活动的兴起不仅推动了经济增长，而且带动了就业的增加。更为重要的是，与传统制造经济的高就业和低工资不同，创新经济条件下，存在着高就业和高工资并存的趋势（Harley Shaiken，2004；William Milberg and Ellen Houston，2005）。Audretsch（1995）的研究表明，从 1980 年到 1993 年之间，美国 500 强大企业裁掉了 1/4 的工人。而与之相反，创新型中小企业创造的就业机会不仅抵消了大企业裁员所造成的影响，而且在增加就业的同时也增加了工人的工资收入，这种现象不仅存在于美国，而且存在于欧洲国家（Konings，1995；Robson and Gallagher，1994；Hughes，1993；Baldwin and Picot，1995；Harley Shaiken，2004；William Milberg and Ellen Houston，2005）。

（二）“创客运动”

随着数字技术和网络经济的发展，个体的创造性获得了自由发挥的空间。正在世界范围兴起的“创客运动”成为个体参与创新的典范。与创业活动不同，“创客”常常指不以盈利为目标，试图把创意产品化的群体。从“创客运动”发展的趋势看，“创客”常常与创业联系在一起，成为创新型创业活动的重要组成部分，是公众参与创新的新模式。

Benkler（2006）把“创客运动”定义为一种基于“大众生产”的创新模式。随着信息技术、开源软硬件和新型生产工具的应用，“创客”的创造和自制造活动可能彻底改变制造业的生产方式，成为第三次工业革命的推动力。克里斯·安德森（2012）指出，第三次工业革命就是创客运动的工业化，即产品自制造和个人自生产。在他看来，人类的生产方式和工具每隔几代就会发生改变，例如，从蒸汽机到电力，从标准化流水线生产到精益生产再到电脑的应用。充分利用信息技术带来的便利，“创客”可以做到集大众智慧、按需设计和自我制造的个性化生产。新工业革命正在发生，但是发生的地点不是在实验室和公司，而是在千千万万普通老百姓的家中。

随着“创客运动”的兴起，“创客空间”成为大众创新的组织模式。区别于一般的孵化器，“创客空间”没有固定的模式和主题。一般而言，“创客空间”采取社会自治的运行方式，通过制造工具和知识的分享，实现个人自制造活动。

“创客运动”代表了一种新的创新模式。在传统的创新模式中，通常采取自上而下的实施路径。创新始于企业内部有计划的研发活动或者以商业化为目标的创业活动，通过产品的研发和市场推广推动创新。而在创客模式下，产品开发不再是从公司到市场的线性模式，而是以用户为主导，依托创客社区完成产品迭代的非线性创新模式。对“创客运动”如何变革生产方式的探讨，逐渐成为理论界研究的热点。

三、与创新主体多元化相适应的创新组织形态的演化

（一）创新的组织形态

在经济发展的历史进程中，曾经出现过两次大规模组织创新浪潮。第一次创新浪潮发生在19世纪末到20世纪初的美国，企业组织由单一企业演变为一体化大企业（钱德勒，1997）。通过第一次组织创新浪潮，制造业创造出以一体化企业为主体的福特制方式。第二次组织创新浪潮首先发生在20世纪70年代之后的日本和意大利，成熟于20世纪90年代的美国。

通过第二次企业组织创新浪潮，经济实现了从福特制向后福特制生产方式的转变。为了实现持续创新和柔性生产，企业组织开始由一体化向非一体化网络组织演化。例如，模块化、A&D、技术创新联盟和平台组织的出现，都是以创新常态化为导向的。

Saxenian（1994）对硅谷和128公路地区电子信息产业不同发展绩效的分析表明，分散的以地方性生产网络为基础与独立的以大公司为基础的工业体系的差异，是第二次世界大战结束以来硅谷和128公路地区经济出现不同发展轨迹的根源。与此同时，波特对集群生产的研究表明，一种新的被称为“簇群”（clusters）的空间生产组织形式正在支配着当今世界的经济版图，它使全球经济中持久性竞争优势根植于远方竞争者无法匹敌的当地要素：知识、关系和动机之中（Porter，1998）。Paul R. Krugman（1998）进一步把创新的组织形态研究扩展到空间，考察了空间组织对技术创新及其扩散的影响。

在创新组织形态研究中，模块化理论尤其值得关注，因为模块化是系统创新的基本组织形式。在Baldwin and Clark（1997）看来，通过模块化实现了知识的分工，使创新能够在一个相对独立的子模块展开。青木昌彦（2003）认为，模块化是系统创新的基本组织形式。模块化不仅使企业能够驾驭日趋复杂的技术（Baldwin and Clark，1997），而且通过模块之间的通信，减少错综复杂的系统性关联（Langlois，2000）。而从硅谷IT产业的发展事实看，模块化更重要的功能是把创新型创业活动纳入到一个组织网络之中，既降低了风险又增加了可选择多样性方案的价值。

（二）创新的制度结构

Baumol（1993，2002，2007）着重考察了创新经济的微观制度基础，认为自由市场制度是资本主义创新不断涌现的基本机制。在资本主义创新经济中，最为重要的是保证企业家从事生产性活动和使创新惯例化的制度安排。Baumol对创新经济的分析，来自于新古典经济学的视角，他一直努力把创新纳入主流经济学的分析框架（Eliasson and Henrekson，2003）。

Nelson（1993）通过“国家创新体系”理论的提出，强调与创业和创新相关的制度安排是决定一个行业或国家创新能力大小的一切制度、政策和策略的集合。国家创新体系理论关注的制度要素包括资本市场、劳动力市场、教育体制、研发政策和政府开支、产业结构、知识产权保护和贸易。

Audretch（2007）侧重于从政策体系设计的角度考察创新经济的制度形态及其影响因素。他认为，创新经济的制度形态和政策体系变革的关键是解决如何使创新型创业活动不断涌现并成为经济活动主导者面临的问题。根据美国的实际情况，Audretch 集中讨论了四个必须解决的关键政策因素，即如何确保提供多技能工人、健康保障体系的改革、促进创新和放松管制及司法体制。针对美国创新的实际，他提出必须改革美国当前的知识产权保护体系，因为这一体系严格而繁琐，甚至已经转向它的反面。

（三）创新生态系统

随着创新经济的发展，创新理论逐渐认识到创新不是一个线性过程，而是一个非线性的复杂适应系统。为了更清晰地认识复杂创新过程，通过运用生态学的隐喻和方法提出创新生态系统研究范式。与国家创新体系研究视角不同，创新生态系统基于一种微观视角，探讨创新型创业活动持续涌现和创新常态化的动力来源和内在机理。对创新生态系统的研究，不仅改变了企业、产业界和学术界对创新过程的认识，而且成为新创新政策制定的依据。

从现有文献看，对创新生态系统的研究是沿着两个方向展开的：一个是创新管理的方向，另一个则是政策制定的方向。从政策制定的视角看，创新生态系统的提出是对国家创新体系机械创新思维模式的质疑和反思。

在政策制定的视角下，创新范式经历了从古典经济学到国家创新体系、再到创新生态系统理论这三个大的发展阶段（克里斯托夫·弗里曼，2008）。第一个阶段的理论基础是新古典经济学的经济增长理论，把创新看作是从基础研究到技术创新再到产品和工艺创新的线性过程。作为一种线性思维模式，克服市场失灵和解决创新的外部性是国家创新战略和创新政策干预的重心。

第二个阶段起源于国家创新体系理论的提出。20 世纪 70 年代以来，在研究日本技术政策和经济绩效关系时，Freeman（1987）首次提出了国家创新体系概念。在研究中，他发现日本的产业政策以及通产省对日本产业创新效率和经济发展都发挥着重要作用。在技术落后的条件下，日本政府以技术创新为导向，辅之以组织和制度创新，在短短的几十年间使日本发展为一个工业大国。Nelson（1993）考察了现实中复杂经济系统中的技术创新，提出了从微观至宏观的“管理—搜寻—环境选择”的技术范式。Lundvall（1992）提出国家创新系统的核心是生产者和用户相互作用的学习活动。OECD（1999）强调国家创新体系的核心是促进企业与大学、科研院所和其他相关组织的技术合作和互动交流。

国家创新体系研究的最新进展表明，国家创新体系是指由公共和私有部门组成的网络系统，通过一系列组织和制度安排，实现新知识和技术的引进和扩散，推动技术创新和经济增长。国家创新体系的建设中，新的理论研究更多地强调政府在创新过程中自上而下的作用。开放式创新理论和“三螺旋”理论构成了国家创新体系研究的理论基础。

创新生态系统是创新范式的第三个阶段。创新生态系统研究的理论基础是演化经济学及其最新进展。在演化经济学看来，创新不是一个线性和机械的过程，而是一个复杂的和动态的生态系统，创新的动力来源于生态系统构成要素之间的相互作用。

在创新生态系统中，用户导向的创新越来越显示出在创新过程中的重要作用，以用户创新为主导，逐渐形成了“政府（公共机构）—企业（产业）—大学和科研机构—用户”的“四螺旋”创新理论和新的开放式创新理论。

Eric von Hippel（2002）在对开源软件技术发展研究的基础上，提出了用户导向创新理论。2005 年，在《民主化创新》一书中，对用户导向创新进行了系统阐述，指出由生产者创新转向用户创新是创新范式转换的重要特征。在 2012 年出版的《挑战新的创新范式》一书，他质疑开放式创新理论仍然局限于企业和相关生产者之间的联系和互动研究，指出在新的市场条件下，市场用户的深度参与创新过程将从根本上改变创新范式的内在结构（Eric von Hippel，2012）。

为了揭示创新的复杂性，演化经济学把创新看作特殊的生产过程，服从于生物学规律，把创新类比为物种、种群乃至群落对环境变迁和扰动做出的适应过程。创新生态系统组成的基本要素是物种，例如企业、大学、科研院所和政策，物种的联结形成了各种群落，物种和群落在共同竞争与合作的过程中推动系统的整体演化。

在通过知识交流推动创新的过程中，创新生态系统依托物质流、能量流和信息流实现内部物种、种群和群落之间及其与环境之间的交换，其中作为能量流的知识对创新生态系统的运行和演化发挥着主导作用（Rich Bendis，2011）。创新生态系统主要包括三大群落：研究、开发和应用（朱迪·埃斯特琳，2010）。研究群落是从长期的视角发现新知识和新概念，开发群落则在于实现新产品和服务的设计和生产，应用群落侧重于新技术的扩散。创新生态系统演化的根本目标在于创新型创业活动的持续涌现和创新的常态化，它们是三个群落之间的协同发展和演化的结果。

从维持创新型创业活动的持续涌现和创新的常态化看，创新生态系统的核心特征是共生和演化（梅亮、陈劲和刘洋，2014）。与自然生态系统类似，创新生态系统是由企业、消费者、市场和环境共同构成的复杂系统。在创新生态系统中，为了实现创新的可持续性和常态化，每个组成成员都借助物质循环、能量流动和信息传递相互联系、相互作用和相互依赖，通过自组织功能的发挥实现自我调节和协同发展。

创新生态系统研究的重要目的是改革现有的创新政策体系。对应于古典经济学增长理论的创新范式，创新政策主要是为解决因创新的外部性引起的市场失灵。在政府提供公共研发资助的条件下，市场可以自动实现创新成果的市场化。在国家创新体系的研究中，基于对开放式创新和知识创造的“三螺旋”理论，在强调政府制定基础研究投入，税收优惠和知识产权保护政策的同时，强调促进“政产研”的协同创新。而在非线性思维方式下，创新生态系统理论强调政府创新政策的关键是制定需求导向和有效促进创新主体之间的联系和互动政策。在创新生态系统理论支持下，新的创新政策体系正在孕育和形成之中，例如，创新治理、需求导向政策、非研发创新（郑刚、刘仿、徐峰，2014）和科技政策学，逐渐成为新创新政策制定的工具。

从创新管理的视角进行理论研究，是创新生态系统研究的另一个侧面。纳尔逊和温特（1982）最早从“惯例—搜寻—环境选择”的思路考察了企业的微观创新过程。James Utterback and Abernathy（1998）以产品生命周期作为方法论工具，对企业的创新行为进行了动态分析，提出了主导设计理论，用 U-A 模型刻画了产品创新和过程创新的动态模型和创新管理思路。David Teece（1998）通过对 EMI、IBM、GE 和 Xerox 的案例研究，提出了动态能力理论，强调企业只有拥有能够不断创新的动态能力才能获得持久竞争优势。在 Teece 看来，动态能力是指企业为适应不断变化的外部环境而对内部和外部资源的整合、构建和重组的能力。因而，创新管理的关键是拥有整合企业内部和外部专用资源的能力。Eric von Hipple（2005）通过创新的民主化倾向研究，提出用户导向的开放式创新是企业创新管理的重心。Clayton Christensen（1997）则强调管理的新价值主张，通过同一市场中竞争性技术的发掘获取竞争优势，实现破坏性创新思维。Henry Chesbrough（2003）提出的开放式创新为管理创新提供了一种全新的思维方式。开放式创新强调在企业技术创新过程中，可以同时利用内部和外部相互补充的创新资源实现创新。在开放式创新思维下，有价值的创新既可以从公司内部也可以从公司外部获得，而商业化路径则主要依赖公司内部完成。

随着经济全球化和不确定程度的增加，持续创新或创新的常态化被认为是提升企业竞争优势的关键。而仅仅依靠单一组织所拥有的创新资源实现持续创新是困难的。企业与企业、企业与其他组织之间如何通过协同实现持续创新和获得竞争优势，成为不确定环境条件下企业创新模式的选择。

作为企业创新管理的新前沿，创新生态系统理论首先由 Moore（1996）提出。创新生态系统是包括客户、供应商、生产者、投资商、贸易合作伙伴、标准制定机构、政府和社会公共服务机构在内的利益相关者构成的，以新知识的创造及其商业化为导向。Iansiti and Levin（2004）从生态位的视角对创新生态系统进行了阐述。他们认为，创新生态系统由占据不同但彼此相关的生态位的企业所组成，某个生态位发生变化，其他的生态位会相应地发生变化。Adner（2006）进一步考察了创新生态系统的内部结构，认为创新需要依赖外部环境的变化与生态系统成员的参与，才能实现创新。因而，创新生态系统是指一种协同机制，企业通过协同机制将个体与其他相关者联系起来，向客户提供解决方案（Adner，2010）。

无论从政府政策制定视角还是从创新管理的视角，创新生态系统理论从认识到创新不是一个线性的过程，而是非线性的复杂系统的演化过程。创新的动力来源是创新生态系统中各个创新主体之间的相互联系和互动。创新生态系统各创新主体的协同、自组织和共生演化，是创新型创业活动持续涌现的内在机理。

在本章中，作者选择深圳手机和台湾新竹 ICT 产业的发展，总结创新组织及其关键因素的形成和发展如何推动创新型创业活动和中小企业的发展。为中国创新经济的形成和发展提供借鉴。

第二节　创新和生产型服务业平台的引入和中小企业的大发展：以深圳手机产业为例

在中小企业的发展方面，深圳属于先发地区。尤其是在手机产业，以中小企业为主体，深圳已经形成具有国际影响力的包括研发和制造在内的手机产业创新型集群。更加值得关注的是，通过包括联发科在内的设计研发平台的引进和包括供应链管理在内的生产型服务业的发展，深圳手机产业打破了跨国公司的垄断，降低了创新型创业成本，使中小企业快速涌现，从生产型集群转变为创新型集群。

与深圳类似，在长三角、珠三角和环渤海地区的优势产业大都是以跨国公司为主导的封闭生产网络。深圳手机产业发展的成功经验表明，可以通过新研发和设计平台的引入和生产型服务业的发展，打破跨国公司对本地生产网络的控制，形成平台服务中小企业，从而以中小企业为主体的开放式创新集群，实现优势产业的转型和升级。

一、深圳手机产业中小企业大发展的两个阶段

1992 年开始，伴随着 2G 技术的成熟与推广，以及中国扩大对外开放

战略的实施，诺基亚、飞利浦等全球手机巨头开始把生产布局扩展到深圳及其周边地区，在当地成立合资企业生产手机。合资工厂以及代工企业的进入开始培育当地的零部件配套体系，深圳本地企业通过 OEM 和外源型技术进步，快速融入全球价值链之中。在这一阶段的全球手机价值链中，以诺基亚、摩托罗拉、三星和高通为代表的跨国公司从事包括芯片在内的核心环节的研发设计和品牌营销，本地企业则主要从事手机的组装和非核心部件的生产。从价值链的治理结构看，技术领先者控制和协调着全球价值链的价值创造和分配过程，而深圳本地企业处于"被俘获"地位，陷入低端锁定状态。价值链创造的绝大部分利润归技术领先者，本地企业利润较低甚至处于微利状态。从企业主体构成角度看，此时深圳市手机产业以生产型中小企业为主，较少出现创新型中小企业。

作为消费类电子产品，深圳手机产业具备技术变化快、产品生命周期短、价值链的分解整合迅速等特点。手机技术的快速变化一方面使得手机市场的竞争在很大程度上是基于技术的竞争，也就是说技术能力的强弱是决定竞争成败的最重要因素。中国手机企业作为后发企业，技术能力较弱，因而在竞争中处于劣势。另一方面，技术的快速变化却又为中国的后发企业提供了追赶的机会窗口，提供了中小企业快速发展、突破跨国公司技术壁垒的机遇。

手机产业技术和市场的变化使得深圳把握住两次机遇，实现了两次中小企业的快速发展。第一次是 1999 年至 2003 年，以国外独立手机设计公司进入和本土独立手机设计公司的出现为动力，通过为国内手机企业提供研发设计等生产型服务，引致了国产手机产业的发展。这一阶段中小企业快速发展表现在两个方面：第一，国产品牌企业的快速兴起；第二，以独立手机设计公司为代表的国内科技研发服务企业的涌现。第二次中小企业大发展发生在 2006 年以后，以联发科生产平台的出现为标志，深圳手机产业内生产型服务业平台化引爆了深圳手机产业内中小企业的快速发展。与之前独立手机设计公司不同，联发科生产平台、供应链管理平台等生产型服务机构通过将生产型服务供给平台化，催生了大量依托平台快速发展的中小企业，构造了适合手机产业中小企业创业和成长的产业生态环境。

（一）中小企业大发展阶段（1999—2003 年）

2G 功能手机技术的模块化加速了全球手机产业价值链的垂直分解，1999 年左右，专注于提供研发服务的国外独立手机设计公司开始出现并在全球寻求合作伙伴，例如 Sagem、Wavecom 和 Bellwave。作为研发服务类企业，独立手机设计公司的出现引发了深圳手机产业价值网络结构的第一次变革，彻底改变了手机新产品的开发方式。在此之前，手机的研发和设计是在国际品牌手机企业内部完成的。以诺基亚和摩托罗拉为代表的跨国公司在企业内部完成手机产品的研发和设计之后，再分包给深圳的合资工厂或代工企业进行 EMS 加工制造。手机模块化设计和制造在深圳的出现，使独立设计公司专注于手机新产品的研发和设计，而制造能力强大以及拥有本土优势的本土品牌手机企业则专注于手机的制造与销售。

设计能力和制造能力在企业间的分工和协作，迅速降低了手机产业的进入壁垒，深圳手机产业出现了第一次创业浪潮，本土中小企业开始发展。一批资金实力雄厚的家电和通讯企业通过与国外独立手机设计公司分工协作，构建完整的价值网络开始“创业”，例如，康佳、TCL、中兴、华为、创维、酷派等。随后，在市场竞争的压力下，它们不仅扩张生产网络，解决产能限制，同时还通过多种方式积累技术能力，完善研发网络。例如康佳成立研究院、与朗讯合作开发新一代通讯技术，TCL 并购阿尔卡特等（见表 3-1）。这些企业的生产网络拓展活动为深圳手机生产网络的进一步完善与开放贡献了力量，而它们的研发网络拓展活动则为深圳手机产业培养了大批手机研发设计人员。到 2001 年左右，大量技术人员开始出来创业，成立本土独立手机设计公司，并依赖本土优势迅速取代了国外独立手机设计公司。例如，李海林从康佳出来创立了经纬科技等（见表 3-1）。不同规模和业务模式的本土独立手机设计公司的出现进一步推动了中小企业创新型创业活动的兴起。大批技术和销售人员开始自主创业，例如刘立荣从金正集团出来创立了金立等（见表 3-1）。

（二）中小企业快速发展阶段（2006 年至今）

手机生产型服务平台“联发科”的引入，打破了国外手机巨头设置的技术、资本和规模壁垒，解决了中小企业技术能力不足的问题，手机新

表 3-1　　　　深圳市第一轮中小企业创新型创业活动

发展阶段	创业企业	主要业务	进入时间（年份）	创业背景 / 历程	多样化的技术创新方式
第一阶段创业的中小企业	康佳	手机品牌	1999	家电企业的多元化战略	2000 年和朗讯合作 /2004 年成立康佳研究院 /2007 年和西安电子科大共建联合实验室
	TCL 通讯		1999		2004 年并购阿尔卡特手机业务；TCL 在巴黎、硅谷等设研发中心，在上海、宁波、成都、深圳和惠州设研发中心，研发队伍 3000 多人
	创维		2002		在上海、深圳自建研发中心
	经纬科技	手机设计、自由品牌	2002	在康佳担任手机研发总监的李海林创业，主要人员来自于康佳；2012 年推自主品牌 Ginwave	与中国电子科技大学成立了“移动信息终端新技术联合实验室”；与兰州大学合作；并在兰州设立了智能手机应用软件开发研发中心；深圳研发中心被认定为深圳市移动信息终端工程研究中心
	金立	手机品牌	2002	刘立荣从金正集团中带领团队出来创业	2004 年成立金立移动通信设计研究院
	酷派		2003	制造寻呼机的通讯企业——宇龙通信的多元化	研发团队超过 2000 人，自建研发中心：深圳酷派信息港、西安研究所、北京研究所

资料来源：根据调研和公开资料分析整理，2016.

产品开发成本大大降低，使得深圳手机产业中小企业呈现“爆炸式”增长局面。

在联发科平台技术的推动下，深圳手机产业出现了第二次创业浪潮。这次创业浪潮涉及的范围更广、创业的模式更加多样，意义更大。从创业的模式来看，有技术团队创业，例如天珑移动的创业者们从万利达移动独立出来创业；有代工企业二次创业转型做品牌手机的基伍等；有做数码产品的企业转型创业，例如 OPPO、鼎智通讯等；有依靠印度、南非等发展中国家市场而成长起来的创业企业，如天珑移动和基伍手机等（见表 3-2）。持续多样的创新型创业活动，使得深圳手机产业内中小企业呈现爆炸式增长的局面。

2012 年深圳手机产业的产值规模达到 4000 亿元，生产手机 6 亿部，

表 3-2　　深圳市第二轮中小企业创新型创业活动

发展阶段	创业企业	主要业务	进入时间（年份）	创业背景 / 历程	多样化的技术创新方式
第二阶段创业的中小企业	天珑移动	手机设计与品牌管理	2005	万利达移动事业部的团队创业	自建研发中心，超过 500 人的研发团队
	鼎智通讯	手机设计、自有品牌		从数码芯片商转向手机设计，2011 年推出自主品牌卡美欧	自建研发中心，超过 400 人的研发团队
	三木通信	手机设计、自有品牌		创业者张旭辉毕业于华南理工大学	在北京、上海、深圳设研发中心；研发团队 8 个，涵盖 2G、2.5G、3G、3.5G 和 4G 等技术领域；与华南理工合作
	凯迪亚	手机品牌		总经理杨小溪是原 TCL 营销副总，软件研发主任是原华为的技术主管	在美国硅谷的凯迪亚手机软件研发中心
	基伍手机	手机代工与品牌	2006	从手机模具制造到 2006 年开始做手机代工，到 2008 年推出自主品牌	自建研发中心，超过 500 人的研发团队
	OPPO	手机品牌	2007	从事 DVD、MP3 等数码产品生产的步步高业务多元化	在深圳、东莞、上海建研发中心。超过 1000 人的研发团队

资料来源：根据调研和公开资料分析整理，2014.

是全国手机产量的 50% 和全球手机产量的 33%。深圳拥有手机及相关企业 10000 家，其中手机生产企业 3000 家，手机方案设计企业 500 多家，配件生产企业 3000 多家，蓝牙生产企业 200 多家，国包和省包商 2000 多家。更为重要的是深圳手机产业中涌现出了大批国产手机品牌企业，是国产手机品牌的基地。例如早期成长起来的康佳、创维、TCL、酷派、金立等，中期成长起来的基伍、OPPO 等，以及近期成长起来的华为、中兴、魅族等。在与国际手机品牌企业直接竞争中，国产手机品牌企业在国际和国内中低端市场上获得了持续的竞争优势，而且正在向全球高端市场发展。

二、跨国公司主导下深圳手机生产型企业发展面临的困境

2006 年之前，深圳的手机产业属于典型的以跨国公司为主导的本地

生产网络。在跨国公司的技术控制下，深圳的手机企业基本都属于制造型的，仅仅从事 EMS 和零部件的加工制造。同时，跨国公司主导的生产网络的封闭性，使新企业进入面临着高昂的进入壁垒。而中小企业在跨国公司的技术控制下，获得新产品研发能力的过程中同样面临着高昂的技术壁垒，使企业仅仅嵌入全球产业链的低端，逐渐步入“低端锁定”的局面。无论对于新企业还是对产业内的中小企业而言，在跨国公司主导的生产网络中，面临的困境表现为：

（一）产品研发的高技术壁垒

作为高科技产品，手机产品的研发技术复杂，不仅涉及外围技术开发，而且涉及芯片、系统软件等核心技术的开发。对于规模小和技术能力较弱的单个中小企业而言，难以开发出具有市场竞争力的整机产品。而对于开发成本相对较低的外围技术，例如外形设计和零部件，由于对市场变化反应快，中小企业往往具有较强的开发能力。但是在芯片和系统软件等核心部件的研发和技术创新上，单个中小企业难以有所作为。因而，高高的开发壁垒制约了深圳手机产业新企业和现有中小企业的整机产品和关键零部件的研发空间，难以实现从生产型集群向创新型集群的转变。

（二）核心技术缺乏

跨国公司在本地化生产过程中，通过非核心技术和管理知识的扩散，培育起一批 EMS 和非核心零部件本土中小企业。尽管企业已嵌入全球价值链，但仅处于低端，长期处于微利状态，缺乏技术研发的投入。在发展过程中，由于缺乏足够的研发投入，生产型企业难以转型为创新型中小企业。核心技术和研发能力的不足是制约深圳手机产业中小企业增长的关键因素。

图 3-1 是课题组基于实际调研绘制的包括深圳在内的电子信息产业价值链的企业分布情况的示意图。随着跨国公司的引入，作为主导者的跨国公司，例如诺基亚、摩托罗拉和三星对整个产业链进行生产和销售的整合和控制，中国企业，尤其是中小企业主要集中在 EMS（Electronic

Manufacturing Services，电子制造服务）[①] 和非核心零部件的加工制造环节，技术进步属于典型的外源型结构。

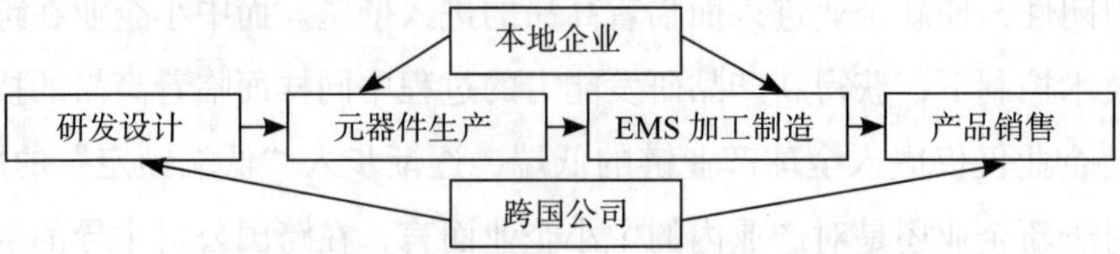

图 3–1　中国手机产业各企业在产业链中的分布

资料来源：根据课题组实际调研资料整理，2016.

（三）技术研发投入能力不足

由于本地 EMS 和非核心零部件制造，尤其是中小企业长期处于微利状态，缺乏技术创新的投入能力。如表 3–3 所示，深圳手机制造型中小企业依靠劳动力等具有比较优势的要素所占据的价值环节对劳动条件、技术能力等的要求较低，进入壁垒较低，加之订单和技术完全依附于国际购买商或跨国公司以及核心零部件厂商，从而在全球价值链的利润分配中只占据较低的份额，中小企业经常处于微利状态，难以进行技术创新投入。

（四）技术研发投入动力不足

嵌入全球价值链的加工制造型中小企业生存需要的主要是加工制造能力，技术创新投入的动力不足。处于新分工体系中加工制造环节的企业可以通过多种方式提升其生产制造能力，例如，国际购买商或跨国公司的技术援助、购买先进设备与技术专利、模仿、人才流动以及“干中学”等。从全球价值链治理的角度来看，加工制造型企业的制造能力提升符合国际购买商或跨国公司的利益，它们会主动进行相应的技术扩散。因而对于大多数制造型中小企业来说，制造能力的提升是一个顺其自然的过程。然而，制造型企业技术创新能力的提升则会威胁跨国公司的竞争优势，国外技术领先者会通过技术壁垒的设置防止核心技术的溢出和扩散，因此，依赖外源型技术进步的中小企业在技术创新能力的提升方面将遇到阻碍。与

① EMS（Electronic Manufacturing Services）即电子制造服务，是 20 世纪 90 年代兴起的一种新的服务形式，它指受托厂商为电子产品的品牌拥有者提供制造、采购、部分设计以及物流等一系列服务。

表 3-3　全球手机产业价值链及其主要特点

<table>
<tr><th colspan="2" rowspan="2">全球价值链主要价值环节</th><th rowspan="2">地理分布</th><th colspan="5">主要特征</th></tr>
<tr><th>所需劳动条件（设备）和员工技能等</th><th>所需技术能力</th><th>企业规模</th><th>市场权力和利润分配</th><th>进入壁垒的高低</th></tr>
<tr><td colspan="2">原材料供应商</td><td>资源密集的国家或地区</td><td>高 / 低</td><td>低</td><td>大</td><td>中</td><td>高</td></tr>
<tr><td rowspan="2">零部件供应商</td><td>核心</td><td>发达国家或地区（欧美国家、日本、韩国、中国台湾）</td><td>高</td><td>高</td><td rowspan="2">大、中、小</td><td>高</td><td>高</td></tr>
<tr><td>非核心</td><td>发展中国家（中国、东南亚等国家）</td><td rowspan="2">低</td><td rowspan="2">低</td><td rowspan="2">低</td><td rowspan="2">低</td></tr>
<tr><td colspan="2">生产组装企业</td><td>发展中国家（中国、东南亚等国家）</td><td>大、中、小</td></tr>
<tr><td colspan="2">出口渠道商</td><td>发达国家或地区（欧美国家、日本、中国香港地区）</td><td>高</td><td>中、低</td><td>大、中</td><td>中</td><td>高</td></tr>
<tr><td colspan="2">零售企业</td><td>发达国家（欧美国家、日本）</td><td></td><td>高</td><td>大、中</td><td>高</td><td></td></tr>
</table>

资料来源：基于对天津自行车、地毯、手机等产业的实际调研整理，2014.

此同时，它们仅仅依靠制造能力的积累也能获得生存，由此造成制造型中小企业缺乏在技术创新能力提升上投入的动力。

三、创新和生产型服务业的平台化

在深圳手机产业变革中，创新平台和生产型服务业的平台化在不同阶段驱动了深圳手机产业内中小企业快速发展。尤其是创新平台的出现改变了深圳手机产业被跨国公司主导和控制的局面，包括供应链在内的生产型服务业的平台化大大降低了新企业进入和中小企业转型升级的成本，而政策主导的公开技术平台则加速了中小企业的合法化过程，共同驱动深圳手机产业中小企业呈现爆炸式增长。

在深圳手机产业出现的平台中，“联发科”创新平台将手机核心技术和外围技术分离整合，打破了跨国公司的技术控制，中小企业之间通过创新平台实现新产品的低成本开发，加快了新企业的进入和中小企业的快速增长。同时，以“怡亚通”为代表的供应链平台的出现，进一步降低了新企业的进入和中小企业的研发和制造成本。而政府公共技术服务平台建设，通过提供公共检测和法律服务，使包括新企业在内的中小企业的发展获得了保障。

（一）“联发科”创新平台与新企业的引致

联发科把手机芯片和系统软件等关键组件集成到一个平台产品中，为手机设计公司和手机制造企业提供“交钥匙”的解决方案。该平台的引入解决了制约中小企业增长的两个制约因素——“核心技术能力不足”和“产品开发壁垒高”问题。因此数量众多的科技型手机中小企业依托联发科的生产平台实现了产品的低成本开发，国产手机突破了跨国公司的“双重陷阱”——技术陷阱和资本壁垒，实现快速发展。

联发科手机模块化再整合平台技术的出现促进了手机产业价值链的整合，从而彻底改变了深圳手机产业的价值网络结构。这表现在以下三个方面：

（1）新的价值网络内新产品的开发流程进一步简化。中小手机企业只需要在联发科的平台产品上进行简单的设计与开发即可推出新产品，大大降低了技术领先者设置的技术、资本和规模壁垒。

（2）新的价值网络内部成员之间的互动分工结构得到改变。例如，在新的分工结构中，中小手机企业和手机设计企业负责手机的外围创新，联发科负责芯片和系统软件等核心部件的技术创新。新的互动分工模式一方面充分发挥中小手机企业以及手机设计企业规模小、数量多和市场响应快的优势，另一方面发挥了联发科作为顶级芯片研发和设计企业的优势。因而，这种互动模式在信息交流方面比依靠内部设计分工的技术领先者更加有效率。

（3）联发科与深圳中小手机企业之间协作网络是基于双向依赖的可持续发展的网络。从深圳中小手机企业的角度来看，它们资本、技术实力较弱，明显依赖于联发科的平台技术。从联发科的角度来看，由于基于联发科平台技术的产品同质，因而该技术对诺基亚、摩托罗拉等技术能力强大的且需要产品差异化的国际品牌企业来说，几乎没有任何价值。同样，对于联想、康佳、中兴等技术能力较强的国产手机品牌企业来说，该技术的价值也不大。因而联发科的生存和发展必须依赖于深圳的中小手机企业。基于双向依赖的协作网络是一种开放高效可持续的网络。

在联发科平台技术的推动下，深圳手机产业出现了第二次创业浪潮。这次创业浪潮涉及的范围更广、创业的模式更加多样，大量的中小企业涌现。从创业的模式来看，有技术团队创业，例如天珑移动的创业者们从万利达移动独立出来创业；有代工企业二次创业转型做品牌手机的基伍等；有做数码产品的企业转型创业，例如 OPPO、鼎智通讯等；有依靠印度、南非等发展中国家市场而成长起来的创业企业，如天珑移动和基伍手机等。持续多样的创新型创业活动，不仅进一步拓展了深圳手机产业技术进步的来源，而且使得深圳中小手机企业与具有世界级技术能力的联发科形成互动合作高效、双向依赖且可持续发展的协作网络，从而推动了该时期手机产业内中小企业的快速发展。

（二）生产型服务业的平台化

以怡亚通为代表的供应链管理平台公司的出现和发展，是深圳手机产业生产型服务业平台化发展的代表。供应链管理公司为中小企业提供零部件采购、物流和销售服务，作为具备高链接能力的中介节点，在一定范围内主导了深圳中小手机企业价值网络的重组，降低了中小企业研发制造成本，为中小企业发展提供了新的动力。首先，依托供应链管理企业整合制造资源后提供的专业化制造管理服务，拥有市场开拓能力或产品研发能力的中小企业或个人的可以实现低成本创业。在供应链管理企业出现之前，这些拥有特定能力的企业或个人以及一些拥有制造能力的企业，散落在市场中，成为相互间缺乏联系的“孤岛”。

以怡亚通和创捷为代表的供应链管理类企业，作为链接中介，一方面将深圳及其周边的手机高端制造资源整合进其网络化的商业服务平台，另一方面联系拥有市场开拓能力或产品研发能力的中小企业或个人。在供应链管理企业的撮合下，市场中散布的能力“孤岛”得以整合起来，共同完成完整的价值创造活动。进一步降低了中小企业创业的成本，由此催生了大量中小企业。

其次，供应链管理企业基于中介链接节点基础上的金融服务功能的发挥，可以缓解中小手机企业生存和技术创新过程中的资本缺乏问题。作为核心链接中介，在长期的交易过程中，供应链管理企业掌握了由其链接的大量中小企业的信息。依托掌握的信息，供应链管理企业可以低风险地为处于其供应网络内的中小企业提供金融服务。

（三）政府主导的公共技术服务平台

政府主导建设和运营的功能多样的公共技术服务平台是促进深圳手机产业内中小企业技术进步和快速增长的重要平台。深圳手机产业中的公共技术服务平台提供的功能多样，包括公共研发服务、技术转移、技术展示与撮合、技术孵化以及检测等。功能多样的平台降低了深圳手机产业的技术创新和创业成本。以检测中心为例，2007 年 10 月，南方手机检测中心落户深圳福田上沙创新科技园，为企业提供快捷、高质量的手机测试认证和相关技术服务。在南方手机检测中心落户深圳之前，手机入网检测费用高、时间慢，一款手机的检测费用需要 32 万元，检测周期为两个半月。对利润微薄的中小手机企业而言，难以承受如此高昂的检测费。此外，作为电子类快速消费品，手机新产品具有明显的市场周期短的特征，过长的检测周期难以满足企业的要求。新的检测中心的落户，使手机的检测周期缩短为 1 至 2 周，检测费用大幅度降低。例如，GSM 手机检测费用降低了 33%，CDMA 手机检测费用降低了 70% 左右。

第三节　模块化推动的中小企业大发展：硅谷经验

作为全球科技型中小企业发展的典范，模块化组织创新是 IT 产业兴起和发展的关键机制。模块化把产品的研发设计划分为若干相对独立的子系统，通过统一的标准实现链接和整合。模块化的基本功能使创新能够在子模块的范围内进行独立进行，所创造出来的选择的多样化和新型竞争，使硅谷在 IT 领域的创新和发展独领风骚。

一、硅谷电子产业复兴的发展路径：中小企业爆发式增长

（一）20世纪80年代硅谷电子产业的衰落

20世纪60年代中后期，美国公司首先发明了半导体并获得巨大的市场成功。AT&T公司的贝尔实验室完成了包括晶体管和电子束平板印刷术在内的半导体技术方面的大量创新。IBM公司则率先为以晶体管为基础的立体逻辑技术开发出真正的高容量半导体产品，并于1964年推向市场。德克萨斯仪器公司则进一步完善了高容量半导体的生产工艺。仙童和英特尔公司最早推出了许多应用广泛的逻辑与存储芯片的设计技术。到了20世纪70年代末，加利福尼亚州北部的硅谷和波士顿的128公路地区已经发展为世界电子工业主要的技术创新和制造中心，并且成为各国发展本国高新技术产业争相仿效的对象。

但是，20世纪80年代，亚洲在半导体制造方面异军突起。以日立、NEC和东芝为首的一批日本公司，依靠新产品的开发、技术整合和对半导体制造能力的大规模投资，使其在半导体制造方式的竞争优势得到了实质性的提升。与此同时，大批在美国接受过技术培训的韩国科学家和工程师带着平版印刷术、蚀刻术以及晶体管的最新知识返回家乡，帮助韩国建立起从事半导体业所必需的基础科学技术。到90年代初，以三星为代表的一批韩国公司在动态随机存取存储器（DRAM）市场取得了领先地位。

到20世纪80年代末期，美国半导体工业几乎遭到了毁灭性的打击。日本公司主导了产品开发和制造，它们的市场份额从20世纪80年代的26%增长到90年代的49%；在存储设备方面，它们的市场份额则从22%跃升至70%。英特尔、松下、AMD、摩托罗拉、AT&T以及Mostek被迫撤出了DRAM生产领域，很多业内专家预测，来自日本的竞争者会很快威胁到英特尔在微处理器方面的地位。尽管20世纪80年代全球半导体销售额增长了两倍多，但是，美国半导体公司的就业总人数却在1983—1990年减少了25000人。

在这场激烈的国际竞争面前，硅谷和128公路地区的电子产业都经历了一场严峻的危机和滑坡。硅谷的芯片制造商把半导体存储器集成电路市

场拱手让给了日本企业，而128公路地区的微机公司则眼睁睁地看着自己的客户转向工作站和个人电脑。许多分析家预言，硅谷和128公路地区将步底特律和匹兹堡的后尘，走向经济的长期衰落。

（二）新兴领域中小企业爆发式增长引领硅谷电子产业复兴

在短短的5年时间里硅谷就重新收回了其在半导体、个人计算机、工作站、服务器和笔记本电脑等重要领域曾经失去的领地，成为全球IT领域的创新源泉。在新一代半导体和计算机领域，出现了中小企业爆发式增长的情况。如Sun微系统、Corner Peripherals和Cypress半导体这些新兴企业都取得了极大成功，新兴IT领域内的苹果、微软、思科等中小企业快速增长。

与20世纪70年代以前的制造业发展的一般规律不同，硅谷IT产业的发展逐渐表现出两个方面的重要特征：一是在持续的技术和产品创新中产品的信息处理能力或质量和性能迅速提高的同时，产品的成本却保持不变或不断下降；二是没有出现过去传统产业发展过程中出现的由众多的中小企业竞争演变为少数企业垄断的产业组织结构，而是一直保持着分散型的产业组织结构。对美国1500家IT公司20年的数据分析表明，虽然当初市场价值集中在少数几家企业里，但是，通过价值的逐渐转移，现在已经分散到了涉及16个领域的众多企业里。

经过20世纪80年代的中小企业数量的高速增长，至21世纪初互联网泡沫破灭之前，硅谷的中小企业发展至3万多家，其中员工人数超过1000名的公司只占2%，85%的公司员工少于50名。硅谷在产业生态上形成了中小企业集聚的现象，同时如图3–2所示，硅谷的企业保持较高的“新陈代谢”，每年大量新增中小企业不断替换被市场淘汰的企业，使得硅谷在最新的技术前沿上保持创新活力。

二、硅谷IT产业组织模块化引发中小企业大发展

模块化提高了中小企业之间专业化协作的效率，使得单个中小企业能够在不确定性经营条件下持续的专业化知识的积累和创新，促使硅谷的中小企业呈现爆炸式增长。模块化产业组织模式的形成从两个方面促进了中

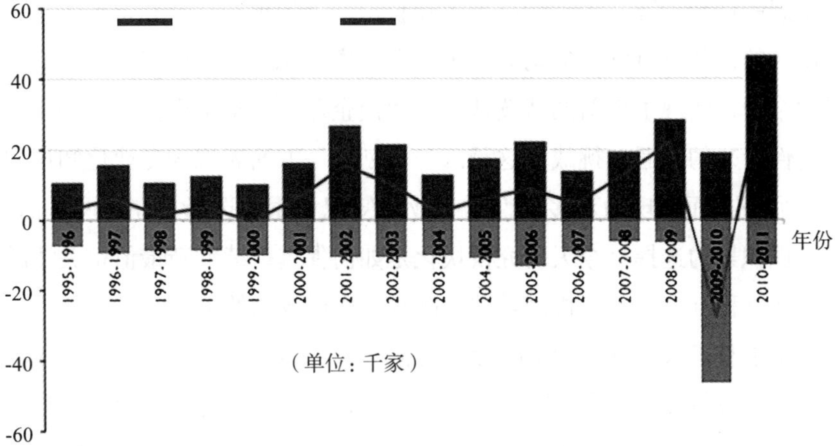

图 3-2　1995—2011 年硅谷每年企业总量与倒闭企业数量

数据来源：硅谷指数（1995-2011）：http：//www.siliconvalleyindex.org/.

小企业的发展：

第一，模块化产业组织模式为中小企业的发展存活创造了必要的条件。与亚当·斯密所描述的古典分工理论不同，通过模块化分解复杂的系统后得到的模块本身仍然是复杂的系统。在亚当·斯密的古典分工理论当中，将构成大头针的制造过程的一个个步骤归结为极其简单的作业。但是，现代的设计和生产过程的每个模块本身都是复杂的。以笔记本电脑的设计和生产为例。它可以分解为驱动系统、主板、液晶显示屏、操作系统、沟通装置等模块，这些模块可以通过一定的界面规则联系起来，但各模块的设计本身就相当复杂。在这种情况下，模块本身又可以分解为小模块，这样，就形成了众多科技型创业者针对某一层次的模块开展创新型创业行为，并取得市场的合法化。

第二，模块之间联系的规则一旦确定，每个模块的设计和改进都会独立于其他模块的设计和改进，每个中小企业只需要专注于自己的领域，不断进行创新，提高自身的竞争力，降低了创业的风险。模块的独立性包括两个方面的含义：一方面，模块化更有利于专业化知识的积累，因为，在相互联系的规则既定的条件下，专业化知识积累本身不受它们之间相互联系的影响或约束；另一方面，同一模块可以由不同的团队或企业承担并展开激烈的创新竞赛。由于优胜者可能获得巨大的现实利益和未来收益，使得模块的创新具有强大的动力。事实上，模块化过程通过使上述两方面有机的结合，实现了创新的持续性，从而使企业甚至整个产业充分利用了不确定性带来的机遇和挑战。这是因为，创新一方面表现为专业化知识的积累，另一方面表现为对多样性的专业化知识积累的选择。在这两方面中，对知识积累的选择是今天研究模块化是如何促进持续创新最值得关注的内容。而这种健全的选择机制是硅谷高科技取得成功的关键。

正是基于这一点，青木昌彦和安藤晴彦（2003）指出，[①] 模块化在硅谷之所以取得如此巨大的成功是因为硅谷是创业者精神、风险投资以及各种专家的聚集地。为了描述硅谷的创新能力，他把硅谷比喻为一个包括工程师、科学家、风险投资和企业家角逐的战场，其中模块化是这个战场有高效运行的基础。

第四节　产业应用型技术研究院的设立与中小企业大发展：台湾新竹经验

一、台湾新竹科技产业园发展概况

20 世纪 70 年代，随着全球能源危机的出现和岛内劳动力、土地成本以及汇率的上升，中国台湾地区以劳动密集型为主的加工出口发展模式受阻，经济发展面临严重下滑的危机。为了寻找新的经济增长点，中国台湾借鉴国外先进地区科技研发对产业发展的带动作用，试图通过政府的大力推动启动和发展高新技术产业。新竹科技产业园的建设成为台湾转型发展战略的支撑和载体。依托园区内工业研究院的科研转化和海外科技人才的引入，台湾抓住 80 年代全球高科技产业分工扩散契机，迅速建立起以半导体、集成电路为代表的电子工业产业体系。园区内本土中小企业不断创

① 青木昌彦，安藤晴彦．模块时代：新产业结构的本质 [M]. 上海：上海远东出版社，2003.

立并快速发展，涌现出一批如台积电、宏碁计算机、联华电子、旺宏电子、华邦电子、力晶半导体、联发科等创新型企业。

成立至今，新竹科技产业园不断加速发展，成为台湾高科技产业的主要推动力，形成半导体和集成电路、计算机和电子信息、光电等产业集群。其中，在半导体、集成电路行业，新竹芯片设计业居全球第二，芯片制造业居全球第一，经营代工部分居全球第一；在光电行业，TLCD 显示幕 10 寸以上的居全球第一，10 寸以下居全球第二，有机显示幕也在世界上占有重要的地位；在计算机和电子信息产业，1994 年以新竹科技产业园为主要生产基地，台湾生产的主板机、监视器、电源交换器、绘图卡、键盘、鼠标、桌上型影像视频扫描器、视讯卡等 8 项获全球第一，1996 年又有笔记本电脑、视频扫描仪、音效卡、数据机、网络卡、集成器等 6 项硬件销售额占世界第一（见图 3-3、表 3-4）。

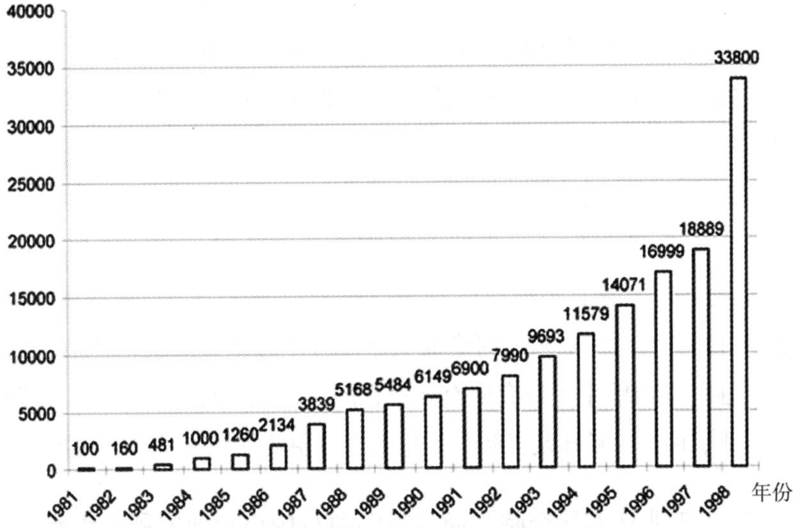

图 3-3　1981—1998 年台湾 IT 硬件年产量

资料来源：The Silicon Valley-Hsinchu Connection：Technical Communities and Industrial Upgrading，Anna Lee Saxenian & Jinn-Yun Hsu，Oxford University Press 2001：896.

通过“政府”发展半导体、集成电路产业的战略推动，新竹科技产业园成为全球半导体、集成电路产业科技企业集聚的核心区域。截至 2000 年底，园区内共有 57 家集成电路设计制造公司、5 家晶圆材料企业、4 家

表 3-4　　1995 年新竹科技园电子信息产业主要产品产量比重

	芯片	笔记本电脑	台式机	终端机	扫描仪	网络卡	鼠标
占台湾比重（%）	100	26	36	64	49	38	29
占世界比重（%）	一	9.2	7.17	17.33	52.20	29.81	21.05
世界排名	4	1	3	2	1	1	1

资料来源：根据网上公开资料整理，2014.

光罩公司、21 家晶圆制造公司、8 家封装公司、3 家测试公司、3 家导线架生产厂商。其中，集成电路制造业是整个集成电路工业的火车头，由"工研院"衍生出的联电集团和台积电，不但奠定了台湾地区集成电路产业的基础，并直接而明显地带动其上、下游众多的相关产业，包括从晶圆材料、设计业、光罩业、封装业、导线架业、化学材料业、测试业，到设备业等，均与集成电路制造业形成密切的联系。2000 年，台湾前十大集成电路厂商中，园区占 7 家，包括台积电、联电、华邦、茂硅、茂德、旺宏、世界先进，而台湾前十大晶圆制造厂商中，园区占九家，产值占台湾地区 95.58%；而晶圆代工更是在全球占据主导地位，全球市场的占有率高达 64.6%。

集成电路制造业的快速发展带动了集成电路设计业、封装厂、专业测试业、硅晶圆材料业、光罩业等产业的快速成长。2000 年园区的集成电路设计业、硅晶圆材料业和光罩业分别占整个台湾地区的 93.75%、100%、100%。尤其是园区内集成电路设计业逐渐形成集群优势，集成电路设计业的岛内前十大厂商中有 8 家在园区，包括硅统、联发、凌阳、扬智、硅成、瑞昱、联咏及义隆，其总销售额更高居世界第二，仅次于美国。

二、"工业技术研究院"通过推动科技中小企业发展启动新兴产业

中国台湾地区从劳动密集型发展模式向科技驱动增长模式转型的首要难题是高科技产业发展的技术来源问题。由于台湾本土企业在之前的发展中大多从事劳动密集型的出口加工业务，不具备承担引进新兴技术、推动地区实现跨越式发展的能力。而本地的科研院所由于缺乏创新体系的支撑，科研成果难以成为推动高科技产业发展的主要动力来源。因此，台湾

实施高科技发展战略必须寻找新的支撑新兴产业发展的技术来源。

不同于一般的科研机构，“工业技术研究院”（以下简称“工研院”）作为推动台湾新兴高科技产业发展的重大战略部署，从设立开始就承担着启动和发展台湾新兴高科技产业的职能。通过组织创新和制度创新，“工研院”以快速推进高科技产业本土化发展为目标，不断引进吸收国外产业技术，并通过本地产业应用研究体系的支撑，使得台湾在以集成电路为代表的电子产业得以实现跨越式发展。同时，配合中国台湾推出的吸引海外归国人才创新型创业政策，“工研院”不断推动海外创业者在新竹科技产业园内实现创新型创业，并通过科技研发力量的支撑，推动中小企业快速成长壮大。

“工研院”成立于 1973 年，由当时的中国台湾地区模仿韩国科技研究所高薪聘请了一批韩国留美学人，致力研发电子、化学、纺织等技术，发展新兴产业的行为而建立。孙运璇将分散在各处的联合工业研究所、联合矿业研究所与金属工业研究所的设备、土地、人才重新整合，成立台湾的“工研院”，重新赋予任务、目标，试图通过利用先进的工业技术推动台湾工业的发展，引导经济起飞。

随着台湾制定实施发展新兴高科技产业战略，1976 年，“工研院”选派多位研究人员赴美国 RCA 公司接受训练，并与美国 RCA 公司签订“CMOS 集成电路技术转移许可协议”，成功将美国 7 微米 4 英寸晶圆生产技术引进台湾，并通过建设 4 英寸晶圆生产示范工厂，成为台湾岛内第一家生产集成电路的厂商，启动了台湾半导体、集成电路产业的发展。1979 年，随着新竹科技产业园高科技产业的启动，“工研院”电子所将 7 微米 4 英寸晶圆的集成电路生产技术自主研发至 3 微米 4 英寸晶圆生产技术，并整体转移成立“联华电子公司”，成为新竹第一家生产集成电路的中小企业。

在引进吸收国外集成电路生产技术的同时，“工研院”开始了自主研发半导体生产技术的道路。1987 年，由“工研院”的“院长”张忠谋创业成立台湾岛内第一家 6 英寸晶圆制造厂“台湾集成电路制造公司”，开创全球晶圆代工制造营运模式，对全球信息业及半导体产业产生重大影响。1994 年，“工研院”电子所次微米实验室衍生成立“世界先进集成电路公司”，是国内第一家8英寸晶圆制造公司，开业界自制内存之始，使中国台湾成为世界生产半导体的主要地区。

表3-5　“工研院”推动集成电路产业发展情况

机构名称	时间	产业化形式	技术方向
“工研院”电子所	1976	自建工厂	7微米4英寸晶圆生产技术，成为台湾第一家生产工厂
“工研院”电子所	1979	衍生联华电子	3微米4英寸晶圆生产技术，台湾最早自主研发的生产技术
“工研院”	1987	衍生台积电	6英寸晶圆制造，开创全球晶圆代工新模式
“工研院”次微米实验室	1994	衍生世界先进	8英寸晶圆制造

资料来源：根据课题组调研资料整理，2014.

除了启动台湾的集成电路产业，“工研院”在推动中国台湾其他新兴高科技产业的兴起上也起到了关键作用。通过将产业最前沿的产业应用成果转让成立中小企业，工研院带动了新竹新兴产业领域内一批中小企业的成立和发展。1985年，丰业信息公司接受“工研院”电子所技术转让16位个人计算机制造技术；1985年，“工研院”将研发成果碳纤维复合材料技术转让自行车、高尔夫球及网球拍厂商。其中，协助捷安特公司开发碳纤维自行车，并进入高级车市场，该公司现为全球最大自行车厂，在世界上占有举足轻重的地位；1989年，“工研院”自动化技术衍生设立“盟立自动化股份有限公司”，为台湾首家整合性工业自动化设备零组件研发、生产及销售公司；1990年，“工研院”将研发的干膜光阻技转让长兴化工、大东树脂协助建厂投产。其中长兴年产能超过10亿平方尺，全球市场占有率超过40%，创造超过新台币30亿元的年产值。2004年，“工研院”材料所与台达电子公司合作成立旺能光电公司，并签订太阳能电池技术转移合约，是台湾太阳电池产业发展的重要里程碑参见表3-6。

三、“工研院”科技工作者创新型创业推动中小企业大发展

不同于大学实验室和一般科研院以完成科研项目为导向的科技“内循环”，在从基础研究到商品化的创新链条上，台湾“工研院”不仅进行应

表 3-6　　“工研院”推动台湾部分高科技产业发展概况

机构名称	产业化形式	技术方向
“工研院”电子所	技转丰业信息公司	16 位个人计算机制造技术
“工研院”材料所	技转捷安特公司	新材料研发成果碳纤维复合材料技转自行车、高尔夫球及网球拍厂商
“工研院”机械所	衍生盟立自动化股份有限公司	台湾首家整合性工业自动化设备零组件研发、生产及销售公司
“工研院”材料所	技转长兴化工、大东树脂	研发成果干膜光阻技转，台湾太阳电池产业发展之重要里程碑

资料来源：根据公开资料整理，2014.

用技术开发，而且要进行试生产和工程化，实现量产。“工研院”的研发本质上是新产品在大规模商业化之前的一次重要“演练”。在这个“演练”过程中，台湾“工研院”对产品的工艺可行性、质量可靠性、成本可控性都做出了探索性研究和试验，提高了中小企业企业采用新技术、开发新产品的信心，降低了科技初创企业的风险。“工研院”的“演练”使得大量科技工作者能够依托在研究院内的科研活动开展创新型创业活动，快速将科研成果转化为具有广阔市场前景的商品，促成了台湾在新兴高科技产业领域中小企业的爆发式增长。“工研院”于 1980 年首次以衍生公司的方式促成联华电子公司后，又在 1990 年正式出台了《工研院筹设衍生公司办法》，加速了“工研院”推动创新型创业的步伐（见图 3-4）。

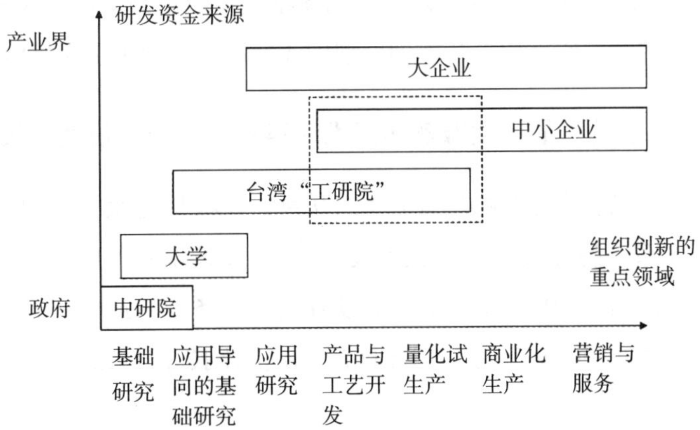

图 3-4　台湾“工研院”与其他社会组织的研发资金和创新重点领域比较

台湾“工研院”每年的人员流动率能够达到较高的15%，离职的员工大多流向了台湾本土的高科技产业。截至2012年11月，工研院已累计培育了产业人才22202名，直接衍生中小企业合计超过225家、著名科技企业CEO超过70名①。此外大量的工程师跳出“工研院”开展创新型创业活动，在集成电路、自动化机械、LED等新兴产业领域内成立了一大批中小企业，引领台湾产业发展的前沿。

除了“发展集成电路（IC）计划”外，“工研院”通过推动自动化机械的发展增强了台湾基础工业制造的能力。在推动自动化产业发展过程中，大量的“工研院”的科技人才跳出创业，成立中小企业，大大提升了“工研院”科技成果转化的效率。在1983年到1987年，“工研院”的顶尖工程师组成取经团队，赴美学习。随着工研院在自动化机械领域陆续取得一系列的科研成果，引致了大量的中小企业的出现，包括关永昌1986年创立的亚崴机电、孙弘1988年创立的盟立自动化机械、陈士端1993年创立的陆联精密等。

“工研院”成立以前，台湾每年有大量的毕业生和工程师流向海外，根本原因在于台湾当时的产业和科研院所难以消化如此数量的人才。随着台湾启动和发展新兴产业，台湾地区急需大量的专业技术人才，“工研院”成为海外人才回台成立中小企业的重要平台。通过较强的科技研发资源支撑，“工研院”吸引大量的归国人才和本地人才进入研究院开展研究工作（见图3-5），通过机制和体制创新以及鼓励创新型创业政策的推出，这些人才利用在“工研院”的研究成果开展创新型创业活动，涌现出一大批中小企业。

四、“工研院”的研发服务体系推动科技新创企业快速成长壮大

“工研院”特别强调和中小企业的联系，积极构建服务于中小企业的研究服务体系。院部设“技术服务处”，各所设技术服务中心，并在台湾约50个工业开发区内以及各市、县设有技术服务窗口或中小企业服务中心。仅在1997—2001年间，“工研院”共转让技术1522项，受益企业

---

① 张云华，谷海颖，马田．台湾工研院市场化转型带来的启示[J]．通信企业管理，2014（7）．

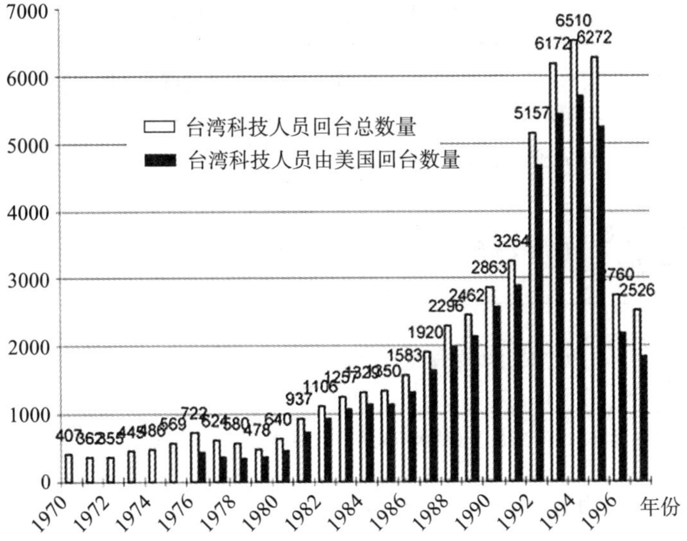

图 3-5　1970—1996 年回台科技人员数量

数据来源：The Silicon Valley-Hsinchu Connection：Technical Communities and Industrial Upgrading, Anna Lee Saxenian & Jinn-Yun Hsu, Oxford University Press 2001：906.

2277 家次；合作研究开发 957 项，合作企业 1509 家次；委托研究 3825 项，委托企业 4459 家次；获得专利 1998 案，共计 3131 件；讲习和培训 5589 场，共计 353521 次；产业技术服务 256804 项，服务企业 127999 家[①]。从"工研院"和全球具有代表性的应用技术研究院收入结构的比较上（见表 3-7）反映出台湾工研院研究的市场化导向。

近年来"工研院"推出开放实验室和创业育成中心，协助业者从事研发和创业，形成了完善的技术服务体系。开放实验室利用"工研院"的综合研究大楼，提供企业与"工研院"研发计划所需的空间，进驻者同时可享有各项行政服务、工程维修以及本院的研发人力、设备、市场与技术信息。"工研院"提供的服务还包括新产品开发、制程技术升级与引进、质量强化、国际合作等辅导，以及市场分析、投资评估的专业咨询。"工研院"以开放实验室帮助产业进行创新研发及新创公司的培育。科技导向的"工研院"与产品导向的进驻厂商之间的紧密互动关系激发了中小企业快速

① 《中国智库》编辑部 . 漫谈中国台湾工业技术研究院的运行机制 [J]. 中国智库，2011（2）.

表 3-7　台湾“工研院”与典型产业研究院比较

名称	定位	收入结构	科研人员数	研究分支机构数量	年申请专利数
台湾“工业技术研究院”	产业技术研发服务	1/2：政府项目 1/2：市场收入	5600	7	1947
德国弗朗霍夫应用技术研究院	应用技术研发服务	1/3：市场收入 1/3：政府项目 1/3：财政拨款	18000	80	695
荷兰应用科学研究院	应用技术研发服务	1/3：市场收入 1/3：政府项目 1/3：财政拨款	4189	7	87

资料来源：吴金希．论公立产业技术研究院与战略性新兴产业的发展 [J]. 中国软科学，2014（3）.

成立和发展。自从 1996 年开办以来，先后有 205 家厂商、超过 5300 人进驻，其中有 113 家是新创企业，厂商投资及投入研发的金额已超过 425 亿元（见图 3-6）。

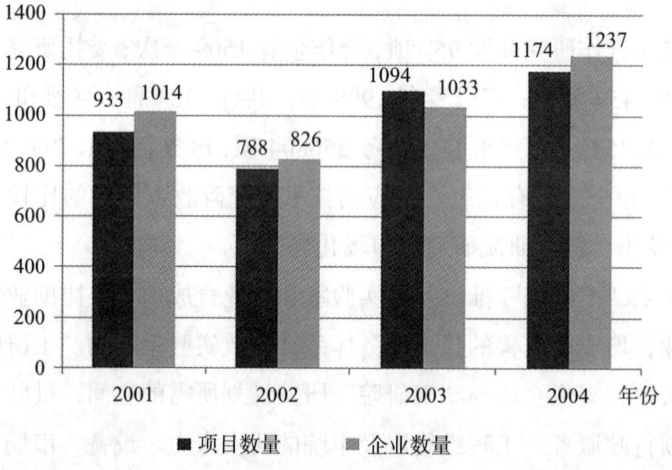

图 3-6　2001—2004 年台湾“工业技术研究院”市场项目数量及服务企业数量

资料来源：阮重晖，张俊华，沈剑．台湾工业技术研究院模式对杭州建设行业公共研发平台的借鉴 [J]. 中共杭州市委党校学报，2006（3）.

四、总结

无论从 20 世纪 90 年代美国的新经济还是从知识经济的新前沿看，作为创新的关键主体，中小企业甚至是作为个体的创客在创新经济中发挥着至关重要的作用。当创新主体由单个大企业向中小企业甚至是创客扩展时，以平台为主导的创新生态系统逐渐取代国家和区域创新体系，成为创新经济的关键支撑。

在创新经济发展中，平台组织是多元化的，既包括阿里巴巴、亚马逊、谷歌和联发科在内的交易和技术平台组织，也包括台湾“工业技术研究院”和清华大学深圳研究院在内的科技创新平台，还包括怡亚通在内的供应链平台。平台组织通过向中小企业提供服务，帮助中小企业的成长和发展，是区域和产业创新生态系统的主导者。

第四章

科技型中小企业发展的动力机制和路径

——以天津为例*

从国内先进地区发展的实际情况看，2005年以来，科技型中小企业不仅推动传统产业的高端化，而且日益成为战略性新兴产业和生产型服务业发展的主导因素。以滨海新区的开发开放为契机，2008年以来，天津市试图以科技型中小企业的大发展为抓手，积极探索创新驱动经济发展的新路子。

天津科技型中小企业发展的经验表明，创新创业环境的构建是推动科技型中小企业的涌现和发展的关键。其中，新型工业园区是科技型中小企业发展的聚集区，包括科技孵化器在内的“官产学研”一体化的新型混合组织是科技型中小企业发展的策源地，而科技资源富集的大学和科研院所则为科技型中小企业的创业和发展提供了肥沃的土壤。

改革开放以来，立足于包括廉价劳动力和土地在内的比较优势，通过

* 本章是对天津科技型中小企业调研成果。调研工作始于2011年6月中旬，共分四个阶段完成：第一阶段是试调研阶段，主要是对滨海高新区的科技型企业进行调研和访谈；第二阶段课题组先后赴武青、宝坻、西青、蓟县、宁河、静海、北辰、津南区县对科技型中小企业进行调研；第三阶段课题组与市内六区的科委和政府研究室调研座谈；第四个阶段课题组对天津主要科研院所调研访谈。其中，课题组已完成了前三个阶段在调研，2011年9月中旬启动第四阶段的调研。本章是在前三个阶段调研的基础上完成的，第四阶段的调研将形成一个独立的报告。本章是在2011年调研报告的基础上修改而成，主要作者为李强治、刘刚。

FDI 的引进，发展以跨国公司为主导的本地生产网络是包括天津在内的东部沿海发达地区发展现代制造业的基本路径。随着国际和国内市场条件的变化、要素成本的上涨和资源环境约束的加强，中国经济进入新的发展阶段。作为北方经济中心，充分利用京津科技创新资源富集、制造业发达和优越的交通区位优势，2010 年以来天津市通过制度创新推动科技型中小企业的发展，探索一条把发展中小企业与科技创新相结合的创新驱动经济转型发展道路。科技型中小企业的快速发展已经成为推动天津市经济结构调整和经济发展方式转变的主导力量。

第一节　天津科技型中小企业的发展

一、天津市科技型中小企业发展现状

（一）发展概况

2010 年以来，天津科技型中小企业快速发展的主要原因表现在四个方面：一是国际和国内市场条件的变化，2005 年之后，国际市场需求的萎缩，导致传统以出口为导向的制造企业感受到越来越强烈的市场压力；二是随着包括廉价劳动力在内的“要素租金”的耗散，产品和技术创新逐渐成为企业竞争优势的基本来源；三是作为北方经济中心，天津拥有科技创新资源丰富和邻近京津高端市场的两大优势；四是创新驱动发展战略的实施和政府创新创业环境的构建。其中，以创新创业环境构建为主导的制度创新，是天津市科技型中小企业快速发展的关键因素。

在上述因素的驱动下，2008 年以来，天津市的科技型创业企业呈现出爆发式增长的态势。科技型中小企业的数量从 2010 年的 12513 家，快

速发展为 2016 年的 8.0284 万家（统计数据截止于 5 月 31 日）。① 其中，小巨人企业累计达到 3678 家（见图 4-1）。

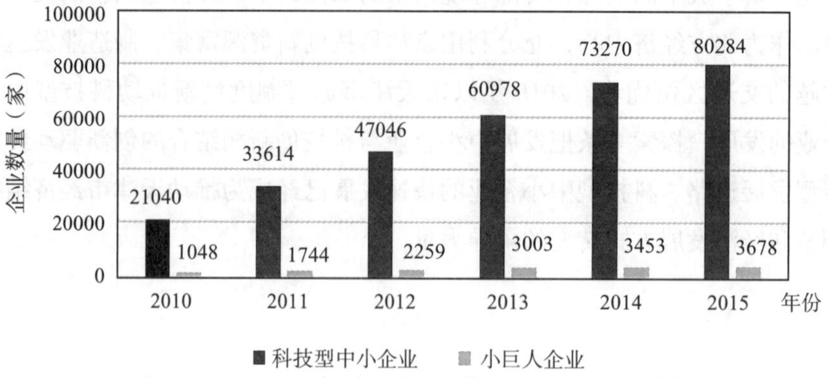

图 4-1　2010—2016 年（5 月 31 日）天津市科技型中小企业数量变动情况

资料来源：基于调研资料整理，2014.

从空间布局看，科技型中小企业的发展呈现出滨海新区龙头带动和各区县竞相发展的态势。作为科技型中小企业发展的引领者，滨海新区科技型中小企业的数量由 2010 年的 5275 家发展为 2016 年 5 月的 24262 家，增长了近 4.6 倍。与滨海新区相比，天津市各区县的科技型中小企业数量同样呈现出快速增长的势头，2012 年达到了 62.13% 的年增长率。例如，武清区的科技型中小企业数量一直保持着较快的增长水平，2011 年达到最高峰的 158.3%，尽管近两年出现下降，但 2013 年仍然保持 60% 的增速。2012—2013 天津市 50% 的区县科技型中小企业数量保持 40% 以上的增速，其他区县增长率也在 30% 以上，展现出天津市科技型中小企业快速增长的良好局面（见图 4-2、图 4-3、图 4-4）。

① 科技型中小企业的快速发展起步于 2005 年，因为受 2010 年天津市政府才开始认证和统计的影响，政府正式提供的资料只有 2010 年之后的。在 2010 年天津市政府颁布的科技型中小企业认定管理办法中，科技型中小企业是指拥有一定科技人员，掌握自主知识产权、专有技术或先进知识，通过科技投入开展创新活动，提供产品或服务的中小企业。科技小巨人企业是指年销售收入在 1 亿元以上，拥有具有自主知识产权的科技成果、技术和产品，在行业内居于全国前列，具有较高成长性的科技型中小企业。

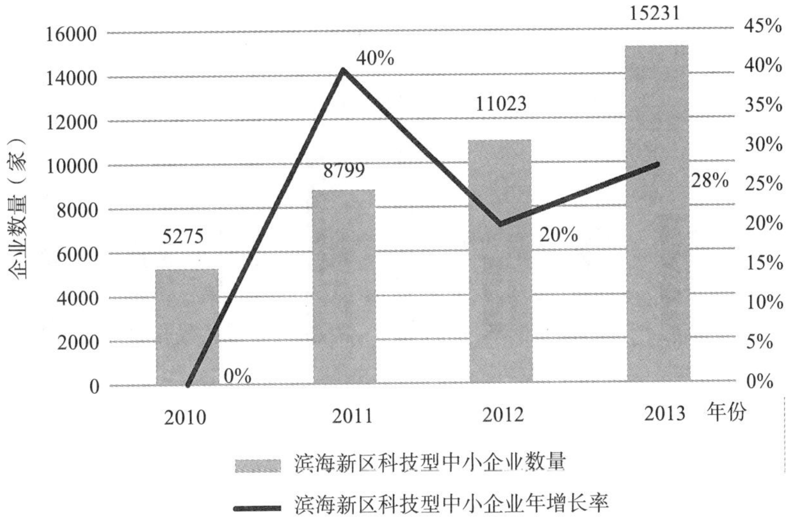

图 4-2　2010—2013 年滨海新区科技型中小企业数量及年增长率

数据来源：天津市科技型中小企业发展工作简报（2013—2014）.

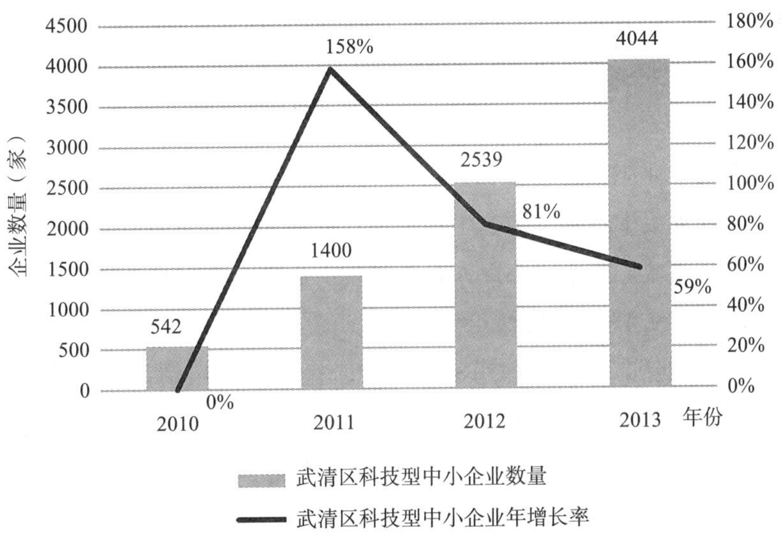

图 4-3　2010—2013 年武清区科技型中小企业数量及年增长率

数据来源：天津市科技型中小企业发展工作报告（2013—2014）.

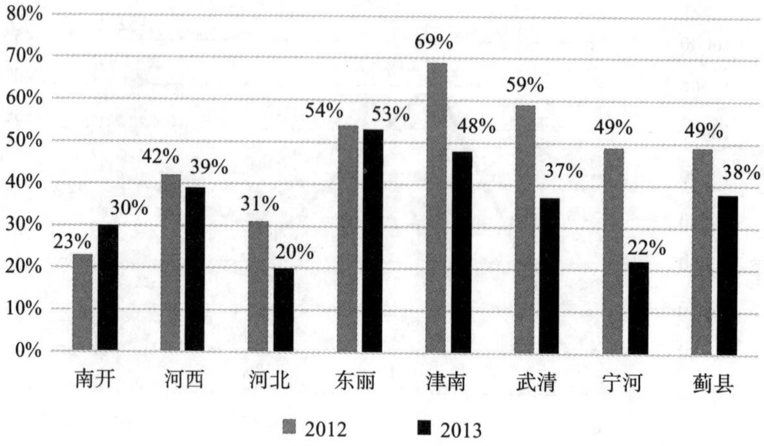

图 4-4 2012—2013 年天津各区县科技型中小企业年增长率

数据来源：天津市科技型中小企业发展工作报告（2013—2014）.

与以加工制造为主导的企业不同，拥有产品研发和技术创新能力是科技型中小企业的典型特征。表 4-1 的数据资料显示，从 2010 年至 2015 年，天津市科技型中小企业占全市企业总数的比重从 9% 提高到 22%。其中，工业小巨人企业主营业务收入高出规模以上工业 7%，利润高出 24%，税收高于 18%。

在推动产业结构升级方面，天津市 70% 的科技型中小企业和 85% 的小巨人企业都集中在新能源、生物医药、节能环保、高端装备制造等战略性新兴产业领域。其中，小巨人企业实现工业总产值占全市规模以上工业总产值的比重从 16% 提高到 48%。

在科技创新方面，天津市科技型中小企业专利申请量年均增长 30% 以上，拥有有效专利 3.4 万件，占全市企业专利拥有量的 44%。实施领军企业重大创新项目 118 项，认定“杀手锏”产品 247 项、重点产品 403 项。国家高新技术企业由 2010 年的 927 家增长到目前的 2309 家。

在就业增长方面，天津市科技型中小企业吸纳全市就业总量的 25%，从业人员年均收入超过 7 万元，高出全市企业职工平均工资近 30%。科技型中小企业不仅成为经济增长的重要驱动力量，而且成为带动就业和居民收入增长的重要因素。

表 4-1　　2015 年天津科技型中小企业主要指标占全市的比重

项目	占全市的比重	备注
企业总数	22%	2010 年为 9%
工业总产值	48%	2010 年为 16%
研发投入水平	5.4%	全市平均为 2.7%
专利拥有量	44%	2010 年至 2013 年年均增长 30%
就业人数	25%	
从业人员年均收入	高出全市企业职工平均年收入 30%	

资料来源：陆文龙．落实创新驱动发展战略　打造科技小巨人升级版　努力实现“十三五”科技创新工作良好开局——在 2016 年天津市科技工作会议上的报告 [J]. 天津科技，2016（3）.

天津科技型中小企业之所以在短期内取得如此巨大的成功，除了依托京津丰富的科技创新资源之外，更重要的是要归结为围绕着创新创业环境的构建而实施的制度创新。2010 年以来，围绕着科技型中小企业的发展，天津市先后出台了“发展科技型中小企业若干意见”、“科技型中小企业五年成长计划”、“科技型中小企业三年行动计划”和相关政策，涉及财政、金融、工商、人才诸多方面。在创新创业环境的构建过程中，在把发展中小企业与科技创新相结合作为政策创新的主题，努力打破长期以来束缚经济发展的科技与经济“两张皮”现象。

除了政策体系的形成和完善，为了形成有利于科技型中小企业发展的生态系统，天津市把工作重心放在包括科技孵化器在内的功能载体建设上。以国家级孵化器海泰孵化器为例，通过提供物理空间和服务，吸引大批科技创新人才的创业活动。海泰孵化器的在孵企业从 2003 年的 517 家发展到 2013 年的 1285 家。通过“专业化基地 + 特色工业园”的运营模式，海泰孵化器在软件、机电一体化、新材料、生物工程与制药等产业形成了较强的集聚效应，成为天津市新兴产业的发源地。经过多年的发展，天津市累计建立了 120 家专业孵化器，成为推动创新型创业活动涌现和科技型中小企业发展的重要载体。

（二）天津科技型中小企业发展的结构特征

1. 产业分布

从产业分布看，天津科技型中小企业不仅分布于包括电子信息、装备制造和汽车零部件在内的传统产业，而且分布于包括云计算和物联网、动力电池、风电设备、数字内容和生物医药在内的战略性新兴产业。其中，以动力电池和风能为代表的新能源产业、以集成电路和电子标签为代表的物联网产业、以手机游戏和动画漫画为代表的数字内容产业、以现代医药和医疗器械为代表的生物医药产业是天津市科技型中小企业最为集聚的领域，已经成为天津产业结构调整的主导力量。

尤其值得关注的是，在重点产业领域，天津市已经形成以科技领军企业和科技小巨人企业为主导，壮大期、成长期和初创期企业为外围的金字塔分布结构，形成了运转良好的企业组织系统。随着京津协同发展战略的实施，围绕着科技型中小企业的发展，通过“官产学研”的结合，新的区域创新体系的构建将为科技资源的集聚和产业化提供肥沃的土壤。

例如，动力电池产业。经过多年的孵化和集聚，天津市已经形成了锂电池全产业链。其中，在锂电池、隔膜、正负极材料领域都形成了领军型企业和小巨人企业，同时存在着大量的壮大期、成长期和初创期企业，已经发展为全国重要的动力电池研发和制造基地。

2. 来源结构

天津市的科技型中小企业主要来源于三个方面：一是现有制造企业的改造提升；二是本地孵化；三是外地引进。在发展之初，天津科技型中小企业的主要来源是现有制造企业的改造提升，其次是创业孵化。但是随着京津冀协同发展战略的提出和实施，依托邻近北京和科技创新资源富集的优势，外地引进的比重逐渐提高。

表 4-2 为作者在 2011 年实际调查中掌握的科技型中小企业来源方面的资料。在 2011 年 6 月认定的科技型中小企业中，改造提升的比重在区县都比较高。随着创新创业环境的改善和京津冀协同发展战略的提出，吸引了包括北京在内的科技型中小企业的进驻。更为重要的是，随着天津市创新创业环境和载体功能的完善，依托科技创新资源富集的优势，天津市

正在成为海内外高端科技人才创新创业新选择。课题组近期的调研表明，天津市科技型中小企业的来源结构，已经从初期的以改造提升为主和本地孵化为辅，逐渐发展为现有企业改造提升、本地孵化和外地引进三轮驱动的新格局（见表 4–3）。

表 4–2　　部分区县科技型中小企业的来源情况

区县	截至 2011 年 6 月已认定的科技型中小企业数量	改造提升		外地引进	创业孵化
		数量	占比		
河西区	671	561	83.6%	18	92
红桥区	200	163	81.5%	0	37
和平区	906	739	81.6%	17	158
河东区	586	254	43.3%	52	280
南开区	1503	1237	82.3%	0	266
河北区	686	385	56.1%	36	261
西青区	482	396	82.2%	82	4
武清区	542	352	64.9%	190	—

数据来源：基于调研资料整理，2011.

表 4–3　　2011—2014 年部分区县干部帮扶科技型中小企业类型表

区县	改造提升	外地引进	创业孵化	备注
河西区	172	58	172	至 2014 年 11 月，当年引进 200 家，转型 100 家
红桥区	35	101	130	2014 年上半年引进 41 家
和平区	257	0	94	—
河东区	125	74	262	—
南开区	222	122	348	—
河北区	191	182	211	—
西青区	168	71	102	累计引进北京高端企业 672 家

数据来源：基于调研资料整理，2014.

随着天津自由贸易试验区和自主创新示范区的建设，近年来北京的科技型中小企业开始加速向天津迁移。仅保税区在 2015 年引进北京的投资项目就有 890 个，至 2016 年 11 月底，累计引进 2100 个。其中的大多是科技型中小企业，主要集中在贸易结算、金融、科技和先进制造业产业领域。2016年，天津经济技术开发区则引进北京企业420家，成为产业结构调整和转型的重要支撑力量。

3. 区域分布

从实际发展看，天津市科技型中小企业主要分布于滨海新区，其次是城市功能完善和较为完善的市内和环城区县。尤其是在发展的初期，远郊区县科技型中小企业发展相对缓慢。但是随着京津冀协同发展战略的提出和各区县功能载体建设的加快，蓟县、宁河、宝坻和静海的科技型中小企业的发展和集聚都有了大幅度提升。从科技型中小企业的引进和聚集看，功能载体建设良好的科技和工业园区是重要吸引子。20世纪90年代以来，滨海新区和9个郊区县都先后建立起以加工制造为主导的经济技术开发区，滨海新区不仅建立了多个工业园区，而且建立起了拥有完善孵化功能的高新技术产业园区。经过多年的发展，尤其是近年来对载体功能的逐步完善，各种类型的工业园区和科技园区的建设已经成为科技型中小企业集聚和发展的良好平台。

依托良好的创新创业孵化功能，天津市的主要工业园区和科技园区已经发展为主导产业特色明显突出的产业集聚和发展空间载体。例如，电子信息、生物医药、新能源、新材料、航空航天、汽车及零部件、机械制造等产业集群。

滨海新区作为天津市经济发展的龙头，战略性新兴产业和高端制造业产业集群优势明显。以天津经济技术开发区和高新技术开发区为载体，滨海新区已经形成航空航天、生物医药、新能源、新材料、海洋高科技等多个具有竞争优势的高新技术产业集群，以及电子信息、装备制造、石油化工等国家级高端制造业产业基地。南开科技园是天津市重要的科研项目孵化、科技成果转化、科技贸易市场、科技产品市场和科技产品生产市场和科技产品生产加工基地；华苑软件园享有“国家软件出口基地”、“国家火炬计划软件产业基地”、“国家863软件专业孵化器”、“国家服务外包基地城市示范园区”四个国家级品牌，聚集了天津市62%的经认定软件企业和53%的系统集成企业，软件出口处于全国领先地位。

在区县发展中，武清经济技术开发区形成电子信息、机械制造、生物医药、汽车及零部件、新材料、新能源等特色产业集群。北辰经济技术开发区形成高端装备制造、城市轨道、汽车、新闻出版装备、新能源、新材料等特色产业集群。西青经济技术开发区形成电子信息、装备制造、服务外包、新能源、新材料、生物医药主导产业体系，其中，电子信息产业重点打造集成电路、手机、电子元器件、新型显示器四大产业集群。静海的子牙经济技术开发区是目前中国最大的循环经济园区，先后被批准为"国家循环经济教育示范基地"、"国家级废旧电子信息产品回收拆解处理示范基地"、"国家新型工业化产业示范基地"，重点发展废弃电器电子产品和汽车产品拆解产业、精深加工再制造产业和节能环保产业。东丽经济技术开发区于2014年2月18日获批升级为国家级经济技术开发区，在汽车研发和汽车零部件、新能源、新材料、电子信息和生物医药等多个产业具有优势。蓟县、宝坻、宁河三大省级经济开发区也在原有产业基础上，纷纷定位电子信息、装备制造、新能源、新材料等战略性新兴产业，加快向高新技术产业和创新驱动型园区转型。

第二节　天津市科技型中小企业发展的机制和路径

一、本地科技创新资源的产业化驱动

作为北方经济中心，天津科技资源富集。同时由于天津制造业基础雄厚，在区域创新体系的建设上，不仅有国家和地方的重要科研院所、大学研究机构，同时拥有许多行业和企业研究机构。尤其是行业和企业研究机构，作为科技成果产业化的中介组织长期存在，在科技成果的产业化过程中发挥了十分重要的作用。

从目前科技资源的分布看，天津现有的科技创新资源广泛涉及新能源、生物医药、物联网、电子信息、数字内容等领域。随着市场和资源环境条件的变化，通过科技人才创业、合作研发和成果转化，天津市发展起

来一大批科技型中小企业，形成了若干战略性新兴产业集群。例如，力神电池、天士力、金鹏管材、膜天膜、红日药业、赛象科技等。

例如，新能源汽车的动力电池产业。依托中电十八所，先后孵化和衍生出天津力神电池、匹克电池、巴莫等科技型中小企业。其中，力神电池不仅成为天津市科技小巨人领军企业，先后拥有专利 958 项，授权专利 665 项。经过 15 年的发展，力神电池的年产能从最初的 400 多万安时增加到 7 亿安时，增长近 150 倍，资产规模由 1.4 亿元增加到 60 亿元，增长超过 40 倍，形成了包括苹果、三星、戴尔、惠普等 20 余家国际高端客户在内的多元化优质客户群体，在我国锂电池行业综合排名第三。与此同时，依托中电十八所而构建的本地区域创新体系不断吸引外地锂电池行业内的科技资源来天津开展创新创业活动，如捷威动力、百顺松涛、神鹿能源、天津东皋膜等锂电行业优质科技资源在天津创业，目前均已成为天津科技小巨人企业。

再例如，依托细胞学国家工程研究中心、中国医学科学院血液研究所、国家干细胞工程技术研究中心、天津国际生物医药联合研究院，天津在包括干细胞治疗在内的生物医药产业领域取得了长足发展。在产业化方面（见图 4–5、表 4–4），从研究网络到研发网络再到生产网络的以干细

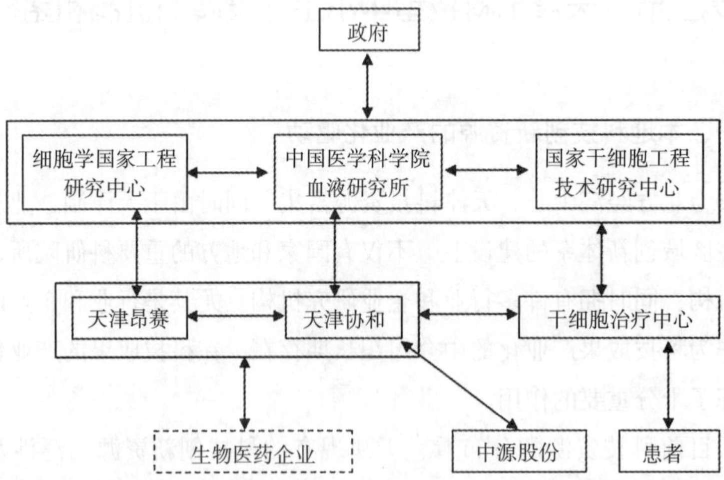

图 4–5　天津干细胞产业化阶段的价值网络图

资料来源：根据调研资料整理，2014.

胞产业化和市场化为导向的价值网络正在形成。经过多年的孵化和培育，天津市在干细胞存储技术和干细胞药物研制方面的能力处于全国前列。在生物医药领域，依托包括天津国际生物医药联合研究院在内的科研院所和平台，科技型中小企业快速成长和集聚。例如，康希诺生物技术有限公司。依托天津国际生物医药联合研究院，康希诺公司引进了多个高端人才，包括国家“千人计划”朱涛博士，京津冀生物医药产业示范区领军人才、天津市“千人计划”宇学峰博士，天津市“千人计划”毛慧华博士、邵忠琦博士等。承担了多项国家重大科技专项、“863”计划及天津市科技发展计划项目同时，加快了产业化的步伐，预计到2018年将实现产值6亿元。

表4-4　　天津国际生物医药联合研究院产业化现状

公司名称	主要产品	创业人员
卫凯生物工程	实验级三维灌注细胞培养仪的生产和销售，大大降低药物研发成本	英国皇家工程院院士崔占峰教授
康希诺生物技术	Hib、流脑等疫苗产品	
滨江药物研发	新型抗癌药物、生物医药研发外包服务	归国科学家为核心
东方华康医药科技	中药新药研发：芪丹鼻敏、鱼鳔补肾益精丸、百地滋阴丸、参芪益肺丸、润肺化核膏	负责人滑东方曾主持多项科研课题，一项获国家中医药科技进步二等奖，四项获国家新药证书并获国药准字号批件
贻诺琦生物工程	侵袭性真菌感染早期快速体外诊断试剂盒	中美合资；美国贻诺琦在天津筹建研发中心实验室
艾赛博生物技术	植物细胞大规模培养	澳大利亚科学家张卫教授
博发生物技术	治疗性基因重组药物和工程抗体	首席科学家何明跃教授被列入天津市“千人计划”

资料来源：根据调研和公开资料整理，2014.

二、现有产业升级转型驱动

随着国际和国内市场需求条件的变化和要素资源价格的上涨，中国制造业的低成本优势正在丧失。为了摆脱可能出现的“低端锁定”陷阱，2005年以来天津市传统产业开始迈入加快升级和转型的轨道。

从实际发展情况看，天津市现有产业的升级转型表现出两个方面的趋势：一是产品的高端化，通过引进新材料、新技术的引入，设计和研发新产品，不断提高产品制造的水平和档次；二是服务化，即通过价值链由以制造为中心向以服务为中心转变，提高企业和产业竞争力。

在现有产业的升级转型过程中，无论是产品的高端化还是产业的服务化，科技型中小企业都发挥了重要的推动作用。尤其表现在以自行车和地毯为代表的传统产业。围绕着传统产业的转型升级需求，通过制造型企业的改造和新企业的创业，大量科技型中小企业的出现已经成为驱动天津市产业结构调整的重要动力来源。

例如，自行车产业。作为标志性传统产业，通过科技型中小企业的发展，天津自行车产业逐渐摆脱了“低端锁定”，走出了长期存在的产品附加值低和微利运行的困境，通过“轻便化、高端化、锂电化”转型升级战略，实现了产品的高端化。

为了实现产品的高端化，天津自行车产业从两个方面实施转型升级战略：一是通过包括镁合金和钛合金在内的新材料的引进，研发更加轻便的新产品；二是通过新动力来源的引进，实现自行车的电动化；三是通过新的设计和服务元素的引进，提高产品的时尚化和个性化水平。

围绕着新材料的引进和产品的轻便化、时尚化，通过与高校和科研院所的合作，涌现出东义镁、天津轻钛、金拜克、唐山大通、曼格新材料在内的一批科技型中小企业。在电动化的发展过程中，涌现出以百顺松涛、松正电子、方世电机、捷威动力、亿丰电子、悍马在内的一大批科技型中小企业，涉及锂电池、电控、电机在内的新技术研发（见表 4–5）。

表 4–5　围绕天津自行车“轻便化、锂电化”出现的科技型中小企业

自行车产业升级方向	科技型中小企业	主要创新产品	研发情况
轻便化（与新材料的结合）	东义镁	镁合金	以清华大学、国家镁合金材料工程技术研究中心和全俄轻合金研究院为技术支持；与天津市自行车协会共建了镁合金自行车工程技术中心，与清华大学合作建设镁材料及其加工技术研究中心，与重庆大学共建了国家镁合金材料工程技术研究中心天津基地

续表

自行车产业升级方向	科技型中小企业	主要创新产品	研发情况
轻便化（与新材料的结合）	天津轻钛	钛合金	与专业研制钛合金产品的西北有色金属研究院合作，于2011年成功研制出了适合钛合金自行车车架的新型管材
	金拜克	镁合金	申请发明专利13项，其中原材料4项、型材5项、表面处理4项，镁合金自行车产品批量出口日本
	唐山大通	镁合金	—
	金镁轮技术研发中心公司	镁合金	行业生产力促进中心、东艺镁公司、原自行车三厂研发中心合作，成立5个镁合金研发中心
	天津工大航泰复合材料有限公司	碳纤维	依托天津工业大学复合材料研究所衍生的企业
锂电化	百顺松涛	锂电池	申报21项专利，计划年内申请三十项新的专利，被批准为天津市专利试点单位，科技小巨人企业
	捷威动力	锂电池	国家“863”科技攻关项目承担单位，国家级高新技术企业，小巨人领军企业
	松正电子	控制器	累计申请国家专利600余项，是国家知识产权试点单位、天津市专利示范企业，小巨人领军企业
	方世电机	电机	天津市高新技术企业

资料来源：根据调研和公开资料整理，2014.

三、以包括北京在内的周边科技创新资源的引入驱动

随着京津“双城记”和协同发展战略的实施，依托优越的交通区位优势、城市功能和制度创新优势，天津逐渐成为包括北京在内的周边地区科技创新资源的聚集地。通过科技创新资源的引进和科技成果产业化，逐渐孵化出一大批在新兴产业领域具有较强竞争力的科技型中小企业。从课题组调研中得到的资料看，如表4-5和表4-6、表4-7所示，北京在大数据、芯片设计制造等领域内的科技资源逐渐向天津转移。除此之外，在电子商务和互联网产业领域，同样出现了北京科技资源和产业资源开始向天津转移的趋势。科技创新资源的集聚和科技成果产业化速度的快速，逐渐成为驱动天津市新兴产业领域内科技型中小企业发展的重要动力。

表 4-6　　大数据产业领域北京科技资源向天津转移情况

科技型中小企业名单	企业评定	产品情况	技术来源
曙光计算机	小巨人领军	“硬件提供商”向“云计算服务提供商”迈进	中科研科学院，以国家“863”计划重大科研成果为基础组建
神州通用数据技术	—	关系型通用数据库、海量数据管理系统	隶属中国航天科技集团公司，是国内最具影响力的基础软件企业
火星科技	科技小巨人	数据存储备份容灾产品	坐落于北京中关村科技园区；2008 年在天津成立产业化基地
华胜天成	—	中小企业云服务平台	投资方北京华胜天成，旗下拥有两家上市公司：华胜天成（上交所），香港 ASL 公司（港交所）
天融信	—	信息安全产品	投资方北京天融信公司；天融信品牌连续多年位居中国信息安全产品市场占有率第一，目前公司拥有 55 项软件著作权，65 项专利申请
东方国信	—	企业数据平台	北京市科委、北京市财政局、北京市国家税务局和北京市地方税务局共同认定的高新技术企业
海量信息技术	小巨人领军	大数据情报服务	海量北京总部；天津研发中心
书生软件技术	—	云存储平台	北京书生公司，成立于 1998 年，掌握国际领先的自主知识产权的版式文档核心技术的软件企业

资料来源：根据调研和公开资料整理，2014.

表 4-7　　集成电路产业领域北京科技资源向天津转移情况

科技型中小企业名单	产品情况	技术来源
迪未数视科技	哈希协处理器云计算芯片	投资方北京迪未数视科技有限公司成立于 2010 年，是一家立足于数字电视领域、专注于推进数字电视网与互联网融合发展的 IC 设计企业。2013 年研发新产品哈希协处理器云计算芯片，并且当年销售额超过 1 亿元人民币。天津迪未数视主要进行第二代哈希协处理器云计算芯片的研发及销售，预计 2014 年销售额可达 4 亿元

续表

科技型中小企业名单	产品情况	技术来源
英特格灵（天津）芯片	直流无刷电机控制和驱动；同时为国内主要数字音视频和通信芯片设计企业提供 IP 设计与技术服务	在北京设有研发中心；主要管理和技术骨干拥有在美国和中国知名半导体公司多年的研发和管理经验，研发人员平均工作经验近 10 年
唯捷创芯（天津）电子技术	射频与高端模拟集成电路的创新设计、生产与销售；手机射频功率器件	在北京、上海与美国设有研发中心
维晟微科技	汽车电子，无线通讯领域大规模集成电路	公司由三位业内资深专家主创，拥有业内一流的研发和营销团队，研发人员全部为来自于国内知名高校并具有多年芯片研发，产业化经验的资深工程师
中天联科	机顶盒等专注于数字电视和多媒体领域的芯片设计和应用系统开发的半导体高新技术公司	运营主体设在北京，同时在美国马里兰州德国镇、韩国首尔和天津设有研发中心，在深圳设有客户技术支持中心

资料来源：根据天津科技型中小企业发展工作报告整理，2014.

第三节　制约天津市科技型中小企业持续大发展的关键因素

一、创新创业活力不足

与国内先进地区，例如无锡、深圳和北京相比，在科技型中小企业的发展上天津创新创业的活力明显不足。从现有的数据看，天津科技型中小企业主要来源于现有企业的改造提升和外来引进。从创新创业人才的引进和对科技型中小企业创业孵化影响最大的“人才引进计划”施行的情况看，天津与国内先进地区相比存在着很大差距：（1）外来引进人才较少。天津自实施“千人计划”至 2014 年，共引进 2.2 万名外来人才，同期全国共引进 109 万人，天津只占全国比重的 2%；（2）在引进人才中，进入高校开展基础研究的“创新人才”相对较多，进入企业开展创新创业的“创新型创业人才”较少。作为引智创业的典型，无锡市通过“530”招才引智计划的实施，迅速聚集一批海内外创新创业人才，启动和发展包括物联网和生物医药在内的战略性新兴产业。其中，无锡物联网企业从2009年的66家增长到2012年的608家，三年内增长了近10倍。在无锡608家物联网企业中，吸引和集聚了海外高科技人才、大学及科研院所等物联网高层次人才238名，成为无锡作为中国物联网产业策源地的基础。

同样，从孵化载体的发展情况看，在孵化器的建设上天津同样落后于深圳、无锡和上海等城市。在孵化器建设上，与先进地区相比，差距不仅表现为硬件设施的建设上，而且表现在软件和相关配套政策方面。

（1）孵化器的建设运营以政府为主导，运营经费由财政支持，孵化器产业尚未实现市场化运作。而深圳南山的众多孵化器则以市场运营为主导，孵化器和孵化企业形成利益共同体，包括市场化风险投资和种子基金在内的投资者参与孵化器的运营和孵化企业的选择、培育，加速科技资源的价值发现和科技型中小企业的快速成长。

（2）科技金融发展水平亟待提升。天使投资、风险投资、贷款担保等科技金融服务是科技型中小企业创新创业的重要支持性资源，特别对于种子期、初创期和成长期的科技型中小企业而言，区域科技金融环境往往起到决定生死的关键作用①。作为曾经的北方金融之都，天津目前金融业，特别是科技金融的发展水平并不令人满意。滨海高新区目前吸引到的风险投资十分有限，科技型中小企业面临严重的融资难问题。郊区县开发区、工业园区则面临更加严峻的科技型中小企业融资难题。因此，加快搭建科技型中小企业各个成长阶段的融资平台，通过体制机制创新最大幅度的降低金融机构的风险，同时培养金融机构助力科技型中小企业发展的创业意识，是今后推动天津高技术产业快速发展的关键。

① 从硅谷、北卡三角地区、台湾等地区科技型中小企业的发展过程来看，科技和金融基本是两个最重要的支撑。对于科技人才创业而言，天使投资、风险投资等往往决定着技术能否真正实现产业化以及产业化过程的长短。

二、新兴产业启动缓慢和集聚度较低

从天津科技型中小企业在新兴产业领域的布局看，存在着各个新兴均分布一定数量的科技型中小企业，但单个产业聚集不足的问题。天津尚未在某个新兴产业细分领域内形成较为集中的产业集群。目前，依托本地的科技资源和外来科技资源的引入，天津开始在锂电池和电动汽车、生物医药、物联网、IC 设计、大数据等领域形成一定的区域竞争优势，但是同其他先进地区优势产业相比，存在科技型中小企业数量较少、企业研发实力较弱、区域创新体系不完善、产业孵化政策不健全等问题（见图 4-6）。

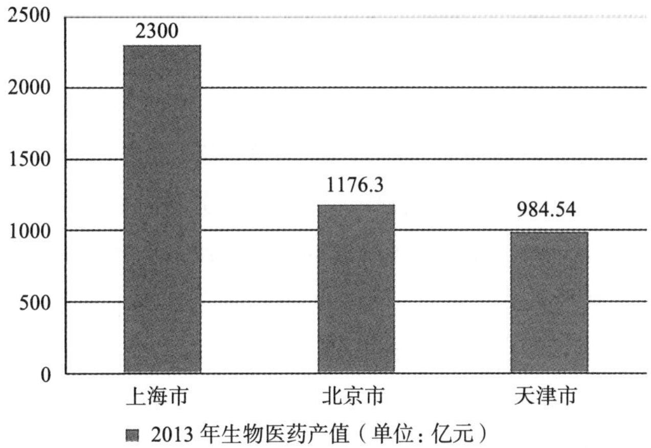

图 4-6　上海、北京和天津 2013 年生物医药产值比较

数据来源：根据网上公开数据整理，2014 年。

新兴产业发展集聚度相对较低反映出天津在新兴产业本地孵化方面能力欠缺，支撑某一产业内科技型中小企业创新创业和快速发展的区域创新体系尚未形成，尤其表现在“孵化产业”政策缺失。产业孵化政策需要与人才引进政策、创新创业扶植政策等进行统筹安排。扶持政策的核心在于发挥增进型政府职能，即通过政府公共资金的投入，率先启动本地区某新兴产业市场需求，促进本地新兴产业的发展，进一步吸引外部相关科技资源的进入，最终形成某一新兴产业的区域创新系统，促进科技型中小企业快速发展。

例如，无锡市通过创新创业的扶持政策启动和发展物联网产业的重要经验就在于与“孵化产业”配套的“政府增进市场需求”政策。截至2010年底，无锡市竣工、在建和计划建设的物联网应用示范项目共76项，其中由国家部委立项或推广的示范项目共有9个，总投资16.12亿元；竣工项目9项，总投资2.07亿元；在建项目45项，总投资7.58亿元；备建项目22项，总投资6.48亿元。与同期无锡吸引集聚物联网科技资源、深圳吸引集聚电子信息科技资源、北京吸引集聚互联网科技资源相比较，天津尚未形成吸引某一新兴产业领域科技资源大量集聚的情况，孵化产业政策的缺失一定程度上阻碍了新兴产业的发展和科技型中小企业的增长。

三、生产型服务平台发展不足

从课题组对国内先进地区深圳、杭州等地的调研看，与发达国家不同，实现中国经济创新驱动和内生增长的关键是发展“生产型服务平台+中小企业”的产业发展生态体系。其中，生产型服务平台建设的重心是推动包括研发服务、供应链和电子商务内在的生产型服务业不断向平台化方向发展，形成产业新的创新极核。中小企业既包括制造型中小企业也包括科技型中小企业，充分发挥制造型企业的制造能力和科技型企业的创新能力，通过把一个个中小企业孤岛链接起来，共同推动企业和产业的技术创新和国际竞争力的提升。

而天津在平台建设上，着力通过财政补贴，扶植公共服务平台、公共研发平台、公共检测平台等公共平台的发展，但能够引领整个产业实现转型升级和引致中小企业快速涌现的市场化的生产型服务平台发展则严重不足。

例如，武清的自行车和地毯产业。为了促进物武清传统产业的转型升级，天津市和武清区先后投入资金建立相关公共平台。但是由于缺乏生产型服务业平台，现有平台辐射范围有限，难以支撑整个产业的技术创新和发展。同时，平台运营建设基本上以本地企业为主，缺乏网络化的市场化平台。而在手机产业的发展过程中，深圳则通过引入台湾市场化的生产型服务平台“联发科”，打破了原有手机产业发展过度依赖跨国品牌的封闭模式，众多科技型中小企业依托“联发科”实现创业和快速成长，使深圳科技型中小企业的数量和质量得到极大提升。在短短 3 年时间里，深圳手机产业的企业数量就达到上万家，产品创新层出不穷，突破了本地手机企业只能加工制造没有自主品牌的困境（见表 4-8）。

表 4-8　　天津市武清区地毯产业公共平台建设情况

公共平台类型	平台投资主体	服务范围
地毯公共技术研发平台	天津飞马纺织有限公司	为 22 家企业提供服务
地毯质量公共试验检测平台	天津市武清区崔黄口镇企业服务中心	为 170 家企业提供服务
地毯公共展示平台	天津市武清区崔黄口镇企业服务中心	为 270 家企业提供服务
地毯公共培训平台	天津市武清区崔黄口镇企业服务中心	为 110 家企业提供服务
地毯园区公共环保服务平台	天津市武清区崔黄口镇企业服务中心	为 8 家企业提供服务
地毯公共交易平台	天津润雅科技发展有限公司	为 25 家企业提供服务
地毯公共物流平台	天津泉兴国际物流有限公司	为 25 家企业提供服务

资料来源：其于调研数据整理，2014.

尽管在科技型中小企业的发展上取得了长足的发展，但是与深圳、无锡和杭州相比，天津市仅仅处于起步阶段。在总结经验的基础上，如何借鉴先进地区发展科技型中小企业的成功经验和做法，是新阶段制定有效策略推动天津科技型中小企业大发展的前提和基础。

四、总结

在本章中，作者把天津科技型中小企业的发展作为一个缩影，分析中国创新主体发展中存在的问题和可能的解决方案。在科技型中小企业的发展方面，经过 5 年多的努力，尽管天津取得了相当大的成绩，但是从总体情况看尚处于初级阶段，对于究竟需要什么样的机制才能推动科技型中小企业的发展问题，仍然处于探索阶段。

从实际调研的情况看，科技型中小企业的涌现和发展将在三个方面对天津经济发展发挥着积极作用。首先，科技型中小企业的自主创新将推动天津传统产业的高端化；其次，科技型中小企业的创新和创业活动是战略性新兴产业启动和发展的主体；最后，科技型中小企业的快速发展将推动天津的生产型服务业步入爆发式增长阶段。

在新的发展时期，天津科技型中小企业能否快速发展及其在新的产业结构调整中发挥关键作用，取决了三大机制的建设：一是包括科技孵化在内的“官产学研”一体化新型混合组织体系的建设。“官产学研”一体化新型混合组织是科技型中小企业和新兴产业发展的策源地。二是适应科技型中小企业的发展，传统工业园区能否顺利改造为创新园区。三是通过出现满足科技型中小企业和新兴产业发展的新的科技商务服务城市功能的出现。

第五章

创新创业活动与中国制造"低端锁定"的突破*

改革开放以来，支撑中国经济高速增长的企业主要包括两类：一是制造型企业。立足于后发优势，①制造型中小企业强调制造能力的积累，技术进步是外源型的。②无论是传统产业还是高科技产业，制造型企业主要处于国际产业链的 OEM（Original Equipment Manufacturing）③或低端环节。二是科技型企业。立足于竞争优势，科技型企业强调技术创新能力的积累，技术进步是内源型的。④2005 年以来，科技型企业，尤其是科技型中小企业已经成长为传统产业高端化、战略性新兴产业和生产型服务业发展的主导力量。

---

* 本章是对"中国制造业是否存在'低端锁定'效应"所做的一个调查报告。2012 年 9 月以来，课题组先后在天津和深圳等地展开深入调研，涉及中小企业密集的传统自行车、地毯和电子信息产业，访谈企业和服务平台近百家。主要作者为刘刚、王超贤和李强治。

① 后发优势，是后起国家在推动工业化方面的特殊有利条件，这一条件在先发国家是不存在的，是与其经济的相对落后性共生的，是来自于落后本身的优势。对中国而言，后发优势表现在两个方面：一是与发达国家的技术差距；二是丰富的劳动力资源。

② 外源型技术进步指后发国家企业的技术能力主要来自发达国家成熟产品和标准化生产技术的引进、消化、吸收和模仿。

③ OEM（Original Equipment Manufacturing），即原始设备制造，指受托厂商依照发包厂商的订单需求与给定的产品和过程的指标要求进行生产，也就是通常所说的代工生产。

④ 内源型技术进步指后发国家企业的技术能力主要来自企业内部的设计、研发和技术积累，表现为企业的技术创新能力。

在系统调研的基础上，本章认为，由于对外源型技术的过度依赖，中国制造业表现出明显的“低端锁定”效应，集中出现在制造业转型升级过程中从外源型技术进步为主导向内源型技术进步为主导的转变时期。中国制造的“低端锁定”效应内生于“要素租金”驱动的经济发展方式[①]，突破“低端锁定”效应是从要素驱动向创新驱动转变的重要内涵。

中国制造的“低端锁定”效应是指，在国际和国内市场条件发生变化的条件下，处于全球价值链[②]OEM环节的中国制造型企业在从外源型技术进步向内源型技术进步转变过程中，陷入价值链低端环节和技术体系的非核心领域双重锁定而难以摆脱的困局现状的概括。在面临国外技术领先企业的技术壁垒、要素成本上升和创新支持体系缺乏的条件下，如何摆脱“低端锁定”困境是中国制造业发展的关键。

从2005年以来企业和产业转型升级的实践看，以创新为导向的创业活动和科技型中小企业的发展是突破中国制造“低端锁定”效应的主导力量。[③]科技型中小企业不仅来自制造型企业的改造，而且来自新创企业的成长。依托强大的技术创新能力，科技型中小企业通过新技术和新技术组合的引入不断打破原有技术领先企业的技术壁垒，推动制造型企业的转型和升级。与制造型企业不同，科技型中小企业的发展需要新的组织和制度

① “要素租金”驱动的经济发展模式指立足于包括廉价的劳动力、土地和环境资源在内的比较优势，试图通过简单的放松管制和优化投资环境，启动民间投资和吸引FDI获取“要素租金”驱动经济的发展。“要素租金”驱动的经济发展模式，一方面通过FDI的引进和加工贸易的发展，使中国融入全球经济，参与到国际经济循环，迅速成长为世界制造中心；另一方面通过政府经济管理体制和国有企业的改革，发展和壮大民营经济。无论是民营还是外资，在“要素租金”的驱动下，企业追求的都是生产导向的规模扩张，强调对国际成熟产品和标准化生产技术的引进、消化、吸收和模仿。

② 全球价值链（Global Value Chain），是一种新的产业组织形式，指自20世纪六七十年代以来，随着信息技术和航运技术的发展，技术和市场领先的跨国公司或全球购买商为实现其利润最大化，在其主导和整合下，将纵向分离的产品价值创造环节配置在全球范围内具有不同要素禀赋的国家。

③ 本章中，“低端锁定”效应发生在制造型中小企业从外源型技术进步向内源型技术进步转变过程中的“低端锁定”困境。而突破“低端锁定”困境的前提是摆脱技术领先者主导的价值链控制。科技型中小企业以技术创新为导向，在建立新的价值网络过程中通过整合制造型中小企业共同突破“低端锁定”效应。

创新提供支持和保障。

本章的研究表明，强调从OEM到ODM（Original Design Manufacturing，原始设计生产）[①]再到OBM（Own Brand Manufacturing，自主品牌生产）[②]的制造业传统发展战略是线性思维的结果，无法突破中国制造在技术跨越过程中出现的“低端锁定”效应。“低端锁定”效应的突破需要新的战略思维，即强调包括企业和研发机构在内的价值网络成员之间非线性互动过程中的自组织创新和生态系统功能的发挥。新的战略思维要求以创新创业活动和科技型中小企业的涌现和发展为重心，通过组织和制度创新推动企业技术创新能力的提升和创新生态系统的形成。其中，组织创新的重心是促进企业集群从生产网络向创新网络的转变，而制度创新的重心是政府职能从优化投资环境向构建创新创业环境的转变。

第一节　中国企业的技术进步类型和“低端锁定”效应

一、外源型技术进步与“中国奇迹”

改革开放以来，中国经济的持续高增长来源于国外成熟产品和标准化生产技术的快速引进、消化和吸收，企业技术进步是以外源型为主导的。与中国经济高增长形成鲜明对照的，不是中国企业技术创新的速度，而是技术创新能力的低下和技术创新支撑体系的匮乏。

2006年国家知识产权局统计数据显示，中国国内拥有自主知识产权核心技术的企业仅为万分之三。99%的企业没有申请专利，60%的企业

① ODM（Original Design Manufacturing）即原始设计生产，是受托厂商指根据发包厂商的规格和要求，设计并生产产品。与OEM厂商不同，ODM厂商拥有一定设计能力和技术水平。

② OBM（Own Brand Manufacturing），即自主品牌生产，是指原来的受托厂商由于技术创新能力和市场开拓能力的提升，开始根据市场需求自主研发、设计和生产具有独立品牌的产品，并参与国际竞争。

没有自己的商标。2004年，中国的发明专利申请为13万件，其中一半来自跨国公司。其中，美国公司在中国申请专利的年增长量超过20%，高技术领域的专利申请也主要来自国外公司。另外，从专利构成来看，中国企业申请100件专利中，只有18件是发明专利，其余都是实用新型和外观设计专利。而国外企业的申请，100件中有86件是技术含量较高的发明专利。

在"2011年诺贝尔奖获得者北京论坛"上，陈至立指出，尽管中国在科技创新方面有了很大程度的提高，但是科技成果产业化率同发达国家相比严重偏低，仅仅为5%。在科技成果的产业化方面，一直存在着动力不足、体系不完善、政策支持不够和壁垒众多等问题。

因而，中国的高速经济增长来源于以国外成熟产品和标准化技术引进为导向的大规模投资活动，与中国企业的技术创新能力无关。2005年，尤其是2008年全球金融危机爆发以来，国际和国内市场条件的变化表明，中国经济发展已经进入到一个新的发展阶段，外源型技术进步难以支撑从中国制造向中国创造的转变。作为技术创新的主导力量，中小企业，尤其是科技型中小企业的技术创新能力是中国经济未来发展的立足之地。

二、中国制造业"低端锁定"

2005年以来，尽管企业试图通过加强管理来增强企业的市场竞争力，但是受到技术引进瓶颈的制约，市场竞争力开始下滑。为了摆脱困境，中国企业开始通过自主创新提升企业的国际竞争力。但是由于缺乏技术积累和创新人才，企业在技术创新方面遭遇到一系列瓶颈。

（一）两种类型的技术进步

从实际调查的情况看，中国企业的技术进步存在两种类型：一是外源型技术进步；二是内源型技术进步。与之相对应，存在着两种企业类型，即制造型企业和科技型企业。

外源型技术进步指企业的技术能力主要来自国外成熟产品和标准化生产技术的引进、消化、吸收和模仿。外源型技术进步的技术基础包括：产业的非核心加工制造技术，标准化通用设备和生产工艺。外源型技术进步的驱动力主要来自通过对廉价劳动力和其他要素资源的利用。内源型技术进步主要指企业的技术能力来自企业内部的设计、研发和技术积累，表现为企业的技术创新能力。

依赖外源型技术进步发展起来的企业，得益于中国改革开放之初的两个重要条件。第一，改革开放初，中国与发达国家存在着至少 30 年的技术差距，国外成熟产品和标准化生产技术的引进是中国企业技术进步的重要来源；第二，作为后发国家，中国在劳动力、土地、原材料等要素资源上拥有明显的比较优势。在这两个初始条件约束下，无论是外资和国有企业还是民营企业，大都立足于比较优势，通过国外成熟产品和标准化生产技术的引进实现快速发展和成长。因而，企业的外源型技术进步内生于“要素租金”驱动的经济发展方式，具有典型的阶段性特征。

从中国企业的内部结构看，2005 年之前，主要以加工制造为主，大多属于制造型企业。无论是劳动密集型企业还是技术密集型企业，技术进步主要来自国外成熟产品和标准化技术的引进、消化、吸收和模仿。外源型技术主导着中国企业技术进步的进程。依赖外源型技术发展起来的制造型企业，不仅包括“三来一补”企业，而且包括其他劳动密集型和技术密集型企业，大都处于 OEM 加工制造和零部件生产环节。例如，在天津电子信息产业集群的发展过程中，形成了跨国公司主导的产品内国际分工格局。在产业链结构中，作为核心企业的摩托罗拉和三星对整个产业链进行生产和销售的整合和控制，中国企业，尤其是中小企业主要集中在 EMS（Electronic Manufacturing Services，电子制造服务）① 和零部件的加工制造环节，技术进步属于典型的外源型结构。

实际调研表明，无论是传统劳动密集型产业还是高科技产业，中国制造型企业的技术进步主要是外源型的。技术研发力量不足和对外源型技术的严重依赖，已经成为制约加工制造型企业转型升级和发展壮大的关键因素。

① EMS（Electronic Manufacturing Services）即电子制造服务，是 20 世纪 90 年代兴起的一种新的服务形式，它指受托厂商为电子产品的品牌拥有者提供制造、采购、部分设计以及物流等一系列服务。

（二）外源型技术进步向内源型技术进步转变过程中的“低端锁定”效应

尽管外源型技术进步带来了中国企业，尤其是中小企业的涌现和快速成长，但是随着与国外技术差距的缩小和技术壁垒的增加，如何通过自主创新从外源型技术进步转变为内源型技术进步，是企业发展中面临的关键瓶颈。更为严重的是，当企业试图通过技术创新实现从外源型技术进步向内源型技术进步转变时，企业面临的国际和国内市场条件已经发生了根本改变，尤其是原材料价格上涨、劳动成本上升、人民币升值压力增加、资源环境成本上升和国际需求市场空间的萎缩，对中国企业的技术创新能力的形成和技术跨越带来了严峻挑战。

2005 年以来，随着国际和国内市场条件的变化，中国制造型企业从外源型技术进步向内源型技术进步路径转变过程常常面临难以逾越的困境，即技术进步的天花板效应。图 5-1 对制造型企业的“低端锁定”效应进行了刻画。

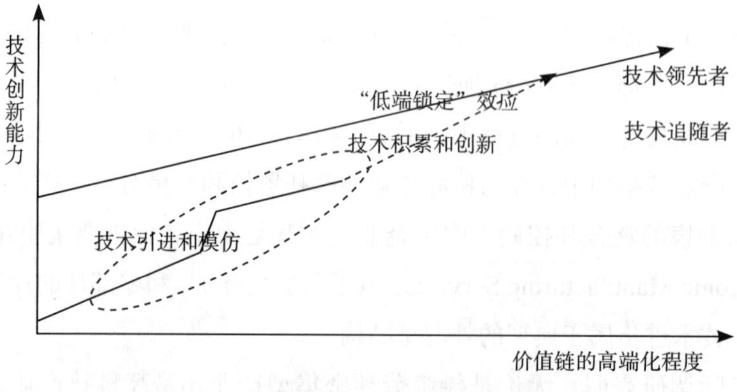

图 5-1　制造型企业技术进步中的天花板效应

资料来源：课题组分析整理，2013.

在图 5-1 中，技术领先者是以跨国公司为代表的技术创新主导者，而技术追随者是中国的制造型企业，尤其是中小企业。在外源型技术进步主导下，中国企业主要依赖国外成熟产品和标准化生产技术的引进、消化、吸收和模仿，始终扮演技术追赶者角色。长期技术引进和模仿的结果是企业始终无法掌握产业的核心技术，仅仅处于全球价值链低附加值的加工制造环节。

在技术引进来源和“要素租金”面临枯竭的条件下，由于缺乏技术创新能力，制造型企业的发展可能陷入“双重锁定”的困局：从价值链角度看，企业被锁定在全球价值链的低附加值环节；从技术体系角度看，企业被锁定在非核心技术领域。“双重锁定”的结果是制造型企业既无动力也无能力通过技术创新实现从外源型向内源型技术进步的跨越。

在外源型技术进步主导模式下，制造型企业难以通过技术创新摆脱“双重锁定”困境的原因主要来自两个方面。一是因为在外源型技术主导下，作为技术追赶者，中国企业的技术进步主要集中于加工制造技术和能力的积累。加工制造技术和能力的积累主要表现为生产设备和工艺流程水平的渐进提升。在生产设备和工艺流程标准化和通用的条件下，中国企业将面临激烈的市场竞争压力。二是因为在缺乏核心技术的条件下，在国外企业的技术壁垒面前，全球价值链将演变为俘获式价值链①，制造型企业创造的附加值低，始终处于微利的状态。在这种情况下，企业既没有足够的动力也没有足够的能力通过技术创新获得核心技术和实现从价值链低端环节向高端环节的跨越。

（三）中国企业在外源型技术进步过程中面临的主要瓶颈

由于过度依赖外源型技术，制造型企业的技术进步和发展过程中，企业内部的技术研发投入少，缺乏核心技术人才，以及研发类型以实验开发为主。

第一，中国企业研发经费主要来源于企业自有资金。中国全社会的研发经费来源均以企业投入为主，与主要发达国家的平均水平相似（见图 5-2）。而就企业内部的研发经费来源而言，主要以企业自有资金为主（见图 5-3）。

① 俘获型价值链是全球价值链的一种常见形式，指技术和市场势力较强的跨国公司或国际购买商作为全球价值链的主导者，设计包括技术、质量、交货及价格等参数在内的各种要求，控制发展中国家以代工者身份参与其价值链体系的本土企业的技术赶超和价值链攀升进程，由此造成发展中国家的本土代工企业在完成制造能力的积累后，难以实现技术创新能力的积累，陷入技术体系的非核心领域和价值链低端的双重锁定局面。

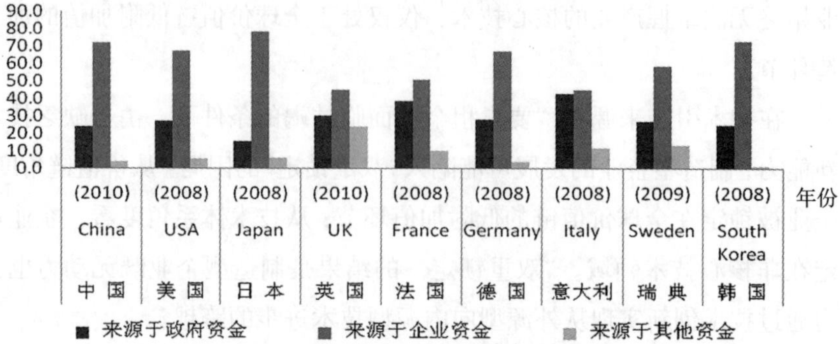

图 5-2 全社会 R & D 经费来源的国际比较

资料来源：中国科技统计年鉴 2011[M]. 北京：中国统计出版社，2011.

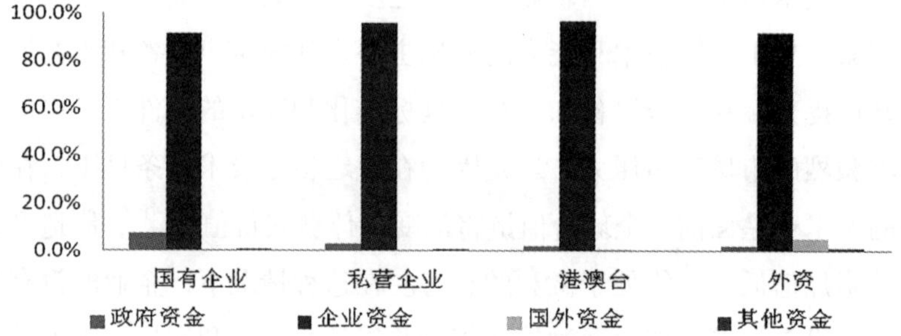

图 5-3 2010 年四类企业内部 R & D 经费来源

资料来源：中国科技统计年鉴 2011[M]. 北京：中国统计出版社，2011.

第二，中国企业的研发投入较少。2009 年中国全社会的研发投入达到 5800 亿元，研发强度为 1.7，低于发达国家 3% 左右的平均水平，而中小企业的研发投入更低，其研发强度普遍低于 1%（见图 5-4）。

第三，中国企业缺乏技术人才。尽管中国从事研发活动的总人数最多，但其占总就业人数的比例远低于主要发达国家的平均水平（见图 5-5）。事实上中国大部分企业缺乏技术人员，中小企业尤其如此。由于与外资企业、合资企业和大型国有企业相比，大部分中小企业对于各类稀缺的高素质技术人才和管理人才缺乏吸引力，因而绝大部分中国企业内部的科技人员和管理人员不仅数量不足，技术水平和管理水平也相对较低。

第四，中国企业的研发活动类型以实验发展为主导。和主要发达国家相比，中国试验发展类的研发活动占绝对主导（见图 5-6）。中国企业研

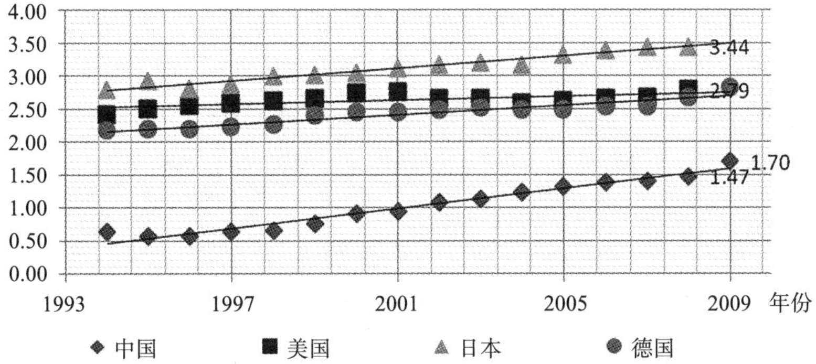

图 5-4　1994—2009 年各国研发经费占国内生产总值的比重

资料来源：中国科技统计年鉴 2011[M]. 北京：中国统计出版社，2011.

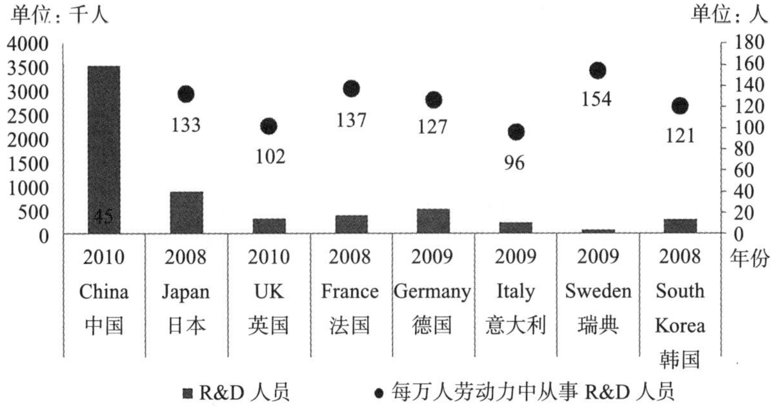

图 5-5　每年从事研发活动的人员数量的国际比较

资料来源：中国科技统计年鉴 2011[M]. 北京：中国统计出版社，2011.

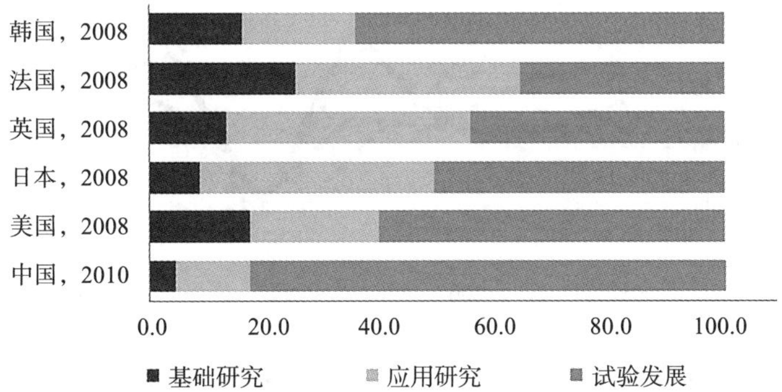

图 5-6　2010 年 R&D 经费支出活动类型的国际比较

资料来源：中国科技统计年鉴 2011[M]. 北京：中国统计出版社，2011.

发活动的这个特点由于其自身特点及其所处的外部环境而更加明显，企业多采用风险低、投资少、效率高的模仿创新方式。

2005 年以来，随着国际和国内市场条件的变化，尤其是在全球金融危机的冲击下，制造型企业技术进步的天花板效应日益明显，制约着中国经济从中国制造向中国创造转变的步伐。

三、新的发展阶段中国企业技术进步和跨越面临的挑战

从 2005 年以来经济发展的实际情况看，中国企业技术进步和跨越面临的压力和约束越来越大。尽管这些约束条件对企业的发展和技术进步带来了压力，但同时也为其通过体制和机制创新，引入创新元素，打破“低端锁定”效应创造了机遇。

（一）原材料价格上升

2005 年以来，燃料动力、黑色金属材料、有色金属材料以及化工原料等主要原材料价格除在 2009 年有所下降之外，其他年份都在上涨，平均涨幅为 9.3%（见图 5–7）。世界石油价格在 2005 年至 2008 年呈波动上涨的趋势，2008 年 7 月达到最高峰，此后出现了下降，但是 2009 年初，又开始逐步上升（见图 5–8）。

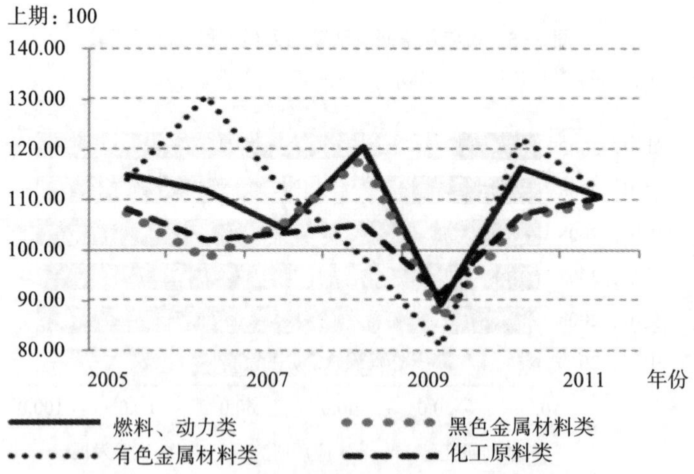

图 5–7　中国制造业所需部分能源价格变化情况

资料来源：国家统计局，2011.

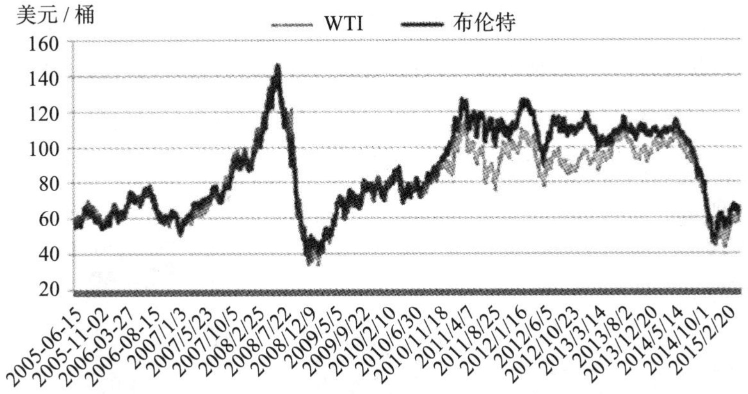

图 5-8　世界石油价格变化情况（2005—2015 年）

资料来源：“十年·回顾 2005—2015 国际原油市场价格走势”，2015 年 6 月 16 日，隆众资讯，能源网：http://news.oilchem.net/20150616/111/6509840.html.

（二）劳动力成本上升

自 2000 年以来，中国制造业平均工资每年上涨幅度基本都超过 10%。从 2000 年的每人 8750 元 / 年，上涨到了 2010 年的 30700 元 / 年（见图 5-9）。另外中国经济较为发达的珠江三角洲、长江三角洲、环渤海地区的最低工资水平也有一定比例的上涨。从 2005 年到 2010 年的 5 年间，珠三角的广州和深圳、长三角的上海、环渤海地区的北京和天津以及西南的

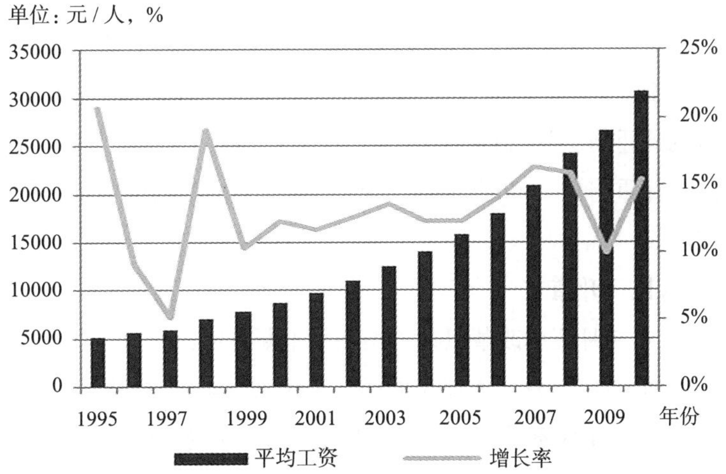

图 5-9　中国制造业雇员平均工资水平及增长幅度

资料来源：国家统计局，2012.

重庆等地最低工资标准年增长幅度在8%以上（见图5-10）。根据课题组调查访谈的情况，有些制造型中小企业的工资成本上涨幅度在2011年至2012年高达30%。

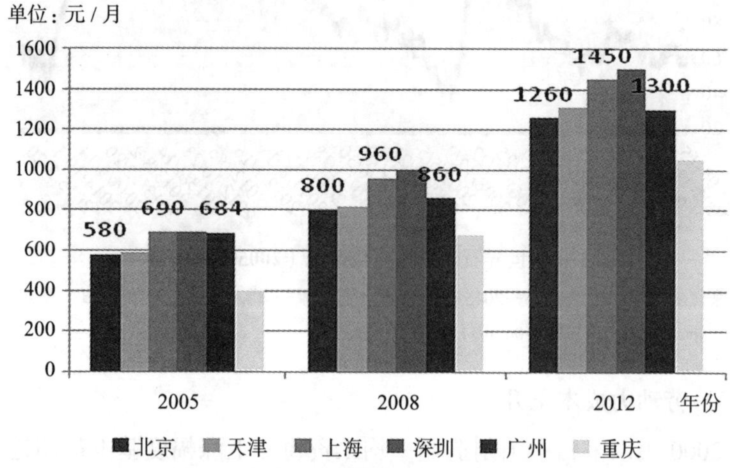

图5-10　部分城市主要年份社会最低工资

资料来源：国家统计局，2012.

党的十八大报告中明确提出国民收入增长计划，预期未来十年居民工资收入将会以更快的速度上涨。此外，由于中国长期实行的计划生育政策，加之现在生活、教育等方面的成本骤增，多数家庭本身不愿意生第二胎，导致人口出生率下降，中国劳动力供给量增长放缓，据三星经济研究院的预测，到2013年，进入市场的新生劳动力（年龄在15岁到24岁）占总人口的比重将会比2000年减少1.5个百分点，到2023年，进入劳动力市场的人比重将比2000年减少5.5%。劳动力供给的趋紧也将加剧工资上涨的速度。

（三）人民币升值

自2005年7月汇率改革以来，人民币不断升值，出口企业成本大幅提升。截至到2012年9月，人民币对美元升值23.04%，对欧元升值18.64%（见图5-11）。由于大部分出口企业采用美元结算以及缺乏议价权，人民币对美元的大幅升值大大提高出口企业的成本。相关研究表明，大部分出口企业税后利润率低于7%，特别是纺织、服装、鞋、帽制造业，84.07%的出口企业利润率集中在 5% 以内。因此，人民币持续升值会导致很多制造业出口企业转盈为亏，生存压力加大，制造型出口企业尤其如此。

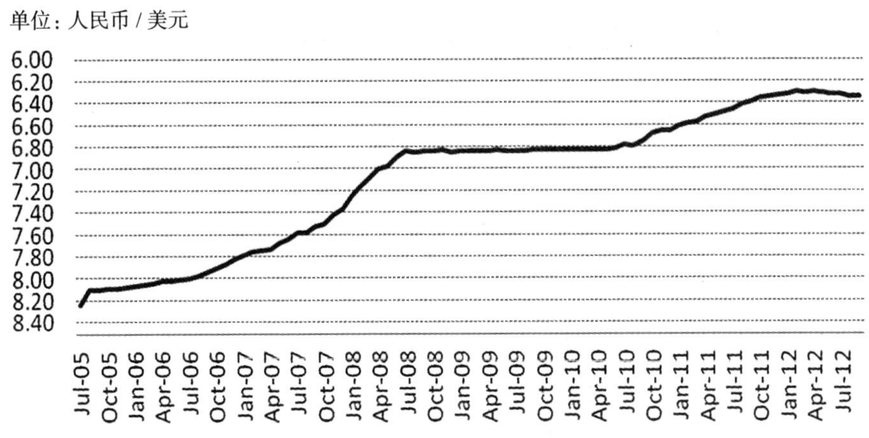

图 5-11　人民币对美元汇率变化情况

资料来源：中国人民银行，2012.

（四）资源环境约束增大

随着经济发展的加快，中国面临的资源环境约束增大。近年来，中国土地资源日益紧缺，土地价格逐年上升（见图 5-12）；另外尽管石油以及主要矿产品产量总体保持增长态势，供应能力得到提升，但是供需缺口依然较大（见图 5-13），该缺口依靠进口补足，导致中国能源对外依存度较高。

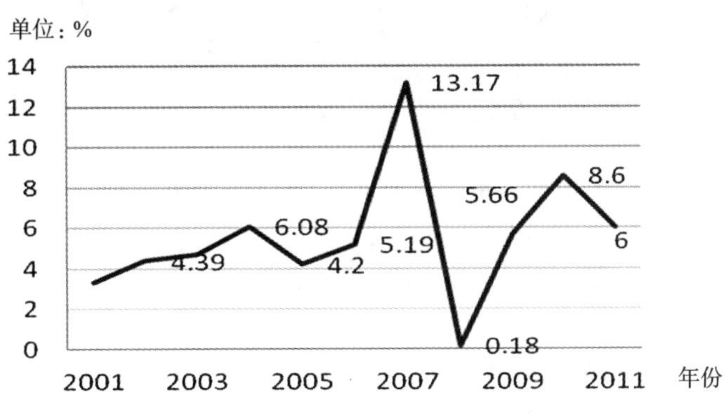

图 5-12　中国重点城市综合地价变动情况

资料来源：国土资源统计公报，2011.

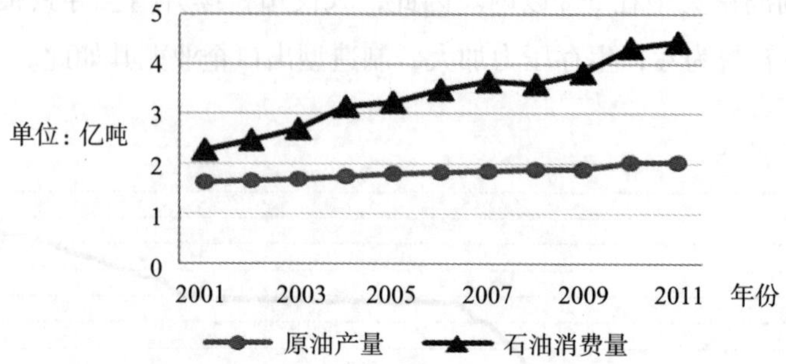

图 5-13　中国原油产量和石油消费情况

资料来源：国土资源统计公报（2001—2011）.

（五）出口需求增长放缓

金融危机以来，外部市场的出口需求快速下降。尽管 2009 下半年开始出口需求快速回升，但随后来自所有市场的出口需求都开始疲软，其中欧洲的需求放缓幅度最大（见图 5-14）。外部市场需求的萎缩，反映在拉动 GDP 增长的三大需求贡献率的变化上，如图 5-15 所示，净出口对经济增长的贡献度为负，而投资需求的减弱被消费的强劲增长所抵消。

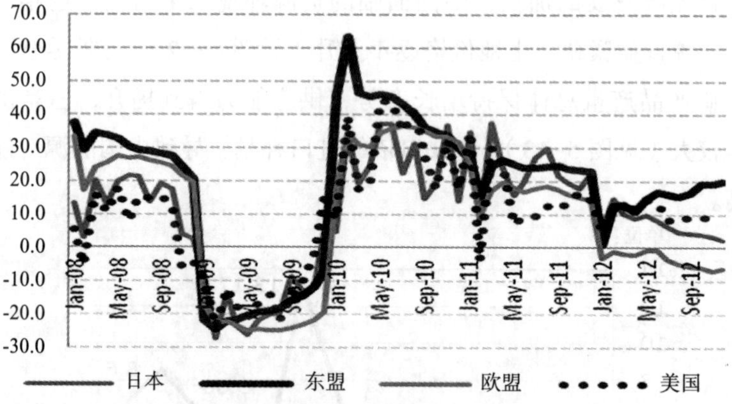

图 5-14　中国出口主要国家和地区的增长情况

资料来源：中国海关总署 . 月度进出口商品主要国别（地区）总值表，2009.

（六）中小企业融资难

在国际金融危机的冲击下，大量中小企业面临资金短缺、融资难的困境。2008 年全国新增小企业贷款只有 225 亿元，仅比上年增长了 1.4%，

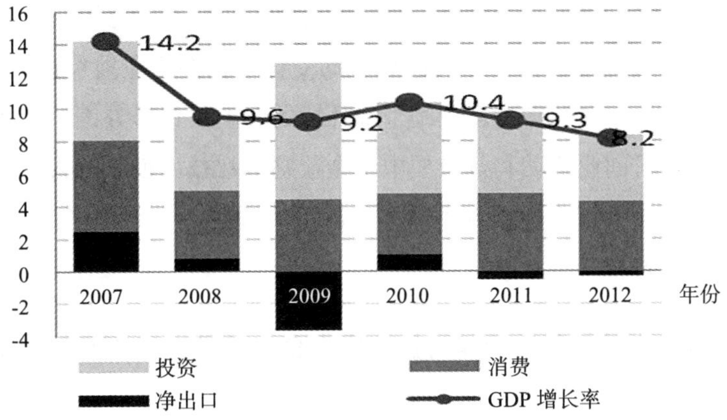

图 5-15　GDP 增长率及三大需求的贡献率

资料来源：2007—2011 年数据来源于国家统计局，2012 年数据来源于世界银行的预测 .

而全国贷款增加了 14.9%。从 2009 年开始，科技部、中国人民银行、银监会、证监会、保监会等部委单独 / 联合出台了一系列政策措施，拓宽小企业融资渠道，推动整个小企业金融服务体系不断完善，小企业贷款余额快速增长（见图 5-16）。但从整体上来说，相比于占全部企业数量 99% 以上的中小企业的融资需求而言，只占全部贷款余额 20% 左右的规模太小，大量中小企业仍然面临融资难的问题。

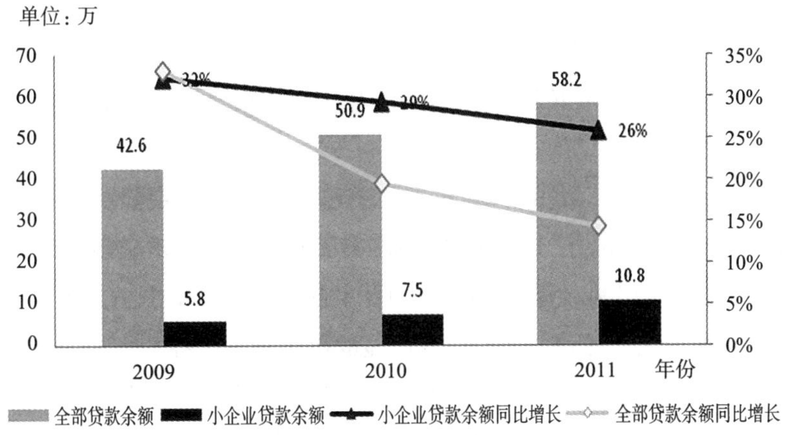

图 5-16　银行业金融机构信贷结构及其增长情况

资料来源：银监会年报（2007—2011）.

2005年以来，在中国企业试图通过技术创新实现从外源型技术向内源型技术转变的过程中，外部环境的变化对制造型企业突破“低端锁定”效应造成了一系列影响。但是外部环境的影响仅仅是外因，与制造型企业相比，创新创业活动和科技型中小企业则依托技术创新能力，不仅实现了自身从外源型技术向内源型技术的转变，而且带动整个产业“低端锁定”效应的突破和转型升级。

四、创新创业活动和科技型中小企业的涌现和内源型技术进步

“低端锁定”效应主要表现为制造型企业从外源型技术进步向内源型技术进步转变阶段出现的技术跨越困境。对于一开始就立足于内源型技术进步的创新创业企业和科技型中小企业而言，不仅不存在“低端锁定”效应，而且是突破“低端锁定”效应的主导力量。

2005年以来，随着经营环境的改变，尤其是技术积累的加快和国家自主创新战略的实施，中小企业的结构正在发展质的变化，科技型中小企业正在成长为中国经济创新驱动和内生增长的主要推动力量。科技型中小企业主要有两个方面的来源：一是制造型企业的转型；二是创新创业企业的成长。与纯粹的制造型企业不同，科技型中小企业依托的不再是包括廉价劳动力和资源在内的比较优势，而是知识创造和技术创新为代表的竞争优势。科技型中小企业日益成为突破中小企业技术进步天花板效应的主导力量，推动着传统产业的转型升级、战略性新兴产业和生产型服务业的发展。

以天津市为例，2005年以来，科技型中小企业发展势头迅猛，企业数量已由2005年的1.25万家增长到2012年的3.36万家。与外源型技术为主导的制造型中小企业不同，依赖自主创新，科技型中小企业拥有强大的技术创新能力、更快的成长性和明显的市场竞争优势。

2009年至2011年，科技型中小企业年平均增长（主营业务收入增长率）36.83%，超出天津市工业总产值的年均增长率8.1个百分点，超出天津市规模以上工业总产值的年均增长率7.6个百分点。从技术领域看，科技型中小企业不仅成为传统产业技术创新的中坚力量，而且是高科技领域

创新的主力军。“航空与航天”和“地球、空间、海洋工程”两个领域的科技型中小企业年均增长率超过70%，“电子与信息”领域的科技型中小企业年均增长率超过50%，“新材料”和“资源与环境”领域的科技型中小企业年增长率都高于天津市平均水平，分别达到39.3%和42.9%。

更强的市场竞争优势和赢利能力使科技型中小企业在研发领域投入更踊跃。2011年，天津市科技型中小企业科技投入占销售收入的比重达到5.5%，比2009年提高了3.3个百分点，远高于传统的制造型中小企业。截至2011年底，天津市科技型中小企业拥有的有效专利为21370件，占天津市企业有效专利数比重的78.5%。2009年至2011年，科技型中小企业专利申请量和发明专利申请量年均增长率分别达到31.2%和29.5%。

从发展的实际看，依赖自主创新和技术进步，科技型中小企业逐渐成为战略性新兴产业的主导者。截至2012年底，天津市3.36万家科技型中小企业，70%的科技型中小企业分布在航空航天、生物医药、新能源、新材料等战略性新兴产业领域。统计数据显示，2011年天津市规模以上工业企业中战略性新兴产业企业共766家，其中有624家科技型中小企业，占企业总数的81.5%。参见表5-1。

表5-1　　天津滨海高新区四大战略性新兴产业的基本情况

产业领域	企业数（家）	产值（亿元）
新能源汽车	10	30
生物医药	35	20
物联网	77	100
数字内容	40	1.5

资料来源：企业数和产值根据统计调研数据推测得出，2012.

另外，作者2012年在深圳调研了30多家电子信息类科技型中小企业，发现它们的技术创新能力已经达到了相当高的水平。表5-2列出了课题组获得数据的11家企业创新能力的情况。这些科技型中小企业不仅分布在诸如铅酸电池和印刷等传统产业领域，而且分布在移动手机和电子科技等现代产业领域。从产业发展的角度看，科技型中小企业不仅通过技术创新获得竞争优势，更重要的是带动整个产业从生产网络向创新网络转变。

表 5-2　深圳部分科技型中小企业的创新能力情况

企业名称	累计专利数 / 件			软件著作权 / 件	总计 / 件
	发明	外观设计	实用新型		
同洲电子	675	191	466	34	1366
理士国际	176	9	272	5	462
新国都	13	14	18	79	124
雅图	69	22	18	1	110
一电科技	13	12	47	0	72
雷柏科技	3	26	41	0	70
中兴网信	55	0	0	11	66
天珑移动	6	20	38	0	64
裕同印刷	3	0	19	31	53
中青宝	1	0	0	49	50
迪威视讯	15	1	0	19	35

资料来源：根据深圳调研资料整理，2012.

从实际调研的情况看，尽管改革开放以来科技型中小企业一直存在，但是真正地呈现快速增长和发展势头却是在2005年之后。从未来的发展趋势看，科技型中小企业将成为中国企业打破“低端锁定”效应、实现技术突破、产业结构调整和经济发展方式转变的主导力量（见表5-3）。

表 5-3　科技型中小企业的创新发展之路

发展阶段	时间	创新创业特点	技术创新方式	代表企业	主要政策、关键事件
诞生阶段	1978—1990年	科技人员下海自主创业	现有技术的利用、引进消化吸收再创新	科海、京海、四通、信通、联想、华为、北大方正等	《关于科学技术体制改革的决定》；“863”计划启动；火炬计划的诞生
兴起阶段	1991—2005年	民营企业成为创新创业主体、科技成果产业化转化拉开序幕	模仿创新、集成创新、产学研合作初步探索	腾讯、新浪、阿里巴巴、吉利	《国务院关于批准国家高新技术产业开发区和有关政策规定的通知》；《促进科技成果转化法》；《关于加强技术创新，发展高科技，实现产业化的决定》；《中小企业促进法》、深交所中小板启动等

续表

发展阶段	时间	创新创业特点	技术创新方式	代表企业	主要政策、关键事件
快速发展阶段	2006年至今	民营企业、科研院所、科技人员等多主体制度化、常规化与网络化的创新创业	自主创新、产学研合作深入开展	小米手机、京东商城、瑞能风电	《关于实施科技规划纲要，增强自主创新能力的决定》;《科学技术进步法》;《国家中长期科学和技术发展规划纲要（2006-2020年）》

资料来源：根据调研资料整理，2012.

尽管科技型中小企业发展势头迅猛，但是由于受到政策和体制机制约束，企业的技术进步，尤其是突破性技术进步仍然面临着诸多瓶颈。

第二节　中国制造“低端锁定”产生的根源

一、“低端锁定”效应内生于“要素租金”驱动的经济发展方式

中国制造的“低端锁定”效应内生于“要素租金”驱动的经济发展方式。改革开放以来，充分利用有利于自由贸易的国际经济秩序和与发达国家的技术差距，包括国有和民营经济在内的中国企业立足于国内要素资源的比较优势嵌入全球价值链，通过国外成熟产品和标准化生产技术的引进和模仿，快速发展起来。

“要素租金”驱动的经济发展模式立足于包括廉价的劳动力、土地和环境资源在内的比较优势，试图通过简单的放松管制和优化投资环境，启动民间投资和吸引FDI获取“要素租金”驱动经济的发展。“要素租金”驱动的经济发展模式，一方面通过FDI的引进和加工贸易的发展，使中国融入全球经济，参与到国际经济循环，迅速成长为世界制造中心；另一方面通过政府经济管理体制和国有企业的改革，发展和壮大民营经济。无论是民营还是外资，在“要素租金”的驱动下，企业追求的都是生产导向的规模扩张，强调对国际成熟产品和标准化生产技术的引进、消化、吸收和

模仿。对要素资源和投入高度依赖的经济发展模式，在取得巨大经济发展成就的同时，也付出了发达国家在发展初期曾经付出过的资源过度开发、区域产业和企业之间恶性竞争、收入分配差距拉大和环境污染等方面的高昂代价。与“要素租金”驱动的经济发展方式相对应，包括中小企业在内的制造型企业构成了现实经济的微观基础。

“要素租金”驱动的经济发展方式和制造型企业集群的形成，是20世纪70年代以来经济全球化和国际范围内产品内分工的结果。产品内的国际分工，成为通过技术扩散驱动世界经济发展的重要途径。从产品内分工的视角，技术领先的跨国公司利用技术优势，根据各国在价值链环节中的优势，进行产品内分工协调，实现利润最大化，形成有利于技术扩散的全球价值链或全球生产网络。

在全球产品内分工模式下，发达国家的技术扩散和产业转移开始跨越国界，根据各国和地区的资源和要素禀赋分布价值链不同环节。一般来说，发达国家拥有的优势是技术创新资源丰富和邻近主流市场，而后发国家的优势则是劳动力等资源丰富。因而，在全球产品内分工体系下，技术研发、扩散和转移的价值链分布为：发达国家企业主要从事最终产品和核心零部件的研发和销售，非核心零部件和加工组装环节由后发国家企业承担。这种价值链布局不仅局限在服装、自行车和家具等传统产业，而且广泛地存在于手机和电脑等现代制造业。

中国“要素租金”驱动经济发展方式的形成和“中国奇迹”的出现，是全球产品内分工带来的技术扩散和产业转移的结果。改革开放后，中国适应了经济全球化背景下产品内分工体系带来的技术扩散和产业转移趋势，依托劳动力丰富的比较优势嵌入全球价值链劳动密集型加工制造环节。

制造业的生产导向，使包括中小企业在内的中国企业形成了对标准化和通用生产技术的依赖和自主技术创新的忽视。据统计，从1985年到2005年，国家知识产权局共受理专利申请2761196件，年均增长率为18.9%，其中外国公司的申请占81.8%，只有18.2%的申请属于国内公司。国内公司的专利申请不仅数量少，而且技术水平低。2005年，仅有万分之三的中国企业掌握的核心技术是拥有自主知识产权的，99%的企业没有申请过专利。自主创新的严重不足、对国外标准化生产技术的依赖和外国企业的技术壁垒，使中国制造在“要素租金”逐步耗散的条件下难以依赖制造型企业顺利实现向产业链高端的转移和产业结构的调整。

中国制造的生产导向，不仅表现在企业追求以比较优势为基础的生产规模的扩张上，而且表现在与之相适应的经济组织和制度形态的变革上。从组织形态上看，无论是以民营企业为主体的集群生产还是以外资为主导的本地生产网络，企业和产业的组织形态都是以生产为导向的生产网络，而不是以产品或技术创新为导向的创新网络。

从制度形态上看，中国政府，尤其是地方政府长期以来的制度供给政策同样是生产导向的。强调通过简单放松管制和优化投资环境，为企业追求“要素租金”和规模扩张提供优越条件。例如，为了适应外资和本地企业的规模扩张冲动，地方政府通过一系列的税收优惠、低环保和廉价土地供应政策，吸引 FDI 和制造企业的扩张。2000 年以来，对制造型企业的过度制度供给，在带来经济粗放式增长的同时，造成了企业竞争的加剧、产能过剩和“要素租金”的耗散。

作者近年来的调研表明，2005 年以来，尽管国家倡导自主创新战略和经济发展方式的转变，但因为缺乏体制和机制的变革，“要素租金”驱动的经济发展方式仍然在延续。在劳动力资源已经短缺的情况下，地方政府仍然通过土地和税收优惠等政策为制造型企业提供过度的制度供给，延迟了制造型企业的技术进步步伐。

在“要素租金”驱动的经济发展方式刺激下，中国企业在技术进步选择上更强调制造能力的积累，而忽视技术创新能力的培育。在国际和国内市场条件发生变化的条件下，企业难以实现从外源型技术进步向内源型技术进步的转变，这是企业“低端锁定”效应产生的根源。“要素租金”驱动的经济发展方式对企业“低端锁定”效应产生的影响具体表现在以下几个方面：

第一，从企业内部的技术活动来看，嵌入全球价值链的加工制造环节需要的是制造能力的积累和提升，仅仅拥有制造能力就能够生存和发展，企业一直缺乏技术创新的动力。

第二，由于长期处于全球价值链的低端，在俘获式价值链制约下，企业获利能力不断降低，难以对技术创新进行大规模投入。

第三，2005年以来，随着国际市场需求和国内要素市场条件的变化，当中国企业面临技术升级压力时，包括房地产和金融在内的虚拟经济的持续繁荣和高利润率吸引了实体经济的投资，造成企业更加缺乏技术创新投入的动力和能力。

第四，从中小企业的生态环境看，政府的工作重心放在简单放松管制和优化投资环境上面，试图通过"要素租金"的提供吸引FDI和制造型企业的入驻，长期忽视创新创业环境的构建。

二、"低端锁定"效应的形成机制

无论从企业内部技术创新活动还是从企业技术创新的外部生态环境来看，"要素租金"驱动经济发展方式都导致了企业过分强调制造能力的积累，忽视技术创新能力的培育。当外部环境变化的条件下，企业技术进步的天花板效应开始显现。

（一）从企业内部技术创新的角度看，"要素租金"驱动的经济发展模式抑制了企业技术创新能力的积累

1. 技术创新能力不足

嵌入全球价值链的加工制造型企业面临两个重大缺陷：一是缺乏快速响应主流市场终端消费者需求的能力。由于中国企业处在全球价值链的加工制造环节，不直接接触欧美等主流市场的终端消费者，订单由购买商给定，缺乏对主流市场上终端消费者需求的响应；二是缺乏技术创新能力。加工制造类企业一般只需要根据国外购买商或跨国公司的要求生产出合格的产品，不必根据消费者需求主动研发新产品。由此造成了中国大量小企业缺乏响应外部市场并进行技术创新满足该市场需求的能力。

2. 技术创新投入动力不足

嵌入全球价值链的加工制造型企业生存需要的是制造能力，技术创新投入的动力不足。处于新分工体系中加工制造环节的企业可以通过多种方式提升其生产制造能力，例如，国际购买商或跨国公司的技术援助、购买先进设备与技术专利、模仿、人才流动以及“干中学”等。从全球价值链治理的角度来看，加工制造型企业的制造能力提升符合国际购买商或跨国公司的利益，它们会主动进行相应的技术扩散。因而对于大多数制造型企业来说，制造能力的提升是一个顺其自然的过程。然而，制造型企业技术创新能力的提升则会威胁跨国公司的竞争优势，国外技术领先者会通过技术壁垒的设置防止核心技术的溢出和扩散，因此，依赖外源型技术进步的企业在技术创新能力的过程上将遇到阻碍，与此同时，它们仅仅依靠制造能力的积累也能获得生存，由此造成制造型企业缺乏在技术创新能力提升上投入的动力。

3. 技术创新的投入能力不足

嵌入全球价值链当中的加工制造型企业获利低，进行技术创新的投入能力不够。中国制造型企业依靠劳动力等具有比较优势的要素所占据的价值环节对劳动条件、技术能力等的要求较低，进入壁垒较低，加之订单和技术完全依附于国际购买商或跨国公司以及核心零部件厂商，从而在全球价值链的利润分配中只占据较低的份额，企业经常处于微利状态，难以进行技术创新投入。

4. 技术领先者的技术壁垒

技术领先者为保护核心利益，对嵌入产业体系当中的中国企业设置技术壁垒。技术领先者的技术全球化战略对制造型企业的技术进步具有双重作用，一是通过技术扩散和管理输出提高了企业的制造能力和水平；二是通过设置技术壁垒限制企业技术创新能力的形成。表 5-4 列了技术领先者设置技术壁垒的手段和方法。

表 5-4　　典型的技术领先者技术壁垒设置方法

技术控制方式	技术控制的操作方法和特点
产品内分工	绝大部分技术领先者选择将研发设计环节放在母国，而将制造环节转移到中国等发展中国家。尽管自 20 世纪 90 年代后期以来，形成了一股外资在华 R&D 投资热，但相比较于其母国内企业承担了 70% 左右的研发活动而言，技术领先者在中国的研发活动很少
研发分工	研发活动模块化使得技术领先者可以将核心研发活动放在母国，而将一些非核心的子模块研发活动放到东道国

续表

技术控制方式	技术控制的操作方法和特点
研发机构的独资化 / 控股化	技术领先者在中国建立研发机构以独资为主，同时在一部分控股合资企业中也有，而在处于非控股的合资企业中其研发活动较少
专利和技术标准	通过制定行业标准
技术的逆向扩散	通过优惠的工作条件等吸引国内高级研发人才，和国内科研机构合作（国内科研机构缺乏市场化能力，因而在合作的过程中获利较少），在国内技术交易市场上频繁交易，形成“挤出效应”

资料来源：根据调研和公开资料整理，2012.

5. 虚拟经济领域过度投资对实体经济的影响

2005 年以来，以房地产为代表的虚拟经济的快速增长和高收益率，影响到实体经济的投资。尤其是对于中小企业而言，在技术进步乏力的条件下，通过投资虚拟经济获得高回报迟滞了中国企业的技术进步步伐。从图 5-17 和图 5-18 可以直观地看出，2005 年以来，中国制造业的平均利润率在 7% 左右，其中，中小型制造企业的利润率更低。制造业的平均投资收益率低于银行业 10% 左右，另据相关资料显示，近年来房地产业的平均收益率至少高于制造业 10% 左右。虚拟经济的快速发展，尤其在国际和国内环境发生不利变化的条件上，制造型企业缺乏技术创新投资的积极性。

图 5-17　制造业和银行业税后利润率变动情况

资料来源：国家统计年鉴（2005—2012）、银监会年报（2007—2011）.

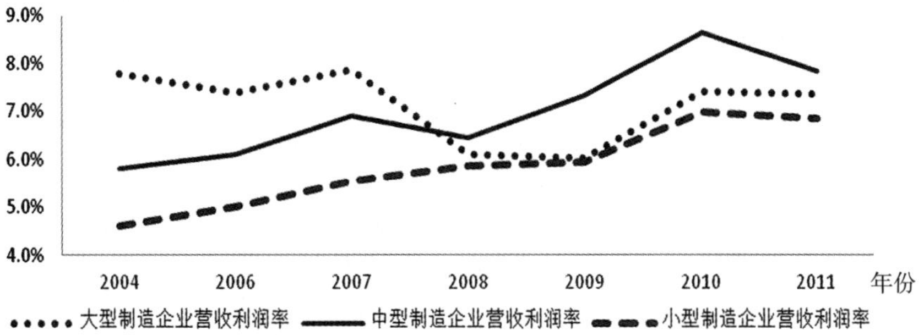

图 5-18　不同规模制造企业利润率变动情况

资料来源：国家统计年鉴（2005—2012）.

（二）从企业技术创新的外部生态环境看，“要素租金”驱动的经济发展方式抑制了技术创新能力的积累

1. 政府支持企业技术创新的政策体系不完善

尽管中央和地方政府已经在综合运用各种财政、税收政策支持企业技术创新和转型（见表 5-5），但是现有的支持政策与企业技术创新和发展的实际需要，以及与美国、德国、日本等发达国家支持企业技术创新的政策相比，存在着相当大的差距。

表 5-5　　政府支持中小企业技术创新的部分财政和税收政策

具体政策		实施时间	主要内容
财政政策	科技型中小企业技术创新基金	1999 年	主要采取无偿资助、贷款贴息、资本金投入等方式，支持科技型中小企业技术创新、促进科技成果转化，支持和培育为科技型中小企业提供公共技术服务的中介机构，引导创业投资机构投资初创期的科技型中小企业
	中小企业国际市场开拓资金	2000 年	从境外展览会、企业管理体系认证、产品认证、境外专利申请、境外广告和商标注册、境外市场考察、境外投（议）标和企业培训等 10 个方面为中小企业提供支持
	中小企业服务体系专项补助资金	2003 年	主要支持中小企业以下服务建设：培训服务、信用服务、创业服务与管理咨询服务等
	中小企业发展专项资金	2004 年	支持中小企业专业化发展，与大企业协作配套，技术进步以及促进中小企业信用担保体系建设等方面
	科技型中小企业创业投资引导基金	2007 年	主要通过阶段参股、跟进投资、风险补助、投资保障方式，专项用于引导创业投资机构向初创期科技型中小企业投资，支持初创期科技型中小企业的创业和技术创新

续表

具体政策		实施时间	主要内容
税收政策	所得税改革	2008 年	统一税率，规定所得税基本税率为 25%；小企业税率调低为 20%；高新技术企业税率为 15%，研发费支出和用于无形资产投资支出的税收优惠
	增值税改革	2009 年	增值税小规模纳税人的征收率从工业企业的 6% 和商业企业的 4% 统一降低为 3% 等
	《国务院关于进一步促进中小企业发展的若干意见》	2009 年	对年应纳税所得额低于 3 万元（含 3 万元）的小型微利企业，其所得减按 50% 计入应纳税所得额，按 20% 的税率缴纳企业所得税；免征某些进口税；减免城镇土地使用税；延期缴税等

资料来源：根据公开资料整理，2012.

（1）对企业技术创新的支持力度不够，政策效果不理想。目前中国中央财政支持企业，尤其是中小企业技术创新的政策性资金，主要是表 5-5 中各项资金的全部或部分，为中小企业的创业、创新和市场开拓起到非常重要的推动作用。但是从整体上来看，用于支持中小企业技术创新资金的总规模仍然偏小。在 2008 年全球金融危机冲击的背景下，国家财政用于支持中小企业发展的资金总额仅为 108 亿元，其中只有部分资金用于支持中小企业技术创新，难以满足中国数量众多的中小企业技术创新的实际需要。

（2）政府对中小企业技术创新支持政策缺乏系统性且操作细节不明确。政府对中小企业技术创新的政策支持体系不完善。政策支持偏重对企业技术改造和技术引进的扶持，对创新成果的商品化和产业化支持不够。政策支持的领域主要集中在研发产品的生产扶持，对研究开发和试制环节缺乏政策扶持力度。政策支持的方式以直接的资金支持为主，对政府采购和财政贴息等更具市场化效果的政策工具使用不足。在税收政策优惠方面主要局限于所得税和增值税，通常采用免征或减征两种措施进行优惠，而国际通行优惠方法是加速折旧、投资抵减和延期纳税。税收优惠支持的对象主要是盈利企业，对于特别需要扶持的创业企业和成长性的科技中小企业则缺乏支持。

政府对中小企业技术创新支持政策的操作细节不明确。政府采购对中小企业科技创新进行扶持的政策作用之所以没有充分发挥，主要源于操作细节的不明确。尽管中国《政府采购法》第九条规定“政府采购应当有助于实现国家的经济和社会发展政策目标，包括保护环境，扶持不发达地区和少数民族地区，促进中小企业发展等。”但在实际评标阶段，政府采购部门考虑的主要因素是价格、供货商的实力、服务的承诺等，集中采购目录和协议供货制度的相关条款过于复杂和苛刻，对中小企业形成行政壁垒。在现行《政府采购法》和《中小企业促进法》中，现行政府采购制度缺少支持中小企业的量化指标，难以将制度落实到具体的操作程序之中，出现了一定程度的“制度失灵”。

（3）政策资金管理的协调性不足，尤其缺少第三方监管，使用效率不高。在政策的实际运行中，政府管理部门对各类中小企业政策资金存在多头管理现象，如在中央一级涉及中小企业管理的部门有工信部中小企业司、科技部高新技术发展及产业化司、农业部乡镇企业局、工商行政管理总局个体私营经济监督管理司等机构。在省一级的中小企业管理部门有发改委/局、科委、经委、中小企业局、工商局等。各类管理机构从各自的行业、部门和地区角度制订政策，对中小企业支持的各项政策、资金分配相对独立和总体分散，存在政出多门、职能交叉和多头管理的现象。造成中小企业某项技术创新活动可能涉及多个管理部门的审批和资金分配，在财政、税收、土地及准入等方面可以享受的政策既分散又不连贯。对各项财政资金的申报、使用等缺少第三方监管，资金效率不高。

（4）现有税收优惠方式鼓励中小企业技术创新的导向不明确。在形式上，税收优惠一般分为税额优惠和税基优惠。税基优惠是一种事前优惠，只要中小企业进行了技术进步活动，满足税基优惠的前提条件就可以享受相应的税收优惠待遇。税额优惠是一种事后优惠，只有当企业从技术创新活动中获得收入或利润，才能够享受优惠待遇。二者相比，税基优惠更有利于中小企业降低技术创新的成本和风险，体现政府支持中小企业技术创新的意图。然而目前中国税收政策对中小企业优惠方式主要是事后所得优惠，基本按照企业的经营状况确定优惠标准，而美国、德国等发达国家使用的鼓励中小企业技术投入的加速折旧、费用抵扣和投资抵免等税基优惠方式使用较多。现有的税收政策仅对具有一定科技实力的中小企业和已享有科研成果技术性收入的企业有效果，而对那些真正急需进行技术更新、技术相对落后的中小企业，或者是正在进行科技开发活动前期阶段以及处于创业阶段的企业则缺乏鼓励。另外，现行税法规定，被投资企业发生的经营亏损，投资方企业不得调整降低投资成本，也不得确认投资损失，这项规定不利于中小企业吸引外部投资，不利于税收政策有效地促进中小企业创业成长和科技创新。

2. 区域创新体系不完善，企业尤其是中小企业技术创新成本过高

（1）技术市场的发展不够完善。完善的技术市场有助于推动中小企业技术创新。因为技术和人才，中小企业技术创新能力的形成需要运转高效的技术市场。经过 20 多年的快速发展，中国技术市场已经初具规模，但仍处于发展的初级阶段，存在以下问题：

第一，技术市场规模不大，技术市场效率较低，呈现逐年下降的趋势。尽管自 20 世纪 80 年代启动技术市场建设以来，技术市场的年平均增长速度为 20%，但直到 2010 年，技术合同交易额占 GDP 的比重仍低于 1%，远远低于发达国家的平均水平（见图 5–19）。更为引人关注的是，技术创新成果的转移效率较低，近十年来成逐年下降的趋势（见表 5–6）。

第二，科技中介组织规模偏小、功能单一、服务能力薄弱。技术市场交易的对象是技术，而技术是专用性很强的特殊商品。因为存在着信息非对称，技术商品在交易过程中合约双方面临机会主义风险，提高了技术产

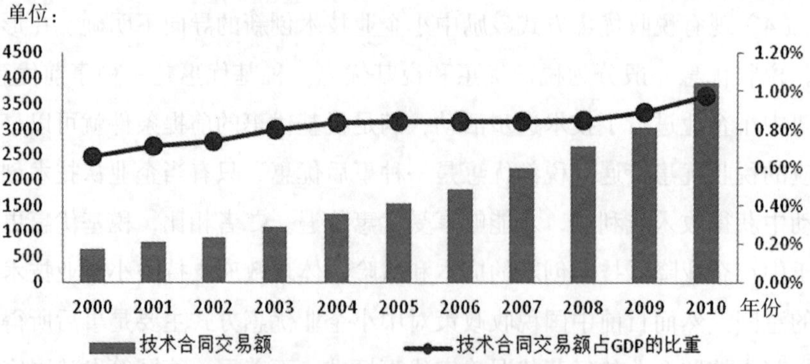

图 5–19　2000—2010 年我国技术市场规模

资料来源：中国科技统计年鉴（2007、2011）、中国统计年鉴 2012.

表 5-6 2000—2010 年技术市场转移效率

年份	2000	2001	2002	2003	2004	2005	2006	2007	2008	2009	2010
技术合同交易额与研发经费之比（%）	72.7	75.1	68.7	70.5	67.9	63.3	60.5	60.0	57.7	52.4	55.3

资料来源：中国科技统计年鉴（2007、2011）、中国统计年鉴 2012.

品的交易成本。服务于专业化技术转移的中介组织是降低技术交易成本和提高效率的关键。相对于中国经济发展的规模与速度，现有的技术中介组织数量和规模都偏小，难以满足技术交易的需求。同时，现有的科技中介组织活动零散，彼此之间缺乏协作，只能提供基础性服务，缺乏高端增值性服务。

第三，技术评估体系不完善。完善的技术评估体系是技术市场得以顺利运行的基础。作为专用性很强的特殊商品，对技术的先进性、可靠性、实用性、技术的商业前景和潜在风险评估需要具备专业知识的人才或组织，才能维持技术市场秩序，促进技术市场的繁荣和发展。与中国技术市场的发展相比，技术评估组织发展相对滞后，大部分技术评估由发达国家第三方认证机构承担。

（2）高校和科研院所等研究机构的现有体制不利于科技成果转化。高校和科研院所等研究机构科研成果的转化，是中小企业技术的重要来源。然而，由于受到体制的制约，高校和科研机构科研成果的有效转化机制一直没有建立起来。从课题组近年的调研材料看，高校和科研院所科研成果的转化形式主要以合同研发的方式进行，但科技人才创业活动不活跃，这制约了科技成果的转化。近年来，尽管在局部上出现了某些制度突破（见表 5-7），但在全局上没有出现创新创业的氛围。

表 5-7 鼓励高校、科研院所等机构专家创业的政策汇总

地区	政策文件	出台时间	主要内容
福建	《关于加快福建省信息产业人才队伍建设的若干意见》	2007 年 9 月	鼓励电子信息类专业教师兼职创业
天津	《关于加快科技型中小企业发展的若干意见》	2010 年 9 月	鼓励高校教师离岗技术创业

续表

地区	政策文件	出台时间	主要内容
天津	《关于进一步促进高等教育服务我市经济社会发展和滨海新区开发开放的意见》	2010年11月	
杭州	青蓝计划	2011年6月	从工商注册、创业资助、税收优惠等方面对高校和科研院所专家技术创业等相关方面做了详细规定
南京	“科技九条”	2012年2月	从科技成果转化的收益分配、离岗创业人事安排、税收优惠等方面对高校、科研院所和国有事业、企业单位科技人员创业做出了相关规定
武汉	《促进东湖国家自主创新示范区科技成果转化体制机制创新的若干意见》	2012年9月	对高校、科研院所和事业单位的专家离岗创业以及各种税收优惠等方面做了相关规定
山东	《山东省人民政府关于加快科技成果转化提高企业自主创新能力的意见（试行）》	2012年11月	鼓励高校、科研机构的专家兼职进行技术创业，并对相关收益分配、税收优惠等做了规定

资料来源：根据公开资料整理，2012.

（3）区域创新体系中企业的创新主体地位有待加强。在区域创新体系的建设中，企业的创新主体地位始终难以在政策上落实。例如，从反映科技投入实际完成情况的研发经费内部支出情况可以看出，中国实际科技投入的资金主要来源于政府，企业自有资金投入仅占很小的比例，而且政府资金用于科研的资金占了80%以上，只有极少量的资金投入到制造企业（见表5-8）。

表5-8　　2010年中国主要行业研发经费内部支出的来源结构

行业	资金来源总额（万元）				资金来源比例（%）			
	政府资金	企业资金	国外资金	其他资金	政府资金	企业资金	国外资金	其他资金
总计	10365300	342449	34409	1121874	87.4	2.9	0.3	9.5
农、林、牧、渔服务业	717800	15673	3679	73421	88.6	1.9	0.5	9.1
科学研究、技术服务和地质勘查业小计	8835926	284182	23599	861077	88.3	2.8	0.2	8.6

续表

行业	资金来源总额（万元）				资金来源比例（%）			
	政府资金	企业资金	国外资金	其他资金	政府资金	企业资金	国外资金	其他资金
研究和试验发展	8335444	266666	20570	805938	88.4	2.8	0.2	8.5
专业技术服务业	334608	13264	770	47488	84.5	3.3	0.2	12.0
科技交流和推广服务业	72580	2968	2259	5575	87.0	3.6	2.7	6.7
制造业小计	203065	6272	867	46859	79.0	2.4	0.3	18.2
食品制造业	1333		108	2187	36.7	0.0	3.0	60.3
纺织业	250			958	20.7	0.0	0.0	79.3
化学原料及化学制品制造业	28740	929	14	3895	85.6	2.8	0.0	11.6
医药制造业	83283	2952	624	23301	75.6	2.7	0.6	21.2
专用设备制造业	44975	1381		10286	79.4	2.4	0.0	18.2
交通运输设备制造业	526	23		28	91.1	4.0	0.0	4.9
电气机械及器材制造业	553			125	81.6	0.0	0.0	18.4
通信设备、计算机及其他电子设备制造业	17668	157	121	1760	89.7	0.8	0.6	8.9
仪器仪表及文化、办公用机械制造业	5870	139		1051	83.2	2.0	0.0	14.9

资料来源：中国科技统计年鉴 2011[M]. 北京：中国统计出版社，2011.

3. 资本市场发展不完善，为中小企业技术创新服务的风险融资体系不健全

从目前的情况看，中小企业进行技术创新的资金来源除了自我积累之外，主要是银行。而中小企业信息不完整，造成银行融资的困难和成本高。加上技术创新具有高度不确定性，进一步加剧了企业和银行之间的信息不对称。因此，对中小企业的技术创新支持更多地还要依靠包括风险投资在内的资本市场。

第三节　突破中国制造“低端锁定”效应的战略思维

一、“低端锁定”效应的突破需要新的战略思维

中国制造的“低端锁定”效应内生于改革开放30多年来中国“要素租金”驱动的经济发展方式。因而，突破“低端锁定”效应涉及经济发展方式的转变和新的经济转型，是一个长期的系统工程，需要新的战略思维。

（一）**后发国家制造业从OEM到ODM再到OBM发展战略的局限性**

后发国家制造业的OEM或代工战略最早是对中国台湾地区电子信息产业发展经验和前景的总结。在总结台湾电子信息产业通过OEM引入和发展的成功经验的基础上，20世纪90年代，理论界认为，后发国家制造业可以从OEM起步，然后经过ODM阶段到OBM阶段，实现产业国际竞争优势的提升。现有的经验表明，后发国家制造业的OEM到ODM再到OBM发展战略没有考虑到技术领先者的技术控制可能造成的技术“锁定”效应，只是一个缺乏现实性的理论假设。

制造业发展的OEM战略的理论依据是全球价值链理论。从价值链的角度看，产品的价值链包括：基础研究→产品研发→产品设计→加工制造→营销活动→销售渠道→售后服务。全球价值链理论认为，国际企业之间可以根据自身的比较优势，分别处于产品价值链不同环节实现产品的研发和生产。其中，发达国家的跨国公司处于知识密集的研发和营销环节，而后发国家的中小企业则分布于劳动密集的加工制造环节。制造业发展的OEM战略认为后发国家的中小企业可以在通过嵌入全球价值链体系实现加工制造能力的积累后，再通过研发和设计能力的提升逐渐向价值链高端迈进。

改革开放以来，在借鉴中国台湾地区电子信息产业发展经验的基础上，充分利用丰富的劳动力资源，中国制造业通过FDI和发达国家成熟产品和标准化生产技术的引进，嵌入全球产业价值链的加工制造环节，快

速成长为世界最大的制造基地和第二大经济体。尽管中国制造的 OEM 战略带来了经济的高速增长，但是随着国际和国内市场条件的变化，该发展战略的局限性逐渐暴露出来。到 2005 年，“要素租金”驱动的 OEM 发展战略已经走到了尽头。中国台湾发展到今天的实践经验同样表明，OEM 战略在实施到 ODM 阶段后，难以实现到 OBM 的攀升。这是因为：

第一，制造业的 OEM 发展战略强调“两头在外”的出口导向发展模式，打破了中国制造业原有的产业分工和协作体系，无论是技术还是市场都严重依赖包括跨国公司在内的技术领先者。在技术依赖和缺乏对终端市场需求感知的条件下，中国企业，尤其是中小企业只能被锁定在全球价值链低端环节，难以实现核心技术的突破。

第二，对国外市场和技术的双重依赖弱化了本土企业之间的联系，制造型企业难以通过自主价值网络[①]的构建突破现有技术瓶颈。

第三，中国企业，尤其是制造型企业在无法摆脱全球价值链控制和构建自主价值网络的条件下，OEM 战略抑制了包括服务于中小企业技术研发在内的生产型服务业的发展，而生产型服务业发展的滞后反过来制约了中小企业技术创新能力的积累。

第四，在国际和国际市场条件发生根本性变化的条件下，制造型中小企业不仅无法向全球价值链两端传递成本上涨压力，而且面临跨国公司把低端制造环节向其他国家和地区转移带来的竞争压力。

20 世纪 80 年代以来，中国台湾地区紧紧抓住经济全球化背景下电子信息产业快速发展的机遇，通过融入全球价值链，以中小企业为主体从劳动密集的 OEM 环节起步，快速成长为全球电子信息产业一支不可忽视的力量。在主机板、芯片组、笔记本电脑、扫描仪和半导体等产品领域的全球市场占有率超过 50%，人均国民收入从 1982 年的 2600 美元上升到

① 自主价值网络对应于于跨国公司主导的全球价值链概念，包括两方面的涵义：一是由创新为导向的科技型中小企业为主导的；二是指网络，而不是边。自主价值网络的参与者不仅包括科技型中小企业而且包括制造型企业、大学和科研机构。自主价值网络并不排斥全球价值链，有些情况下，是全球价值链的一个组成部分，但是不仅仅是制造，而且包括设计和研发。

2005年的15000美元。但是2005年之后，因为在实施OEM战略的过程中台湾企业忽视自主技术创新和难以塑造自主品牌，长期陷入低端锁定局面，很少有企业能够实现从OEM到ODM再到OBM的攀升，人均国民收入增长陷入长期低迷。

在OEM阶段，跨国公司一开始对价格不敏感，主要强调OEM企业产品的制造质量。但是随着国际市场产品竞争的加剧，跨国公司要求OEM企业降低价格，在存在对国外技术和市场双重依赖的条件下，企业要想生存只能选择价格竞争。在中国台湾地区IT产业的发展过程中，OEM企业高利润时期仅仅维持了5到6年的时间，很快就陷入微利时代。

作为技术领先者，跨国公司对OEM企业的控制机制非常简单，主要通过订单的分散化诱使加工制造企业规模扩张和相互竞争。OEM企业为了获得更大的订单和降低成本，往往选择扩大投资实现规模经济。但是当实现了规模经济之后，在沉没成本的约束下，企业只能再次通过满足跨国公司的降价要求实现产能的充分利用。因为缺乏核心技术，跨国公司随时可以培养新的竞争对手和向其他国家和地区转移订单，在缺乏核心技术和自主品牌的条件下，中国台湾地区OEM企业陷入长期的低端锁定局面。

为了突破“低端锁定”困境，有些台湾OEM企业开始创建自主品牌。但是很快发现与跨国公司开始发生直接冲突，在取消订单和专利诉讼等多种形式的要挟下，OEM企业的自主品牌战略常常无疾而终。从中国台湾地区电子信息产业发展的经验看，从OEM到ODM是可行的，但是从ODM再到OBM的过程中，存在着难以跨越的障碍。在跨国公司控制的全球供应链体系中，从OEM到ODM再到OBM是条基本走不通的技术升级道路。利用国际和国内资源，构建新的自主价值网络，是中国制造实现技术创新和持续发展的根本途径。

（二）从融入全球价值链战略向构建自主价值网络战略的转变：突破“低端锁定”效应的根本途径

现有的经验已经表明，当外部环境发展根本性变化的条件下，制造业发展的OEM到ODM再到OBM的道路存在难以逾越的障碍，实现从中国制造到中国创造转变的根本途径是依托现有的市场和技术优势，实施构建自主价值网络的发展战略。

从 OEM 到 OBM 战略是一种线性思维，仅仅把产品的研发和制造看作是一个单向的价值链。从更加宏观的角度看，产品的研发和制造是一个价值网络。中国企业的技术创新能力不仅取决于自身，而且取决于包括大学、科研机构和客户在内的价值网络成员之间的非线性互动。在实际调研中，课题组认识到，无论对于传统产业的高端化还是战略性新兴产业的发展而言，技术进步和创新是在一个非线性互动的价值网络中实现的。技术创新更像是一个小世界网络的构建过程，新技术不仅来自基础研究环节，而且来自其他产业的技术运用和现有技术的新组合。从传统的价值链到价值网络战略思维的转变，是突破中小企业技术“天花板效应”的理论前提。

从实际调研的情况看，依据主体的不同，构建自主价值网络突破“低端锁定”效应的具体途径是多样性的。例如，依靠拥有技术优势的大企业和产业集群构建自主价值网络，通过新技术组合的引入实现技术突破。从目前中国经济发展的现实看，构建自主价值网络的主导者主要是科技型中小企业。与制造型中小企业不同，科技型中小企业立足于竞争优势，通过新技术组合的引入在充分利用现有全球价值链资源的基础上构建新的价值网络。新的自主价值网络不仅包括制造型企业，而且包括大学、科研机构和客户在内的新的节点。例如，在科技型中小企业构建价值网络的过程中，更多地考虑的是国内市场需求和技术进步的内源性，不依赖全球供应链体系。通过科技型中小企业开放式价值网络的构建，突破了 OEM 战略带来的“低端锁定”困境，有效地带动中国制造向中国创造的转变。

二、突破企业“低端锁定”效应的主导逻辑

从中国企业技术进步的实践经验和趋势出发，本报告认为，突破制造型企业“低端锁定”效应的基本逻辑为：立足于提升企业、产业和国家竞争优势，以促进创新创业活动和科技型中小企业的涌现和发展为重心，通过组织和制度创新，实现生产型企业向创新型企业、生产网络向创新网络、政府职能从优化投资环境向构建创新创业环境的转变。其中，科技型中小企业的涌现和快速成长是突破“低端锁定”效应的主导力量，而创新网络

和创新创业环境的构建则构成科技型中小企业涌现和发展的产业和区域生态环境。

2008年全球金融危机爆发以来，世界主要发达国家都意识到经济危机孕育着新一轮科技产业革命的浪潮，纷纷启动新的科技创新计划抢占国际竞争前沿。从科技产业革命的历史经验看，无论是传统产业的改造提升还是战略性新兴产业的启动，科技产业革命的主体都不是现有的大企业，而是科技型中小企业。课题组的调研表明，2005年以来，中国传统产业高端化和新兴产业发展的实践已经表明，科技型中小企业的涌现和快速成长是推动从外源型技术进步向内源型技术进步转变和突破“低端锁定”效应的主导力量。科技型中小企业的发展是中国经济未来发展的立足之地。

科技型中小企业有两个方面的来源：一是制造型企业的改造；二是创新创业企业的成长。经过30多年的发展，制造型企业成为中国制造业的主体，所积累起来的加工制造能力是中国经济发展的宝贵财富。尽管面临着种种约束和压力，制造型企业不断地通过学习、模仿和协同创新，突破现有的技术制约，从制造型企业转变为技术创新型企业。2005年以来，科技型中小企业部分来自创新创业企业，尤其是科技人才的创新和创业活动。来源于创新创业企业的科技型中小企业一开始就以技术创新为己任，通过技术创新获得竞争优势，是推动产业结构升级和提升产业竞争力的重要力量。

无论来自哪个方面，科技型中小企业都是突破“低端锁定”效应的主导力量。但是科技型中小企业的发展同样面临着来自各方面的制约，尤其是创新和创业环境不完善带来的制约。在“要素租金”驱动的经济发展方式下，制造型中小企业对创新创业环境的要求不高，更多地要求政府提供优良的投资环境，尤其是廉价劳动力和土地等要素资源。而科技型中小企业追求的不是简单的加工制造能力的规模扩张，而是技术创新和竞争优势的提升，对有利于创新创业的生态环境有很高的要求。政府构建创新创业环境的重心是提供“创新租金”，而不是“要素租金”。从近年来各地的实践看，尽管科技型中小企业提出了创新创业生态环境建设要求，受“要素租金”驱动的经济发展方式惯性作用，地方政府仍然把工作的重心放在优化投资环境方面。

在突破中国制造技术进步天花板效应的过程中，组织变革的重心是通过技术创新极核的引入，实现生产网络向创新网络的转变。其中，以科技型中小企业为主导的创新型集群，在“低端锁定”效应的突破上将发挥至关重要的作用。通过实际调研，本报告认为，无论是传统产业的高端化还是战略性新兴产业和生产型服务业的发展，与日本和美国等发达国家不同，中国产业转型和升级的主导力量将是以科技型中小企业为代表的中小企业。为了充分发挥中小企业的作用，中国未来的产业组织结构与发达国家可能存在着本质的差异。其中，以创新创业平台为创新极核 + 中小企业 + 生产型服务业的新型产业组织结构，是突破“低端锁定”效应、推动中国产业结构调整和抢占国际竞争前沿的基本组织方式。

从中国经济发展的实际看，承担创新极核作用的平台组织主要是“官产学研”一体化的新型混合组织。大力发展“官产学研”一体化的新型混合组织，通过“官产学研”战略联盟和公共技术平台的建设，对科技型中小企业制定和实施链接、孵化和加速计划，加快技术创新的步伐。

此外，中小企业，尤其是科技型中小企业的发展需要生产型服务业的支持。从经济发展的实际看，对促进中小企业突破“低端锁定”效应作用明显的生产型服务业包括科技研发服务、科技金融支持、物流和供应链产业领域等。例如，现实中的供应链企业，通过将产业中专注于价值链不同环节的孤立企业紧密联系起来，促进中小企业技术创新与创业，加速科技成果的产业化，不断突破中小企业的技术瓶颈。

第四节　突破“低端锁定”效应的实践经验

为了总结中国制造业突破“低端锁定”效应的实践经验，本章选择了天津自行车产业进行了系统调研，考察中国企业如何立足于实际，通过创新创业活动实现技术进步和创新的有效机制和途径。

作为世界最大的自行车生产基地，天津自行车产业是典型的出口导向的中小企业制造集群。2005年之前，以产品出口为导向，通过国外成熟产品、标准化生产技术和关键零部件的引进，天津自行车产业的制造能力得到了快速提升。但是因为对外源型技术进步的严重依赖，集群的主体基本都属于制造型中小企业。

2005年以来，天津自行车产业的技术进步开始从外源型向内源型转变。其中，国际，尤其是国内市场需求的高端化是根本诱因。为了满足国内市场需求对电动化和时尚化产品的需求，以创新为导向的科技型中小企业开始进入自行车产业。新进入者不仅来自自行车产业内部，而且来自新材料、电池和电控等其他产业和科研机构。科技型中小企业在构建自主价值网络的过程中，通过整合自行车和其他产业的制造和科技创新资源满足市场需求。随着新产品的规模化，自主价值网络的构建逐渐打破了原有技术领先者主导的全球价值链对中小企业技术创新的束缚，成为打破“低端锁定”效应的内在驱动力量。

在科技型中小企业自主价值网络的构建过程中，包括行业协会、自行车检测机构、大学和科研院所在内的中介组织发挥了积极作用，为中小企业突破“低端锁定”效应搭建了技术创新和服务平台。从天津自行车产业发展的实践看，“低端锁定”效应的突破主要是市场自组织作用的结果。因为缺乏政府政策和公共技术平台支持，在涉及天津自行车产业高端化的关键技术领域的突破上，例如，镁合金焊接和锂电池，出现了单个企业难以解决的瓶颈。因而，如何实现市场自组织和政府创新政策的有机结合，推动产业共性技术难题的解决，仍然是天津自行车产业发展面临的一个难题。

一、天津自行车产业发展的历史与现状

（一）天津自行车产业是全球最大的自行车制造集群

自行车产业一直是天津轻工领域的支柱产业，对支持地方经济发展和提高人民收入水平作出过重要贡献。天津自行车产业起步较早，产业发展几经沉浮，最近的一波发展兴起于20世纪90年代初，是伴随国有企业的衰落和大量中小民营企业的涌现而开始的。特别是2000年以来，天津自

行车产业在规模和质量上都大幅提升，一跃成为全球最大的自行车生产制造基地。

近年来，天津的自行车、电动自行车的产销量和自行车出口量都稳居全国第一位。2011 年天津自行车产量达到 3808 万辆，占全国自行车总产量的 45.6%；电动自行车产量达到 1434 万辆，占全国总产量的 55.2%；自行车出口 1988 万辆，占全国出口量的 35.7%。天津自行车产量持续增长的动力主要来源于国际市场和电动自行车市场的扩张。

在出口方面，2011 年天津自行车的出口占比首次超过 50%，出口成为拉动天津自行车产业发展的第一引擎。与沪浙地区从 20 世纪 80 年代初就开始经营国际市场不同，天津自行车走向国际市场仅仅是 90 年代末期。1999 年天津自行车的出口量仅有 23 万辆，出口占比不到 3%。但天津依托外源型技术引进和产业集群优势，快速打开国际市场，实现后来者居上。如图 5-20 所示，从 1999 年开始天津自行车的出口量和出口占比都持续增长①，出口导向型的产业特征逐步显现。目前，天津已经成为世界最大的自行车生产制造基地，成为全球自行车产业价值链的重要环节。

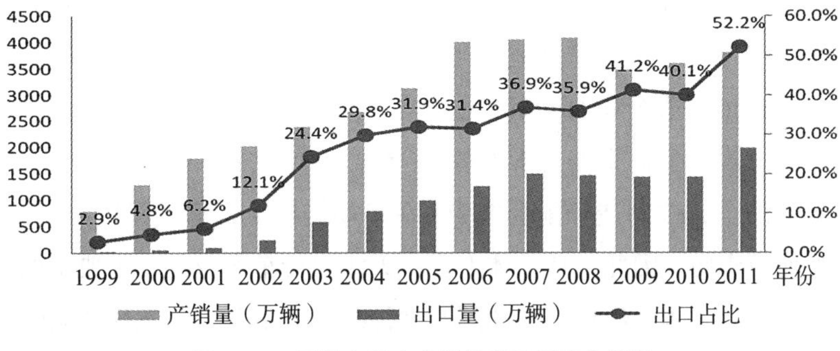

图 5-20 天津自行车产量及出口量变化情况

资料来源：天津市自行车生产力促进中心编 . 天津自行车发展史略，2012.

在电动自行车方面，2011 年天津电动自行车产量接近 1500 万辆，占全国电动自行车产量的比重达到 55.2%，电动自行车成为拉动天津自行车产业发展的又一引擎。天津的电动自行车起步于 20 世纪 90 年代末，在

① 除 2008—2010 年受金融危机影响，出口量基本保持平稳，没有出现明显下滑。

2003 年之后开始广泛兴起，着眼于轻便型电动自行车产品的开发和成熟产业体系的支持，从 2006 年开始，天津的电动自行车产量全面超越上海和浙江，成为国内最大的电动自行车制造基地。

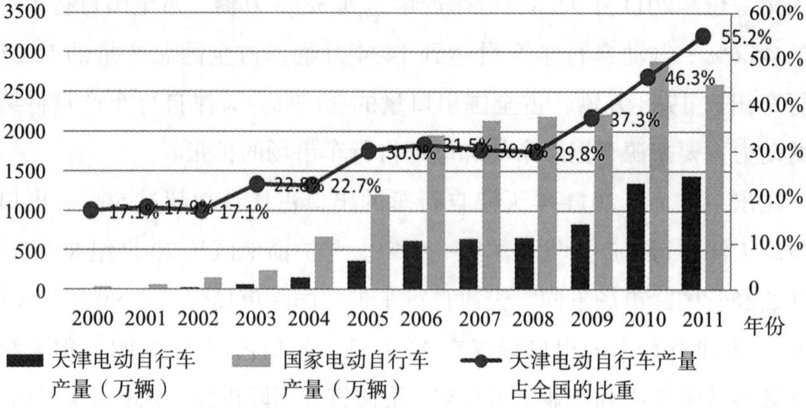

图 5-21 全国和天津电动自行车产量变化情况

资料来源：天津自行车生产力促进中心编．天津自行车发展史略，2012.

作为全球最大的自行车生产基地，天津在自行车企业群体规模、集聚密度和生产制造能力上均属世界第一。根据天津市自行车行业协会的统计，2011 年天津自行车产业主要生产企业达 1172 家，其中自行车及电动自行车的整车制造企业 694 家，主要零部件企业 478 家。在企业结构上，形成了以民营中小企业为主体的格局；在产业体系上，形成了从整车到所有零部件的全方位制造和配套能力；在市场结构上，形成了以出口为主、内销为辅的格局。因此，从整体上看，天津自行车产业是一个典型的以民营中小企业为主体、出口导向的制造型传统产业集群。与我国的服装、鞋袜、玩具、地毯等传统产业集群拥有较为相似的产业特征。

（二）天津自行车产业技术进步的轨迹

天津自行车产业的技术进步轨迹大致可以分为三个阶段：第一阶段是新中国成立至 20 世纪 80 年代末，这一时期的技术进步主要表现为国有企业体系下自主的技术改造；第二阶段是 20 世纪 90 年代初至 21 世纪初，这一时期的技术进步主要表现为对国外成熟产品和技术的引进，属于外源型技术引进和“低端锁定”效应的形成时期；第三个阶段是 21 世纪初至今，这一时期伴随天津自行车走向电动化、轻便化和时尚化，内源型技术逐渐成为技术进步的主导（见表 5-9）。

表 5-9　天津自行车产业技术进步的阶段性特征

发展阶段	主要时期	技术进步的特点	企业结构特征	主要市场
第一阶段	新中国成立至 20 世纪 80 年代末	国有企业体系下的自主技术改造	国有大企业占主导	国内市场
第二阶段	20 世纪 90 年代初至 21 世纪初	国外成熟产品和技术的大规模引进	民营中小企业占主导	国内中低端市场和国际代工市场
第三阶段	21 世纪初至今	内源型技术进步逐渐成为主导	科技型中小企业占主导	国内外中高端市场需求

资料来源：根据调研资料整理，2012.

1. 国有企业的自主技术改造和技术扩散阶段（新中国成立至 20 世纪 80 年代末）

天津自行车产业起步于 20 世纪 30 年代，在 1949 年 10 月建国伊始就成立了“天津自行车厂”，并打造出新中国第一个完全国产化的自行车产品——“飞鸽”牌自行车。之后 40 余年，在国家投资支持下，天津国有自行车产业得到快速发展，形成拥有“飞鸽”、“红旗”等四大品牌、30 多家企业和 3 万多员工的规模经济体系。到 20 世纪 80 年代，“飞鸽”自行车的年产量达到 600 多万辆，成为国内第一大自行车品牌。之后，天津的国有自行车产业体系开始走下坡路，特别是进入 20 世纪 90 年代以后，随着市场经济体制改革的不断深入，原有的国有产业体系走向破产。与此同时，以富士达、金轮为代表的一批民营中小企业如雨后春笋般的大量涌现，逐渐成为天津自行车产业发展的主力军。

在很长时期内，天津自行车产业的技术进步都是在国有计划经济体系下实现的。在以“飞鸽”为代表的国有企业不断扩张的过程中，通过“干中学”的方式，在制管、冲压、切割、焊接、热处理、前处理、涂漆、电镀等涉及整车制造的专业制造工艺技术上都取得了一定的成果。如制管工艺上的“接触式高频电流加热焊管技术”、“感应式高频电流加热焊管技术”；冲压工艺上的“钢珠轧辊数控磨床”、“无切削精密挤压工艺”；焊接工艺上的“车把自动钨极氩弧焊工艺”、“车架自动多嘴火焰加热钎焊工艺”等等，都是在老一辈科技人员的努力下自主创造的。

这些在国有体系下形成的完善产业配套体系和相对领先的制造工艺技术，在国有经济体系走向衰退时，成为民营自行车企业快速成长的重要技术来源。在20世纪80年代末和90年代初，一些民营的中小企业开始出现，这些企业一般通过国有企业职工的下岗创业、吸引国有体系的技术工人等方式，快速建立起了自行车生产所需的各种工艺技术。

2. 国外成熟技术和产品的大规模引进阶段（20世纪90年代初至21世纪初）

尽管在国有产业体系下天津已经形成了较为完善的技术工艺体系，但无论是整车还是零部件的整体技术水平与国外相比仍然有很大差距，加之刚刚兴起的民营中小企业的技术能力良莠不齐，当天津自行车产品开始走向全国市场，特别是国际市场时，产品质量出现了一系列问题，严重影响了产品的市场拓展。从20世纪90年代开始，为了适应不断提升的国内外需求和市场竞争，围绕制造过程中的质量管理和产品档次升级问题，天津自行车企业开始了新一轮的大规模技术改进。这一阶段，中小企业技术进步的来源不再是国有企业的技术扩散，而是国外成熟产品和标准化生产技术的引进、消化、吸收和模仿。这段时期，天津自行车产业的这种外源性技术进步集中表现在两个方面：

（1）通过国外成熟产品和标准化生产技术的引进和学习模仿，涌现出一批以富士达、金轮、吉港和飞踏为代表的出口导向的加工制造型企业。为了满足出口产品对产品质量的要求，企业通过引入国际质量管理体系、引进国外设备和技术工艺不断提升技术水平，改善产品质量，提升产品品质。

以天津金轮自行车集团有限公司为例，公司为了保证出口产品的质量，通过购买设备和战略并购等手段，大规模引进国外先进的生产设备、制造工艺和质量管理体系，使金轮的自行车制造水平一举达到国内领先水平。金轮集团引进的先进技术包括：①钢车架和前叉厂全部引进日本及中国台湾生产设备，成为国内名列前茅的钢车架生产制造基地；②铝合金车架厂全部引进台湾设备，产品全部通过欧盟EN标准、美国CPSC标准和日本的 JIS 检测标准；③在避震前叉的生产过程中引进台湾全自动无芯研磨机，大幅提高了产品的品质和性能；④通过并购重组台湾的名牌企业“达康”，形成质量居世界先进水平的轮盘制造能力；⑤引进中国台湾 16 条自动烤漆流水线和日本蓝仕的静电喷涂技术，使产品质量达到国际环保标准；⑥在产品组装过程中，引进了荷兰机械轮圈自动校正机，保证了车圈圆度受力均衡。在这一系列设备引进和技术提升的措施推动下，金轮于 2004 年通过了 ISO 9001：2000 质量认证，企业产品达到欧美等发达国家的技术标准，2007 年企业实现出口创汇 6000 万美元。

（2）在出口导向的加工制造过程中，当遇到因零部件不过关而导致的产品质量问题时，积极引进包括中国台湾桂盟链条、正新轮胎和日本禧玛诺在内的关键零部件企业改进和提高产品品质，完善天津自行车产业的高端产业链。

尽管天津已近形成了涵盖自行车所有零配件的完善的产业体系，但在高端自行车生产过程中一些关键零部件的制造技术却仍然无法突破。为此，天津市政府和天津市自行车行业协会，通过招商引资政策，吸引了国际顶尖的自行车关键零部件企业落户天津。根据课题组的调研和公开的信息资料，在 2000 年以后，天津引进的自行车零部件相关的外资品牌企业主要包括：日本禧玛诺、中国台湾正新橡胶、中国台湾祥力金工、中国台湾桂萌集团、美国耐螺扣公司、中国台湾浩盟集团、中国台湾建大股份等。这些企业所生产的关键零部件包括变速系统、刹车系统、链条、轮胎、坐垫、紧固件、大齿盘等，基本弥补了天津在高端自行车领域对高品质关键零部件的需求（见表 5-10）。

表 5-10　　天津引进的主要外资零部件企业

企业名称	引入时间	主要产品	母公司	企业实力
禧玛诺（天津）自行车零件有限公司	2003	变速系统、刹车系统	日本禧玛诺株式会社	全球第一的自行车关键部件制造商
天津大丰橡胶工业有限公司	2003	自行车轮胎	中国台湾正新橡胶工业股份公司	台湾橡胶轮胎业第一，世界橡胶轮胎业第十
祥力自行车配件（天津）有限公司	2004	坐垫及相关配件	中国台湾祥力金属工业股份有限公司	拥有 30 多年的专业化研发和制造历史

续表

企业名称	引入时间	主要产品	母公司	企业实力
桂盟传动（天津）有限公司	2005	链条	中国台湾桂盟集团	全球最大的链条制造供货商
耐螺扣紧固件（天津）有限公司	2005	紧固件预涂层	美国 NYLOK® 公司	拥有全球最专业的螺丝防松技术
浩盟车料精锻科技（天津）有限公司	2006	大齿盘	中国台湾浩盟（集团）公司	全球最大的大齿盘制造企业
建泰橡胶（天津）有限公司	2007	自行车轮胎	中国台湾建大工业股份	全球领先的自行车轮胎制造商

资料来源：根据调研和公开资料整理，2012.

在外源型技术进步的过程中，天津自行车产业形成了以出口为导向的开放式生产网络，实现了从低端生产网络向高端生产网络的转变。从课题组对天津自行车主要民营企业和中介机构的调研看，在外源性技术的引进下，天津自行车产业从整车到零部件的整体制造水平都达到了一个新的水平，自行车产品的质量有大幅提升，使天津自行车产业走向了规范化、标准化和国际化。

3. 内源型技术创新网络的出现和逐步增强阶段（21 世纪初至今）

在经历了外源型技术大规模引进之后，进入 21 世纪以来，天津自行车产业的技术创新表现出了一些新的特征。其中，最突出的表现就是技术进步开始由外源型向内源型技术进步转变。这一转变的主导力量就是科技型中小企业的创新创业活动发挥了至关重要的作用。

科技型中小企业主要有两个方面的来源：一是制造型自行车企业发展演变而来；二是创业型企业发展而来。无论是哪个方面的来源，与原有的制造型企业相比，科技型中小企业技术创新能力的形成都是构建新的价值网络的过程。新的价值网络不仅包括原有的生产网络，而且包括涉及设计和研发环节的其他参与者，例如，大学和科研院所。

随着内源型技术创新能力的提升，中小企业开始从价值链的制造环节向其他环节扩展。近年来，更多的中小企业选择摆脱原有价值链约束，通过国内市场的开拓和新的价值网络的构建，自主创新和发展自主品牌。

科技型中小企业，尤其是由创业企业发展而来的科技型中小企业的加入，使天津自行车产业发展方向出现了改变：一是从传统自行车向电动自行车的转变；二是从作为代步工具的传统自行车向时尚和休闲自行车的转变。电动自行车产业尽管依托的是现有自行车企业，但是技术创新的主导者则是来自其他产业和新创的科技型中小企业。

随着电动自行车和时尚产品的高端化，近年来，天津自行车产业的技术进步方向进一步向两个方向聚焦。一是通过镁合金、碳纤维和钛合金等新材料和新技术的引进推动传统自行车向时尚和休闲高端产品发展；二是通过引入锂电等新动力电池和电控技术发展新型电动自行车和电动汽车。

科技型中小企业在从外源型技术向内源型技术的转变过程中作用的发挥，离不开创新创业环境的建设和完善。2005 年以来，为了推动自行车产业从生产网络向创新网络的转变，天津高度重视科技型中小企业的发展和创新创业环境的建设。其中，包括天津自行车研究院和检测中心在内的“官产学研”一体化的新型混合组织的涌现和创新平台建设，直接推动了自行车产业从生产网络向创新网络的演变，突破了中小企业的“低端锁定”，使技术创新和技术进步成为产业发展的内生力量。

（三）天津自行车产业的“低端锁定”现象

与很多其他传统产业类似，在外源性技术大规模引进的过程中，本土产业的整体制造技术和产品质量都提升到了一个新的水平，中国制造开始大规模走出国门。然而，无论从全球价值链的角度还是产业技术体系的角度看，天津自行车产业仍然是一个低水平的加工制造型集群。突出的表现在作为价值链核心环节的产品设计和渠道营销掌握在国际零售和品牌企业手中，作为技术体系的变速、刹车系统等核心的高端零部件掌握在外资企业手中，本地中小企业基本上属于制造型企业，仅仅处于全球价值链的低端和技术体系的非核心领域。这就使天津自行车产业整体上形成了“大而不强”的局面。具体表现在如下几个方面：

（1）出口产品以贴牌为主，自主品牌缺失。在天津每年接近 2000 万辆的出口产品中，有 90% 左右的产品为贴牌生产。像富士达、金轮、飞鸽等在国内已经树立起行业品牌的自行车企业，其在做产品出口业务时，也主要是为国际品牌商和渠道商提供整车或零部件的贴牌生产。以贴牌为主的出口导向格局，导致天津企业没有国际市场定价的话语权，随着国内要素成本的上升和制造市场竞争的加剧，必然会导致自行车生产企业的利润空间逐步缩小，而微薄的利润又使得自行车企业更加无力创建自主品牌，只好依附外商以贴牌生产为主。

（2）中低档次产品占比较大，高附加值产品缺失。天津自行车产业的产品结构不合理，以中低端产品为主，而山地自行车、公路竞赛车等高附加值产品较少。即使与中国另外两大自行车产业集群——广东和沪浙地区——相比，天津似乎也是产品最为低端自行车产业集群。从电动自行车来看亦是如此，以铅酸电池为动力来源的低端电动自行车产品占绝对主导。2011 年天津电动自行车出口仅 12 万辆，其中最主要的原因就是符合国际标准的锂离子电动自行车产品太少。

（3）创新能力弱，竞争手段不多。天津自行车产业有 1000 多家企业，但直到目前为止，真正建立技术研发中心的企业不超过 50 家[①]。即使是已建的技术研发中心，大多也是从事一些简单的产品设计和研发活动，仍然以模仿创新为主。创新能力的缺失导致众多生产制造企业在市场竞争过程中为了争夺客户只能采取互相压价的方式，造成无序竞争。这种价格压力通过产业配套体系一步步向各级零部件企业转移，进一步导致产品质量无法提升。这一现象在天津汽车零部件产业、天津地毯产业和山东低速电动汽车产业的发展中同样非常突出。

课题组根据对天津主要自行车整车及零部件企业、政府相关部门和中介服务组织的调研信息绘制的表 5-11，基本刻画了天津自行车产业价值链的现状与特点。首先，不论在国际市场还是在国内市场，天津企业的产品主要针对的是中低端市场，而高端产品市场主要被日本、中国台湾和欧美企业占据；其次，在出口产品业务中，天津的企业主要从事 OEM 或 ODM 环节，自行车的研发设计和国际市场的营销渠道等高附加值环节都由国际品牌商或渠道商所掌控；再次，在零部件的配套能力上，本土企业

① 天津自行车行业协会提供的数据是 38 家。

表 5-11　　天津自行车产业价值链的特点

企业类别			代表性企业	企业特点
整车企业	出口导向企业	OEM	匹克、凯特等大量的中小企业	具有生产设备与能力，能够根据批发商或零售商的提供的技术图纸，制造出合格的产品，但缺乏研发能力，不能自主开发产品
		ODM	金轮、富士达、科林、飞鸽、新宝	有研发中心，可以自己开发出产品，供全球批发商或零售商选用，或根据全球批发商与零售商的要求开发或模仿出产品，并具有生产制造能力
		OBM	飞踏、远东蓝剑	有研发中心，可以自己开发出产品，并已在国外自建渠道或与国外的零售商合作销售自有品牌自行车
	内销企业	品牌企业	爱玛、三和顺、飞鸽、宝岛、飞踏、科林、轻钛、格律诗等	一般有研发中心，可以自主开发也会分包给专业的设计公司去开发一部分产品，能够生产出合格产品，有销售渠道（一般是专卖店），也有售后服务，具有完整的价值链
		初级企业	王庆坨镇的许多企业	与20世纪90年代的民营企业一样，生产低端产品，没有品牌、没有通过质量体系认证，低端低质低价
零部件企业			全福鞍座	当地成长起来的企业，一般从事非核心零部件的生产
			桂盟链条、禧玛诺、正新轮胎、方世电机、东义、捷威动力	主要从外部引入，且一般从事核心零部件的生产

资料来源：依据调研和公开资料整理，2012.

仅能配套中低端产品，高性能和高附加值的高端零部件技术牢牢地掌控在外商手中。

因此，天津自行车产业在外源性技术进步的引导下，在获得较大技术进步的同时，也深深嵌入了全球价值链的低端环节，甚至出现了“低端锁定”的现象。天津本土企业要想生产出高端自行车或高性能的零部件，似乎不仅在外商看来是不可能的，即使在本地企业看来也是不可能的。天津自行车产业在由生产网络向创新网络转变的过程中，“低端锁定”效应越来越显著，中小企业面临俘获式价值链带来的技术进步困境。

二、天津自行车产业突破“低端锁定”效应的主要机制和途径

（一）科技型中小企业的涌现及由此带动的产业价值网络的内生性重构是突破中小企业“低端锁定”效应的根本途径

目前，天津自行车产业发展的主体仍然是基于外源型技术引进的出口导向的加工制造型企业，但近年来在产业价值网络结构上出现的新变化预示了天津自行车产业从外源型技术进步向内源型技术进步转变、从生产网络向创新网络转变的趋势和途径。这一转变趋势的主导力量就是新兴的科技型中小企业的涌现。

从天津自行车产业发展的实践看，新涌现的科技型中小企业主要来自两个方面：第一，是创新创业企业的兴起，它们通常是自行车产业领域的新进入者，通过将新技术或新技术组合引入到自行车产业中，在新的技术路线上构建竞争优势，在发展自己的过程中更从根本上推动天津自行车产业的升级换代；第二，是制造型企业的转型，它们通过与科研院所和第三方研发设计公司的合作以及跨国技术合作与并购等，建立自有的产品和技术研发中心，通过新产品的研发推动企业和产业的技术创新。无论从哪种途径看，科技型中小企业的涌现都有力地促进了天津自行车产业从生产网络向创新网络的演变，不断提升中小企业和产业的技术创新水平，实现从外源型技术向内源型技术的转变。

1. 根本性技术变革的机会窗口效应和创新创业企业涌现的价值网络重构

所谓根本性技术变革，也就是破坏性技术创新，它是通过一种更具竞争优势的新的技术组合的引入，从根本上替代原有技术路径下的产品，如数字电视对模拟电视的替代、智能手机对功能手机的替代等。从众多产业发展的历史规律来看，这种根本性技术变革的出现，都会为很多新技术创业企业的出现创造机会窗口，为行业的新进入者打败传统在位者提供机会，当然也为后发国家的产业价值链升级提供了机会窗口。对于处于全球产业价值链低端制造环节的后发国家，在产业转型过程中更应重视根本性技术变革带来的机会窗口效应。

根据课题组对天津自行车产业的深入调研，从自行车产业技术路径演变的角度看，2000年以来，天津自行车产业主要经历了两次根本性技术变革：第一次是电动自行车的兴起和演进；第二次是镁合金、钛合金等新材料技术的引入。对传统自行车产品而言，电动自行车和镁合金自行车属于根本性技术变革，由于这些新技术产品在国际上都尚未有成熟的技术能力和设备，因此一开始就不会涉及外源型技术引进的问题，必须重新构建新的创新网络来实现技术突破。其中最突出和直接的表现就是创新创业企业的大量涌现，包括新的整车品牌企业和关键零部件企业的出现。

就电动自行车[①]而言，2000年以来，天津自行车产业抓住了电动化和时尚化技术变革带来的机会，实现了技术创新和发展。作为一种全新的产品，电动自行车在出现之初并没有特别的新技术引入，只是传统技术的新组合。最初的电动自行车只是将传统的直流交流电机、铅酸电池、电器电控技术等与传统自行车进行重新的技术组合而实现的新产品创造。这种通过技术组合实现的产品创新对天津自行车产业的改变却是全面而深远的。这主要表现在两个方面：

（1）新的电动自行车品牌企业广泛出现及由此带动了传统自行车企业向电动自行车转型的二次创业活动。天津于20世纪90年代就开始了电动自行车的自主研发，最早是天津市科委在“九五”期间立项支持，由天津师范大学、天津自行车一厂等组成的研发队伍，成功研制了中国第一辆电动自行车。从20世纪90年代末开始，陆续有一些电动自行车企业开始出现，如天津师大爱德科技有限公司、天津市悍马电动车有限公司、天津正意车业有限公司等。由于市场和技术不成熟，这些企业经历了很多困难甚至失败的考验。到2003年以后，电动自行车的市场和技术都逐步趋于成熟，很多传统自行车企业开始加入到电动自行车的研发和生产，开始了企业的二次创业活动，如爱玛、科林、富士达、踏浪等。2008年以来，随着锂离子动力电池技术的突破，一批新兴的锂电自行车企业开始出现，如

① 电动自行车与传统自行车相比，属于一种革命性产品，但其与原有产品的关系不是替代而是互补，因此，这种技术变革带来的技术突破效应的特殊规律有待进一步深入研究。

天之星、科斯特、伟鼎新能源等。可以预见，随着这一新的电动技术的成熟，现有的很多电动自行车企业也必将加入其中。

（2）带动天津自行车产业新的价值网络构建，使原有的在自行车产业体系之外的电池、电机、电控等企业参与到技术突破中来。课题组在本次调研中，特别强调了对这类新的关键零部件企业的调研，重点考察了松正电子和捷威动力两家企业。松正电子主要从事电控产品的研发和制造，捷威动力主要从事锂离子动力电池的研发和制造。调研发现，这两家企业都是创新能力极强的科技型中小企业。松正电子成立于2001年，是一家技术人员创业企业，拥有431项专利技术，其中118项是发明专利；捷威动力成立于2009年，是由我国的锂电之父郭春泰院士联合北京建龙重工集团新创的企业，尽管创立时间不长，但捷威动力已经申请了27项专利，其中21项是发明专利。近年来，这两家企业已经开始向电动汽车产业领域进军，成为推动电动自行车和电动汽车产业技术突破的重要力量（见表5-12）。

表5-12　天津电动自行车产业主要的整车及零部件企业情况

类别	公司名称	创办时间（年）	主要产品	创办主体	创办主体的主要产品
新创电动车品牌企业	鹰之杰电动车	1996	电动车	天津市爱德科技发展有限公司	1996年开始参与天津市“九五”科技攻关电动车项目
	天津市悍马电动车有限公司	1998	电动车	石忠东	1983年开始参与研制天津市科委立项的电动车项目
传统自行车企业的二次创业	天津富士达电动车有限公司	2003	电动车	天津富士达集团有限公司	传统自行车
	天津赛克电动车有限公司	2004	电动车	天津科林自行车有限公司	传统自行车
	爱玛电动车	2004	电动车	天津爱玛科技股份有限公司	传统自行车
	天津市踏浪电动车股份有限公司	2004	电动车	原天津津达自行车厂	传统自行车
	捷马电动车	2005	电动车	天津飞踏自行车有限公司	传统自行车

续表

类别	公司名称	创办时间（年）	主要产品	创办主体	创办主体的主要产品
新创锂电自行车品牌企业	天津科斯特电动车有限公司	2007	锂电自行车	光宇国际集团公司	铅酸蓄电池、锂离子电池
	天津市伟鼎新能源科技发展有限公司	2007	锂电自行车	天津市格律诗电子有限公司	控制器、充电器等
	天津市天之星车业有限公司	2009	锂电自行车	福斯特新能源（集团）	锂离子电池
新创关键零部件企业	天津市松正电动科技有限公司	2001	控制器	孔昭松	机械系毕业生创业
	天津市捷威动力工业有限公司	2009	锂离子动力电池	北京建龙重工集团有限公司	依托中国锂电之父郭春泰院士

资料来源：根据调研和公开资料整理，2012.

再从以镁合金为代表的新材料技术的应用来看，如果该项技术成功则有可能从根本上带动天津传统自行车产业的技术突破和价值链升级。在自行车领域，有这样一种说法“产品减轻 1 克，可多卖 1 美元”，自行车改用镁合金材料后，与铝合金自行车相比最大的优势就是重量可以减轻 1/3，加上比铝合金材料拥有高出近百倍的减震性能，因此会给消费者带来一种全新的产品体验。镁合金材料在天津自行车上的运用始于 2006 年。目前，该项技术在天津自行车产业的变革中还处于技术研发和初步应用阶段，技术和市场走向成熟还需经过一定的孵化期。根据课题组的调研，尽管还处于技术孵化阶段，但已经能够窥探出其对天津自行车产业从外源型技术向内源型技术转变的影响。

这种转变的影响主要表现在：（1）基于自主研发的新创企业开始出现，如天津东义镁制品股份有限公司、天津曼格材料科技有限公司、唐山大通车料有限公司等，这些企业率先在国内展开了镁合金材料在自行车领域应用的技术研发；同时，如富士达、飞踏、金拜克等自行车企业也开始加入镁合金自行车的技术攻克。（2）在新材料的技术研发过程中，一个内源型的技术创新网络开始出现，包括重庆大学材料科学研究院、有色金属西北院、天津大学、天津自行车生产力促进中心等科研机构和中介服务组织也加入到自行车产业的技术变革过程中，成为推动自行车产业技术进步的内生性力量（见表5-13）。

表5-13　天津自行车产业新材料技术和新动力技术的引入

新技术类型		引入新技术的企业名称	新技术引入企业的特点	新技术引入的方式
新材料技术的运用	镁合金材料技术	富士达	原有整车企业引入新材料	自主研发
		飞踏		
		金拜克		
		东义镁制品	新进入的材料企业	资源型企业——山西煤电铝集团的二次创业
		曼格新材料		原有材料企业拓展业务领域
		方世电机	原有的零部件企业	将镁合金材料技术引入电机制造
	钛合金	轻钛运动器材	新进入的材料和整车企业	依托西北有色金属研究院的技术，和一轻集团合作创业
	碳纤维	金轮	原有整车企业	通过自主研发引入新材料技术
		富士达		
		飞鸽		
		天津工大航太复合材料	新进入的材料和整车企业	高校研究团队创业

资料来源：根据调研和公开资料整理，2012.

2. 加工制造型中小企业的转型与自行车产业的价值网络升级

在天津科技型中小企业的产生和发展过程中，除了创新创业企业的涌现及其带来的价值网络重构之外，我们在调研中还发现了加工制造型中小企业在突出“低端锁定”和推动价值网络升级上所作出的积极努力。在天津传统自行车产业发展的过程中，也涌现出了一批制造型中小企业，通过投资设立研发中心、与科研院所和第三方研发设计公司合作、实施跨国并购和人才引进等方式，实现向科技型中小企业的转变。

如金轮集团，该企业与天津大学、天津美术学院等院校在材料技术和外观设计上进行产学研合作，并购台湾达康轮盘，获得关键零部件技术和人才，设立研发中心。目前，公司拥有186人的研发队伍，拥有专利45项。再如富士达，与天津大学等建立产学研合作，与角度工业等第三方独立设计公司开展产品设计合作，并购日本著名自行车品牌丸石公司，获取品牌、技术、人才等重要资源。

这些加工制造型中小企业在由生产制造走向自主研发的过程中，推动了天津自行车产业价值网络的升级，从原有的生产网络转向了包括国内外多种科技主体在内的创新网络（见表 5-14）。

表 5-14　天津自行车制造型中小企业技术创新能力提升的方式

企业名称	技术人员数量	专利（发明专利）	有无技术研发中心	产学研合作 / 并购 / 技术合作
金轮	186	45（0）	有	与天津大学、天津美院等开展产学研合作
				并购台湾达康轮盘，获得关键零部件技术
富士达	50	85（1）	有	与天津大学等开展产学研合作
				并购日本丸石，并以此为基础成立爱赛克公司，经营丸石品牌
踏浪	200	9（0）	有	与天津大学、天津美院开展产学研合作
新和科技	—	24（7）	有	与台湾自行车研发中心、成都民信电机有限公司、浙江电动车塑料模具开发中心等合作

资料来源：根据调研和公开资料整理，2012.

通过以上案例分析可以看出，天津自行车产业较好地把握了电动自行车和镁合金材料两次革命性技术变革带来的机会窗口效应，通过创新创业企业的率先进入和涌现带动，逐步实现了产业价值网络的内生性重构，正在从根本上改变天津自行车产业依赖外源型技术进步形成的以生产网络为主导的价值网络结构。科技型中小企业已经成为推动天津自行车企业突破“低端锁定”，实现从基于外源型技术的生产网络向基于内源型技术的创新网络的根本性转变。实现这一转变的具体机制和途径为：

第一，原有自行车产业价值网络之外的创新创业企业率先进入和广泛涌现，如爱德科技、悍马电动车、松正电子、捷威动力、东义镁制品、曼格新材料等。这些企业一般来自原有自行车产业价值网络之外，它们基于自主研发，率先将新技术产品或新技术组合引入自行车产业中，成为自行车产业的新进入者，并直接带动了一个以新进入者为主体的新的价值网络的引入。

第二，在新进入者示范和高利润驱使下，原有自行车产业价值网络之内的传统企业逐步开始跟进式的二次创业活动，如爱玛、富士达、科林、飞踏等传统自行车企业开始进入电动自行车和镁合金自行车的研发和生产。在这些新产品领域，与原有的代工型产品不同，它们开始注重与科研院所的合作，注重自主创新能力和自主品牌的打造，从而促使一个从自主产品研发到自主产品营销的内生型产业价值网络开始形成。

（二）产业集群优势和优质制造能力的形成是传统产业突破技术天花板效应的前提

所谓形成产业集群优势和优质制造能力就是本地传统产业的发展要实现从低端生产网络向高端生产网络的转变。实际上，生产网络的内在升级是后发国家传统产业发展的必经阶段，也是实现由生产网络向创新网络转变的必要前提，因为优质的创新资源在实施技术应用和产业化的过程中往往会寻找拥有优质制造资源的产业集群区。此时，优质的制造资源和完善的产业配套体系已经成为创新创业环境的重要组成部分，甚至是最关键的部分。

根据课题组的调研，这一特征在天津自行车产业的转型过程中同样突出。在天津自行车产业发展的过程中，特别是在外源型技术引进的支持下，天津自行车产业形成了一个开放型生产配套网络。从低端产品到高端产品、从整车制造到零部件生产全覆盖的完善的产业配套体系，这就为科技型中小企业通过整合资源进行新产品研发提供了可能。例如，包括东义镁制品、松正电子、捷威动力等在内的科技型中小企业，之所以选择在天津实施科技成果的产业化，根本原因是看好天津自行车产业完善的产业配套体系和优质的加工制造能力。

从价值网络的角度看，天津自行车产业的技术进步自20世纪90年代开始，先后经历了两次转变。首先是从国内低端市场导向的低端生产网络向出口导向的高端生产网络的转变；其次是从生产网络向创新网络的转变。20世纪90年代以来，在国际市场高盈利驱动下，整个产业开始从低端向高端生产网络转变。这个阶段技术进步的突出特点是技术来源开始多样化，由过去的内源型技术进步转变为依靠国外先进设备供应商、发包企业以及国内的关键零部件供应商带来的外源型技术进步。外源型技术进步推动了中小企业尤其是民营中小企业的技术进步步伐，主要表现为加工制造能力的积累和快速提升。在外源型技术进步主导下，制造型中小企业发展为生产网络的主体。高端生产网络的形成正是天津产业集群优势和优质制造能力的集中体现（见表 5-15）。

表 5-15　天津自行车产业技术进步的阶段性

阶段	时间	技术特性				技术进步的主要障碍
		技术成熟度	技术水平	主要技术来源	技术进步速度和方向	
生产网络的初级阶段	1991年前	成熟技术	较低	国有企业的技术扩散和学习模仿	工艺创新，技术进步慢	技术创新的动力不足 技术来源单一
	1992—1998年		低			技术创新动力不足 技术创新能力不足 技术来源单一
生产网络的高级阶段	1999—2007年		中	1. 国外 2. 企业内部积累 3. 国内	工艺创新、产品创新、制造能力快速提升	跨国公司的技术控制 技术创新动力不足 技术创新能力不足
创新网络形成阶段	2008年至今	新材料与新技术的运用	高、中	1. 企业内部积累 2. 国内 3. 国外	工艺创新、产品创新、技术创新能力快速提升	技术创新能力不足 技术创新的生态系统不完善：生产型服务企业及创新平台不发达

资料来源：根据调研资料整理，2012.

产业集群优势和优质制造能力的积累和凸显对制造型中小企业突破“低端锁定”效应和转型升级具有多个方面的积极影响。第一，当中小企业拥有强大制造能力的时候，在选择实施产品创新战略时，相比较新创企业，具有明显的成本和质量控制等方面的优势；第二，制造能力的积累有助于技术创新经验的积累，从中国台湾和大陆发达地区的经验看，企业的技术创新来源于制造能力积累过程中的“干中学”；第三，产业集群形成的配套能力和制造能力为科技型中小企业创新创业创造了空间，特别是在一个开放型的价值网络结构中作用更显著。当创业者依托新产品和新技术创业时，可能利用产业内部强大的配套和制造能力，降低新产品研发和新技术运用的成本；第四，制造能力的提升本身内含着企业的工艺改进和创新能力提升。

从天津自行车产业发展的历程看，制造能力的提升过程，尤其是从低端生产网络向高端生产网络的演化过程，同样充满了艰辛，是不断努力的结果。积累和提升产业制造能力主要依赖以下五个方面的因素：

第一，引入国际质量管理体系，改善生产流程与产品质量。为了实现出口导向，通过引入国际质量管理体系，改善生产流程和产品质量是天津自行车中小企业提升制造能力的重要途径和机制。1999 年，以富士达为代表的先驱型中小企业在开拓国际市场时，屡次遭遇因产品质量达不到要求而无法为国际品牌商供货时，开始引进并运用国际质量管理体系规范生产管理和实施质量控制，提升产品质量。随着先驱型企业的成功，其他企业通过学习和模仿引入质量管理体系，极大地提高了天津整个自行车产业的加工制造能力（见表 5-16）。

表 5-16　天津自行车产业中通过国际质量体系认证的主要出口企业与时间

企业名称	质量体系	首次通过认证的时间
天津飞踏自行车有限公司	ISO9001	1999
天津市富士达自行车有限公司	ISO9002	1999
	ISO9001	2000
达美健牌车业（天津）有限公司	ISO9001	1999
天津市新宝车业有限公司	ISO9000	1999
天津科林自行车有限公司	ISO9000	2000
天津金轮自行车集团有限公司	ISO9002	2001
天津远东蓝剑自行车有限公司	ISO9001	2004

资料来源：根据调研和公开资料整理，2012.

第二，进口先进设备，规范生产流程，提高产品质量和生产效率。在产业发展的早期阶段，从整体上看，天津自行车产业的生产设备和工艺流程比较落后。有些企业的生产设备甚至是计划经济时期国有企业淘汰的，许多中小企业的生产是作坊式的，有的甚至依靠手工作坊式的生产方式进行生产。为了实现产品出口，从1999年开始，以金轮为代表的先驱企业开始从中国台湾、日本和荷兰等地区引入先进的烤漆线、车架焊接和组装生产流水线等生产设备，规范了生产流程，在改善产品质量的同时，提高生产效率。在先驱企业的示范效应和市场竞争压力面前，中小企业开始主动或被迫引进先进设备，引发了一轮先进设备投资热潮，极大地提升了天津自行车产业的生产制造能力。

第三，生产组织方式创新。在早期发展阶段，以王庆坨地区生产厂家为代表的中小企业通过“专业化＋网络化”的集群生产方式对国有一体化大企业的替代提升了产业的市场竞争力。在从低端生产网络向高端生产网络的演变过程中，天津自行车产业集群的内部结构发生了变化，以金轮、富士达为代表的龙头企业为了保证出口产品的质量，在关键零部件和工艺环节采取一体化的组织方式，同时利用网络整合其他零部件和制造资源。从自行车电动化和时尚化的发展趋势看，“专业化＋网络化”的生产组织方式创新正是天津自行车产业制造能力提升的重要方式。

第四，与发包企业的互动学习。吉港和飞鸽是天津自行车产业优秀企业的代表，在产品出口的过程中，质量问题长期困扰着企业。20世纪90年代末，两家企业通过与日本丸石公司合作，由丸石提供技术和管理支持，生产丸石自行车在日本和欧洲销售。在与发包企业的互动学习中，丸石向吉港和飞鸽输出了先进的质量管理理念和方法，尤其是将日本先进的JIS制造标准成功引入两家企业，大大提高了两家企业高质量产品的加工制造能力。

第五，与技术创新能力强大的第三方关键零部件企业合作。在从低端生产网络向高端生产网络的演化过程中，自行车产品出口遭遇的不仅是组装产品质量问题，许多问题出现在零部件环节。为了从根本上改善关键零部件的质量问题，天津自行车产业开始引入具有创新能力的第三方关键零部件企业，例如，禧玛诺的变速系统和刹车系统，桂盟传动的链条，正新的轮胎等。与第三方关键零部件企业的近距离合作，不仅提高了产品质量，而且对于改善企业内部管理水平同样起到了积极的影响（见表5-17）。

表 5-17　　　　　　天津引入的关键零部件企业

企业名称	引入时间	主要产品	品牌	母公司
天津方世车业有限公司	2007	电机	FOUNDS	上海正荆科技有限公司
天津东义镁制品股份有限公司	2008	自行车用镁合金管材	东义	山西东义煤电铝集团
天津市捷威动力工业有限公司	2009	锂离子电池	JEVE	北京建龙重工集团和日本三井物产株式会社共同投资建设
北斗爱华科技（天津）有限公司	2009	电机、镁铝合金	POLTM	宁波北斗科技
天津信隆实业有限公司	2010	前叉等	ZOOM	深圳信隆股份公司

资料来源：根据调研和公开资料整理，2012.

（三）适应国内市场需求变化的价值网络重构是突破“低端锁定”效应的有效途径

从天津自行车产业发展的实践经验看，重构适应国内市场需求新变化的价值网络是突破“低端锁定”效应的有效途径。在天津自行车产业价值网络的重构过程中，除了革命性技术创新带来的机会窗口效应，新的价值网络构建一般是围绕着国内新的市场需求变化——电动化和时尚化——而展开的。

我们在调研中发现，天津自行车自主品牌产品的出口一直无法扩大的原因主要来自两个方面：一是国外的市场渠道被控制，自主品牌产品很难进入，同时在国外自建渠道和售后服务的成本很高，处于“微笑曲线”底部的中小企业一般很难做到；二是自主品牌产品的差异化能力不足，在同主流品牌产品竞争时很难取胜。这种局面使得天津自行车企业的价值实现在产品出口到发包企业手中就已经完成了，而始终未能与终端消费者建立直接互动的关系。在国际市场上终端消费者这一价值环节的消失，使天津自行车企业长期滞后于终端品牌企业的市场感知能力。这样一种不完整的缺乏市场感知的产业价值网络，从长远来看必然不利于企业创新能力的形成。因此，寻求这一环节的价值网络突破也是突破中小企业“低端锁定”效应的必要途径。

从国内市场需求的新变化出发，重新构建从研发到销售的完整的产业价值网络，实现自主品牌的构建和市场能力的积累，是天津自行车产业突破中小企业“低端锁定”效应的重要经验。无论是来自制造型企业转型还是来自新创的科技型中小企业，在基于新产品开发的新价值网络构建中，都十分注重国内市场品牌形象的树立和市场营销能力的积累。在完善终端销售网络的同时，为了不断满足越来越高端化和多样化的国内市场需求，科技型中小企业都开始通过设立研发中心和与科研院所合作的方式构建内源型的技术创新网络。

在价值网络的构建过程中，不断发展和分化的国内市场需求是中小企业突破“低端锁定”效应至关重要的动力来源。国内市场不仅规模大，而且层次多样，既存在中低端产品需求，也存在高端产品需求。无论是中低端产品需求还是高端产品需求，都孕育着巨大的技术创新机会。从融入全球价值链（GVC）到构建新的价值网络（VN），不仅是单个企业的行为，更重要的是整个产业的行为。与融入全球价值链战略根本不同，新的价值网络构建战略强调立足于竞争优势，通过科技型中小企业和科技创新资源的引入，实现创新的集群化和自组织化。因为创新能力的获得不是从制造能力到创新能力的线性发展过程，而是制造和创新主体以及消费者的非线性互动过程（见表 5-18）。

表 5-18　通过开拓国内新市场构建新价值网络的制造型企业代表

企业名称	主要产品	品牌名	自主品牌建设路径
远东蓝剑	自行车	GoGobike	从 OEM 到 OBM
金轮	自行车	TOTEM	从 OEM 到 ODM 到 OBM/ 从 GVC 到 VN
爱玛	电动自行车	爱玛	从 OEM 到 OBM/ 从 GVC 到 VN
飞踏	自行车 / 电动自行车	GAMMA	从 OEM 到 ODM 到 OBM/ 从 GVC 到 VN
富士达	自行车 / 电动自行车	BATTLE	从 OEM 到 ODM 到 OBM/ 从 GVC 到 VN
赛克	自行车 / 电动自行车	SYKEE	从 OEM 到 ODM 到 OBM/ 从 GVC 到 VN

资料来源：根据调研和公开资料整理，2012.

（四）中介服务组织和创新服务平台是中小企业突破“低端锁定”效应的助推器

在天津市自行车产业从低端生产网络到高端生产网络再到创新网络的形成过程中，始终离不开天津市自行车行业协会、天津市自行车研究院（国家自行车电动自行车质量监督检验中心）、天津市自行车行业生产力促进中心等中介服务组织和创新服务平台的推动作用。这些创新和生产服务类的组织和机构既是天津自行车创新网络的重要组成部分，又是加快天津自行车创新网络形成的助推器。它们在引导天津自行车产业由外源型技术进步向内源型技术进步的过程中发挥了不可或缺的作用。本部分就以天津市自行车行业协会和天津市自行车行业生产力促进中心为例来分析中介服务组织和创新服务平台在推动中小企业突破“低端锁定”方面的作用。

1. 中介服务组织的规范引导和网络链接作用：以天津市自行车行业协会为例

天津市自行车行业协会成立于 1995 年，是由 63 家企业发起成立的，成立之初只有 3 名工作人员。目前协会已经拥有会员单位 500 多家，工作人员 50 多人，是国内自行车领域最具影响力的协会组织。天津市自行车行业协会成立以来，在治理“王庆坨现象”、创办自行车展会、推动电动自行车标准化建设、引进世界著名的整车和关键零部件企业、引导企业建立技术研发中心、推动新技术开发和成果应用、建立大型专家库等方面做了大量工作。总体来看，天津市自行车行业协会在 2005 年以前的主要工作是推动天津自行车产业由低端生产网络向高端生产网络转变，其作为中介服务组织的引导规范和网络链接作用十分突出，主要表现在：

（1）组织中国北方国际自行车电动车展，助力天津企业走向全国走向世界。2001 年，协会在津创办了中国北方国际自行车电动车展览会，从根本破解了市场窗口瓶颈，促进天津自行车电动车的国内市场份额节节增高，推动自行车出口量大幅度增长。为了把展会窗口做大做强，十年来协会坚持“以会养会”，不断扩展展会的规模和水平。目前，中国北方国际自行车电动车展览会已连续举办了十二届，展会的规模和影响力越来越大，受到政府部门和国内外业界高度关注，被国家有关部门评为国内百家大会展，成为推动天津和国内自行车电动车产业创新发展的强大助推器。

（2）在电动自行车发展过程中，通过引导规范和标准制定，促使天津成为中国北方最重要的电动自行车基地。协会于 2001 年组建了电动自行车专业委员会，加强企业调研，组织专家技术服务，同时制定了加强电动车核心电器件与整车产品均衡开发的发展规划。2003 年，为正确应对国内电动自行车“轻摩化”的违规现象，协会在国内率先提出抵制“轻摩化”倾向的行业自律规定，引导广大企业严格按照国家技术标准研制生产轻便型电动自行车产品。为从根本上加强产品标准化建设，协会生产力促进中心组织专家和企业持续开展电动车标准化研究工作，并在 2005 年编写制定了电动自行车五项电器件天津地方标准，填补了行业空白。在上述举措的共同作用下，天津电动自行车产业得到持续健康发展，从 2007 年开始天津电动自行车产销量上升到国内第一位，形成轻便型电动自行车产品特色和竞争优势。

（3）引导本地企业规范和提升，积极引进国内外著名企业，完善高端产业价值链，不断扩大产业集群优势。针对很多中小民营企业的“仿造”等侵权行为和中低档产品开发的低端路线，协会通过各种形式的活动引导中小企业建立规范经营意识、提高产品档次。通过专业产业区建设和零部件物流中心建设，进一步促进产业集聚的水平和集群优势的发挥。在改善产业和市场环境的同时，协会大力引进国内外著名企业，如日资禧玛诺、台资捷安特、建大、信隆、桂盟、宏光及著名内资大厂新日、雅迪、速派奇、新大洋、力霸皇、方世、飞敏等上百家实力型企业到津投资建厂，进一步壮大了天津自行车产业的整体实力，完善了天津自行车产业的高端产业价值链。

（4）推动产学研合作，引导企业设立研发中心，提升企业的新技术开发和创意设计能力，提高产品档次。协会每年通过组织自行车创意设计大赛等方式，推动企业与艺术类院校的产学研合作。目前，天津本地的所有相关院校，如天津美术学院、天津工艺美术职业学院、天津职业大学、天津职业技术师范大学、天津理工大学、天津大学、天津城市建设学院等，都已经成为天津自行车产业创意设计环节的重要组成部分。在此基础上，

2006 年以来，协会因势利导，积极推动企业建立技术研发中心。到 2010 年底，天津已有 38 家企业投建了技术研发机构，总投资达 13 亿元。富士达、科林、金轮、新宝、泰美、飞鸽等几家大型企业都在加大技术改造，构建技术研发中心、产品检测中心、新产品研发实验工厂及企业技术团队，大力开发高端铝合金、镁合金和碳纤维复合材料的创新型整车以及零部件产品。

2. 创新服务平台的技术引导和协同创新作用：以天津市自行车行业生产力促进中心为例

天津市自行车行业生产力促进中心成立于 2004 年，是在天津市政府相关部门（科委）的支持下，由天津市自行车行业协会组织设立的专门服务于行业共性技术研发的创新服务平台。该中心在武清的中华自行车王国产业园拥有近 5000 平方米的研发和实验中心，其主要工作就是推动镁合金、碳纤维、锂离子电动自行车等新材料、新技术的研发和应用。当前，该中心的核心工作是推动镁合金材料在自行车上的开发应用。

根据课题组对该中心的调研，镁合金自行车作为一种革命性的创新产品，在天津自行车产业中最早对其进行系统研发的主体，实际上是以生产力促进中心为代表的创新服务平台及其构建的协同创新体系，而不是自行车产业中的现有企业。这主要是因为镁合金材料在自行车的应用过程中还存在一些所有企业都面临的共性技术难题，如常温变形，表面处理，型材，焊接技术不成熟等，这些共性技术难题的攻克往往需要强大的研发实力和雄厚的研发资金支持。同时由于镁合金是一种全新的技术路径，我们在铝合金和钢材料上积累的技术能力并不能直接应用到镁合金上来，因此在这些共性技术突破中往往需要新的力量介入，即那些之前并未涉足自行车产业但长期从事镁合金材料研究和应用的企业与研究机构（镁合金在汽车、飞机等领域已经有较为成熟的应用，这部分力量是突破镁合金在自行车应用上各种难题的重要来源）。

天津市自行车行业生产力促进中心成立以来，开展了多种形成的工作，在推动镁合金材料协同创新体系的形成和实际应用上发挥了关键作用。主要表现在：

（1）组织专题调研，引进关键研发企业，建立协同创新关系。中心成立以来就组织专家组开展镁合金应用专题调研，赴山西、重庆、江西、江苏等省市考察，摸清镁合金材料产业在我国的分布和技术研发现状。利用天津业已形成的产业集群优势，吸引东义镁制品和曼格等镁合金材料研发企业落户天津。这些企业长期从事镁合金材料的研究，如东义镁隶属山西东义煤电铝集团，拥有山西最大的镁矿，在镁合金的研发和应用上走在全国前列，东义镁在中心的大力引导下，决定到天津创立新的企业专门从事镁合金材料在自行车上的技术开发和应用。同时，中心积极与重庆大学国家镁合金材料工程技术研究中建立合作关系，该中心是国内最具权威性的镁合金材料研究机构。通过关键企业引进和研发协同关系的建立，初步形成了协同创新网络。

（2）建设镁合金自行车关键技术研发和检测平台，吸引国内外人才，构建专家库，促进共性技术突破。为加快镁合金等新型结构材料的推广应用，拓宽企业发展的新路径，2008 年中心同市质检院、天津大学及中华自行车王国产业园区实行四方合作，成功申办国家级自行车标准化镁合金及新材料分技术委员会，并在市政府创新资金支持下，抓紧筹建镁合金及新材料自行车标准化平台和行业技术研发中心。依托平台力量吸引国内外人才加入，并构建了汇集国内主要专家在内的专家库。经过几年的努力，创新平台已经初步掌握了镁合金材料开发和焊接、防腐处理等工艺技术。对促进镁合金材料在天津自行车产业中的应用起到重要的推动作用（见表 5-19）。

表 5-19　由天津自行车生产力促进中心发起组织的镁合金应用的相关活动

年份	关键事件	参与者
2006	天津市镁合金自行车产业开发工作会议，推出镁合金自行车产业化开发	科林、金轮、金拜克等企业，质量检测研究院；中国有色金属工业协会镁业分会
2007	在北方国际自行车展会期间举办镁合金材料应用暨镁合金自行车专业展区和镁合金自行车应用高层论坛	
	镁合金自行车开发座谈会	吉港黑马、科林、富士达、金拜克等

续表

年份	关键事件	参与者
2007	在大通车料厂召开镁合金自行车产业化开发大会暨大通镁合金产品、松下焊接设备推广会	大通车料、自行车三厂等企业、国家自行车协会、国家自行车质量检测中心、中国有色金属工业协会镁业分会、河北、苏州等地的自行车协会
2008	山西煤电铝集团在天津投资成立东义镁制品，从事镁合金材料技术研发与生产	东义镁制品
	筹建了镁合金及新材料自行车标准化平台和行业技术研发中心，并成功申办国家级自行车应用镁合金和新材料分技术委员会。	东义镁制品、科林、蓝剑等企业、市质检院、国家自行车检测中心、天津大学以及中华自行车产业园区
	召开镁合金技术交流座谈会	东义集团、俄罗斯轻合金研究院、清华大学镁合金专家等
2009	召开镁合金自行车产业化座谈会	金轮、东义镁制品等企业，市质检院
2011	全国自行车标准化技术委员会镁合金及新型材料应用分技术委员会	国家质检总局、武清质检院、企业、中华自行车产业园区

资料来源：天津自行车行业生产力促进中心编 . 天津自行车产业发展史略，2012.

三、总结

从 2005 年以来企业和产业转型升级的实践看，以创新为导向的创业活动和科技型中小企业的发展是突破中国制造“低端锁定”效应的主导力量。科技型中小企业不仅来自制造型企业的改造，而且来自新创企业的成长。依托强大的技术创新能力，科技型中小企业通过新技术和新技术组合的引入不断打破原有技术领先企业的技术壁垒，推动制造型企业的转型和升级。与制造型企业不同，科技型中小企业的发展需要新的组织和制度创新提供支持和保障。

本章的研究表明，强调从 OEM 到 ODM（Original Design Manufacturing，原始设计生产）再到 OBM（Own Brand Manufacturing，自主品牌生产）的制造业传统发展战略是线性思维的结果，无法突破中国制造在技术跨越过程中出现的“低端锁定”效应。“低端锁定”效应的突破需要新的战略思维，即强调包括企业和研发机构在内的价值网络成员之间非线性互动过程中的自组织创新和生态系统功能的发挥。新的战略思维要求以创新创业活动和科技型中小企业的涌现和发展为重心，通过组织和制度创新推动企业技术创新能力的提升和创新生态系统的形成。其中，组织创新的重心是促进企业集群从生产网络向创新网络的转变，而制度创新的重心是政府职能从优化投资环境向构建创新创业环境的转变。

第六章

创业孵化组织的发展和演化*

20世纪70年代以来，以创新为导向的创业活动和科技型中小企业的涌现成为经济发展的重要驱动力量。在本质上，以创新为导向的创业是新知识创造及其商业化过程，表现为新的价值网络的形成和演化。与生产型创业不同，创新型创业是高度不确定的。因而，在价值网络的构建过程中面临包括机会识别、资源获取和合法化问题在内的一系列新进入者缺陷。

为了克服新进入者缺陷，创业孵化组织则通过有效组织和管理一个孵化网络提供专业化服务，参与和促进新企业价值网络的构建。在现实中，创业孵化组织形态是多样化的，不仅包括社会孵化和企业孵化而且包括作为新生事物的公共孵化、创意孵化和平台孵化。本章的研究表明，创业孵化的本质是创业孵化组织通过组织和管理一个价值网络参与新企业价值网络构建的过程；创业孵化组织演进的内在逻辑表现为在参与新企业价值网络构建过程中，如何更有效率地提供专业化服务帮助新企业克服新企业缺陷，快速成长为市场竞争主体。

在理论讨论的同时，本章选取国家级孵化器——天津滨海高新区海泰孵化器进行调查研究。改革开放近40年来，适应区域经济发展的需求，作为国家级孵化器，海泰孵化器"三级孵化"模式，成为滨海高新区招商

* 从2011年年底到2012年3月，课题组以海泰孵化器为主要对象，对国内的国家级孵化器进行了系统调研和分析，访谈在孵企业30多家，走访了国内先进地区具有代表性的传统孵化器和新兴孵化器，完成研究成果。本章主要作者为刘刚、李强治、荣欣。

引资和引智创业的政策工具和重要载体。随着天津对创新驱动的经济发展模式探索的深入，海泰孵化模式逐渐成为其他产业园区和区县竞相模仿的对象。2007年以来，天津陆续兴建了近百家科技孵化器。在面临土地资源约束和其他孵化器激烈竞争条件下，海泰现有孵化模式的局限性逐渐表现出来。如何在新的形势下，找到孵化模式创新发展的方向和途径，是新的发展阶段包括国家级孵化器在内的传统孵化组织发展面临的重大课题。

第一节　创业孵化的本质及其组织演化

在知识经济条件下，以新知识创造和商业化为导向的创业活动，已经成为一国或地区产业结构调整和经济增长的基本驱动力量。创业活动是高度不确定的，在新的价值网络构建过程中往往面临包括机会识别、资源获取和合法化在内的新进入者缺陷。创业孵化则通过组织和管理一个价值网络提供专业化服务，参与新企业价值网络的构建，克服新创企业缺陷。在现实中，创业孵化组织是多样化的，不仅包括传统的社会孵化和企业孵化而且包括作为新生事物的公共孵化和创意孵化。本节通过一个简单的理论模型分析表明，创业孵化的本质是创业孵化组织通过组织和管理一个价值网络参与新企业价值网络构建的过程；创业孵化组织演进的内在逻辑表现为在参与新企业价值网络构建过程中，更有效率地提供专业化服务以帮助新企业克服新企业缺陷、快速成长为市场竞争主体。

一、问题的提出

20世纪70年代以来，以信息技术为核心的知识经济的兴起彻底改变了世界经济水平和产业格局，其中，以新知识创造及其商业化为导向的创业活动成为发达国家产业结构调整和经济增长的基本推动力量，在促进创新、增加就业和发展新兴产业中的作用十分突出。然而，创业是一个高度不确定的过程，创业活动的高失败率一直是困扰创业经济发展的重要难题。已有研究成果表明，新企业缺陷是创业企业高失败率的主要原因（Stinchcombe，1965；Freeman et al.，1983）①②，主要表现在机会识别、资源获取和合法化三个方面。因此，如何有效地帮助创业企业克服新企业缺陷，是提高创业成功率和鼓励创业活动的关键。围绕这一问题，各类经济主体，包括政府、公共研究机构、企业集团、成功企业家、风险投资公司等，都尝试通过创建专业的孵化组织来提高创业企业的生存能力，并先后演化出了社会孵化、企业孵化、公共孵化、创意孵化等多种孵化组织模式。事实上，以孵化器为代表的创业孵化组织创新作为一项促进创业、创新和区域发展的政策工具，已经成为改善创业微环境的重要探索（OECD，1999）③。

历史上，先后出现的最为普遍的创业孵化组织模式主要有四种：第一种是创业者个人的创业孵化活动。这是最早、也是最为普遍的一种创业孵化形式。创业者及其社会关系网络是创业企业能力构建和资源获取的主要来源。第二种是大企业所从事的持续创业活动。20 世纪 70 年代以后，随着中小企业创新活动的崛起，越来越多的大企业被新成长起来的小企业打败，使现存的大企业逐渐意识到唯有重塑企业家精神、不断从事新的创新及其商业化活动才能保持企业获得可持续的竞争优势（Miller，1983；Covin，1991）④⑤。大企业的这种创业导向趋势，使得大企业作为一种新的创业孵化组织的功能而普遍存在。第三种是由政府和社会公共机构主导建立的公共孵化器，如大学科技园、大学生创业园、留学生创业园、创业指导中心、科技企业孵化器等。这种公共孵化器于 20 世纪 50 年代在

① Stinchcombe，A. L. Organizations and social structure [A]. in March，J.G.（Ed），Handbook of organizations [C]. Chicago，IL：Rand-McNally，1965：153–193.

② Freeman，J.，Carroll，G. R.，Hannan，M. T. The liability of newness：Age dependence in organizational death rates，American Sociological Review，48（5），1983：692–710.

③ Organisation for Economic Cooperation and Development（OECD）. 1999. Business incubation，international case studies. Paris：OECD.

④ Miller D. The Correlates of entrepreneurship in three types of firms，Management Science，29（7），1983：770–791.

⑤ Covin，J.，Slevin，D. A conceptual model of entrepreneurship as firm behavior，Entrepreneurship Theory and Practice，Fall，1991：7–25.

美国第一次出现，20 世纪 80 年代后获得空前发展（Hackett and Dilts，2004b）①。21 世纪初，美国的公共孵化器数量就超过了 1000 家（NBIA，2006）②。中国于 1987 年在武汉建立了第一家孵化器，此后在国家的大力支持下也获得了快速发展，“十一五”末期我国的科技企业孵化器数量也达到了近 1000 家。第四种是成功企业家、天使投资机构和一些大企业建立的专注于互联网这一高科技领域的创意孵化器，如美国成功企业家 Bill Gross 于 1996 年创立的世界上第一个创意孵化器 Idealab、中国天使投资人李开复创立的创新工厂、日本软银集团创立的 Hotbank 等都是创意孵化器的典型代表。伴随着 20 世纪 90 年代中后期以来互联网经济的繁荣，创意孵化器获得了高速发展，据不完全统计，全球已经拥有超过 1000 家创意孵化器。在中国，这种新兴的创意孵化器也开始出现，2009 年以来北京、上海等地已经出现了 10 多家类似的创意孵化器。

这些创业孵化组织的出现，使创业企业创立和成长过程中的机会识别、资源获取和合法化问题都可以依赖专业的创业孵化组织来解决，彻底改变了过于仅仅依赖创业者自身的孵化模式。美国孵化器协会的分析报告表明，孵化组织极大地降低了小企业失败的风险，在其成员孵化器中大概有 87% 的企业从孵化器毕业后仍然在运营（NBIA，2006）③。在多样化的创业孵化组织模式共同发展的今天，我们该如何理解这些创业孵化组织所从事的创业孵化活动的本质？创业孵化组织模式多样化的内在逻辑是什么，究竟哪种孵化组织更有效率？尤其是在创业孵化作为一个新兴产业，快速发展的今天，盲目地模仿国外的模式，可能使创业孵化组织的建设失去应有的功能而出现昙花一现的局面。笔者从创业孵化的基本职能出发，探讨创业孵化的本质，考察创业孵化组织模式演进的内在逻辑。

---

① Hackett，S. M.，and Dilts，D. M. A systematic review of business incubation research. The Journal of Technology Transfer，2004b，29（1）：55–82.

② National Business Incubation Association（NBIA）. http：//www.nbia.org/（accessed August 10，2006）.

③ National Business Incubation Association（NBIA）. http：//www.nbia.org/（accessed August 10，2006）.

二、新企业缺陷和创业孵化的本质

创业过程就是一个发现和捕捉商业机会并重新组合资源的过程，整个过程充满着复杂性和不确定性。新企业创立和成长所需的各种资源和能力，如行业经验、创业技能、产品技术、投资资金、关键人才、市场客户、政府政策等，都分散于各个不同的主体或组织中。创业者需要有效地组织和构建与这些资源所有者的价值关系网络，才能成功地实施创业活动。因此，创业过程就是有效地构建新的价值网络的过程。

然而，现实中创业企业的高失败率说明，新的价值网络往往难以有效地构建起来。其主要原因是创业企业存在新进入者缺陷（Stinchcombe，1965;Freeman et al.，1983）[①][②]。这主要表现在三个方面：第一，机会识别能力不足。机会的发现与创业者的工作经历、研究方向或市场实践等先前经验紧密相关（Shane，2000）[③]。然而，创业者的先前经验千差万别，很多创业者对于新机会是否具有发展潜力以及可以率先突破的市场方向在哪并没有预见性的认识，缺乏识别机会和机会市场的能力；而且创业者过去的成功经验往往会成为其判断机会可行性的直接依据，这种惯性经验特征和决策前提的局限性也成为很多机会未能被识别或未能准确识别的重要原因。第二，资源获取能力不足。创业是一个充满风险和不确定的过程，而资源的拥有者往往并不希望将可带来收益的资源置于高风险和不确定的境地（Bhide，2004）[④]，如银行往往偏好将资金贷给大企业、风险投资也只关注展现出良好成长性的企业，新企业需要的管理和技术人员往往更偏好大企业的工作，新创企业的新产品在无法量产之前往往很难找到配套供货

① Stinchcombe，A. L. Organizations and social structure [A]. in March，J.G.（Ed），Handbook of organizations [C]. Chicago，IL：Rand-McNally，1965：153–193.

② Freeman，J.，Carroll，G. R.，Hannan，M. T. The liability of newness：Age dependence in organizational death rates，American Sociological Review，1983，48（5）：692–710.

③ Scott Shane，Prior knowledge and the discovery of entrepreneurial opportunities，Organization Science，2000，11（4）：448–469.

④ Bhide，A. 著，魏如山、马志英译，新企业的起源与演进 [M]. 北京：中国人民大学出版社，2004.

商，即使是咨询、培训等生产性服务企业往往也偏好于大客户。正是这些资源提供者的风险厌恶特性决定了在资源的获取上创业企业面临极大的挑战。第三，合法性问题。很多创业失败，并非因为缺乏市场潜力，而是由于创业者没能建立起与利益相关者的信任关系、没有处理好与竞争产业的关系以及获得制度支持等合法性问题（Aldrich and Fiol，1994）[①]。主要表现在：一方面，现存的制度安排以及在特定的制度背景下业已制度化的价值观、规范和认知对新企业的创新或创业活动不认可（张玉利和杜国臣，2007）；另一方面，由于新创企业提供的产品或服务没有可供市场客户加以参考的可靠性和有效性记录，客户没法根据新企业过去的交易记录来判断其产品使用的质量和成本效益、供货的及时有效性、售后服务完善性等，这使得与成熟企业，特别是拥有良好品牌效应的成熟企业相比，新企业在市场开拓上面临更大的挑战。

正是新企业缺陷的存在，使得创业者在用于机会识别、资源获取和合法性构建上的能力面临重大障碍，因此，一般而言，创业企业新的价值网络并不能有效构建起来。创业孵化组织正是应创业企业新的价值网络构建的非有效性而出现的。已有的研究表明，创业孵化组织是一种培育和促进新企业成长的工具（Mian，1996；Greene and Butler，1996；Roper，1999）[②③④]，它为新创企业提供一个可控的成长环境（Lalkaka and Bishop，

① Aldrich，H. E.，and Fiol，C. M. Fools rush in？ The institutional context of industry creation. The Academy of Management Review，1994，19（4）：645–670.

② Mian，S. A. Assessing value added contributions of university technology business incubators to tenant firms，Research Policy，1996，25：325–335.

③ Greene，P. G. and Butler，J. S. The minority community as a natural business incubator，Journal of Business Research，1996，36（1）：51–58.

④ Roper，S. Israel's technology incubators：repeatable success or costly failure，Regional Studies，1999，33（2）：175–184.

1996；Lumpkin and Ireland，1988；Chinsomboon，2000）[①②③]，包括办公空间、办公服务等基础服务和法律、会计、培训等商务支持（Allen and Rahman，1985；Brooks，1986；Fry，1987）[④⑤⑥]，其目的是为新企业提供由创立到成熟所需的必要资源（Greene and Butler，1996）[⑦]；此外，一些新型的孵化组织还能够提供价值网络链接等增值服务，形成新企业资源获取的网络化渠道（Hansen et al.，2000；Hackett and Dilts，2004a；Maura and Rodney，2006；Bergek and Norrman，2008；Cooper et al.，

① Lalkaka，R. and Bishop，J. Business incubators in economic development，UNDP-UNIDO-OAS，New York，1996.

② Lumpkin，J. R. and Ireland，R. D. Screening practices of new business incubators：The evaluation of critical success factors，American Journal of Small Business，1988，12（4）：59–81.

③ Chinsomboon，O. M. Incubators in the new economy，http：//chinsomboon.com/incubator，2000.

④ Allen，D. N.，and Rahman，S. Small business incubators：a positive environment for entrepreneurship，Journal of Small Business Management，1985，23（3）：12–22.

⑤ Brooks，O. J. Economic development through entrepreneurship：incubators and the incubation process，Economic Development Review，1986，4（2）：24–29.

⑥ Fry，F. L. The role of incubators in small business planning，American Journal of Small Business，1987，12（1）：51–61.

⑦ Greene，P. G. and Butler，J. S. The minority community as a natural business incubator，Journal of Business Research，1996，36（1）：51–58.

2012）[①②③④⑤]，成为帮助新企业嵌入企业家网络的一种正式机制（McAdam，2006；Bøllingtoft，2012）[⑥⑦]。

从价值网络构建的视角出发，创业孵化组织是通过事先建立起创业企业成长过程所需的专业价值网络，然后通过创业孵化组织的内部孵化活动实现创业企业与创业孵化组织专业价值网络的有效链接，从而帮助创业企业快速构建起新的价值网络。在机会识别上，创业孵化组织通过孵化团队和创业导师团队的建设，为创业企业的筛选和新企业产品发展方向提供指导（Hackett and Dilts，2004a）[⑧]；在资源获取上，创业孵化组织通过内外部资源的整合和链接为入孵企业建立起资源获取的机制和渠道（Gassmann

① Hansen，M. T.，Chesbrough，H. W.，Nohria，N. and Sull，D.N.Networked incubators：hothouses of the new economy，Harvard Business Review，September/October，2000：74–84.

② Hackett，S. M.，and Dilts，D. M. A real options-driven theory of business incubation，The Journal of Technology Transfer，2004a，29（1）：41–54.

③ Maura，M.，Rodney，M. The networked incubator：The role and operation of entrepreneurial networking with the university science park incubator（USI），The International Journal of Entrepreneurship and Innovation，2006，7（2）：87–97.

④ Bergek，A. and Norrman，C. Incubator Best Practice：a Framework，Technovation，2008，28：20–28.

⑤ Cooper，C. E.，Hamel，S. A. and Connaughton，S. L. Motivations and obstacles to networking in a university business incubator，The Journal of Technology Transfer，2012，37（4）：433–453.

⑥ Maura，M.，Rodney，M. The networked incubator：The role and operation of entrepreneurial networking with the university science park incubator（USI），The International Journal of Entrepreneurship and Innovation，2006，7（2）：87–97.

⑦ Bøllingtoft，A. The bottom-up business incubator：Leverage to networking and cooperation practices in a self-generated，entrepreneurial-enabled environment，Technovation，2012，32：304–315.

⑧ Hackett，S. M.，and Dilts，D. M. A real options-driven theory of business incubation，The Journal of Technology Transfer，2004a，29（1）：41–54.

and Becker，2006；Hackett and Dilts，2004a；2008）①②③；在合法化上，创业孵化组织是创业企业快速建立和提升企业信誉的重要机制（Studdard，2006;Bergek and Norrman，2008）④⑤。因此，创业孵化过程就是创业孵化组织通过事先建立的专业价值网络参与创业企业新的价值网络构建的过程，在本质上就是有效的组织和管理一个创业企业成长所需的价值网络。

三、创业孵化组织模式的识别及其内在差异

创业活动的一般过程是：创业者在工作、研究或经营过程中发现新的商业机会，并依托创业者个人的快速评估之后，通过投入个人所拥有的资源以及整合其社会关系网络所能链接的资源，抑或通过市场化渠道获取相关资源的方式来建立新企业和实现商业化的过程。这是新企业创立和成长最早的，也是最为普遍的一种模式。这种模式下，创业企业新的价值网络构建主要依赖于创业者及其社会关系网络，本章中，我们将这种最一般的创业模式称之为社会孵化模式，因为这种情况下实际上是存在一个基于创业者个人特质的虚拟的和分散的社会网络在帮助孵化新企业。社会孵化模式下创业企业的成功发展对创业者的经验和能力提出了非常高的要求，然而大多数创业者并不具备丰富的先前经验和创业技能，他们在机会识别、资源获取和合法化上往往无能为力，这也是社会孵化模式下高失败率的主要原因。

围绕如何有效地帮助创业企业克服三类缺陷，多种经济主体如政府部

---

① Gassmann，O.，and Becker，B. Towards a resource-based view of corporate incubators，international Journal of Innovation Management，2006，10（1）：19–45.

② Hackett，S. M.，and Dilts，D. M. A real options-driven theory of business incubation，The Journal of Technology Transfer，2004a，29（1）：41–54.

③ Hackett，S. M.，and Dilts，D. M. Inside the black box of business incubation：Study B—scale assessment，model refinement，and incubation outcomes，The Journal of Technology Transfer，2008，33（5）：439–471.

④ Studdard，N. L. The effectiveness of entrepreneurial firm's knowledge acquisition from a business incubator，Int Entrep Manag J，2006，2：211–225.

⑤ Bergek，A. and Norrman，C. Incubator best practice：a framework，technovation，2008，28：20–28.

门、现有企业、大学和科研院所、公共服务机构、企业家群体、风险投资机构等都试图通过组建专业化的创业孵化机构来提高创业企业的成功率。它们成立的孵化机构包括创业服务（育成）中心、企业新技术研究中心、大学创业园、专业孵化器、留学生创业园、大学生创业园、天使投资、创意孵化器等等。在孵化组织出现之后，创业过程就转变为：创业者发现新的商业机会并成立创业项目，孵化组织对创业项目进行评估和筛选，通过向入孵项目提供专业化服务来降低创业成本、帮助新企业构筑能力和获取资源，当新企业站稳脚跟、适应市场环境之后从孵化组织毕业转变为成熟企业，整个商业化过程也就完成。

然而，依托不同经济主体的孵化组织所能提供的专业化服务的范围和服务提供的激励机制是存在差异的，导致不同孵化组织在帮助创业企业克服新企业缺陷上的能力存在差异。基于此，除最一般的社会孵化模式外，在众多的孵化组织中，我们又识别出了另外三种主要的创业孵化组织模式，分别是企业孵化、公共孵化和创意孵化。其中，企业孵化是指现有企业有计划地实施机会探索，在内外部专家系统评估的基础上，通过主动设立新的事业部门或新企业的方式实现商业化的孵化组织模式；公共孵化是指创业者发现机会后，经过孵化器的标准化评估之后，通过进入政府或社会机构设立的公共孵化器建立新企业的方式实现商业化的孵化组织模式；创意孵化是指创业者发现机会后，经过孵化器的专业化评估之后，通过进入孵化器并与之共同设立新企业的方式实现商业化的创业孵化组织模式。三种孵化模式的具体刻画见表 6-1。

表 6-1　　企业孵化、公共孵化和创意孵化的比较

类型	典型代表	投资主体	孵化主体	孵化服务	盈利模式
企业孵化	企业技术研究中心	母企业	就职于企业的新项目管理团队	新企业从立项到成熟所需的所有服务	从新企业成长中盈利
公共孵化	创业孵化（育成）中心、大学科技园	政府	行政事业人员	办公空间等基础性服务；法律、会计、培训、政策申报等一般性服务	政策收入和服务收入

续表

类型	典型代表	投资主体	孵化主体	孵化服务	盈利模式
创意孵化	创意孵化器	私人、私企	企业家群体和专业人士	除基础和一般性服务之外，还提供以技术、人才、市场、投资等价值网络链接为核心的增值服务	基于新企业成长的投资收益

本节中，我们将基于某一主体形成的价值网络作为分析创业孵化现象和刻画不同孵化组织模式内在差异的基本分析单位。因此，以上描述的包括社会孵化模式在内的孵化组织模式的内涵可以用三个价值网络及其之间的关系进行简明的刻画。三个价值网络分别为：创业者及其社会关系网络（价值网络Ⅰ）、孵化组织构建的价值网络（价值网络Ⅱ）、创业企业形成的价值网络（价值网络Ⅲ），三个价值网络的具体内涵见表6-2。在本节中：①仅包含价值网络Ⅰ和价值网络Ⅲ的孵化即为社会孵化；②仅包含价值网络Ⅱ和价值网络Ⅲ的孵化即为企业孵化；③包含三个价值网络，且价值网络Ⅰ起主导作用的孵化即为公共孵化；④包含三个价值网络，且价值网络Ⅱ起主导作用的即为创意孵化。

表6-2　三个价值网络内涵的具体描述

<table>
<tr><th>简称</th><th>全称</th><th colspan="3">内涵描述</th></tr>
<tr><td>价值网络Ⅰ</td><td>创业者及其社会关系网络</td><td colspan="3">是一种有关创业企业成长所需资源的个性化价值网络，网络的范围和强度与创业者个人特质和先前经验有关</td></tr>
<tr><td rowspan="3">价值网络Ⅱ</td><td rowspan="3">孵化组织构建的价值网络</td><td rowspan="3">是一种有关创业企业成长所需资源的组织化价值网络，网络的范围和强度与孵化组织的能力有关</td><td>现有企业</td><td>现有企业已经积累的能力和掌握的资源网络</td></tr>
<tr><td>公共孵化器</td><td>基于一般价值服务的辅助性网络：主要提供政策申报、公共服务平台等政府关系网络，以及一些非常态化的技术、人才、市场、投资者等价值链接活动</td></tr>
<tr><td>创意孵化器</td><td>基于价值增值服务的关键性网络：有计划地构建新企业核心能力形成所需的关键资源网络，包括技术、人才、市场、投资等，并形成常态化的网络链接机制</td></tr>
<tr><td>价值网络Ⅲ</td><td>创业企业新的价值网络</td><td colspan="3">是新企业创业过程中实际形成的价值网络，形成机制与价值网络Ⅰ、价值网络Ⅱ之间的链接机制相关</td></tr>
</table>

正是不同孵化模式下三个价值网络及其之间关系的不同，导致四种孵化模式表现出如下显著差异：

首先，与社会孵化模式不同，在其他三种孵化模式下存在一个有关创业企业成长所需资源的组织化的价值网络。社会孵化模式下，创业企业的价值网络构建完全依靠创业者及其社会关系网络，构建过程具有个性化和随机化特征，与创业者的个人特质和先前经验存在很大关系；而在企业孵化、公共孵化和创意孵化模式下，孵化组织（现有企业、公共孵化器、创意孵化器）都构建了一个或多或少涉及创业企业成长所需资源的组织化的价值网络。组织化价值网络的存在彻底改变了创业企业新的价值网络的构建过程，可以弥补创业者尤其是缺乏经验的创业者的新进入者缺陷。

其次，与企业孵化模式不同，在其他三种孵化模式下创业者的创业精神能够得到有效激励。企业孵化模式下，创业企业的价值网络构建完全依赖于企业已经积累的资源网络，一旦创业者的商业计划被选中，企业就会运用内部管理机制为新项目提供所需资源，创业者只是作为项目的执行者存在，这种资源链接关系存在必然性。而在其他三种孵化模式下，这种资源链接关系的必然性并不存在。社会孵化模式自不必说。在公共孵化和创意孵化中，组织化价值网络的存在只是为创业企业提供了与资源拥有者优先链接的机会，能否获取资源需要创业者的努力和市场竞争的选择。因此，与企业孵化模式不同，其他三种孵化模式仍然强调创业者个人创业精神的发挥。

最后，与公共孵化模式不同，创意孵化和企业孵化除能够有效地降低创业成本之外，还能够提升创业企业的创业能力。一般而言，与社会孵化模式相比，孵化组织出现的一个共同作用是直接降低了创业企业的投入成本。创业投入成本的降低有助于鼓励更多的创业活动，但在科技创业活动越来越多的今天，创业投入成本与企业成功之间的关系已经降到次要位置，创业过程中关键资源的获取和核心能力的形成更为重要。公共孵化器以提供基础性和一般性服务为主，只能达到降低创业成本的目的，而创意孵化器和现有企业所能提供的关键资源网络才能够真正提升创业企业的创业能力。表 6-3 简单总结了四种创业孵化组织模式的内在差异。

表 6-3　四种创业孵化组织模式内在差异的概括性描述

类型	价值网络Ⅲ形成依赖的价值网络	价值网络Ⅲ与价值网络Ⅰ、Ⅱ之间的链接关系
社会孵化	价值网络Ⅰ	带有创业者个人特质的偶然链接
企业孵化	价值网络Ⅱ	依托现有企业资源网络的必然链接
公共孵化	价值网络Ⅰ为主，价值网络Ⅱ为辅	带有创业者个人特质的偶然链接和非常态化的弱链接机制
创意孵化	价值网络Ⅱ为主和价值网络Ⅰ为辅	精心设计的常态化的强链接机制

四、创业孵化组织演进的内在逻辑：一个简单的理论分析框架

从创业孵化发展的现实结果看，创业孵化的组织模式创新和多样化发展极大地提升了整个社会的创业孵化效率，使不同性质的创业机会和不同背景的创业者都可以通过最为有效的孵化组织方式实现创业成功。创业孵化组织模式的多样化和演化发展正是各种不同的市场主体在追求自身长期经济效益的驱使下，依托自身所拥有的优势资源和能力，力图通过组织模式创新提高创业孵化效率的实践探索。本章中刻画的四种创业孵化组织模式演进的基本方向正是创业孵化效率的不断改进过程。基于此，本章将从创业孵化组织孵化效率差异的来源与结果探讨创业孵化组织模式演化的内在逻辑。

本章中，我们不考虑创业企业必定存在的个体差异对孵化效率的影响，本章关注的对象是那些仅依托创业者个人无法快速和有效克服新企业缺陷的创业企业。因此，创业孵化效率的高低主要来源于创业孵化组织能否有效地帮助创业企业克服新企业缺陷。根据本章第二部分的分析，创业孵化的本质就是创业孵化组织通过组织和管理一个专业价值网络参与新企业价值网络构建的过程。因此，创业孵化组织孵化效率的差异主要来源于创业孵化组织事先建立的专业价值网络的结构差异和创业孵化组织参与新创企业价值网络构建的程度差异。具体而言，创业孵化组织的价值网络的结构差异主要表现在不同的孵化组织所直接拥有或能够链接的关键资源网络是不同的，这与孵化组织自身掌握或获取关键资源的能力有关；创业孵

化组织参与新企业价值网络构建的程度差异主要表现在不同的孵化模式下孵化组织和创业者在新企业价值网络构建中起作用的程度是不同的。

为了具体分析四种创业孵化组织模式的孵化效率差异和演化发展的内在逻辑，本章将从价值网络构建的视角，透过创业孵化组织事先建立的专业价值网络的结构差异和创业孵化组织参与新企业价值网络构建程度的差异两个维度来构建一个理论化的分析框架。

（一）变量的界定

1. 创业孵化组织掌握关键资源的能力

创业企业对新企业缺陷的克服依赖于对关键资源的获取和有效利用，关键资源的获取是新企业形成和发展的必要组成部分（Studdard，2006）①。这里的关键资源是指创业企业在创立和成长过程中要克服三类新企业缺陷所必须具备的资源，如人才、技术、资金、市场、渠道、品牌，等等。这些资源是创业企业使好的创意或商业机会转化为现实竞争力的关键，是新企业核心能力形成的必要条件。因此，创业孵化组织是否具有掌握克服新企业缺陷所需关键资源的能力，是影响其孵化效率的重要因素。这种能力的差异表现为孵化组织所管理和组织的价值网络的结构差异。组织化价值网络是孵化组织自身能够直接控制的内部资源网络和通过链接机制能够有效获取的外部资源网络的总和，其中，是否能够包含创业企业成长所需的关键资源是创业孵化效率高低的关键。

2. 创业孵化组织参与新企业价值网络构建的程度

从新企业的创立和成长实践看，新企业的成功孵化不仅需要创业孵化组织在关键资源网络上的嫁接作用，而且需要创业者或创业团队在打造企业产品的核心竞争力上发挥关键作用。因此，创业孵化组织能否为新企业提供关键资源只是一个方面，另一个方面还在于新企业能否有效利用这些资源，以形成真正的核心能力和竞争优势。基于对各种孵化组织的观察，这另一个方面与孵化组织参与新企业价值网络构建的程度有关。具体而

① Studdard，N. L. The effectiveness of entrepreneurial firm's knowledge acquisition from a business incubator，Int Entrep Manag J，2006，(2)：211–225.

言，如果创业孵化组织过多地参与，就难以激发创业者的积极性，其实质是孵化组织的孵化团队在直接进行创业活动，也会占去孵化团队过多的精力，使其能够同时孵化的创业项目变得有限；如果创业孵化组织过少地参与，就会使创业孵化的作用大为降低，其实质还是创业者或其团队自身在创业，就不能真正帮助新企业解决三类缺陷问题。因此，创业孵化组织参与新企业价值网络构建的程度成为决定创业孵化效率的重要变量。

3. 创业孵化效率与两个解释变量的关系

根据以上两个解释变量的具体内涵可以推断：创业孵化组织掌握关键资源的能力与创业孵化效率存在正相关关系。本章中我们假定为递增型一次函数关系，即创业孵化组织掌握关键性资源的能力越强，创业孵化组织的孵化效率就越高；创业孵化组织参与新企业价值网络构建的程度与创业孵化效率存在下开口型二次函数关系，即在参与程度较低时，随着参与程度的提高孵化效率逐步提高，但到达一定的参与程度之后，随着参与程度的继续提高孵化效率又会逐步下降。这两种变量关系的大致形式如图 6-1 所示。

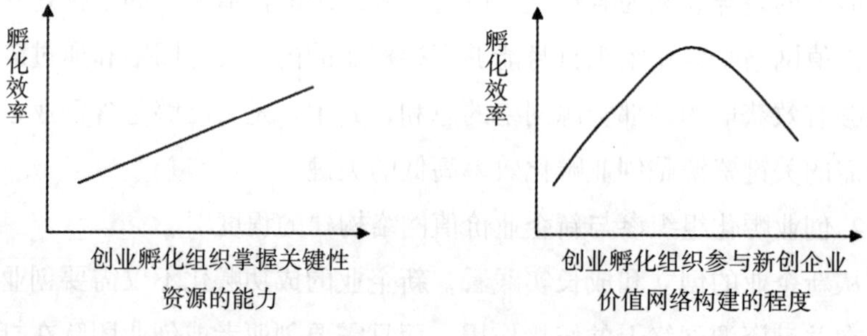

图 6-1　创业孵化组织孵化绩效差异的两个来源

4. 两个解释变量的具体刻画

根据本章前面的论述，我们可以得到表 6-4 中对两个变量的具体刻画。

首先看对创业孵化组织掌握关键资源能力的刻画。在社会孵化模式下，创业者的创业活动是依赖创业者及其社会关系网络进行资源获取的，即存在一个虚拟的和分散的社会关系网络来帮助新企业的价值网络构建。这种社会关系网络掌握关键资源的能力与创业者的个人特质相关，就大部分创业者而言其所拥有的社会关系网络对关键资源的获取能力是较差的。在企业孵化模式下，母企业的内部资源网络和母企业及企业家能够有效获取的外部资源网络构成了新创企业资源获取的管道，这种孵化模式下掌握关键资源的能力同新业务与企业已有业务的关联性高度相关，如果关联性差则关键资源的掌握能力低，反之则强。总体而言企业及企业家较创业者个人的资源获取能力强很多。在公共孵化模式下，由于孵化器是由政府或社会公共资金支持设立的，以行政管理人员为主要孵化团队，只能为入孵企业提供基础性和一般性服务，其掌握关键资源的能力十分有限，主要表现在政府或公共资源的链接上。在创意孵化模式下，孵化器通过成功企业家和专业人士资源的聚集，极大地增强了孵化器建立更加丰富和完善的关键资源网络的能力，外部网络资源的链接不仅规模更大而且强度更强。

从创业孵化组织参与新企业价值网络构建的程度来看，在社会孵化模式下，由于创业者完全主导新企业的价值网络构建过程，虚拟和分散的个人社会关系网络只是偶然或随机的参与到新企业的成长中。在企业孵化模式下，创业企业新的价值网络完全由母企业参与构建，企业内部的技术研发人员往往不能主导新技术商业化过程或公平分享创新收益，特别是在好的创意不能被母企业识别的情况下，往往只能通过创新者离职或技术授权的方式在企业外部孵化，因此，企业孵化模式下孵化组织的参与程度很高。在两种孵化器孵化模式下，逐渐摆脱了社会孵化模式下极低和企业孵化模式下极高的两种极端情况，创业者和孵化器在新企业价值网络构建过程中都发挥了不同程度的作用。在公共孵化模式下，孵化器只是参与局部的价值网络的构建，在新企业整个价值网络构建过程中起辅助性作用，由于非营利性特征，孵化器很少有动力为入孵企业实质性地提供关键性资源嫁接服务。而在创意孵化模式下，孵化器几乎参与了创业企业各个环节价值网络的构建，孵化器专注于组织各种知识交流和价值对接活动，解决创业企业成长所需的关键性资源的链接和获取，创业者及其团队可以更多地关注产品和市场，由于创业者还拥有大部分股权，创业者的创业精神和孵化器的专业性实现了有效结合（见表 6-4）。

表 6-4　对四种创业孵化组织模式内在差异的理论刻画

孵化模式的类型	创业孵化组织掌握关键资源的能力	创业孵化组织参与新创企业价值网络构建的程度
社会孵化	极弱	极低
企业孵化	中到强	极高到高
公共孵化	极弱到弱	极低到低
创意孵化	强到极强	中到高

注：表中我们用五个档大致表示两个变量的级别：极弱（极低）、弱（低）、中、强（高）、极强（极高）。

（二）模型的构建

我们用 Y 表示创业孵化效率，用 X_1 表示创业孵化组织掌握关键性资源的能力，用 X_2 表示创业孵化组织参与新企业价值网络构建的程度。为分析方便，我们将 X_1 和 X_2 的取值设定为 0—1，由 0 至 1 表示强（高）度越来越强（高）。依据图 6-1 我们可以根据负 45 度线推导出等孵化效率曲线（V），如图 6-2 所示。等孵化效率曲线向右平移表示孵化效率的提高。

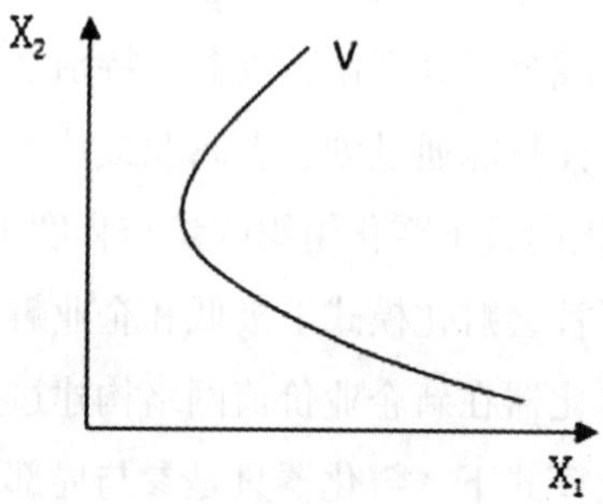

图 6-2　等孵化效率曲线

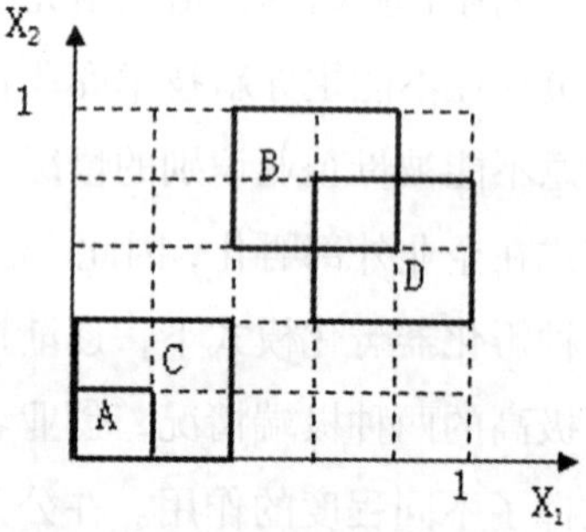

图 6-3　四种创业孵化模式的值域

由于本节正是利用 X_1 和 X_2 两个维度来刻画不同的创业孵化组织类型的，所以，我们可以用 X_1 和 X_2 所构成的二维空间中的不同区域来描述不同的创业孵化组织类型。如图 6-3 所示，由 X_1 和 X_2 的不同取值范围所构成的不同区域，代表了不同的创业孵化组织类型。结合表 6-2 中的描述，为了分析上的便利，本节假设 0—0.2、0.2—0.4、0.4—0.6、0.6—0.8、0.8—

1 分别表示极弱（极低）、弱（低）、中、强（高）、极强（极高）[①]。我们可以对本节刻画的四种创业孵化组织模式在图 6-3 的位置区域进行描述：社会孵化模式下：$0 \leqslant X_1 \leqslant 0.2$ 且 $0 \leqslant X_2 \leqslant 0.2$，即图中用 A 表示的区域；企业孵化模式下：$0.4 \leqslant X_1 \leqslant 0.8$ 且 $0.6 \leqslant X_2 \leqslant 1$，即图中 B 表示的区域；公共孵化模式下：$0 \leqslant X_1 \leqslant 0.4$ 且 $0 \leqslant X_2 \leqslant 0.4$，即图中 C 表示的区域；创意孵化模式下：$0.6 \leqslant X_1 \leqslant 1$ 且 $0.4 \leqslant X_2 \leqslant 0.8$，即图中 D 表示的区域。

我们将图 6-2 和图 6-3 结合起来，就可以分析各种创业孵化组织模式下的创业孵化效率。这样每一个不同区域内所能与之相交的等孵化效率线所构成的集合，就代表了这个区域所对应的创业孵化组织所能实现的孵化效率的范围。如图 6-4 所示，社会孵化、企业孵化、公共孵化和创意孵化所能达到的孵化效率范围分别是 $[V_0, V_1]$、$[V_2, V_5]$、$[V_0, V_3]$、$[V_4, V_6]$ 所构成的集合。

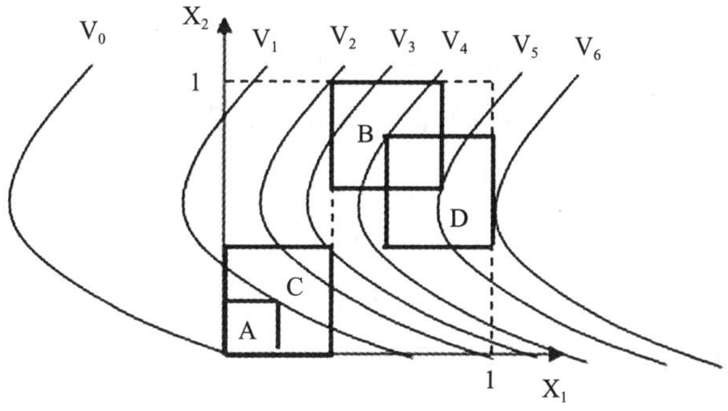

图 6-4　四种创业孵化组织模式的孵化效率分析

（三）分析与结论

综合以上的描述性分析和模型分析，我们可以得到如下结论：

结论 1：创业孵化组织模式的演化表现为孵化组织模式的多样化发展，其内在逻辑是拥有不同关键资源掌握能力的市场组织及其对参与新企业价值网络构建程度选择的不断试错和优化，以推动整个社会创业孵化效率不

① 在本章构建的模型中，理论上可以用 X_1 和 X_2 的任意取值范围来刻画不同的创业孵化组织类型。如果将 X_1 划分为 N 个区段，将 X_2 划分为 M 个区段，则理论上存在的创业孵化组织类型就有 N × M 种。

断提升的过程。图 6-4 中的孵化效率分析结果表明，尽管四种孵化模式潜在的最低孵化效率和最高孵化效率之间存在巨大差异，但整体上看，由政府部门、社会公共机构、企业组织、成功创业者等分别创造的孵化组织模式在持续的推动图 6-4 中的等孵化效率线向右移动。从四种创业孵化组织模式的最大孵化效率看，V_1（社会孵化）< V_3（公共孵化）< V_5（企业孵化）< V_6（创意孵化）。这种多样化发展的演化过程，一方面使孵化组织模式越来越接近最有效的孵化模式，另一方面使社会上越来越多的新创企业可以进入有较高孵化效率的孵化组织进行创业。

结论 2：创意孵化和企业孵化是当前最为有效的两种创业孵化组织模式，其共同特点在于都拥有较高的关键资源获取能力，能够为新企业的成长提供比其竞争对手更快或更好的创业资源。图 6-4 的分析结果表明，创意孵化和企业孵化所能够达到的孵化效率范围显著高于社会孵化和公共孵化。创意孵化和企业孵化之所以拥有比其他孵化模式更高的孵化效率，关键在于其掌握创业企业所需的品牌、渠道、市场、技术、人才等关键资源。这与创业孵化组织自身所拥有的创业孵化团队直接相关，这两种孵化组织的创业孵化团队都是由企业家和专业人士构成，能够直接将创业企业嵌入到现实的价值关系网络中，以快速实现价值创造。有关互补性资产的研究也表明，除创意或产品之外的互补性资产往往成为从创新中获得利润的关键（Teece，1986）[①]。可以预见，掌握关键性创业资源的组织或有能力整合关键性资源的组织将成为未来孵化组织模式创新的关键主体。

结论 3：现有的公共孵化器在孵化效率上与创意孵化和企业孵化相比处于绝对劣势，根本原因在于公共孵化模式在本质上与社会孵化是一致的，与企业孵化和创意孵化有本质区别。现有的公共孵化器，只能为入孵企业提供基础性和一般性的服务，涉及企业核心能力形成的关键资源链接服务并没有能力提供。新企业的价值网络构建过程基本还是依赖于创业者及其社会关系网络来实现的，这与社会孵化模式下的创业活动本质上是一

① Teece，D. J. Profiting from technological innovation，Research Policy，1986，15（6）：285–305.

致的。当前，我国孵化器的主要形态是公共的综合型孵化器，根据作者对包括天津在内的若干国家级孵化器的了解，创业企业进入这类孵化器的首要目的是获得政策资源。实际上，在中国工业园区开发模式下，只要进入园区就能获得政策机会，因此这种孵化器孵化完全等同于社会孵化。此外，专注于某一产业领域的专业型孵化器成为发展的重要趋势，这些公共的专业型孵化器的首要职能是为入孵企业提供公共技术平台支持。但随着中国中小企业服务体系环境的改善，这些资源越来越容易通过市场化手段获取，并不是形成竞争优势的关键资源，因此，这种孵化器模式也基本等同于社会孵化。

结论 4：提升关键资源的整合能力和探索灵活的参与机制是未来创业孵化组织创新的方向和趋势，伴随这一趋势，孵化组织模式的多样化和趋同化将并存。各种不同的社会主体在打造未来发展新动力的驱动下，以探索孵化组织的自我可持续发展为目标，不断推动孵化组织的创新发展。从各种孵化组织模式自身的演变看，与其诞生的初始形态不同，每一种创业孵化组织内部也在不断通过提升关键资源的整合能力和灵活的机制创新探索更有效率的孵化组织模式。这种探索以及新的社会主体的加入将驱动孵化组织模式创新的多样化发展。此外，从各种孵化组织模式发展的总体特点看，企业孵化将沿着灵活机制的探索而展开，并已经显现出了与创意孵化相融合的发展趋势；公共孵化器孵化将沿着关键资源整合能力提升和探索灵活的参与机制两条线索同时展开，现实中，各种“投资型孵化器”的探索正印证了这一趋势。因此，孵化组织模式在多样化探索的同时，也会显现出趋同化的问题。

四、主要结论

本节的研究分析表明，创业孵化的本质是创业孵化组织通过组织和管理一个价值网络参与新企业价值网络构建的过程；创业孵化组织模式的多样化和演化发展的内在逻辑是拥有不同关键资源掌握能力的社会主体及其对参与新企业价值网络构建程度选择的不断试错和优化，以推动整个社会创业孵化效率不断提升的过程。这一组织创新过程，极大地提升了整个社会的创业孵化效率，为培育未来经济发展的新兴力量起到了关键性的催化作用。

本节的结论对中国孵化器创新具有理论指导意义。中国当前主导的公共孵化器是一种低效率的孵化组织模式，只是政府利用政策资源优势对社会孵化模式的一种简单补充。也正是因为如此，比新创企业更看重政策资源的现有企业往往更有动力进入孵化器，而地方政府则出于现有企业能更快更多地提供税收和产值的现实，必然使这种公共孵化器成为招商引资的工具（如果不考虑创业孵化的内涵和本质，仅从公共孵化器的招商引资功能出发，其存在也是有客观性和必要性的）。这一方面造成创业企业没有动力进孵化器，另一方面也造成了公共资源的浪费。尽管结论 4 指出了这种公共孵化器发展的方向，但如何实现的问题依然没有有效的方案。一般而言，新企业核心能力形成所需的关键资源主要掌握在现有的企业家群体中，政府想以自身建立的孵化器为依托，以行政手段来整合企业家资源是十分困难，或者根本就是不可能实现的。当前，社会上进行的“投资型孵化器”的探索大多数也仅仅是将公共孵化器引向风险投资的角色，这使孵化器的本意丧失不说，即使是资金提供者的角色也需要人才队伍的根本改变。因此，本章认为，对于政府部门而言，真正的创意孵化事业应该是鼓励现有企业或企业家群体的孵化组织创新，培育成功企业家帮助新创业者的社会氛围，使政府的孵化事业基金或政策资源可以为市场化的孵化组织获取和享受。

第二节　中国孵化器孵化组织模式的发展

——基于天津滨海高新区海泰孵化器孵化模式创新发展的调查

一、创业孵化器在中国的兴起和发展

（一）孵化器在中国的发展历程

孵化器于 20 世纪 50 年代在美国诞生，由约瑟夫·曼库索首次提出孵

化器概念并于 1956 年建立了全世界第一家企业孵化器——贝特维亚工业中心（Batavia Industrial Center）。尽管如此，从美国孵化器成长的历史看，孵化器作为一种新的有效的企业孵化组织是从 20 世纪 80 年代才开始获得快速增长的。如图 6-5 所示，1980 年全美国仅有 12 家孵化器，1989 年增长到 400 家，2008 年则发展到 1400 家左右，如今美国已经成为世界上拥有孵化器最多的国家。从现有的研究成果看，孵化器之所以在 20 世纪 80 年代后在美国获得快速发展，主要是因为 20 世纪 70 年代的石油危机和越南战争使美国经济出现衰退，美国政府为了振兴经济，采取了大力扶持的政策。

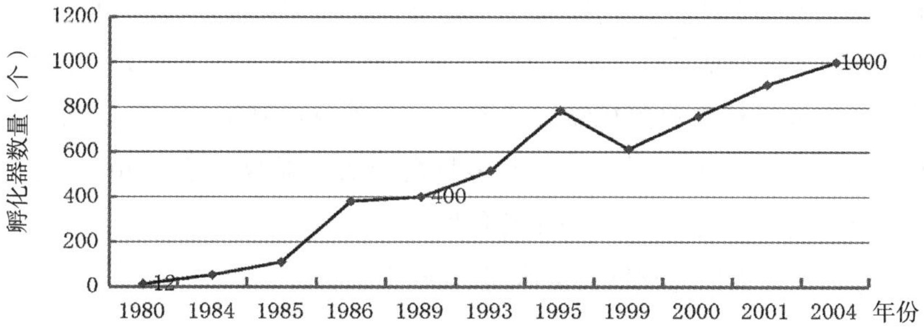

图 6-5　美国孵化器数量变化情况

从孵化器的功能演化看，美国孵化器的发展大致可以划分为三个阶段：第一阶段，20 世纪 50 年代至 80 年代前期，孵化器的出现和初步发展阶段。这一阶段孵化器作为一种完全新生的组织，只是零星地出现在一些地区，其主要功能还是简单地为入驻企业提供办公场所和必要的办公设施服务，并以租金收入作为主要的收入来源。第二阶段，20 世纪 80 年代中期至 90 年代中期，孵化器进入主体多元化和稳步发展阶段。这个阶段孵化器的服务功能逐步完善，开始包括了创业培训、人才招聘、创业投资、财务法律、管理咨询、技术服务等，孵化器也出现了依附于大学的大学科技园、政府投资主导的创业育成中心、私人建立的盈利性孵化器以及政府、研究机构、企业等合作创立的混合型孵化器等多种孵化器形态，投资和运营主体多元化。第三阶段，20 世纪 90 年代中后期至今，创意孵化器开始大量出现。这类新型的孵化器真正做到了只要有好的创意就能孵化为产品并推向市场的全过程，它为创业企业提供深度辅导的同时，能够通过自身的价值网络为创业企业提供成长所需的关键资源或链接服务。

借鉴美国建立孵化器培育和发展创业企业和新兴产业的经验，我国于20世纪80年代末开始建立科技孵化体系。1987年，我国建立了第一个科技企业孵化器——武汉东湖新技术创业者中心；1988年，我国出台了火炬计划，科技企业孵化器建设正式纳入国家战略规划。尽管我国的科技孵化事业一直受到大力扶持，但直到2000年以前我国的科技企业孵化器还仅仅处于刚刚起步阶段。如图6-6和图6-7所示，在火炬计划实施的最初十年，我国科技企业孵化器数量和在孵企业数量增长缓慢，1999年孵化器数量刚刚突破100家，在孵企业数量也才突破5000家。2000年以后，随着《中国科技企业孵化器"十五"期间发展纲要》和《关于"十五"期间大力推进科技企业孵化器发展的意见》等政策制定和实施，极大促进了孵化事业的发展，"十五"末期我国各类孵化器数量已达500多家。在2006年颁布的《中国科技企业孵化器"十一五"发展规划纲要》中确立了"十一五"末期孵化器数量达到1000家的目标。

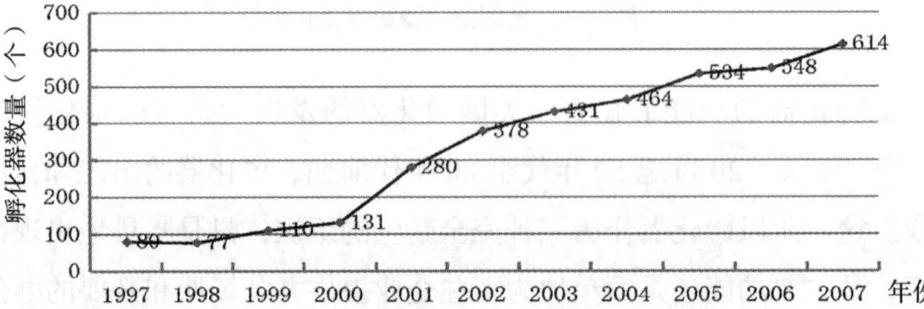

图6-6　1997—2007年我国科技企业孵化器数量变化情况

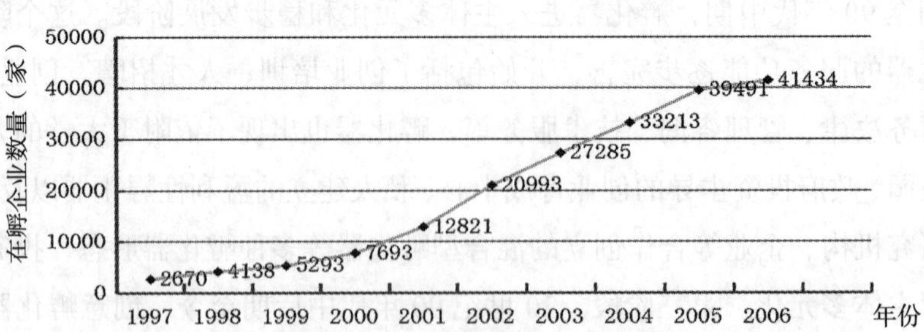

图6-7　1997—2006年我国科技企业孵化器在孵企业数量增长情况

在国家和地方政府的大力推动下，经过 20 多年的发展，我国科技企业孵化器从无到有，从小到大，已经成为我国实施科技成果转化、吸引和聚集科技人才、培育科技创新型企业的重要载体，科技企业孵化器的软硬件环境不断改善、服务功能日益增强。根据科技部火炬中心的统计，截至 2007 年年底，我国科技企业孵化器达到 614 家，在孵企业达到 44759 家，孵化总面积达到 1280 万平方米，累计毕业企业 23394 家，孵化基金总额 87 亿元，在孵企业人数 933217 人。2006 年毕业企业创造的营业总收入约 1745 亿元，工业总产值 1513 亿元。我国已经跨入孵化器大国的行列。

从区域分布看，我国的科技企业孵化器在不同地区之间的数量差异较大（见图 6-8）。一般而言，处在经济、技术比较发达地区的科技企业孵化器，政府支持力度大，观念开放，机制比较灵活，企业孵化器运行效果良好；处在一些相对落后地方的企业孵化器，政府支持力度较小，人们的观念比较保守，企业孵化器的运行效果比较差，企业孵化器运行效果的地区差异非常明显。我国的大部分科技企业孵化器过于集中在东部地区及少数中心城市，没有形成面向全国的辐射效应。

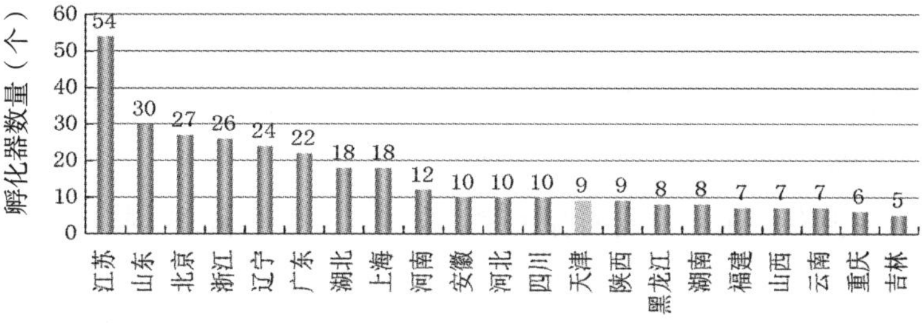

图 6-8　2010 年我国国家级科技企业孵化器在各省市的分布

二、创业孵化器发展的前沿

（一）国际前沿

20 世纪 90 年代以后，随着互联网技术的成熟和互联网创业企业大量涌现，出现了一种专注于互联网行业的新型创业孵化组织——创意孵化器。这种孵化器采取了与传统孵化器完全不同的商业模式，它通过为入孵企业提供种子资金和专业孵化服务而占有其一定比例的股权（为20%—40%），并从入孵企业的快速成长中获益。1996年美国人Bill Gross在美国洛杉矶帕萨迪纳建立了第一个创意孵化器——Idealab，随后在全球有超过1000家创意孵化器在各个国家和地区建立，著名的创意孵化器有如Hotbank、CMGI、Internet Capital Group、ThinkTan.com、Intend Change、eHatchery、eCompanies、Innovation Works（创新工场）等。

与传统的孵化器相比，创意孵化器表现出了一些新的共同特征：

（1）创意孵化器允许创业团队保留大部分股权，通常在60%—70%；同时，保证入孵企业在发展战略、组织架构、企业运作上保持独立和自由，以保证创业者的企业家精神，减少对创新机会的管理障碍。

（2）孵化器以优惠的费率和价格向在孵企业优先提供顶级的服务供应商，使会员企业能够享受一定的规模经济。虽然互联网已经使个人创业企业能够很容易地以市场价格获取服务，但创业团队仍然面临着很大的机会成本，如搜寻、谈判和签约的时间。许多创业企业的管理者反映，他们在创业后的六个月到九个月的时期，需要花费一半的时间构建企业运营的基础设施。孵化器能够节约这个时间、成本以及初始运营的麻烦事。

（3）创意孵化器的管理团队拥有丰富的创业经验和专业的管理经验，能为入孵企业提供直接的创业指导。如，Idealab创始人Bill Gross拥有丰富的创业经验，先后创办的3家具有高成长性的软件服务公司，其他核心管理团队或拥有创业经验或拥有法律、财务、设计、营销、技术等方面的专业经验。

（4）创意孵化器在提供基础设施和一般性服务以外，更加注重增值服务的提供。如，在idealab提供的12类服务中，增值服务类项目占到66%，从技术、融资、设计、战略、品牌、市场等多个角度为创业企业提供全面的孵化服务。同时，这些增值服务的提供是创意孵化器价值创造的主要内容，这类孵化器以能够为入孵企业提供关键资源（技术合作伙伴、客户、投资者等）链接为核心能力。

（二）新的阶段国内孵化器孵化模式的新探索

长期以来我国科技企业孵化器的建设都是以政府或公共部门为主导，

以非盈利型为主，真正市场化建设和运营的孵化器并不多。近年来，我国在孵化器发展的商业模式上进行了新的探索，开始出现了以盈利为目的由私人投资运营的孵化器。这类新型的孵化器改变了过去靠租金和政府支持生存的盈利模式，而是转向通过资金和服务的提供入股入孵企业来盈利的新模式。遵循世界发展的共同趋势，在中国新型孵化器探索的典型代表也是移动互联网行业的专业孵化器，其中最著名的就是李开复创办的创新工场。

创新工场创办于2009年9月，是一家致力于早期阶段投资并提供全方位创业培育的投资机构。创新工场通过针对早期创业者需求的资金、商业、技术、市场、人力、法律、培训等提供一揽子服务；帮助早期阶段的创业公司顺利启动和快速成长，同时帮助创业者开发一批最有市场价值和商业潜力的产品。创新工场的投资方向立足于信息产业最热门领域：移动互联网、消费互联网、电子商务和云计算。

创新工场以及投资的项目团队中聚集了一批行业精英：既不乏来自本土知名企业的专业人士和有过多次创业实践的本土创业者；又有来自硅谷的资深技术人才以及著名跨国科技公司的业内高手。各个创业团队除了已经吸引到国内高校计算机系的优秀毕业生加盟，也有多位来自斯坦福大学、哈佛大学、耶鲁大学、牛津大学、加州大学伯克利分校、麻省理工学院、芝加哥大学等不同专业的杰出校友。创新工场已成为热衷科技创新的青年创业者的摇篮。

从2009年9月创立至今，创新工场共实施了44个孵化项目，其中2个项目宣布失败，2个项目被收购，10个项目拿到了VC 500万—1000万美元的融资。

从孵化器发展的国内外趋势和前沿探索看，建立具有全方位创业服务功能的投资型孵化器是未来创业孵化发展的方向，但这类孵化器的成功目前主要集中于互联网领域，如何在其他领域发展投资型孵化器还需要探索。

三、海泰“三级孵化”模式的形成和演化

（一）海泰孵化器“三级孵化”模式的形成与发展

根据海泰孵化器发展过程中表现出的不同特点，大致可以将其形成演化过程划分为三个典型阶段（见表 6-5）。

表 6-5 海泰孵化器“三级孵化”模式形成演化的三个阶段及其主要特征

阶段	时间段	主要特征
第一阶段：“三级孵化”模式的形成阶段	2001 年至 2007 年	1. 孵化器载体建设和运营 2. 孵化团队的搭建 3. 孵化服务体系的建设与完善
第二阶段：“三级孵化”模式向“招商＋孵化”模式转变阶段	2008 年至 2011 年	1. 滨海高新区政策调整 2. 孵化器自身业务调整
第三阶段：向专业性投资型孵化器转型的启动阶段	2012 年初至今	1. 成立孵化事业部 2. 重新调整孵化器孵化物理空间 3. 整合海泰集团资源，搭建投资型孵化器

资料来源：基于调研资料整理，2013.

1.“三级孵化”模式的形成阶段

该阶段的主要特征是海泰孵化器载体建设与运营，孵化服务团队的搭建，以及“三级孵化”服务体系的建立与完善。

（1）孵化载体建设与运营。2004 年起，海泰孵化器积极参与天津高新区孵化场地的建设与运营。借助海泰发展，突破传统孵化器“一栋楼、一个院”的建设模式，海泰孵化器先后开发建设了“海泰绿色产业基地”、“海泰创新基地”、“天津高新区国家软件及服务外包基地产业核心区（简称 BPO 基地）”等孵化载体，形成了总计逾 100 万平方米的全国最大孵化器群。

在运营模式上，采取“基地＋特色工业园”的运行方式，在孵化场地内引进了多个“专业孵化器”，形成多家专业孵化器的孵化器群。在已建成的孵化器中，电子信息、机电一体化、新材料、生物工程与制药等产业形成集聚效应。特别是作为高新区支柱产业之一的软件产业先后有天津华

苑软件园、国家软件出口基地、国家“863”软件孵化器、国家火炬计划软件产业基地等“专业孵化器”落户。

（2）孵化团队建设。2003 年，为提升海泰孵化器的管理水平，打造更加专业化的孵化服务团队，成立了海泰企业孵化器管理委员会。同时在海泰发展孵化事业部的基础上，组建了海泰孵化器的运营管理实体——天津海泰企业孵化服务有限公司，负责海泰孵化器的具体运营和管理。并在此基础上，成立了海泰工业物业公司、海泰企业培训中心和海泰创业企业家俱乐部，分别为入孵企业提供更加专业化的物业、员工培训、创业企业家交流等服务，并为孵化器内企业搭建了相互交流的平台。

（3）海泰“三级孵化”服务体系的建立。海泰孵化器结合自身的资源优势，链接外部资源，创新地提出了海泰“三级孵化”理论，强调打造孵化器群和产业链，扩大传统孵化器的孵化范围，以三级孵化服务为手段，为初创期、成长期和扩张期三个不同发展阶段的企业提供基础层面的服务、提高层面的服务和发展层面服务，以实现“降低创业成本 + 提高创业成功率”的目标，三级孵化模式的具体内涵见表 6–6。

表 6–6　　海泰“三级孵化”服务体系

	服务对象	服务类型	重点服务内容
一级孵化	初创期企业	基础层面 / 基础性和一般性服务	办公空间与物业服务，工商税务注册登记，财务代理等
二级孵化	成长期企业	提高层面 / 一般性服务以及少量增值性服务	法律、管理咨询，专利申请，培训，专项资金申请或支持等技术创新服务，贷款融资服务等
三级孵化	扩张期企业	发展层面 / 增值类服务	融资策划、上市辅导等

资料来源：基于调研资料整理，2013.

2005 年底，海泰孵化器被国家科技部认定为“国家级孵化器”，这标志着海泰孵化器“三级孵化”模式的正式形成。

该阶段内，在滨海高新区鼓励孵化创业企业的政策引导下，海泰孵化器的工作重心在于创业孵化，招商任务较少。但受孵化器孵化能力约束以及海泰集团发展战略等影响，基于海泰孵化器“三级孵化”服务体系能提供的服务主要是办公空间以及物业、工商税务、法律管理咨询等基础性和一般性服务，增值性服务较少，因而该阶段的“三级孵化”模式在帮助在孵企业克服新进入者缺陷上帮助不大。

2.“三级孵化”模式向“招商＋孵化”模式转变阶段

自2008年到2011年，受滨海高新区政策调整和孵化器自身盈利要求两个方面的影响，海泰孵化器的功能范围逐渐向“招商＋孵化”转变。由于创业孵化周期长，投资大，见效慢，2008年开始，滨海高新区的工作重心从原来重视孵化创业企业转向引进大企业、小巨人企业，因而对高新区内孵化器的发展不太重视，对孵化器创业孵化的投入逐渐减少，并利用孵化器天然具有的招商引资的优势将园区内的孵化器作为招商引资的窗口。同时由于海泰孵化器创业孵化业务的收入和政府给予的创业孵化支持资金不足以维持孵化器的正常发展，孵化器需要有新的收入来源以维持发展。而招商引进类企业与创业孵化类企业不同，其入驻孵化器主要是为了扩大生产，因而形成了对海泰发展工业地产的强大需求。于是海泰发展有动力将其下属工业地产业务和孵化器捆绑起来运营，形成主要依靠孵化器创业孵化与招商引资、置业公司的房产租金和销售收入来实现发展的新模式。因而海泰孵化器的招商功能逐渐得到强化，而创业孵化功能则相对弱化，海泰孵化器的功能范围逐渐由侧重孵化“三级孵化”逐渐演转变为“招商＋孵化”，侧重招商的新的复合模式。

这一转变可以从现有在孵企业的构成情况中看出。海泰孵化器目前的在孵企业可以分为创业孵化类企业和招商引进类企业。招商引进类企业又可以分为三类：第一类是为了享受高新区的政策优惠，注册在孵化器内，但只租一间办公室，支付相应的租金，但是不在这里办公，华科孵化器中这类企业大概为三分之一，火炬园区则超过三分之一；第二类企业进入孵化器一方面是为了享受高新区的优惠政策，另一方面是为了扩大产能，扩大生产，从而将生产加工部分转移到孵化器中，这类企业占了相当的比重，第三类是引入处于快速成长期的高科技企业或科技小巨人企业。

3. 向专业性投资型孵化器转型的启动阶段

2012年开始，海泰集团重新重视孵化器，计划整合海泰集团相关资源，将海泰孵化器建成“载体＋服务＋创业导师＋投资”的专业性投资型孵化器，以实现孵化器的平衡可持续发展。在 2012 年初，海泰集团在海泰发展下专门成立了孵化部；同时将在 2012 年对海泰发展所有的孵化物理空间做出更加细化的调整：绿色产业基地第 1 期专门做一级孵化，第 2 期专门做二级孵化，BPO 基地专门做三级孵化等战略措施，并计划在孵化器现有资源的基础上，整合海泰集团内海泰担保、海泰投资等其他关键资源，共建专业性投资型孵化器。

（二）现阶段海泰“三级孵化”模式的实质及其成因

1. 现阶段海泰“三级孵化”模式的实质

从海泰孵化器“三级孵化”模式的形成与演变的过程来看，现阶段海泰孵化器“三级孵化”模式从其功能范围上来说是一种“招商 + 孵化”的复合模式。这种模式的存在有其现实合理性，但也存在一定的缺陷。

2. 海泰“招商 + 孵化”模式的成因

海泰孵化器的功能从以创业孵化为主，转变到创业孵化功能逐渐弱化，招商功能逐渐强化的“招商 + 孵化”的现状，有以下几个原因：

（1）海泰孵化器现有孵化能力不足，收入不能支撑可持续发展的孵化体系的建立，需要拓展新的收入来源。第一，海泰孵化器自身掌握的资源有限。第二，孵化服务团队专业化能力不强，不能够提供多样化的增值性服务，表现在提供初创和成长期企业所需的辅导、融资等资质服务方面能力不强、服务于企业的方式方法单调、专业辅导队伍、专业市场拓展渠道、专业服务网络还不完备。第三，专业技术平台较少，在降低创业企业创业成本上作为不大等。

海泰孵化器由于孵化能力不足，导致收入结构单一，不能支持孵化器的可持续发展，需要拓展收入来源。

（2）政府、孵化器与在孵企业之间的职责不清晰，孵化器承担的公共职能过多，需要其他收入支持其持续增长。

海泰孵化器隶属的海泰发展作为政府旗下的上市公司这一特殊的性质决定了其必须要在某些方面替代政府承担部分公共职能。

海泰孵化器承担的公共职能之一是培育孵化高新技术企业，实现高新技术产业化。然而承担创业孵化功能的公共职能，需要支付高额的成本。

但高新区政策力度太小，每年孵化器事业金支持50万元，根本不足以使该职能持续下去，需要寻找新的收入来源支撑其持续发展。

海泰孵化器承担的公共职能还有负责高新区的基础设施以及生活配套设施的建设以及相关产业环境的打造。例如绿色产业基地一期在2007年建成了孵化大厅，为了吸引中介服务机构构建好的产业环境，对这些服务机构很多都是象征性地收取一点租金，但是服务的企业确实面向整个高新区，这其实是亏本的。

早期高新区政府对海泰承担的这些公共职能有平衡补偿机制，例如高新区为了鼓励海泰发展作为高新区的拓荒者开发建设高新区的基础设施、生活配套设施等，给予海泰发展每年五千万元的补贴，后来减到每年三千万元，在2008年后由于高新区政策的调整，这种平衡补偿逐渐降低直至2011年停止，迫使海泰必须探索新的收入来源。

（3）海泰天然具有承担招商职能的优势，可以为孵化器带来新的收入，实现一定时期内的平衡增长。

海泰孵化器能够作为一个高新区高效招商窗口的优势有以下几点：其一，海泰孵化器是一个国家级孵化器，许多企业慕名而来；其二，在孵企业成长过程中提出新的需求，随着在孵企业的成长，需要新的厂房，由于惯性，愿意在孵化器内继续发展；其三，大企业要求相关企业在附近配套生产等；其四，在孵创业企业家的推荐；其五，高新区和国家级孵化器的优惠政策。

2008年后随着高新区政策调整，从原来重视孵化创业企业向招商引进大企业、小巨人企业，孵化器天然具有的招商优势使得其承担了高新区的招商引资职能，成为高新区招商引资的窗口。而由于招商类企业具有稳定的客户关系和供应体系等特殊性质，因而其选择进入孵化器的主要目的是获得土地、厂房和优惠政策，可以形成对海泰发展工业地产业务的强大需求，于是海泰发展有动力将其下属置业公司的工业地产业务和孵化器捆绑起来运营，形成依靠孵化器创业孵化与招商引资以及工业地产业务带来大笔收入实现持续发展的新模式。

正是由于海泰孵化器、政府以及在孵企业之间关系不清晰，加上海泰孵化器本身资源有限以及孵化能力不强导致不能依靠提供增值服务获取持续的收益，缺乏持续的“造血功能”，只能依靠房产的销售收入和租金以及和政府的补助来维持，因而也就造成了原有侧重创业孵化的“三级孵化”模式“招商+孵化”的复合孵化模式转变，然而这种依靠土地和政策的模式缺少核心竞争力，随着可用土地的减少以及天津市其他区县大力发展科技企业孵化器等，造成竞争压力过大以及面临可持续发展约束，因而必须要进行转型。转型发展过程中首先需要重点解决两个问题：第一，厘清政府、孵化器与在孵企业三者之间的关系，孵化器承担公共服务职能的部分，政府需要买单，同时要明确孵化器的管理归口，使得孵化器各项工作得以顺利展开。第二，搭建一个专业化的孵化服务团队，并整合海泰发展的相关资源，积累并构建核心能力，帮助在孵企业克服新进入者缺陷实现快速发展，并在此过程中实现孵化器自身的高额收益，获得平衡而持续的发展。

四、海泰孵化器在孵企业的行业分布

（一）总体产业分布情况

在海泰提供的 1153 家企业基本数据的基础上，结合通过其他渠道掌握的数据资料，对海泰在孵企业所在行业初步分析如下：

海泰孵化器在孵企业主在集中在电子商务和移动互联网、安监产品及物联网、电池、动漫和医疗器械五大产业，与高新区现有产业高度相关（见表 6-7）。

表 6-7 海泰孵化器在孵企业主要产业集中分布情况

行业	企业数
电子商务和移动互联网	21
安监产品及物联网	35
电池	8
动漫	7
医疗器械	29

资料来源：根据在孵 100 家企业分析整理，2013.

（二）分行业分析

1. 安监及物联网领域

海泰孵化器在孵企业在安监与物联网产业领域相关研发和生产产品种类繁多，不仅包括 RFID、传感器和系统集成，而且包括遥感技术产品。现有的数据分析表明，天津滨海高新区是中国安监及物联网产业的重要研发和制造基地（见表 6-8）。

表 6-8　海泰孵化器在孵企业在安监产品及物联网领域的分布

序号	企业名称	主要产品	业务领域
1	天津纳新电子有限公司	射频技术、安监	射频技术
2	天津思码精密电子技术有限公司	无线网络分布系统设计、射频连接器、终端器等	
3	天津晶研科技有限公司	射频集成电路	
4	天津市航空易思维科技有限公司	传感器	传感器
5	天津市森特奈电子有限公司	传感器	
6	天津德奥达科技发展有限公司	传感器	
7	天津鼎世通科技发展有限公司	防爆电器、传感器、可燃气体报警器	
8	天津三泰晟驰科技股份有限公司	监视器、摄像机、安监	
9	天津德奥达科技发展有限公司	易燃、易爆及有毒气体检测报警安全设备	
10	天津市运高科技有限公司	系统集成	软件
11	天津市科远系统工程有限公司	系统集成	
12	天津凯舜科技发展有限公司	系统集成	
13	天津市安富利科技（天津）有限公司	系统集成	
14	天津新技术产业园区海泰数码科技有限公司	系统集成	
15	天津敏捷网络技术有限公司	系统集成	
16	天津市奥拓电脑网络集成有限公司	信息系统集成	
17	天津市驰然科技发展有限公司	全线网络及布线产品销售、网络系统集成	
18	天津海泰数码科技有限公司	系统集成	
19	天津市达德网络技术有限公司	网络系统集成	

续表

序号	企业名称	主要产品	业务领域
20	天津市金硕科技投资集团有限公司	系统集成、智能化	软件
21	天津市盛盟网络技术有限公司	系统集成	
22	天津市中电飞华网络技术有限公司	系统集成	
23	天津海天量子科技发展有限公司	系统集成	
24	天津市宜海科技发展有限公司	系统集成	
25	天津中软软件系统有限公司	系统集成	
26	天津市麟耀科技发展有限公司	系统集成	
27	天津亦龙正嘉科技发展有限公司	系统集成	
28	天津中辰瑞泰安全防范技术有限公司	无线远程视频监控报警系统、通信光缆防盗报警综合系统	
29	天津光电高斯通信工程技术有限公司	铁路监测系统	
30	天津市中软计算机系统工程有限公司	计算机工业监控、船舶监控	
31	天津信息港甲子科技有限公司	数字监控系统	
32	天津南大通用数据技术有限公司	数据库管理系统	
33	天津曙光计算机产业有限公司	超级计算机	

2. 互联网行业

海泰孵化器在孵企业在互联网产业的分布主要集中在两个行业领域：一是电子商务领域；二是移动互联网领域。

电子商务业务领域主要包括内容提供、网络接入和运营三大块，海泰孵化器在孵企业的业务主要是内容提供商和网络接入，产业链较为完整。移动互联网业务主要包括网络运营和内容提供两个方面的领域。其中，手机游戏是移动网络内容提供的重要内容。手机游戏主要包括内容提供商和游戏开发商。在海泰孵化器在孵企业中，有一批拥有自主知识产权和研发实力的手机游戏内容提供商和手机游戏开发商，产业链较为完整，产品具有较强的竞争优势（见表 6-9）。

表 6-9　　海泰在孵企业互联网行业的分布情况

序号	企业名称	主要产品	业务领域
1	天津通广集团振通电子有限公司	嵌入式、加固计算机和近域无线通信	网络设备商
2	天津市宇桥数据通信技术发展有限公司	数据通信	
3	南开创元信息技术有限公司	目录服务器	
4	天津粹介同欣网络科技发展有限公司	网络通信器材	
5	天津市雅浪通讯技术有限公司	电信网络管理平台	
6	华通联（天津）科技有限公司	通信软件及通讯设备	
7	天津市日电通讯有限公司	通信、网络、视讯、监控应用系统	
8	津联网络发展（天津）有限公司	电子商务系统 办公系统	
9	天津易购科技发展有限公司	电子商务	电子商务内容
10	天津万策电子商务有限公司	电子商务	
11	天津鼎诺世纪科技发展有限公司	电子商务（家纺）	
12	天津小布丁电子商务有限公司	电子商务	
13	天津市飞拓信息技术有限公司	电子商务咨询与解决方案	电子商务接入商
14	天津维讯科技发展有限公司	电子商务系统开发	
15	天津龙驰神州网络科技有限公司	网络接入服务	
16	天津市无线时空网络科技有限公司	移动互联网开发及运营商	游戏运营商
17	天津市声讯信息服务有限公司	移动互联网开发及运营商	
18	天津龙驰神州网络科技有限公司	网络接入服务	
19	天津市猛犸科技有限公司	手机游戏、移动	游戏内容商
20	天津唐图科技有限公司	手机游戏、移动	
21	天津瑞纳斯沃科技发展有限公司	基于智能手机的手机游戏研发公司	

3. 医疗器械

海泰孵化器从事医疗器械研发和生产的企业主要分布在两个业务领域：医疗产品和检测产品。治疗产品分为两种：一种是电子产品；另一种是生物医用材料。其中海泰孵化器中生物医用材料发展较好，有 4 家企业涉及。它们主要是以骨科内植物为主，掌握一定的技术，研发实力。检测产品主要是生理检测设备，体现在对人体机能的检测上，拥有一定的技术、研发实力（见表 6-10）。

表 6-10 海泰孵化器在孵企业在医疗器械产品领域的分布情况

序号	企业名称	主要产品	业务领域
1	天津伊诺新康医疗器械科技有限公司	一次性使用标本采集刷、一次性宫颈刷	医疗器械
2	天津鑫荣和电子科技有限公司	按摩器	
3	天津菱光科贸有限公司	电子宫腔镜	
4	天津卓晶科技发展有限公司	消毒设备	
5	天津博朗科技发展有限公司	内窥镜	
6	天津神州听力技术有限公司	助听器	
7	天津市威曼生物材料有限公司	骨科	
8	天津依克赛生物医用材料有限公司	假肢	
9	中亚医疗仪器	妇科医疗器械	
10	天津市唐邦科技有限公司	高压电位治疗仪、气波治疗仪	
11	天津荣信达科技有限公司	医用电子仪器设备的内外部配件及耗材	
12	天津捷希生物医学工程研制中心	医用超声仪器设备	
13	天津创兴电子设备制造有限公司	药检仪器	
14	天津海奥斯科技有限公司	穴位贴敷贴、动力切骨系统、止血材料	
15	天津鹏志海格尔医疗科技有限公司	切骨动力系统	
16	天津怡美医疗器械有限公司	止血器材	
17	蓝莫德（天津）科学仪器有限公司	结石检测器	
18	天津市阿克弗技术发展有限公司	妇洁栓、碳纤维敷料等	
19	天津市万欣医学诊断产品有限公司	医学临床检验分析仪器和诊断试剂	
20	天津久健京瓷科技有限公司	电热活氧木桶式足浴机系列	
21	天津天荣科贸发展有限公司	医用缝合材料	
22	天津市正大医疗护理设备厂	医疗护理设备	
23	天津市赛宁生物工程技术有限公司	骨修复材料	
24	天津市航华科技发展有限公司	医用超声仪器及有关设备	
25	天津天源安康医疗设备销售有限公司	经销医疗设备	
26	天津西诺美康医药科技开发有限公司	成品药及医疗设备	
27	天津市泓朗医疗科技有限公司	医疗设备	

续表

序号	企业名称	主要产品	业务领域
28	天津泽普科技发展有限公司	高端智能康复治疗设备	医疗器械
29	天津市施耐德医疗设备有限公司	微波治疗仪产品	

4. 动漫及游戏

动漫产业主要有三大块：动画片内容提供商、动画片播放商、衍生产品商。运作模式为：动画片内容提供商制作完产品后，将片子送至动画片播放商，当该动画片受欢迎后，衍生产品企业在与动画片内容提供商一起推动画片的相关产品。海泰孵化器目前除了动画片播放商外，动漫产业链基本上都涉及了。其发展方式也不同，有的只是制造动画片。有的不仅做动画片，还做衍生品（见表 6–11）。

表 6–11　　海泰孵化器在孵企业在动漫及游戏产品领域的分布

序号	企业名称	主要产品	行业领域
1	天津龙盘玉兔影视文化传播有限公司	动画片制作	漫画内容
2	天津祥峰动漫制作有限公司	动漫制作	
3	天津深责动漫制作有限公司	Flash 动画片、动漫	
4	天津精卫映画科技有限公司	动漫原创、设计制作、市场营销、衍生品开发	漫画及衍生品
5	天津市龙承盛月动画科技有限公司	动画及游戏 动漫	
6	天津市豪峰动画科技有限公司	动漫、电脑游戏	
7	天津市川维动漫科技有限公司	动漫软件	动漫制作软件

5. 电池及电池材料

电池产业由于其技术的多样性，目前呈现出不同材料的电池形式。当前在电池市场上主要有铅酸、镍氢、锂离子、太阳能等不同的电池形式。目前海泰电池也呈现出多样化的趋势，不仅有镍氢电池、锂电池、铅酸电池，而且有太阳能电池（见表 6–12）。

表 6-12　　海泰孵化器在孵企业在电池产品领域的分布情况

序号	企业名称	主要产品	行业
1	天津安彩和平电池有限公司	氢镍电池、锂离子电池	电池
2	天津昌大科技发展有限公司	全密闭铅酸蓄电池、镍氢化物二次电池、太阳能电池	
3	天津明阳德尔福科技发展有限公司	太阳能电池	

五、海泰孵化模式及其运营的现状分析

（一）调研实施情况和结果

围绕着调研目的，课题组于 2012 年 3 月 7 日至 3 月 20 日对海泰孵化器在孵企业进行了实地调研和考察。调研采用了访谈和问卷两种方法，其中以访谈为主，问卷为辅。在调研提纲的指导下通过实际访谈与问卷的结合，对在孵企业孵化服务需求情况进行系统了解和分析的基础上，考察海泰孵化器的功能及其孵化模式中存在的问题和创新发展的方向。本次调研访谈在孵企业 31 家，发放问卷 31 份，收回问卷 25 份，有效问卷 24 份。调研访谈的 31 家企业的行业分布情况见表 6-13。

表 6-13　　调研企业的行业分布情况一览表

序号	企业名称	产品	行业
1	唐图科技	手机游戏（网络游戏）	互联网及手机游戏
2	猛犸科技	单机手机游戏、网络手机游戏	
3	颐博数码	网页游戏、客户端游戏、游戏链接平台	
4	烽火软件	软件人才培训、手机软件应用技术	
5	零刻数据	互联网接入、IDC（网络数据中心）	
6	仁永动画	动画片	动漫
7	软件测评	软件测试	软件、检测及咨询
8	南开创元	软件、国产数据库	
9	天大求实	电力咨询、电力（规划设计、运行管理）软件、智能电网	
10	向阳坊食品公司	蛋糕、点心	食品

续表

序号	企业名称	产品	行业
11	怡美医疗器械	SL- 医用吸氧计时仪、动脉压迫止血器	医疗器械
12	中亚医疗仪器	微波治疗机、盆腔炎治疗仪、妇科冲洗器、X 光胶片冲洗机	
13	和杰医疗器械	避孕产品	
14	美德太平洋	血凝系列（仪器与试剂）、特蛋白产品、细胞治疗产品	
15	博朗科技	内窥镜系列产品、手术器械	
16	赛宁生物	仿生骨材料	
17	中科遥感	遥感图像处理	遥感图像
18	天大天隆	全景视频技术、磁性材料	视频技术
19	中科蓝鲸	海量存储技术服务、海量存储软、硬件	云计算
20	兆民云计算	云计算服务平台搭建、云计算机（二代）	
21	乾宇超硬	纳米金刚石发动机油、金刚石抛光液（现阶段主营业务）、金刚石研磨膏	新材料
22	泽尔普	减少运输过程中货物伤损的填充气袋	包装材料
23	星文文化	纸质版刊物电子化	传媒
24	鹏翔科技	催化类评价装置、精馏分离技术	催化剂及精馏分离
25	兴达汽车模具	汽车模具结构设计、冲压测试、冲压模具	汽车模具
26	尼科励迪	电子连接器	电子元器件
27	海诺	自动化系统和设备	自动化
28	龙莲堂	治疗糖尿病的中药提取物	生物医药
29	德瑞金工	与手机配套的刀具生产	刀具
30	瀛洋集团天津研发中心	香精原材料	日化
31	封优特	浮动油封环	机械密封

（二）调研企业再分类和孵化器提供的孵化服务分类

与“三级孵化”的理念相对应，从海泰孵化器在高新区产业发展中的作用看，实际发挥着创业孵化、成长加速和招商引资三个方面的作用。为了弄清楚海泰孵化器运营的实际情况，课题组从在孵企业的分类及其已经享受到或希望享受到的服务出发，考察海泰孵化器三个方面功能发挥的具体情况，并以此判断海泰孵化器的类型及可能的创新发展方向。

1. 调研企业的再分类

实际调研的结果表明，以企业产品和商业模式是否在孵化器内产生为标准，海泰孵化器在孵企业可以划分为两大类：一类是创业孵化企业，包括新创企业和原有企业的新业务孵化；另一类是招商引进企业，通过招商引资，把外地已经建立和发展起来的科技型中小企业引入孵化器进行成长加速孵化。其中，第一类又可以划分为两小类，即初创企业和成长型企业。前者主要指尚未解决机会识别、资源和能力约束和合法化的创业企业，而成长型企业则是指基本解决了市场机会识别，已进入产品的市场扩张期的企业。对在孵企业再分类的目的，是通过企业对海泰孵化器提供服务的识别，系统考察孵化器功能的发挥以及创新发展的方向（见表 6–14、表 6–15）。

表 6–14　　调研企业的分类依据

企业类型	进入孵化器之前产品是否成熟	进入孵化器之前商业模式是否成熟	企业的主要任务	企业的目的
招商引进类企业	是	是	生产	获得政策支持或扩大生产
创业孵化类企业	否	否	产品技术研发和产业化	产品推向市场，并能获得稳定收益

表 6–15　　调研企业所属类别

企业类型	企业名称	
招商引进类企业	中亚医疗仪器、德瑞精工、瀛洋集团天津研发中心、封优特、兴达汽车模具、尼科劢迪、海诺、鹏翔科技、星文文化、博朗科技、向阳坊、怡美医疗器械、和杰医疗器械、软件测评中心、兆民云计算	
创业孵化类企业	初创期企业	赛宁生物、乾宇超硬、烽火软件、天大天隆
	成长期企业	零刻数据、蓝鲸高科、中科遥感、唐图科技、仁永动画、猛犸科技、天大求实、海诺科技

2. 海泰孵化器提供的孵化服务的分类

在实际调研中，课题组发现，在孵企业需要孵化器提供的服务包括三个方面的内容：一是包括物业和办公服务在内的基础性服务；二是包括工商行政、一般性法律咨询和人力资源服务在内的一般性服务；三是包括品牌策划和市场规划在内的增值服务。而海泰孵化器提供的服务则主要是基础性服务和增值服务（见表 6–16）。

表 6–16　　海泰孵化器提供的孵化服务分类情况

服务类别	服务项目	所属类别
物业、办公空间与设施以及各类生活服务	宽带网络、电信服务	基础类服务
	收发信件服务	基础类服务
	代收水、电、暖费	基础类服务
	24 小时保安站岗、巡逻服务	基础类服务
	保洁卫生服务	基础类服务
	代订、送桶装水服务	基础类服务
	为园区内企业代办员工住宿服务	基础类服务
	公共设施、设备完善、维护服务	基础类服务
	代办商务、票务服务	基础类服务
	中午就餐供应	基础类服务
	健身、保健服务	基础类服务
工商行政类服务	协助办理企业工商注册登记	一般性服务
	协助办理高新技术企业初审认证	一般性服务
	代理企业小秘书	一般性服务
技术类服务	四技服务	一般性服务
	科技项目基金申报	一般性服务
人力资源服务	培训	一般性服务
	代办企业人才招聘与交流	一般性服务
咨询类服务	法律、财务、税务咨询服务	一般性服务
其他	承办各类会议	一般性服务
	代办各类产品广告、装修业务	一般性服务
	企业信息库，项目信息库服务	一般性服务
	代办仓储、物流服务	一般性服务
	帮助企业疏通各种投融资渠道	一般性服务

资料来源：根据海泰孵化器提供的资料和调研情况整理，2012.

（三）调研企业对海泰孵化器提供的孵化服务的评价分析

1. 在孵初创期企业对孵化器提供的孵化服务的评价分析

课题组将根据实际调研访谈和问卷中搜集的数据，从在孵初创期企业对孵化器提供的孵化服务的感知情况出发，系统分析海泰孵化器创业孵化功能的发挥情况。

（1）基础服务。见表 6–17、图 6–9。

表 6–17　在孵初创期企业对孵化器提供的基础服务的感知情况

序号	公司名称	办公空间及设施		物业服务	
		是否享受	重要性（高、中、低）	是否享受	重要性
1	赛宁生物	是	中	是	中
2	乾宇超硬	是	中	是	中
3	烽火软件	是	中	是	中
4	天大天隆	是	中	是	中

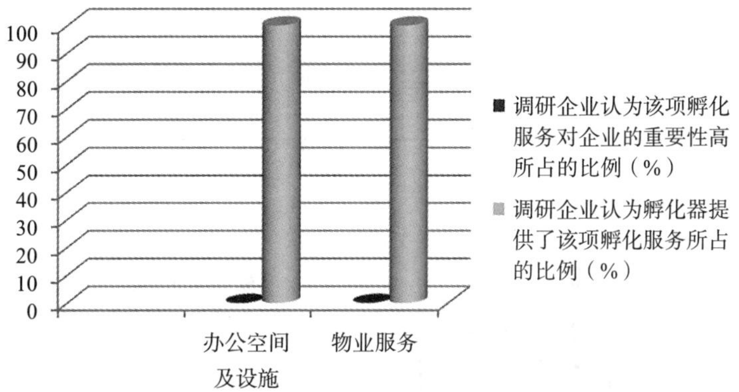

图 6–9　在孵初创企业对孵化器提供的基础服务的感知

（2）一般性服务。见表 6–18、图 6–10。

表 6-18　　在孵初创期企业对孵化器提供的一般性服务的感知情况

序号	公司名称	法律、财务、税务咨询		科研基金申请		人力资源服务		代理企业小秘书服务		技术转让		技术服务合同		技术开发与技术咨询		企业信息库		一般性投融资服务		公共检测平台		公共技术平台	
		是否享受	重要性	是否享受	重要性	是否享受	重要性	是否享受	重要性	是否享受	重要性	是否享受	重要性	是否享受	重要性	是否享受	重要性	是否享受	重要性	是否享受	重要性	是否享受	重要性
1	赛宁生物	否	高	是	高	否	高	否	低	否	低	否	高	否	高	是	低	否	高	否	低	否	低
2	乾宇超硬	否	高	否	高	否	高	否	低	否	高	否	中	否	高	否	高	否	高	否	低	否	低
3	烽火软件	否	中	否	高	否	中	否	高	否	中	否	中	否	中	否	中	否	中	否	高	否	中
4	天大天隆	否	中	否	高	否	中	否	中	否	中	否	中	否	中	否	中	否	中	否	中	否	中

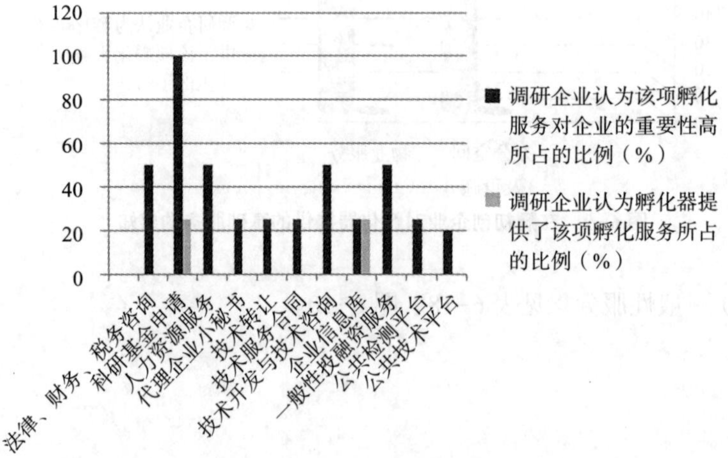

图 6-10　在孵初创期企业对孵化器提供的一般性服务的感知

（3）增值服务。见表 6-19、图 6-11。

表 6-19　　　在孵初创期企业对增值服务的感知情况

序号	公司名称	高端人力资源服务		公司战略		产业研究发展战略		产品设计咨询		融资策划		市场策划		企业电子商务平台		品牌策划	
		是否享受	重要性	是否享受	重要性	是否享受	重要性	是否享受	重要性	是否享受	重要性	是否享受	重要性	是否享受	重要性	是否享受	重要性
1	赛宁生物	否	高	否	中	否	中	否	中	否	中	否	中	否	中	否	中
2	乾宇超硬	否	低	否	低	否	低	否	低	否	高	否	高	否	高	否	低
3	烽火软件	否	低	否	低	否	低	否	低	否	高	否	低	否	低	否	低
4	天大天隆	否	高	否	中	否	中	否	高	否	高	否	高	否	中	否	低

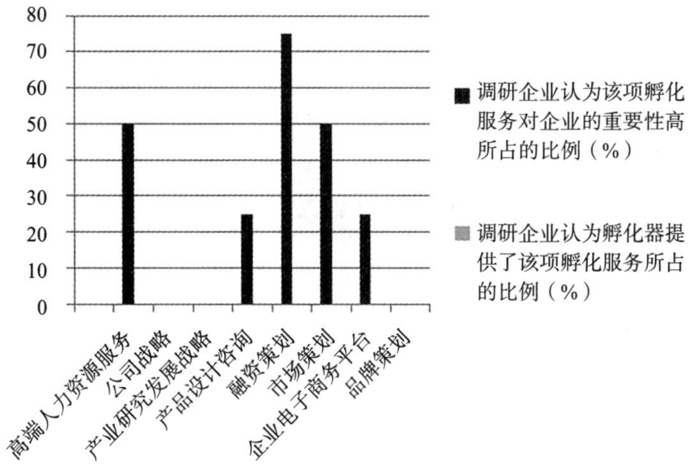

图 6-11　在孵初创期企业对孵化器提供的增值服务的感知

2. 在孵成长期企业对孵化器提供的孵化服务的评价分析

课题组将根据实际调研访谈和问卷中搜集的数据，从在孵成长期企业对孵化器提供的孵化服务的感知情况的视角出发，系统分析海泰孵化器创业孵化功能的发挥情况。

（1）基础服务。见表 6–20、图 6–12。

表 6–20　在孵成长期企业对孵化器提供的基础服务的感知

序号	公司名称	办公空间及设施		物业服务	
		是否享受	重要性	是否享受	重要性
1	零刻数据	否	中	否	中
2	蓝鲸高科	否	中	是	高
3	中科遥感	是	中	是	中
4	唐图科技	是	中	是	中
5	仁永动画	是	中	是	中
6	猛犸科技	是	中	是	中
7	天大求实	是	中	是	中
8	海诺科技	是	中	是	中

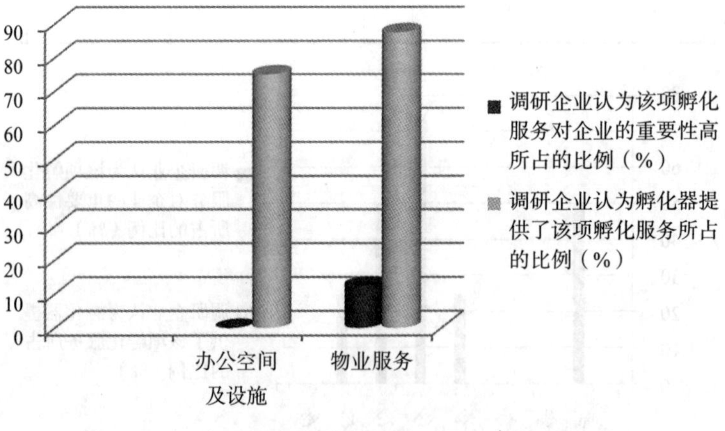

图 6–12　在孵成长期企业对孵化器提供的基础服务的感知

（2）一般性服务。见表 6-21、图 6-13。

表 6-21　在孵成长期企业对孵化器提供的一般性服务的感知

序号	公司名称	法律、财务、税务咨询		科研基金申请		人力资源服务		代理企业小秘书服务		技术转让		技术服务合同		技术开发与技术咨询		企业信息库		一般性投融资服务		公共检测平台		公共技术平台	
		是否享受	重要性	是否享受	重要性	是否享受	重要性	是否享受	重要性	是否享受	重要性	是否享受	重要性	是否享受	重要性	是否享受	重要性	是否享受	重要性	是否享受	重要性	是否享受	重要性
1	零刻数据	否	低	否	高	否	高	否	低	否	低	否	低	否	低	否	高	否	低	否	低	否	中
2	蓝鲸高科	是	高	是	高	是	中	否	中	否	中	否	中	否	中	是	高	否	中	是	高	否	中
3	中科遥感	否	中	是	高	是	中	否	高	否	中	否	中	否	高	是	中	否	中	是	中	否	中
4	唐图科技	否	中	是	高	是	高	否	低	否	中	否	中	否	中	否	中	是	高	是	中	否	高
5	仁永动画	否	低	是	高	否	低	否	低	否	低	否	低	否	低	否	低	是	中	否	低	否	中
6	猛犸科技	否	中	否	中	否	高	否	中	否	高	否	中	否	中	否	中	否	中	否	中	否	中
7	天大求实	否	中	否	高	否	中	否	中	否	高	否	高	否	高	否	中	否	低	是	高	否	低
8	海诺科技	否	高	否	低	是	中	否	低	否	低	否	低	否	低	否	低	是	高	否	低	否	低

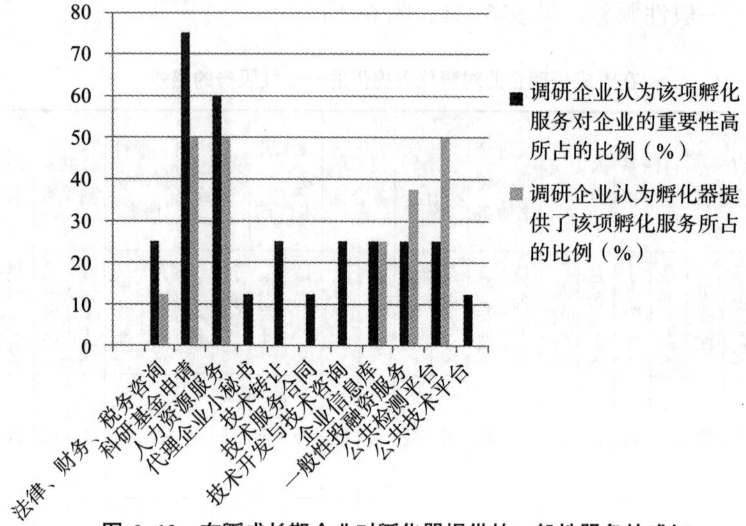

图 6-13　在孵成长期企业对孵化器提供的一般性服务的感知

（3）增值服务。见表 6-22、图 6-14。

表 6-22　在孵成长期企业对孵化器提供的增值服务的感知

序号	公司名称	高端人力资源服务		公司战略		产业研究发展战略		产品设计咨询		融资策划		市场策划		企业电子商务平台		品牌策划	
		是否享受	重要性	是否享受	重要性	是否享受	重要性	是否享受	重要性	是否享受	重要性	是否享受	重要性	是否享受	重要性	是否享受	重要性
1	零刻数据	否	高	否	低	否	高	否	低	否	低	否	高	否	低	否	低
2	蓝鲸高科	否	高	否	中	否	高	否	中	否	中	否	中	否	中	否	中
3	中科遥感	否	高	否	中	否	高	否	低	是	高	否	中	否	中	否	中
4	唐图科技	否	高	否	中	否	高	否	中	否	中	否	中	否	中	否	中

续表

序号	公司名称	高端人力资源服务		公司战略		产业研究发展战略		产品设计咨询		融资策划		市场策划		企业电子商务平台		品牌策划	
		是否享受	重要性	是否享受	重要性	是否享受	重要性	是否享受	重要性	是否享受	重要性	是否享受	重要性	是否享受	重要性	是否享受	重要性
5	仁永动画	否	中	否	低	否	高	否	低	否	中	否	高	否	低	否	低
6	猛犸科技	否	中	否	中	否	中	否	中	否	中	否	中	否	中	否	中
7	天大求实	否	高	否	低	否	低	否	低	否	低	否	中	否	中	否	中
8	海诺科技	否	高	否	高	否	高	否	高	否	中	否	低	否	低	否	中

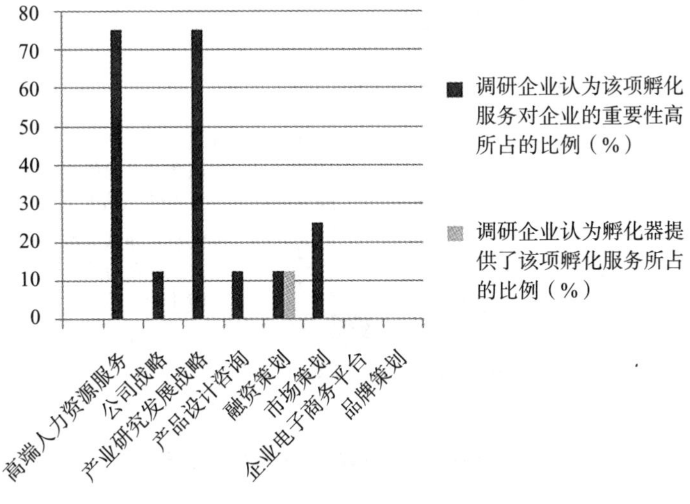

图 6-14　在孵成长期企业对孵化器提供的增值类服务的感知

3. 招商引进类企业对孵化器提供的孵化服务的评价分析

（1）基础服务。见表 6-23、图 6-15。

表 6-23　招商引进类企业对孵化器提供的基础性服务的感知

序号	公司名称	办公空间及设施		物业服务	
		是否享受	重要性	是否享受	重要性
1	鹏翔	否		是	
2	软件测评中心	否		是	
3	怡美医疗器械	是	高	是	中
4	兆民云计算	是		是	
5	和杰医疗器械	是	中	是	高
6	尼科励迪	是		是	
7	中亚医疗仪器	是	中	是	中
8	兴达汽车模具	是		是	中
9	封优特	是	中	是	中
10	施耐德医疗设备	是		是	中
11	博朗科技	是	中	是	中
12	瀛江香精香料	是	高	是	中
13	美德太平洋	是	中	是	中

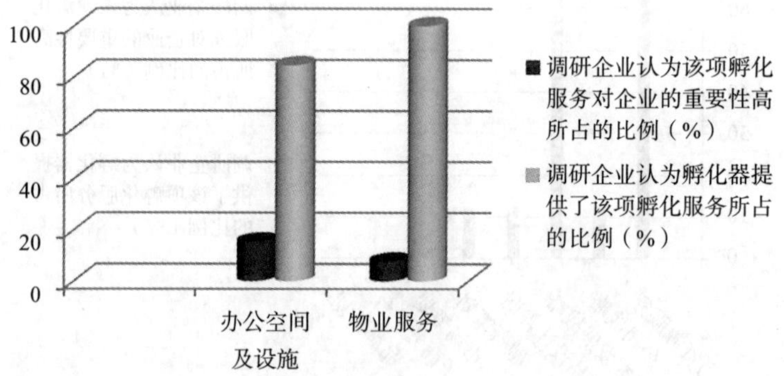

图 6-15　招商引进类企业对孵化器提供的基础服务的感知

（2）一般性服务。见表 6-24、图 6-16。

表 6-24　　招商引进类企业对孵化器提供的一般性服务的感知

序号	公司名称	法律、财务、税务咨询		科研基金申请		人力资源服务		代理企业小秘书服务		技术转让		技术服务合同		技术开发与技术咨询		企业信息库		一般性投融资服务		公共检测平台		公共技术平台	
		是否享受	重要性	是否享受	重要性	是否享受	重要性	是否享受	重要性	是否享受	重要性	是否享受	重要性	是否享受	重要性	是否享受	重要性	是否享受	重要性	是否享受	重要性	是否享受	重要性
1	鹏翔	否	低	是	高	否	低	否	低	否	低	否	低	否	低	否	低	否	低	否	低	否	低
2	软件测评中心	否	低	否	低	否	低	否	低	否	低	否	低	否	低	否	低	否	低	否	低	否	低
3	怡美医疗器械	否	高	是	高	否	中	否	中	否	高	否	中	否	中	否	中	否	高	否	高	否	高
4	兆民云计算	否	高	否	高	否	低	否	低	否	低	否	低	否	低	否	低	否	低	否	低	否	低
5	和杰医疗器械	否	低	否	低	否	高	否	低	否	低	否	低	否	高	否	中	否	低	否	高	否	高
6	尼科励迪	否	中	否	低	否	高	否	低	否	低	否	低	否	低	否	低	否	低	否	低	否	低
7	中亚医疗仪器	否	中	是	高	否	中	否	中	否	中	否	中	否	中	否	高	否	中	否	中	否	中

续表

序号	公司名称	法律、财务、税务咨询		科研基金申请		人力资源服务		代理企业小秘书服务		技术转让		技术服务合同		技术开发与技术咨询		企业信息库		一般性投融资服务		公共检测平台		公共技术平台	
		是否享受	重要性	是否享受	重要性	是否享受	重要性	是否享受	重要性	是否享受	重要性	是否享受	重要性	是否享受	重要性	是否享受	重要性	是否享受	重要性	是否享受	重要性	是否享受	重要性
8	兴达汽车模具	否	低	否	低	否	低	否	低	否	低	否	低	否	低	否	低	否	低	否	低	否	低
9	封优特	否	中	否	高	否	中	否	低	否	低	否	中	否	中	否	低	否	高	否	中	否	中
10	耐德医疗设备	否	低	是	高	否	低	否	低	否	低	否	低	否	低	否	低	是	高	否	低	否	低
11	博朗科技	是	中	是	中	否	中	否	中	否	中	否	中	否	中	否	中	否	中	否	中	否	中
12	瀛江香精香料	否	中	否	低	否	高	否	低	否	中	否	低	否	低	否	中	否	低	否	低	否	低
13	美德太平洋	否	中	是	高	否	中	是	中	否	中	否	中	否	高	否	中	否	高	否	高	否	高

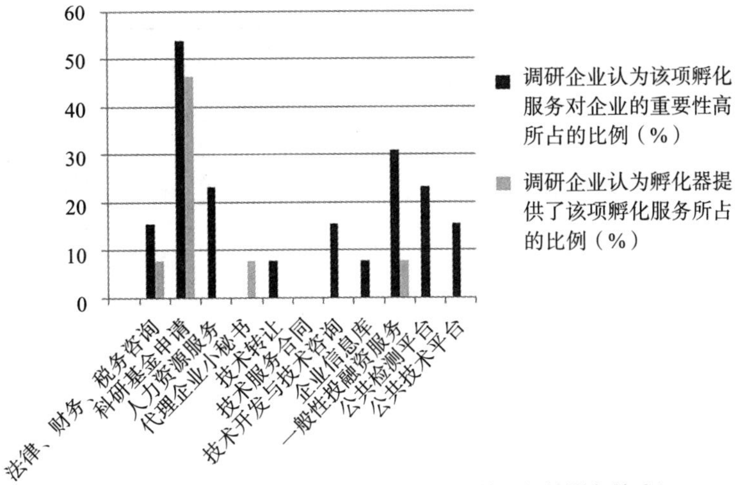

图 6-16　招商引进类企业对孵化器提供的一般性服务的感知

（3）增值服务。见表 6-25、图 6-17。

表 6-25　　招商引进类企业对孵化器提供的增值服务的感知

序号	公司名称	高端人力资源服务		公司战略		产业研究发展战略		产品设计咨询		融资策划		市场策划		企业电子商务平台		品牌策划	
		是否享受	重要性	是否享受	重要性	是否享受	重要性	是否享受	重要性	是否享受	重要性	是否享受	重要性	是否享受	重要性	是否享受	重要性
1	鹏翔	否	低	否	低	否	低	否	低	否	低	否	低	否	低	否	低
2	软件测评中心	否	高	否	高	否	高	否	高	否	高	否	高	否	高	否	高
3	怡美医疗器械	否	高	否	中	否	中	否	中	否	高	否	高	否	高	否	中

续表

序号	公司名称	高端人力资源服务		公司战略		产业研究发展战略		产品设计咨询		融资策划		市场策划		企业电子商务平台		品牌策划	
		是否享受	重要性	是否享受	重要性	是否享受	重要性	是否享受	重要性	是否享受	重要性	是否享受	重要性	是否享受	重要性	是否享受	重要性
4	兆民云计算	否	低	否	低	否	高	否	低	否	低	否	高	否	低	否	高
5	和杰医疗器械	否	高	否	高	否	高	否	高	否	中	否	低	否	低	否	中
6	尼科励迪	否	中	否	低	否	低	否	低	否	低	否	低	否	中	否	低
7	中亚医疗仪器	否	低	否	低	否	低	否	低	否	低	否	低	否	低	否	低
8	兴达汽车模具	否	中	否	中	否	中	否	中	否	中	否	中	否	中	否	中
9	封优特	否	高	否	中	否	中	否	中	否	高	否	中	否	中	否	低
10	施耐德医疗设备	否	低	否	低	否	低	否	低	否	低	否	低	否	低	否	中

续表

序号	公司名称	高端人力资源服务		公司战略		产业研究发展战略		产品设计咨询		融资策划		市场策划		企业电子商务平台		品牌策划	
		是否享受	重要性	是否享受	重要性	是否享受	重要性	是否享受	重要性	是否享受	重要性	是否享受	重要性	是否享受	重要性	是否享受	重要性
11	天津博朗	否	高	否	高	否	中	否	高	否	中	否	中	否	中	否	中
12	瀛江香精香料	否	中	否	中	否	中	否	中	是	中	否	中	否	中	否	中
13	美德太平洋	否	高	否	中	否	高	否	中	否	高	否	中	否	中	否	高

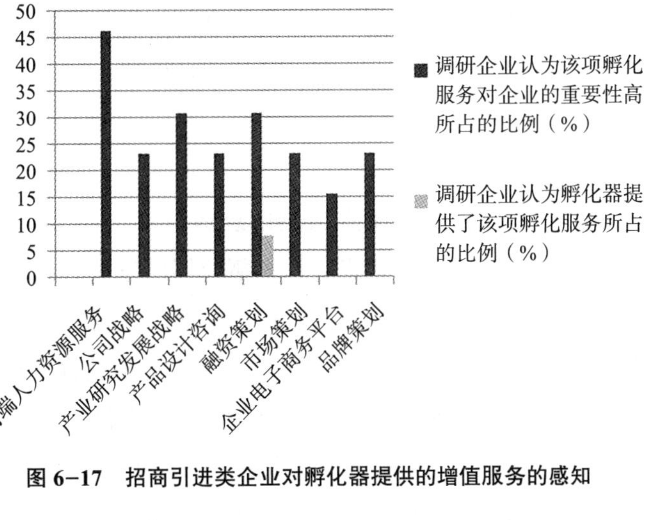

图 6-17　招商引进类企业对孵化器提供的增值服务的感知

（三）对海泰孵化器孵化模式及其功能作用的基本判断

通过对海泰孵化器的历史演变及其功能作用的分析，作者对海泰孵化模式作出以下基本判断：

（1）海泰服务于滨海高新区产业的发展，其“三级孵化”模式符合高新区和海泰孵化器发展的实际，为滨海新区和天津的经济发展和产业结构调整作出了应有贡献。

从海泰孵化器成立之日起，就不仅具有创业孵化功能，而且具有加速企业成长和招商引资的功能。海泰孵化器三个功能的发挥，不仅推动了高新区产业的发展，而且带动了新区的产业结构调整和升级。尤其是自2007年以来，海泰孵化器在招商引资功能上的特殊作用，加速了高新区产业升级和发展的步伐。

（2）随着海泰孵化器基础服务和一般服务功能的完善，无论从招商引资还是企业孵化看，海泰孵化器都已经成为高新区产业集群形成和发展过程中的吸附器。例如，在软件和手机游戏等领域，海泰孵化器的公共技术和服务平台，成为吸引创业和产业资源集聚的重要平台。

（3）由于近年来的快速发展，尤其是科技型中小企业发展速度的加快，海泰孵化器发展已经严重滞后于企业和产业发展的实际。其中的重要表现是孵化器所提供的服务与企业发展的实际需求存在着严重的不对称性，尤其是对于一般性和增值性服务而言。如何提高一般性服务的水平和增加增值性服务的内容，对海泰孵化模式既是挑战更是机遇。

六、对策建议

（一）海泰孵化器孵化模式创新发展的思路

从发展的实际和未来趋势出发，海泰孵化器的发展思路为：服务于滨海新区开发开放和高新区产业发展，坚持和发展“三级孵化”理念，扩大孵化的对象和功能服务范围，实现有重点强调企业孵化向“企业＋产业”孵化的转变，建立以集聚创新资源和构建创新环境为目标的综合孵化、以集聚产业资源和建设产业服务平台为目标的专业孵化、以引智创业和创业服务为目标的创意孵化为一体的新“三级孵化”体系。

根据新的“三级孵化”体系建设的发展思路，海泰孵化器的功能不仅表现在创业孵化上，而且表现在加速企业成长、产业聚集和发展和创新资源集聚等方面。

1. 创业孵化：引智创业和促进科技成果的转化

通过引智创业促进科技创新和加速科技成果产业化，是科技孵化器的基本功能。海泰孵化器将在系统总结10年在创业孵化上取得的成功经验，通过建立和完善基础服务、一般服务和增值服务功能，有效地促进科技成果的产业化。

2. 加速企业成长：建立科技型中小企业服务体系

科技型中小企业的发展不仅能够提供就业，而且能够推动新兴产业的发展和传统产业的高端化。加快科技型中小企业的增长，是海泰孵化器的基本职能之一。与创新孵化相区别，加速企业成长功能集中表现为科技型中小企业提供公共研发支持、公共服务支持、组织战略咨询和上市支持，加快企业的成长和发展。

3. 促进产业集聚和发展：推动产业结构的优化和升级

海泰孵化的在孵企业的主体是高科技企业，他们的快速成长和发展是滨海新区产业结构调整和优化升级的主要推动者。在海泰孵化器的发展过程中，在孵企业与现有产业之间存在着很高的技术联系，常常是现有产业集群的重要组成部分，在孵企业的技术创新和转移能力是加速现有产业的技术升级和发展。海泰孵化器可以利用自身的孵化和服务能力，促进产业集群的形成、创新和技术能力的提升，加速产业集聚过程，推动产业结构的优化和升级。

4. 聚集创新资源：构建创新创业环境

经过多年的发展，海泰孵化器已经拥有一系列公共创新和服务平台、成熟的政策支持体系，可以发展为创新资源聚集的载体和平台，加快创新资源向高新区的聚集。目前，海泰孵化器的创新创业环境，尤其是微环境建设已经成为高新区创新创业政策环境的重要组成部分。从当前科技创新资源集聚的条件和趋势出发，把握科技资源集聚内在规律，把海泰孵化器建设成为高新区吸引创新创业资源最为优越的窗口和平台。

5. 企业和产业组织：实现企业和产业网络的协同发展

目前海泰孵化器已经聚集了近2000家企业拥有比较健全的公共服务体系。利用现有的优势，海泰孵化器将通过建立有效组织企业和产业的网络组织，实现企业和产业之间的协同联动，促进区域内的创新创业氛围和效率。

尤其是在战略性新兴产业的发展过程中，通过不同产业之间企业之间的联系和互动，往往可以推动新兴产业的快速启动和发展。目前高新区已经形成了包括动力电池、生物医药、物联网和数字内容在内的新兴产业。在海泰孵化器的未来发展中，要加快企业之间网络组织的建设，推动新兴产业的联运效应和渗透效应，加快新兴产业的启动和发展。

（二）创新发展的主要途径

根据新的发展思路，海泰孵化模式创新发展的途径是建立包括综合性孵化器、专业型孵化器和创意型孵化器在内的"三级孵化"模式和体系。海泰孵化模式创新发展的途径主要包括：

1. 完善和发展综合孵化功能，建立能够吸附和集聚创新资源，创新创业环境一流的综合型孵化器

作为滨海高新区的重要组成部分，综合孵化功能是海泰"三级孵化"模式的重要内容。海泰的综合孵化功能主要是提供基础服务和一般服务，着重于科技型中小企业的引进、创业孵化和加速成长所需要的服务功能。

为了实现综合孵化功能作用的发挥，海泰孵化器要加快以下四个方面的建设和完善：

（1）建立覆盖滨海高新区的科技型中小企业服务网络体系。海泰孵化器在孵企业是高新区科技型中小企业的主体，是产业结构调整和发展的主要推动者。高新区应当依托海泰孵化器建设能够服务和覆盖整个新区范围的科技型中小企业服务网络体系。在服务网络体系中，科技型中小企业能力链接到所有能够促进其快速成长和发展的服务资源。

（2）完善基础服务功能。海泰孵化器包括办公场地和物业在内的基础性服务，是科技型中小企业引进的重要依托。从高新区和天津发展的实际出发，海泰孵化器继续抓好基础服务功能体系的建设，吸引科技创新资源和产业资源的进驻。

（3）建立与大学和科研院所密切联系的虚拟服务平台。在创业孵化和科技型中小企业的发展中，包括大学和科研院所在内的创新资源对企业的

发展起着至关重要的作用。海泰孵化器应当充分利用邻近天津第一、第二高教区的优势，积极搭建“产学研”相结合的虚拟服务平台，加快科技资源的引进和为创业企业和科技型中小企业服务的水平。

（4）加强科技投融资体系建设。无论是海泰孵化器内的在孵企业还是科技型中小企业，比一般的企业都更需要资金支持。发展中与风险投资机构、银行、基金公司等合作，加强资金网络的建设，拓宽资金渠道、加强投资灵活性、加大投资力量，促进在孵企业成长与发展，是海泰孵化器综合孵化功能建设的重要内容。

2. 针对产业发展特色，加快发展产业集聚、品牌影响力显著的专业型孵化器

大力发展专业型孵化器是海泰孵化模式创新发展的重要方向和内容。在高新区的未来发展中，专业型孵化器的主要功能是加速产业集群，推动产业集群的出现，促进产业竞争力和创新能力的提升。

（1）紧紧围绕着高新区产业集聚水平的提升，加快构建产业公共技术和研发服务平台。产业公共技术和研发服务平台建设，是专业型孵化器发展的基础和前提。与传统产业的发展不同，在高科技产业的发展过程中，面临着许多公共技术研发问题。公共技术和研发平台的建设不仅能够推进产业技术的发展，而且能够形成其他地区的竞争者无法获得的当地要素，是产业集群形成和发展的重要依托。针对高新区重点发展的产业，海泰孵化器加快建设包括生物医药、动力电池、物联网和数字内容在内的新兴产业公共技术和研发服务平台建设。

（2）依托现有产业规模和竞争优势，打造区域产业品牌，扩大产业集群的影响力。在高新科技产业的发展过程中，依托产业现有的规模和竞争优势，打造区域产业品牌是扩大产业集群影响力和竞争力的重要途径。从高新区现有的产业看，与海泰孵化器相关的区域产业集群包括安监产品、手机游戏、干细胞技术、动力电池等。以海泰孵化器为依托，打造包括安监产品、手机游戏和动力电池等在内的区域产业品牌，有助于吸引优势资源推动产业的发展。

3. 实现资本与增值服务的有机结合，创建引领孵化器发展的创意型孵化器

从当前中国科技孵化器发展的趋势看，以创意工厂为代表的创意型孵化器代表了孵化器发展的前沿。与传统孵化器不同，创意孵化器的基本特征表现在两个方面：一是创意孵化提供的孵化服务主要是增值型服务，其中提供企业家服务是创意服务器最重要的功能；二是强调对创业者的直接投资，创业者常常仅仅凭借商业计划书就可以进入孵化器进行创业孵化。因而，风险资本与增值服务的一体化，是创意型孵化器的本质特征。

从目前的实际看，在创意型孵化器的发展过程中，海泰孵化器要从三个方面整合资源，以确保创意孵化器的成功。

（1）与企业家资源相结合，是创意孵化器提供创意孵化服务的前提。

（2）从当前孵化器发展的成功经验看，创意型孵化器成立的前提是企业家职能的专业化。创意孵化器的主要经营者大都是成功的企业家，他们与现有产业资源的结合，为创意孵化提供了最为稀缺的企业家才能。

（3）依托企业家资源与风险投资建立协作，是创意型孵化器建立的基础。

在创意孵化器的发展过程中，企业家才能的专业化仅仅是问题的一个方面，还要与风险资本相结合，才能最终发挥创意孵化功能。依托海泰集团的融资能力，海泰孵化器可以通过与其他风险资本的结合，创建与创意孵化相适应的风险投资基金，为创意孵化提供资金支持。

第七章

公共科研机构的知识溢出*

公共科研机构是国家创新体系的重要组成部分。作为知识的生产者和转化者，公共科研机构通过包括合作研发和衍生创业在内的多种渠道实现知识溢出。通过对国家科研机构的案例分析，本章系统考察了公共科研机构知识溢出途径和方式。研究结果表明，受体制和机制约束，在公共科研机构的多种知识溢出渠道中，合同研发是主要渠道，而衍生创业只是次要的渠道。如何通过体制和机制改革，推动公共科研机构进行更加有效的知识溢出，是实施创新驱动战略的重要支撑。

第一节　知识生产的投入和溢出

一、引言

随着经济的发展和科技的进步，知识对于经济发展的作用不断增强，知识的创造和应用逐渐成为拉动经济进步的重要引擎。20 世纪 70 年代以来，以美国为代表的发达国家经济新一轮转型过程中，以知识创造及其商

* 本章以国家级准公共科研院所为对象，在关于知识溢出现象调研报告的基础上完成。本章作者侯钥。

业化为导向的创新逐渐替代了单纯的生产活动成为经济活动的主导，进入以知识为基础的创新经济时代[①]。创新经济极大地加快了发达国家经济的发展速度，使其在极短的时间内创造出过去几十年创造的财富，迅速提高了这些国家的经济实力和人民生活水平。

改革开放 30 多年来，中国经济成功实现了从计划经济到市场经济的第一次经济转型。市场成为资源配置的主要手段，中国经济的发展在这 30 多年中取得了举世瞩目的成就。在第一次经济转型过程中，中国的经济发展以生产为导向，形成了以加工制造为主导的制造经济。尽管中国经济展现出了让世界震惊的增长速度与活力，但随着经济的进一步发展，在资源与环境的约束下，制造经济面临着诸多困境。中国企业自主创新能力的缺乏是问题的症结所在，增强企业创新能力，实现由制造经济到创新经济的第二次转型，是中国经济发展的必由之路。

知识是创新的源泉，随着知识经济时代的到来，知识溢出对于经济发展的影响越来越明显。例如，对产业集群的研究中发现，集群内部在技术和知识方面的有意和无意的扩散和转移，是产业集群技术升级和加速新技术推广应用的重要渠道。全球闻名的创新型经济集聚区，例如，美国的硅谷、128 号公路地区、北卡三角地区和“第三意大利”，依赖知识的快速流动和知识溢出，实现了技术进步和区域经济的快速发展。

在经济全球化背景下，在发达国家和后发国家之间，技术溢出的重要渠道是跨国公司的直接投资。对于后发国家而言，FDI 带来的不仅是资金和就业机会，而且带来了先进的技术和管理方式。随着后发国家的技术进步，如何通过创新体系的构建，通过大学和科研院所的知识创造和产业化推动国家或区域产业升级和经济发展，是从制造经济走向创新经济的关键。

大学和公共科研机构是生产知识的工厂，大量的学术基础知识和应用型知识在这里被创造出来。新知识通过各种渠道向产业部门溢出，例如，

① Audrestch , D.B. and A.R. Thurik，Capitalism and democracy in the 21st century：from the managed to the entrepreneurial economy , Journal of Evolutionary Economics，2000，10（1）：17–34.

学术著作的出版，在学术期刊发表的论文和研究报告，为企业提供咨询，公开学术会议，非正式交流，科技人员的创业，专利转让和合作研发，直接或间接地带来新产品的研发、生产方式和生产流程的改进。作为国家和区域创新体系的重要组成部分，大学和公共科研机构的知识溢出对一国或区域技术进步和经济发展的影响越来越重要。

对知识溢出的研究，目前学术界主要聚焦于关于知识溢出的机制与测度、公共研究体系对区域发展的作用、产业集群知识溢出效应以及FDI带来的技术外溢效应分析。对于包括大学和公立性质的科研院所在内的公共科研体系是知识溢出研究，则缺乏深入而全面的分析。

为了对中国公共科研机构的知识溢出的实际做出较为深入的分析，本章选择一家在电池产业界影响广泛的公共科研机构展开研究[①]，通过对典型案例分析公共科研院所知识外溢的渠道和分析，对不同渠道知识外溢效果进行评价。

二、近期的讨论

（一）知识溢出的机制和渠道

1. 知识溢出

在经济学文献中，最早对知识创造和积累的经济学意义作出阐释的是著名经济学家阿罗（Arrow，1962）。Mac. Dougall（1960）在探讨东道国接受外商直接投资FDI的社会效益时，第一次提出知识溢出效应是FDI过程中的重要现象。[②] Stiglitz（1969）给出了知识溢出的定义，即在创

① 公共科研机构是指由国家或部门根据经济社会发展需要设立和资助的各类科研工作单位，包括国家设立的科学院、研究中心、中央或地方政府部门所属的科学院、研究中心、中央或地方政府部门所属的科研院所、实验室等参见赵红专，翟立新，李强．公共科研机构绩效评价的指标与方法[J]. 科学学研究，2006（2）。作为本章研究案例的公共科研机构主要指隶属国资委管理和在某一产业具有广泛影响力的公共科研机构。

② Mac Dougall.GDA，the benefits and costs of private investment from abroad：a theory approach，Economic Record，1960.

新模仿和创新之间的成本收益比较。[①] Romer（1986，1990）则指出，溢出技术知识的非竞争性和部分排他性特征是知识溢出发生的根本原因，从而将知识作为独立要素引入生产函数，建立了知识溢出的内生增长模型。[②] Kokko（1992）把知识溢出定义为本地企业获得外商企业所拥有的知识但却未经外商企业的正式转让而产生的经济现象。

对知识溢出，存在多种分类方式。一般而言，学术界把知识溢出划分为二种。第一种把知识溢出划分为显性知识溢出和隐性知识溢出。这种划分是基于把知识可以划分为显性知识和隐性知识的通常做法。Polyni（1966）最早按照可编码程度将知识分为显性知识和隐性知识。显性知识是指知识被用语言、文字、图形等工具表达出来，这种知识方便保存和处理，也易于传播，同时具有容易被模仿的特征。隐性知识则指没有进行编码化，没有使用语言等工具表述的知识。Krogh and Roos（1996）认为区分显性知识和隐性知识的标准是知识是否能够编码，即是否能以正式而系统的语言进行表达传输。通过公开出版物、专利转让等方式进行的知识溢出属于显性知识溢出。而同行业工作人员的私下交流、员工通过“干中学”获得隐性知识后的跳槽行为通常被看作是隐性知识溢出。

第二种分类是 Verspagen 的分类方法，即将知识溢出划分两种：租金溢出和纯知识溢出，租金溢出是指在具有创新知识含量的新产品商业化过程中，价格未能完全反映知识创新带来质量提高的情形。当高知识含量的商品作为其他企业生产过程的投入时，后者将从溢出中得到产品创新者没有获得的部分收益。由于着眼于商业化带来的收益，知识所有者大都能接受这种类型的知识溢出。第二种是纯知识溢出，主要是指由客观原因而引发的自有知识被其他企业模仿和挪用，如研发人员的流动、自我保密措施不健全、交流活动中的不自觉外溢、知识本身的可流动性、合作中的传播等。[③]

① Stiglitz J E. An new view of the technological change，Economic Journal，1969，79：116-131.

② 赵勇，白永秀．知识溢出：一个文献综述 [J]. 经济研究，2009（1）.

③ 邹樵，吴丁佳宝，姜杰．共性技术扩散的网络与外溢效应 [J]. 管理世界，2011（1）.

2. 知识溢出机制

阿罗（Arrow，1962）最早对知识“溢出效应”促进经济增长的机制作出经济学解释，即新投资的外部性和干中学理论（learning by doing）。他从普通的劳动与资本的科布—道格拉斯常规模型收益生产函数，推导出一个规模收益递增的生产函数。在模型中，他指出员工通过学习而获得知识，而学习是在工作中进行的，是对劳动经验的总结，最终将诱发技术进步。行业内其他企业通过聘用领先企业的熟练员工和通过“干中学”获得领先企业的先进技术。因为后发企业没有付出足够的创新成本，这种行为属于知识外溢。为构建一种知识溢出模型，Aghion and Howott（1992）发展了 Asprenxmt and Jacquemin 的 R&D 模型，在考察企业研发战略行为时，认为当某个行业具有较高的知识溢出水平时，企业合作的动机更强，同时更希望投资于研发。①

围绕创新和技术进步的知识外溢研究中，大都以企业为研究对象采用 Griliches-Jaffe 知识生产函数展开研究。在 Giliches-Jaffe 的知识生产函数中，企业创新活动投入是新知识，创新产出是创新投入的函数。新知识不仅能够促进企业生产出具有排他性的产品，而且能够对其他企业的创新带来溢出效应。新的技术创新同样会带来知识溢出，从而出现企业间连续的知识溢出，从而带来创新收益的报酬递增。②

Kokko 认为，知识溢出主要通过三种途径实现：（1）本地供应商在与外商企业合作的过程中，获得关于存货控制、质量控制等方面的知识；（2）外商企业培训的员工跳槽到本地企业就职，使得外商企业的组织、生产、市场等方面的知识被本地企业获得；（3）外商企业依靠先进的技术和管理方式，对行业内的企业产生示范效应。

Almeida and Kogut 将人才的流动看作知识溢出，尤其是隐性知识溢出的主要途径。知识人才在一定空间流动，并在流动过程中与周围人群进行交流。一方面在交流过程中加速催生新知识，另一方面又加快了知识在

---

① Aghinon，P. Howott，P. Endogenous Growth Theory [M]. MIT Press，1998.

② 赵勇，白永秀 . 知识溢出：一个文献综述 [J]. 经济研究，2009（1）.

不同群体之间的传播，使知识从一个组织外溢到另外一个组织。特别是在产业聚集区域或城市中，知识人才可以在不同企业和区域间快速流动，促进了知识在不同群体和区域之间的传播扩散，进而带来技术进步速度的加快。

诸多学者的研究表明，大学与企业通过共建实验室、合作研发、技术转让等方式进行的知识转移过程中伴随着显性与隐性知识的外溢。一般而言，几乎所有的产学研之间的交流和研发合作都可能为知识溢出创造了条件。公司技术人员、大学研究人员以及企业家通过咨询、合作研发、非正式交流或正式的学术研讨会等方式交换异质知识，实现技术知识的溢出或扩散。

Bacchiocchi 和 Montobbio 将专利引用看作是知识外溢的一个较容易测度的形式。他评估了六个国家的知识从大学、公共实验室和企业专利扩散和衰退的过程。发现大学和公共研究机构的专利相比公司专利被更多引用，大学和科研机构专利比公司专利被引用的程度高出 21%。对大学和公共科研机构的专利而言，衰退率同样相对高，表现出溢出和衰退同样快的局面。

在近期的研究中，一种普遍的观点认为，创业是知识溢出的重要机制和渠道。因为以知识创造和商业化为导向的创业能够有效促进知识的产业化，加速知识溢出过程。Acs（2003），Varga 和 Schalk（2004），Acs 和 Plummer（2005）对创业带动的知识溢出进行了实证分析。其中，企业聚集区和产业集群是创业带动知识溢出的重点区域。因为，企业家在产业聚集区的创业能够获得大量隐性知识的支持，同时拥有创意或专利的企业家创立企业的过程中与不同群体之间发生广泛的互动和交流。知识，尤其默示性知识是在沟通交流以及合作过程中得到传递和扩散，从而实现企业间的溢出。以知识创造及其商业化为导向的创业活动表现为三种类型：（1）公司创业，即公司成立新企业把开发出的新知识和产品进行商业化；（2）创业者基于在原公司工作中积累的经验性知识，独立创业成立新公司；（3）大学或科研机构研究人员创建新企业，对在大学实验室中的研究结果进行商业化。

（二）公立科研机构的知识溢出

1. 公共科研机构概况

公共科研机构知识外溢的过程往往伴随着机构职能的实现和科研经费的流入。因而，我们可以通过分析公共研究机构的职能和经费来源判断知识外溢的渠道。美、德、法、英、日、中公共科研机构经费来源及世界著名公共科研机构相关信息分别见表 7-1、表 7-2。

表 7-1　　六国公共科研机构的 R&D 经费来源构成

	政府	企业	其他
美国	100	0	0
德国	95.5	3.4	1.1
法国	89.8	5.7	4.5
英国	82.4	10.7	6.9
日本	99.4	0.5	0.1
中国	74.0	24.0	2.0

资料来源：许为民，杨少飞．发达国家及我国公共科研机构体制的对比研究 [J]. 实验技术与管理，2005（1）.

表 7-2　　世界著名公共科研机构相关信息

机构名称（及所属部门）	成立时间	经费	职能	研究内容
美国公共卫生研究院（美国卫生与公共服务部）	1887	是世界上经费最多的医学研究机构，经费来自政府预算，1997 年的预算为 127 亿美元	在自己的实验室从事研究；资助国内外科学家在大学、医学院、医院和其他研究机构的研究；致力于研究人员的培训和促进生物医学信息的交流	十分广泛，一般从伤风感冒到遗传工程无不涉及。目前主要从事艾滋病、恶性纤维增生症、心脏病、癌症、骨质疏松症等疾病的研究工作
美国布鲁克（海文国家实验室）	1947	1996 年财政预算为 4.09 亿美元	在物理化学、生物医学、环境科学、能源技术方面从事基础研究与应用研究；进行各层次的科学教育和技术转移工作	主要计划包括高能物理、核物理以及基础能源科学等方面的内容

续表

机构名称（及所属部门）	成立时间	经费	职能	研究内容
赫尔曼·冯·赫尔姆霍尔茨德国研究中心联合会（国家科研机构）		基本经费的90%由联邦政府提供，10%来自所在州政府	根据国家的科技政策和战略目标，从事与国家未来科技与经济发展密切相关的、大规模的或需跨学科、跨机构的基础研究、预防性研究及高技术研究开发	主要为物理学、化学、生物学、医学、地学、环境、能源、生物技术、宇航等领域
法国国家科学研究中心（法国国民教育研究与技术部）	1939	绝大部分来自政府预算拨款，1993年为123亿法郎，占政府研究与发展经费的13.7%	1）评价、从事或组织所有体现科学进步及国家经济、社会和文化发展之利益的研究；2）探索和分析国内外科学形势和发展趋势，参与国家科技政策制定工作；3）努力促进研究成果的推广和应用以及传播科技信息；4）通过研究工作培养科技人才	主要从事几乎涉及自然科学和社会科学所有科学的基础研究
理化研究所（日本科技厅）	1917	1994财年总经费287.12亿日元，其中90.9%(260.99亿日元)来自政府的拨款和补助金，8.6%（24.74亿日元）来自委托研究和专利收入，0.5%(11.39亿日元）来自民间部门	主要进行先导性、探索性、独创性的基础研究	核物理、固体物理、应用物理、基础工程技术、无机化学、有机化学、生物化学、微生物学、生命科学、分子神经生物学、基因技术、光动力学仿生控制等

资料来源：Stiglitz J E. An new view of the technological change，Economic Journal，1969，79：116-131.

2. 公共科研机构的知识溢出渠道

Wesley M. Cohen，Richard R. Nelson 和 John P. Walsh 使用卡内基梅隆大学关于产业研发的研究数据来评估公共研发对产业研发的影响、公共科研在产业研发中扮演的角色以及发挥作用的途径。卡内基梅隆大学的研究评估了从大学和公共科研机构转移到产业研发部门的信息的价值，要求被调查者填写一份四点李克特量表来反映10个可能的信息来源（包括高校科研实验室或政府研发机构）对最近完成的主要研发项目的重要性。

这10个可能的信息来源分别是：专利、非正式信息交流、出版物及研究报告、公开会议、新招收的毕业生、执照、合资或合作企业、合同研究、咨询和临时人员往来。卡内基梅隆大学的数据显示出版 / 报告是主要的渠道，有41%的受访者至少做出了比较重要的评价。非正式的信息交换，公众集会或会议，咨询排在其后，大约为31%到36%。17%到21%的反馈者表示最近雇用毕业生、联合和合作经营、专利这些通道至少是比较重要的。排在最后的是执照和人才交流，低于10%。

Cohen，Nelson和Walsh在《公共科研对产业研发的影响》一文中指出：①知识流动最重要的渠道是科学知识的公开（出版物、公开学术会议等），其次是非正式交流与咨询。有意思的是，它们都属于分散性的，与正式制度之间不存在典型性联系。除咨询之外，其他渠道同样不是通过市场完成的；②可能的初步假设是，大学和科研机构与产业之间的联系和合作可以促进企业对科研成果的应用。尽管产学合作的影响没有表现出与前面几种渠道显现的那么强，但是在某些产业，产学合作非常重要。例如，在包括玻璃、钢结构、电视、电台、航空航天和钢铁在内的产业领域，产学研合同研发是更重要的渠道；③咨询无论对研发密集和相对不那么密集的产业来说，都显得非常重要的；④对新雇佣的应届生评价较低，与行业类型有关。[①]

国内学术界对知识溢出现象同样作出了系统研究。司春林（1995）认为，在没有知识产权保护的情况下，一项技术创新被广泛使用，就叫技术溢出。尹静和平新乔（2006）的研究表明，知识溢出现象是指部门（企业、地区或行业）进行研究开发活动获取的新知识会通过各种渠道（如人员流动或有形产品信息）溢出到别的部门，但本部门却不能为此收取任何报酬；另外，该部门也会得到来自其他部门的技术溢出，降低研究开发成本。李青（2007）则通过回顾知识溢出的相关文献，认为知识能够通过学习传播

① Wesley M. Cohen，Richard R. Nelson，John P. Walsh，Management Science，2002（1）.

到其他企业和个人，从而得以复制、共享和转移。[①]

郑健壮和吴晓波（2004）指出了外部知识转移到集聚内部的四种主要途径、集聚内部知识扩散的五种一般模式以及影响知识在集聚内外引进和扩散的六个因素。集聚外部知识向集聚内部转移的四种主要途径包括：生产网络的发展而产生的知识转移、随着产业链转移而发生的知识转移、知识通过集聚外部的专业市场对集聚内部的转移、知识通过个体而实现转移。集聚内部知识扩散的五种一般模式包括：企业裂变、从集聚内市场学习（模仿创新）、通过血缘和地缘、业缘等关系产生的知识扩散、通过价值链进行知识扩散、集聚内部各组织间人员流动产生的知识扩散。影响知识的引进、扩散的主要因素有六个因素包括：集聚内外部的沟通结构、吸收能力、外部因素、知识的特质、学习的动力和压力以及集聚的地理规模和集聚内部企业的关系等。

李琳和郑利（2006）认为，知识溢出的单向性是指知识从高位势企业向低位势企业溢出的一维过程，知识溢出与企业间（或企业与研究机构间）知识和技术的势差息息相关。根据知识溢出的特点，可将集聚中的知识溢出划分为三种形式，即群内企业间的溢出，群内大学研究机构（还包括技术服务中心、政府研究部门、中介服务机构等）向群内企业的溢出；集聚外部企业或研究机构向群内企业的溢出。这三种形式的知识溢出主要通过以下途径来实现：人员流动、企业衍生及非正式交流。[②]

李华晶（2009）通过对我国 31 个省科技统计资料（2005—2007 年）的实证分析，证明将创业行为与产、学结合是突破知识传播屏障的重要方法，这两个要素水平可以在一定程度上影响知识对区域经济增长的贡献水平。

刘志强（2000）通过对 1993—1998 年深圳经济特区制造业情况的研究，发现从企业层次来看，外商企业与本地企业并不存在明显的知识溢出

① 转引自陶锋．知识溢出、吸收能力与创新绩效——基于珠三角代工企业的实证研究 [D]. 暨南大学博士学位论文，2009.

② 陈菲琼．浙江省创新资源集聚网络知识溢出机制研究 [D]，浙江大学硕士学位论文，2011.

效应；从产业层次来看，外商企业的比例与本地企业的生产率提高存在显著的正相关关系。

在上述研究中，作者大都将知识溢出界定为知识从一个组织转移到另一个组织的现象，既包括有意识、主动的经济活动和社会活动带来知识转移，也包括出于其他目的的经济社会活动在客观上带来的、非主动的知识转移。

以往在知识溢出方面的学术研究大多集中于知识溢出的机制与测度、公共研究体系对区域发展的作用、产业集群的知识溢出效应以及 FDI 带来的技术外溢几个领域，对于公共科研机构的知识溢出渠道和知识溢出效率研究较少。而为数不多的关于国外科研机构知识溢出渠道的文献，又往往是以创业型大学作为主要研究对象。由于公共科研机构与大学在体制和研究方向上的差异，研究结论对公共科研机构知识溢出的适用性较差。同时，我国与国外科研体系的体制有较大差异，这导致了国外关于公共科研机构的知识溢出渠道研究对于我国的理论指导意义进一步下降。

第二节　公共科研机构知识溢出渠道的关键因素和机制

一、一个简单的理论分析框架

基于对公共科研机构知识溢出机制和渠道的近期研究成果，本章提出了一个一般性的分析框架，系统考察决定或影响知识溢出的因素和机制。

如图 7-1 所示，公共科研机构的知识溢出存在着多种机制和渠道，例如合同研发、技术转让、院所创建创企业和技术人员创业、人员向企业流动、主导行业协会、期刊出版和咨询与非正式交流等等。同样，知识溢出受到多个因素的影响，例如，价值网络的位置、技术特性、体制机制、技术与市场需求的匹配度、人才流动机制、企业家精神和风险。在知识溢出渠道的选择上，常常不是一个因素，而是由多个因素决定的。

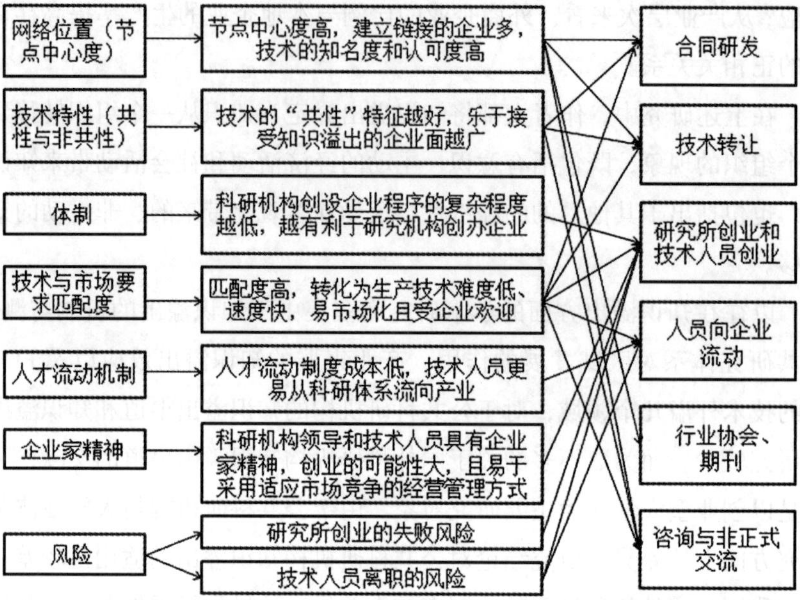

图 7-1 理论分析框架

就合同研发知识溢出渠道而言，公共科研机构在价值网络中的位置、技术与市场的匹配程度是最重要的决定因素。而对于创业而言，企业家精神、风险、人才流动机制和技术与市场要求的匹配显得更重要。在一般性分析框架的基础上，本章通过研究一个在行业中具有举足轻重地位的科研机构的案例，对中国公共科研机构的知识溢出现象作出一个实证解析。

二、S1 研究所的知识溢出机制

（一）中国的公共科研机构体系

公共科研机构是指由国家或部门根据经济社会发展需要建立并资助，由占有一定空间与设备条件的各级各类科研人员所组成的科研工作单位，包括国家设立的科学院、研究中心、中央或地方政府部门所属的科研院所、实验室等。

享受国家财政支持且研究经费的大部分来源于国家财政的科研机构，即为公共科研机构。我国公共科研机构按隶属关系，大致可以划分为国务院和中央各部委所属、地方政府所属、高校所属、企业所属以及独立的科研机构五大类。按服务的方向划分，可以分为民用科研机构和军用科研机构两类。而按研究的主要内容划分，可以分为基础性研究机构、技术开发类研究机构、社会公益类研究机构。

此外，在中国存在少量的超大型国有企业附属科研机构，伴随着国有企业的转制，由公共科研机构转化而来，但是带有明显的企业特征，因而被称为“准公共”科研机构。例如，中石油、中石化及国防科工委系统的各大军工企业下属的科研机构。在本章中，我们将它们作为一种特殊的公共科研机构。国防科工局下属的主要研究机构，一部分是直属的高校和科研机构，如国防科工局指挥技术学院，一部分则是十大军工集团下设的与自身领域相关的科研机构。目前，国防科工局下属的研究机构，一般都有两套运行体制，一套是与军用研究有关的，实行由上而下下达计划，财政全额拨款；一套与民用技术有关，在国防科工局、国家发展和改革委员会和科技部的协助下，进行军用技术转为民用，或者完全对外承接民用技术的研究任务，正在逐步推行市场化运作。[①]

“准公共”科研机构在性质上具有浓厚的中国特色，在转型的过程中面临并且不断尝试解决各种问题，具有相当的典型性和发展空间，是国家实施创新驱动发展战略的重要推动力量。

本章选择的研究对象是隶属大型国有企业、在产业内具有广泛影响力的“准公共”研发机构——S1 研究所。

S1 研究所的技术实力雄厚，产品和技术研究覆盖军用和民用。拥有两套运行体制。一方面，S1 研究所研发军用技术，研究所拥有小批量定制生产的能力；另一方面，响应国家号召“以军带民、以军养民”的战略思路，积极从事民用技术的开发，成为产业产品研发技术创新的主导者。

S1 研究所同时担任该技术领域的技术行业协会的理事长单位，该协会由国家工业与信息化部主管，是国家一级行业协会，按技术类别设立了多个分支协会，成员单位 300 余家。

① 在军事和民用之间，这些机构的功能定位常常因为政策的变动而变动。

（二）S1 研究所的知识溢出

1. 在承担委托合同研发过程中出现知识溢出

委托合同研发是指社会经济组织委托研究机构开发某项新技术，采用签订委托开发合同的方式明确双方责任和义务。S1 研究所引发知识溢出的委托合同研发主要有以下两种形式：

（1）研究所作为技术开发方与社会经济组织合作进行合同研发。第一，目前研究所参与的委托合同研发主要是与地方科委合作进行的技术研发：为提高行业技术水平、攻克行业技术难关，研究所所在城市天津市科委采用委托合同研发的方式，委托开发某项该领域的新技术，研发成功以后，将技术交付天津市科委，由科委根据产业化价值进行市场推广。第二，研究所与企业签订委托研发生产合同，委托企业通常是从事相关产品和技术生产的高新技术企业。合同标的通常是生产工艺复杂和技术水平要求高能够实现小规模订单生产的产品。产品和生产工艺研发成功后，研究所向企业交付产品和生产工艺。

通过第一种合同研发方式，研究所掌握的技术知识以可编码的书面形式扩散到外部，实现了知识的外溢。通过第二种方式，部分技术知识（如产品各项性能指标的合理搭配组合、产品原料等）以成型的产品和生产工艺为依托，由定制产品的下游企业或通过其他方式获得产品的企业学习和模仿，实现默示知识从组织内部到外部的溢出。

（2）研究所技术人员作为技术开发方与企业合作进行合同研发。这类合同研发是研究所技术人员可能的个人行为，签订的合同可能是书面的也可能是非书面的，可以将其称为隐式合同研发。[①]

这种研发行为通常遵循以下过程：企业邀请该研究所技术人员到企业参观，向技术人员提出拟开发技术的相关参数和研发活动的报酬，双方就研发目标和酬劳达成一致后签订书面合同或口头协议，并规定研发成功或

① 隐式合同研发在不同的阶段表现形式不同，却是诸多“准公共科研机构”重要的知识和技术溢出渠道。尤其是在国有资产管理体制下，科技成果的转移面临诸多障碍。因为不存在一个产权界定清晰的科技成果转移市场，在某种程度上说，隐式合同在知识和技术溢出方面更加有效。

失败两种情况下双方各自的责任和义务。通常企业先行向技术人员支付一定费用，包括材料费和部分劳务费，技术人员利用自己的技术知识和企业提供的设备、材料进行技术开发，研发成功以后，技术人员向企业技术部门交付相关技术资料，企业向技术人员支付剩余研发报酬。若研发失败，则技术人员通常不能取得剩余的约定报酬。

在隐式合同研发过程中，技术人员除了运用自身在学校学习到的知识之外，更多的是使用了研究所内部积累的经验和知识。许多知识以默示性知识的形式存在。利用这些知识完成研发的过程，实现了部分默示知识到显性知识的转化，即将之以文字、图像形式进行书面表达，作为研究资料转交给委托研发的企业，实现了技术知识从科研机构到企业的溢出。同时，由于企业向个人支付的研发费用通常少于企业与研究机构签订研发合同所支付的研发费用，企业获得的收益远大于所支付的成本，真正体现了“溢出”的原有内涵。

2. 通过技术转让促成知识溢出

技术转让是技术贸易的一种主要类型，即某项技术的拥有者将其转让给另一方。S1 研究所研究的主要是一类通用技术，根据使用材料的不同，又可划分为多种类别的分支技术（以 ABCDE 三种分类表示）。研究所曾经在很长一段时间内在若干分支技术上处于全国领先水平，是行业技术创新和发展的引领者。利用在技术上的领先性，S1 研究所自成立以来向行业相关企业进行了技术转让，大部分技术转让都发生在 2000 年以前。

S1 研究所是我国最早掌握分支技术 A 的研究机构，从 20 世纪 80 年代到 90 年代末，研究所向我国几十家相关企业免费或有偿转让了多项相关技术，A 技术在该行业内得到了大范围的推广普及。应用这一技术生产出的产品是这类产业最早的产品种类，而这些企业在某种程度上构成了产业发展初期的主干力量。

随着新材料的开发与应用，分支技术 B 产生。2000 以后，该研究所向国内几家企业有偿转让了分支技术 B 的使用权，到目前为止，获得分支技术 B 转让的企业中有几家已成为行业领头羊。

3. 研究所投资设立企业

20 世纪 90 年代以来，S1 研究所多次投资创办企业。所创办的企业大致可划分为两类：一类是由研究所全资设立的企业，即所属企业，专门从事研究所研发产品和技术的产业化；另一类则是作为发起创立单位，与其他投资人共同创办的企业。研究所对两类企业都提供长期的技术支持。

作为准公共科研机构，因为体制原因，研究所直接投资创建企业需要经历一个较为复杂的程序。1992 年，S1 研究所独资设立了第一家下属公司（简称公司甲），主要职能是代理研究所对外投资工作。

1993 年，公司甲与某香港公司合资成立了股份有限公司乙，研究所以技术入股，持有 50% 股份，向乙公司提供两项关键技术。

1997 年，S1 研究所成为国内第一个掌握分支技术 C 的科研机构，研发出中国第一个使用新型材料的产品。同年，S1 研究所专门派出 20 多名科研人员，联合 6 家股东共同投资成立了股份有限公司丙，研究所同样以技术入股，将 C 类分支技术中比较适应产业化要求的技术转让到公司，开始规模化生产。在随后的几年中，S1 研究所又陆续向股份有限公司丙转让了多项技术，转让的技术大都以技术入股的方式完成。

2000 年 4 月，研究所全资股份有限公司甲发起设立了股份有限公司丁，拥有 89% 股份，向公司投入 A 分支技术、C 分支技术和其他相关技术 D、E，随后投入 B 分支技术并将 D 和 E 技术置换给公司甲。

2004 年，公司甲与其他集团合资成立了股份有限公司戊，向该企业投入了 C 类分支技术下的一类技术。

2009 年，公司甲设立独资企业庚，向该企业投入 D 类分支技术。

通过设立全资公司并通过公司投资、合资组建企业，研究所的相关技术知识通过两种方式溢出到企业：一是转让技术资料；二是派出技术人员。在后来的发展中，再次通过企业的技术转让、合作研发和人员的相互流动，进一步使知识溢出扩展到整个行业。

4. 技术人员创业

研究所技术人员创业主要表现为两种情况：一种是技术人员退休后，利用掌握的技术创办企业；另一种则是现有的技术人员离职创办企业。

新创企业的核心技术主要依赖技术人员自身掌握的知识和技术，其中包括在研究所从事研究工作中获得和积累的技术经验，而管理尤其是研发部门的管理工作深受研究所管理经验的影响。因为技术人员在研究所的工作经历，可能曾经与业内许多企业都发生过合作关系，由此带来的优质人脉关系以及对个人技术较高的认可度，使技术人员创办的企业比其他新建企业更容易获得行业内和市场需求方的认可而站稳脚跟。随着企业创立和发展，大量的技术知识从研究所的实验室里扩散到整个产业甚至更大范围的经济系统之中。

5. 技术人员在研究所和企业之间的流动

20 世纪 90 年代之后，随着科研机构体制改革的深化，国企下属科研机构的技术人员可以自由选择职业发展方向。在这种背景下，研究所部分研究人员离开研究所进入企业从事技术开发活动，尤其是部分退休科研人员被其他企业聘为技术开发人员。

在长达 20 多年的发展过程中，S1 研究所有许多科技人员到企业工作。原有科技人员不仅把研究所从事研发过程中掌握的非专利技术或某些技术细节应用到企业的研发和生产过程中，而且通过与现有研究所工作人员的交流，持续不断地把研究所研发的新产品、技术和生产工艺方面的知识和技术扩散到其他企业甚至整个产业。

6. 行业协会和各种公开会议

因为在产品和技术研发方面的影响力，S1 研究所长期担任相应技术领域国家级行业协会的理事长单位，成员单位 300 余家。行业协会的愿景之一就是协助会员单位开拓国内外市场，促进本行业的技术进步和产业发展。作为行业协会的理事长单位，S1 研究所每年筹备和举办多次国际、国内行业交流会议，其中包括诸多技术交流和研讨会议。

在技术研讨会议上，包括 S1 研究所在内的许多与会单位就其掌握的先进技术作会议报告，技术人员在会议期间就技术研发问题进行广泛交流。会议交流活动包含了与技术和产品研发相关的显性知识和默示知识交流，直接或间接地促进了先进技术在整个行业内的扩散。

7. 出版学术期刊

S1 研究所创办的学术期刊是国家二级刊物和行业内核心刊物，是行业内研究人员技术交流的重要媒介。作为知识载体，学术期刊可以向读者传播编码化的显性知识。S1 研究所技术人员将技术知识写作成文并发表出来，企业研究人员通过阅读所获得的知识，是知识由研究机构溢出到产业的通常方式。

8. 非正式交流

S1 研究所科研人员与企业研发部门技术人员，大都出自国内相关技术领域的知名高校，再加上在同一产业内长期工作，存在广泛的私人关系。私人关系为 S1 研究所与企业技术人员间的非正式交流提供了基础。

无论是研究所还是企业的研发人员在研究中遇到困难时，都会与私人关系密切的其他技术人员进行交流，一方可能给予另一方解决问题的建议或指出寻找答案的方向。这些交流被控制在不涉及商业秘密的范围内，通常仅就单个技术难点，双方之间没有任何专利知识和经济利益的让渡。但是这种“相互启发式”的非正式交流，可以在客观上促进默示知识从研究所流向企业，从而极大地促成新知识和新技术的产生。

9. 咨询

本章中的所谓咨询，是指科研人员受企业邀请，到企业进行参观和交流活动，现场解答企业面临的技术疑难。尽管现场咨询和交流过程中不会存在整套技术资料或专利技术的转让，却可以帮助企业有效突破技术难点问题。

因为 S1 研究所在技术上的领先地位，而且位于相关产业聚集地，在客观上产生了对 S1 研究所研究人员咨询活动的大量需求。咨询过程伴随着默示知识的交流，从而实现了从研究所到产业的知识溢出。

三、知识溢出的效果

（一）不同渠道知识外溢的效果

作者从知识溢出范围、速度、转化为生产技术的难度、直接经济效益、技术获得方收益与成本之差和对行业技术的潜在影响等七个方面对各种知识外溢渠道的效果作出具体分析：

1. 合同研发

从知识溢出覆盖的企业范围上看，合同研发的范围相当广泛。研究所作为技术开发者的情况下，由于通常委托机构是政府，在技术交付后由政府部门作为通用技术和知识在行业内推广，覆盖范围可以是整个行业。而在技术人员个人作为技术开发者的情况下，技术扩散的范围相对较窄，主要是本地企业。

从知识溢出的速度看，合同研发知识溢出的速度很快，因为一项技术只有具有时效性才能产生经济价值，委托方必然对研发进度提出要求，技术研发一旦成功，立刻由研究机构或技术人员个人外溢到产业部门。

从转化为生产技术的难度看，合同研发是针对实际生产需求开发的新技术，研发与转化同步。

从直接经济效益看，研究所为主体的合同研发和隐式合同研发数量大、范围广，如果将研究所溢出知识应用于生产的产值都视为直接经济效益，效果将极大巨大。

从收益与成本之差来看，企业将研发过程从自身研发部门外移到外部的专业研究机构，相当于知识生产过程中的专业化程度提高，既能够技术开发的效率提升和降低成本，又能够让企业避免因研发失败带来的大量前期投入变成巨大损失的可能性。因而，合同研发是一种收益大大高于成本的企业掌握新技术的方式。

从对整个行业技术水平的影响看，政府机关作为委托方的合同研发，可以充分发挥“政府—研究机构—企业”的三螺旋联动作用，从而快速提高整个行业的技术水平。

2. 技术转让

从知识溢出覆盖的企业范围上看，技术转让的范围相对较小。在20世纪90年代之前，研究所作为纯粹的公共科研机构时，曾向国内许多企业进行无偿技术转让。在科研体制改革后，作为大型国企的下属研究机构，研究所更加强调自身的经济效益，不再无偿输出技术，技术转让的范围大为缩小。

从知识溢出的速度看，技术转让的合同一旦达成，则知识溢出即刻实现，速度很快。

从转化为生产技术的难度看，可以实现向企业转让的技术本身通常具有较高商业化价值，转化为企业生产技术的难度很低。

从直接经济效益看，受接受技术转让的企业数量较少的影响，直接经济效益一般。

从收益与成本之差来看，技术转让这种方式同样使企业将研发过程从自身研发部门外移到外部的专业研究机构，既能够提高技术开发效率和降低成本，又能够使企业避免了因研发失败而使大量前期投入变成巨大损失的可能性。有相当高的收益稳定性。

从对整个行业的技术水平影响来看，技术转让的影响力一般，只有出现获得技术转让的企业通过再向其他企业转让技术或技术人员流动时，技术转让带来的知识溢出才能从个别企业扩大到行业范围。

3. 研究所设立企业

从知识溢出覆盖的企业范围看，由于资金等条件限制，研究所创办企业的数量十分有限，知识溢出的范围同样相对较小。

从知识溢出的速度看，研究机构直接向新企业提供技术资料、协助培训技术人员乃至直接派出技术人员，知识溢出的速度非常快。

从转化为生产技术的难度看，研究机构尤其是准公共性质的研究机构，主要技术优势在于一些高精尖技术，往往是适应国家对于某些特殊技术的“不重成本，不重废品率，只求高质量”的要求。[①] 因而，带来的结果是在实际生产过程中可能带来成本和废品率过高问题，向实用生产技术转化存在着相当大的难度。

从直接经济效益看，因接受技术转让的企业数量较少，直接经济效益一般。但若研究所投资和合资创办的企业成长为行业领先企业，带来的经济效益则较为显著。到 2012 年为止，在研究所投资和合资创建的企业中，

① 尤其是军品的研发，主要是小批量生产，在成本上没有过多考虑。当这类产品和技术转移过程中，会遇到如何大批量生产和降低成本的问题。

只有合资企业丙形成了 10 亿元以上的年产值，是行业的佼佼者，其余几家企业年产值累计不到 2 亿元。

从对整个行业的技术水平影响看，如果研究机构独资或合资创办的企业能够成为行业领先者，则可能带动行业进行技术的升级换代，以及通过企业技术人员的进一步流动实现第二次知识外溢；如果研究机构独资或合资创办的企业在行业影响力很小，则对行业的技术水平无法产生较大的影响力。

4. 技术人员创办企业

从知识溢出覆盖的企业范围看，受自身财力、能力的限制，技术人员所能创办的企业数量相对有限，知识溢出的范围同样较小。

从知识溢出的速度看，企业创办者可以领导企业研发部门，运用以前的技术经验，知识溢出的速度很快。

从转化为生产技术的难度看，技术人员掌握的技术与研究机构的技术具有相同的特点，即不重视成本等因素，向实用生产技术转化有相当难度。

从直接经济效益看，本案例中的相关企业具有一定生产能力，但放在整个行业来看，由此带来的经济效益增加并不突出。

从对整个行业的技术水平影响来看，如果技术人员创办的企业能够成为行业领先者，则可能带动行业进行技术的升级换代，以及通过企业技术人员的流动实现第二次知识外溢；否则对行业的技术水平的影响力很小。

5. 技术人员流动

从知识溢出覆盖的企业范围看，技术人员在行业内的流动是比较常见的现象，这种现象带来的知识溢出范围不像合同研发那样广泛，仅次于技术转让以及研究所和技术人员创办企业。

从知识溢出的速度看，技术人员流动到新的企业不一定能立刻将在研究所获得的技术经验应用于新的研究，速度相对较慢。

从转化为生产技术的难度看，与技术人员创办企业类似，公共研究所的技术研究特点决定了其技术向实用生产技术转化有较大难度。

从直接经济效益看，本案例中的相关企业具有一定生产能力，但放在整个行业来看，由此带来的经济效益增加并不突出。

从收益与成本之差来看，人员流动的成本相对很小，该技术人员有可能凭借以前的技术经验，通过改进技术提升生产效率从而为企业带来较大收益，但这种情况并非一定出现，收益与成本的差值不稳定。

从对整个行业的技术水平影响来看，若技术人员流向很多企业，则有可能在一定程度上促进整个行业的技术水平提升。

6. 行业协会和各种公开会议

从知识溢出覆盖的企业范围看，这一渠道的覆盖范围主要取决于研究机构主导的行业协会的影响力。本案例中研究机构担任理事长职务的行业协会拥有超过 300 家会员单位，每年召开多次国内、国际行业会议及其他类型的公开会议，覆盖范围很广。

从知识溢出的速度看，行业会议上的技术交流都是直接沟通，速度很快。

从转化为生产技术的难度看，行业会议与公开会议上交流的技术通常不是完整的生产技术，企业研发人员接受这些知识后，要将其转化为生产技术需要一定的周期。

从直接经济效益看，这种默示知识溢出很难直接带来经济效益。

从收益与成本之差来看，成本低，收益则不稳定。

从对整个行业的技术水平影响来看，这一知识溢出渠道可以极大地促进行业技术进步。

7. 出版学术期刊

从知识溢出覆盖的企业范围看，这一渠道的覆盖范围主要取决于学术期刊的水平以及业内的关注程度。本案例中的学术期刊是行业核心技术刊物，覆盖范围极广。

从知识溢出的速度看，从论文撰写到发表再到读者阅读转化为自身知识，有相对较长的一个周期。

从转化为生产技术的难度看，期刊上的学术论文理论性较强，有一定转化难度。

从直接经济效益看，这种知识溢出带来的经济效益应是间接的。

从收益与成本之差来看，成本低，收益不稳定。

从对整个行业的技术水平影响来看，这一知识溢出渠道可以极大地促进行业技术进步。

8. 非正式交流

从知识溢出覆盖的企业范围看，取决于研究机构在行业内的地位，以及研究机构的位置因素。本案例中研究所是业内领先的著名研究机构，又地处一个产业集群区，知识溢出范围广，接受者众多。

从知识溢出的速度看，非正式交流具有很强的及时性，速度很快。

从转化为生产技术的难度看，非正式交流通常直接围绕生产技术的疑点难点，转化难度低。

从直接经济效益看，因为这种知识溢出渠道大都仅针对某个技术点，单个的技术点突破不能直接带来经济效益，而这种技术点的突破对于整套生产技术成型的贡献则不易估量。

从收益与成本之差来看，几乎没有成本，收益同样很难界定。

从对整个行业的技术水平影响来看，这一知识溢出渠道可以在一个较长的时间段内，潜移默化中促进行业技术进步。

9. 咨询

从知识溢出覆盖的企业范围看，咨询活动由于大都集中在研究所附近区域，所以覆盖的企业数量受所在区域相关企业密集程度的影响。本案例中，研究所位于产业集聚区，所以覆盖企业较多。从知识溢出的速度看，显然速度很快。从转化为生产技术的难度看，咨询活动直接针对生产技术进行，转化难度很低。

从直接经济效益看，因为这种知识溢出渠道大都仅针对某个技术点，单个的技术点突破不能直接带来经济效益。从收益与成本之差来看，成本较低，成本收益之差较大。从对整个行业的技术水平影响来看，影响力相对较小。

（二）理论思考和基本结论

表 7-3 列出了该研究所知识溢出渠道效果分析的简单结果。作为一家“准公共”科研机构，所列出的知识溢出渠道表现出不同的特色。其中，研究所创办企业和技术人员创业在知识溢出范围和速度方面都拥有良

好的表现，但是经济效益和对行业技术水平的影响则不稳定。作为创新区的“锚机构”，S1 研究所的确在当地产业集群的发展中发挥了至关重要的作用。而这种作用的发挥更多表现在合同研发和非正式交流、咨询和技术人员在所企业之间的流动过程之中。而从知识溢出的范围看，包括公开会议和学术期刊在内的行业协会职能发挥了更大的作用。

表 7-3　　　　各项知识溢出渠道的效果分析表

知识溢出渠道	范围	速度	转化难度	直接经济效益	收益与成本之差	对行业技术的潜在影响
合同研发	大	快	几乎没有	很大	大	大
技术转让	较小	快	低	较大	大	一般
研究所创办企业	较小	快	较高	不稳定，可能较大		一般
技术人员创办企业	较小	快	较高	通常较小		较小
人员流动	较大	较慢	较高	通常较小，偶尔较大	大	较小
行业协会公开会议	大	快	高	几乎没有	不确定	大
学术期刊	大	慢	高	几乎没有	不确定	大
非正式交流	较大	快	低	难以界定，可能较大	不确定	一般
咨询	较大	快	低	一般	大	较小

1. 从理论上分析上述结果

（1）网络位置与技术扩散。知识溢出具有明显的网络效应，节点在知识溢出网络中所处的位置对节点所参与的知识溢出过程有深刻影响。其中，中心度是反映节点所处网络位置的一个重要参数。网络理论认为中心度越大的节点代表它该网络中处于主导地位，在知识溢出中能够发挥更大的作用。由于研究所领先，处于行业中的核心位置，属于研发网络的中心节点，能够吸引行业内众多企业通过合同研发、技术咨询等多种方式与之建立链接。

（2）技术特性。从产业的发展看，技术划分为共性技术和非共性技术。相对于非共性技术，共性技术是指在很多领域内已经或未来可能被普遍应用，研发成果可共享并对整个产业或多个产业及其企业产生深度影响的一类技术。[①]

根据梅特卡夫法则，共性技术扩散网络要大于专有技术，因而，对于一个产业而言，共性技术扩散网络的价值要高，能够创造出更大的收益。[②]在共性技术网络扩散中，具有非排斥性的特点，对于技术供方者并不因技术受方的多寡而明显增加成本，共性技术产品供方扩散中其追加成本几乎为零。

2. 从现实因素分析，S1 研究所的技术扩散不仅受到技术方面的影响，而且受到体制和机制的约束

（1）科研机构技术优势与技术适应产业化要求的程度。科研机构的高技术研发能力是吸引企业与进行合同研发、合资或购买专利技术的重要因素。研究所主要从事一类综合技术研发，而不是单一技术。如果研究所的技术优势主要表现为综合性，则研究所新兴技术商业化的初期将产生较好的知识溢出表现。假如研究所在某个单项技术方面处于国际领先水平，率先商业化的企业则可能成为行业领军企业。

（2）科研体制因素。与科研院所知识溢出相关的制度因素，主要是我国 1985 年以来进行的科研机构体制改革和科技人才流动机制变革。

在科研机构体制方面，1985 年 3 月国务院颁布《中共中央关于科学技术体制改革的决定》，开始在全国推行科研机构体制改革推动科技与经济的融合发展。1986 年发布的《关于科学技术拨款制度的暂行规定》、1988 年做出的《关于深化科技体制改革若干问题的决定》和 1995 年《关于加速科学技术进步的决定》逐步拓宽科研机构的经费来源，使科技研发面向经济、采用合同制研发，鼓励科研机构“进入、长入实体经济”，允许科研机构投资设立企业。[③] 在这轮改革中，民口科研院所成效显著。而在军用研究所转变为准公共科研机构的过程中，出现了两套运行体制并存的局面。一是与军用研究有关的机制，主要实行由上而下下达计划，财政

① 李纪珍. 产业共性技术供给体系研究 [D]. 北京：清华大学博士学位论文，2001.
② 邹樵，吴丁佳宝，姜杰 . 共性技术扩散的网络与外溢效应 [J]. 管理世界，2011（1）.
③ 中国经济体制改革年鉴（1999 年卷）[M]. 中国财政经济出版社，1999.

全额拨款；二是与民用技术有关的机制，在国防科学技术工业委员会、国家发展和改革委员会和科技部的协助下，进行军用技术转为民用，或者完全对外承接民用技术的研究任务，正在逐步推行市场化运作。

政策的创新为科研院所投资创办企业提供了制度上的空间。但是，作为一个准公共科研机构，一方面，投资或合资设立企业的程序相当复杂，须经上级部门严格审批；另一方面，研究所的管理体制和发展目标与企业存着较大差异。尤其是公共科研机构主要依靠政府经费支持，科研机构的领导往往缺乏市场观念和企业管理知识，即使创办高科技企业也往往直接照搬研究机构的管理体制。很多准公共科研机构的特点是技术先进、技术人才辈出而经营管理方式教条刻板、经营管理人才极为缺乏。这就决定了我国准公共科研机构投资、合资设立企业的想在市场的考验下获得成功困难重重。

人才流动机制方面，国家并不限制准公共科研机构民用研究部门的人员流动，但是如果其曾经在军用研究部门工作并参与某些涉密技术开发，则要签署保密协议。总体上讲，体制改革后，通过研究所技术人员向企业流动所带来的知识外溢比之前大为增加。但是，科研人员职业流动时遭遇户籍、档案制约的现象有时仍然存在，给其职业流动增加了显性或隐性的附加条件，大大增加了人员流动的风险和成本。关于研究机构科技工作者在对“当前我国的人才流动制度是否有利于科技工作者的职业发展”的问卷调研过程中，除了13人未做选择之外，有48人选择“不利于”；有效百分比为13.7%，94人选择“有利于”，有效百分比为35.9%；42人选择了“影响不大”，有效百分比为14.1%；有100人选择了“说不清”，有效百分比为36.3%。这些数据表明，仅有三分之一的科技工作者认同当前国家的人才流动制度。①

（3）风险因素。对于科研机构和技术人员个体而言，风险因素考虑的维度是不同。前者的风险考虑主要是基于成本收益分析的经济风险，而后

① 赵玲，李全喜．研究机构科技工作者职业发展的制度因素分析 [J]. 科学学与科学技术管理，2010（7）.

者承担的风险不仅包括经济风险还包括职业生涯的风险。

从研究所的角度看，技术转让和合同研发是风险最小的技术扩散方式。技术转让协议一旦达成，研究所就可以得到相应的转让费，不存在经济风险，只承担很小的信用风险。合同规定了双方的责任义务，只要该项目组正确预估了技术开发所能达到的水平，就可以得到固定的经济收益，即使最终技术成果与目标有少许差距，研究所也可以得到绝大部分甚至全部协议报酬。这两种技术扩散渠道的风险都接近于零。而投资合资设立企业则带来很大的经济风险，如果企业经营不善就会给研究所带来巨大损失。

从技术人员的角度看，隐式合同研发是风险最小的方式。同研究机构与企业合作进行的合同研发一样，隐式合同研发几乎没有经济风险，另外，只要这种研发不涉及专利技术和涉密技术，技术人员也不需承担法律制度方面的风险和职业生涯上的风险。

在知识和技术溢出的渠道中，创业的风险最大。因为创业者一旦创业失败，则给技术人员带来经济和职业生涯的双重损失。而对于辞职创业而言，创业成本的很大一部分来自放弃准公共科研机构的工作岗位的机会成本。技术人员辞职进入其他企业同样需要承担一定的风险，准公共科研机构作为一个事业编制单位，收入十分稳定，而放弃这一稳定收入进入其他企业，对于技术人员则意味着有收入减少的风险和更高的失业风险。

（4）企业家精神。熊彼特把企业家精神归结为五点，即企业家的首创精神、企业家的成功欲望、企业家的冒险精神、企业家的精明与敏锐、企业家的事业心。傅家骥指出，企业家精神是这样一种企业家所具有的观察能力和素质，他有极强的机会意识，很重视并善于寻找、利用外部机会去改进企业的操作，他是一个受过良好训练的具有强烈事业心的人，总是力图把事情办好而不屈服于外界环境，对自己的成就很看重，他具有强烈的自我主宰精神，把成功和失败看成为取决于自己努力与否的东西，相信在任何环境下只要努力，总是可以有所作为的。①

① 傅家骥，洪后其．企业家精神的培养与创新技术扩散 [J]. 管理评论，1990（2）.

三、结论和需要进一步研究的问题

作为国家实施创新驱动发展的重要动力来源，准公共科研机构的知识和技术溢出是一个值得深入研究地问题。更为重要的是，与包括美国、欧洲和日本在内的发达国家相比，中国准公共或公共科研机构的体制和机制是制约科技成果转移和产业化的重要因素。在从中国制造到中国创造的过程中，系统研究科研院所的知识溢出机制和制约因素，是创新经济研究的重点领域。在今后的研究中，需要聚焦的问题包括：

（一）以市场化为导向深化科研院所体制改革

为了增强公共科研体系对产业发展的推动作用，必须进一步推进科研体系体制改革。首要的一点是缩短科研体系研发的技术与市场化生产要求的技术之间的差距。要做到这一点，一方面各地地方政府或下属机关在提出研究课题时要更好地适应市场需求，另一方面则要逐步推进科研院所本身的市场化进程，使其可以从产业领域获得更多研究经费，从而刺激实用技术的研发。

（二）官产学研协同创新的体制和机制

由政府牵头，加强官产学研合作，政府机关向学校和科研机构传达产业最迫切的技术需求。在创新区域内，企业积极寻求与大学和科研机构合作，以多种形式共同进行技术研发；大学和科研机构积极参与到区域发展和产业进步的进程中，充分发挥作为知识工厂在经济进步和产业升级过程中的应有作用，同时获得政府资助以外的科研经费。通过这种方式，政府、大学和科研机构以及产业都会从中获益，共同推动经济、技术进步的加速进步。

（三）制定和实施知识产权保护战略

美国为了推进大学技术转移的进程，于1980年颁布了《贝赫—多尔（Bayh-Dole）法案》，又称《专利与商标修正法》，这一法案鼓励美国大学积极地将它们的科研成果迅速地向产业部门转让，加速了大学技术转移的步伐。这一法案及其之后的一系列法案的出台，极大地激励了大学产学研一体化的科研管理变革，提高了科研成果转化效率。西班牙高等科学研究理事会根据国家科技政策总目标，与全国有关自治区签订合作协议，已同全国三十几所大学签订了科研合作协议，建立很多研究所和大学之间的混合科研中心，与公共科研机构建立合作，加强相互间的交流，与企业签订科研合同，开发商业性新技术。[①] 在我国，要提高公共科研机构的知识向产业部门溢出的效率，就必须建立起相应的法律法规体系。支持和鼓励科研机构的技术转让、合作研发等行为，切实保护这些行为中科研机构的合法权益。

（四）如何推动科研院所与企业的技术人才良性流动

人才流动是知识溢出尤其是默示性知识溢出的重要途径，较为死板的科研体系人才管理机制是制约科技人才从科研机构进入企业的主要因素之一。进一步推进科研体系人才流动管理机制的改革，简化相关程序，减少户籍、档案等隐性人才流动障碍，可以促进技术人才在科研体系和产业研发网络间实现顺利地流动，并带动技术知识尤其是默示性知识溢出到产业部门。

政府牵头建立行业协会，鼓励行业协会的发展，鼓励协会组织召开行业会议尤其是技术会议，可以将全行业技术人员聚集起来相互学习、互通有无，通过会议报告这种正规方式和会间交流这种非正式方式，实现技术知识尤其是默示性知识在研究机构和企业之间的双向流动。

技术知识在人与人的交流中完成的传递比通过刊物等书面形式更为迅速，尤其是难以编码的、属于默示性知识的流动，只能在人与人的交往过程中完成。技术人员之间频繁互动，建立亲密的人际关系，可以使默示性知识扩散的范围扩大和效率提高。因此，在不泄露商业机密前提下的科研机构和企业技术人员的非正式交流也是应当给予鼓励的。

① 李秀清 . 开放型的西班牙科研机构 [J]. 全球科技经济瞭望，1990（4）.

第八章

政府主导的创新系统与新兴产业发展*

在从制造经济向创新经济的转型和发展过程中，围绕着战略性新兴产业的启动和发展构建创新系统，是国家和地方政府的必然选择。作为后发国家，由于长期依赖国外成熟产品和标准化技术的引进，中国缺乏启动和发展战略性新兴产业所需要的创新系统，存在着创新系统的系统失灵现象。如何化解创新系统建设中可能出现的系统失灵风险，是中国启动和发展战略性新兴产业面临的重大理论和现实问题。无锡的实践表明，为了启动和发展战略性新兴产业，区域创新系统的建设重点不是引进跨国公司的研发机构，而是借助政府力量推动科研院所和企业之间互动关系的形成和发展，形成以“政产学研”协同为知识创造源头的创新网络。

第一节　近期的讨论

一、问题的提出

如何通过创新系统推动产业结构的调整和升级，存在着两种思路：一

* 本章的内容是基于2010年至2012年对无锡物联网产业的调查研究。本章主要作者为荣欣。

是试图通过引进和集聚跨国公司研发中心构建创新系统，推动现有产业的高端化和新兴产业的发展；二是围绕着创新创业活动的涌现构建创新系统，依赖创新型企业，尤其是科技型中小企业发展战略性新兴产业。2005年以来，尽管受到中国市场和科技资源的吸引，出现了跨国公司研发中心向中国转移和布局的趋势，但是在一个产品内分工和技术知识纵向流动的体系内，跨国公司研发中心的引进难以成为战略性新兴产业发展的主要推动力。因为作为新知识创造及其产业化过程，支撑战略性新兴产业启动和发展的创新系统的基本特征表现为非线性互动网络的构建。

作为物联网产业的发源地之一，无锡市物联网产业的形成源于2007年太湖蓝藻治理工程。为了监测排污源，尤其是企业污染物的排放，无锡市人民政府建立了一整套物联网监控体系。在监测系统的建设过程中，政府采购行为直接刺激了物联网技术的研发和市场化。

与此同时，2005年无锡市制定和实施的“530”创新创业计划，作为创新系统的重要组成部分不仅吸引创业者而且吸引了科技企业和研究院所落户无锡，成为物联产业发展的重要推动力量。为了推进产业共性技术的研发，在政府的推动下，成立了无锡物联网产业研究院。通过以创新创业为导向的创新系统建设，在不到三年的时间内，无锡不仅建成了太湖污染监测体系，而且形成了物联网企业之间、企业与科研机构之间、企业与跨国公司之间和企业与用户之间协同创新的价值网络。截至2012年10月，无锡国家传感网创新示范区内拥有包括清华大学、中国科学院、中国家用电器研究院、中国农业科学院和公安部三所在内的物联网相关研究机构44家，航天科技集团、IBM、西门子公司先后在无锡建立了物联网创新中心，美国休斯网络公司与无锡市合作建立了亚洲地区功能最为完善的卫星网络研发基地，聚集物联网核心企业608家，其中设备制造类企业332家，软件产品开发类企业134家，系统集成类企业137家，网络及运营服务类企业5家。2012年，无锡物联网企业营业总收入为600亿元，物联网及相关产业产值达到1000亿元。①

① 张璟.以无锡物联网为中心看江苏物联网发展现状[J].经济师，2013（11）.

无锡物联网产业发展的经验表明，相对于以引进跨国公司研发中心为导向的战略性新兴产业发展思路，作为后发国家，依赖市场和创新资源优势构建政府主导的以创新创业为导向的区域创新系统更有利于战略性新兴产业的启动和发展。政府主导的创新系统建设不仅包括政策租金的设置，而且包括创新创业计划的实施和创新平台的建设，构建起创新主体之间进行广泛知识交流和协同互动的网络关系。

二、后发国家创新系统的系统失灵

区域创新体系（Regional Innovation Systems）最早是由英国学者库克（Cooke，1992）在《区域创新体系：新欧洲的竞争规则》一文中正式提出。在研究包括德国、法国和英国在内的欧洲国家和地区区域竞争优势来源时，库克发现：知识交流合作网络的构建和相关创新政策的制定是国家和区域国际竞争力的重要来源。

与发达国家相比较，由于后发国家受到资本和知识供给不足、创新体制和法律框架不完善的影响，可能出现创新系统中新知识传播和交流的障碍，即系统失灵现象。乌尔西斯（Woolthuis，2005）认为，区域创新系统的系统失灵是指互动学习和技术创新运转缓慢甚至被阻碍的现象。[①] 通过系统失灵现象以及产生根源的归纳，诸多学者对后发国家创新系统建设问题展开了系列研究（Carlsson and Jacobsson，1997；Lundvall et al，2006；Smith，1997；Malerba，1997；Johnson and Gregersen，1994；Edquist et

① Woolthuis，R. K.，M. Lankhuizen，et al. A System Failure Framework for Innovation Policy Design[J]. Technovation，2005，（25）：609–619.

al.，1998；Edquist and Chaminade，2006）。①②③④⑤⑥从现有研究看，对后发国家创新系统失灵问题的研究存在着两个视角：一是从区域内创新主体之间互动学习关系障碍方面探索创新系统失灵的根源；另一个视角则是从区域内创新主体与环境之间的互动障碍上找寻创新系统失灵的原因。

从互动学习的研究视角看，构建区域创新系统的关键是促进区域内创新主体之间形成良好的互动学习关系。因为，新知识的创造及其传播需要良好的互动式学习环境作为支撑。在创新系统建设上，后发国家只有在区域内形成了支撑创新主体进行互动式学习的机制和条件下，区域经济结构才能实现升级（Lundvall et al 2006；Giuliani and Bell，2005；Lee and von Tunzelmann，2004；van Dijk and Sandee，2002）。⑦⑧⑨

阿斯垂德、安得烈和克里斯缇娜（Astrid Szogs、Andrew Cummings

① Carlsson，B.，Jacobsson，S. In search of useful public policies：key lessons and issues for policy makers[M].1997. Kluwer Academic Publishers.

② Lundvall，B.-Å. Product Innovation and User-Producer Interaction[J]. Industrial Development Research Series，1985，31.

③ Smith，K. Innovation as a Systemic Phenomenon：Rethinking the Role of Policy[J]. Enterprise and Innovation Management Studies，2000，1（1）：73–102.

④ Johnson，B. Gregersen，B. System of innovation and economic integration[J]. Journal of Industry Studies，1998，2：1–18.

⑤ Edquist，C. Systems of Innovation：Technologies，Institutions and Organizations[M]. 1997.London，Pinter.

⑥ Edquist，C. Hommen，L. Johnson，B. Lemola，T. Malerba，F. Reiss，T.Smith，K. The ISE Policy Statement—the Innovation PolicyImplications of the ‘Innovations Systems and European Integration. [R].Research project funded by the TSER programme，1998.

⑦ Lundvall，B-Å. Joseph，KJ. Chaminade，C. Vang，J. Building domestic capabilities in a global setting[M]. Handbook of Innovation systems and developing countries. 2009：360–380.

⑧ Lee，T. von Tunzelmann，N. A dynamic analytic approach to national innovation systems：the IC industry in Taiwan[J]. Research Policy，2004，34：951–965.

⑨ Van der Meulen，B.，Rip，A. Mediation in the Dutch science system[J]. Research Policy，1998，27：757–769.

and Cristina Chaminade，2008）[①] 研究了后发国家如何建立互动式学习关系。他们提出，一个功能完好的后发国家区域创新系统的互动学习关系主要体现在四类关系的构建：第一类知识交流互动关系是本地使用者与生产者之间的交流关系。当地科技型中小企业之间及科技型中小企业与最终消费者之间展开的交流互动，会形成默示性知识的积累。因而，这种交流方式对后发国家知识创新很重要（Lundvall，1998；Fagerberg，2004；Castellacci，2006）[②]；第二类知识交流互动关系是跨国公司与当地企业之间的知识互动。这类互动关系的建立旨在解决后发国家在缺乏先进知识来源的情况下，本地企业能够从与跨国公司的合作中获取先进的知识（Dunningand Narula，2004；Lall，1996；Narula and Marin，2005；Pietrobelli and Rabellotti，2006）[③][④]；第三类知识交流互动关系是本地科技企业与外部科技型中小企业之间的交流互动。这类知识互动主要表现为从区域外部吸收科技知识（Giuliani，2004；Giuliani and Bell，2005；UNIDO，2004；Pietrobelli and Rabellotti，2006）[⑤][⑥]；第四类知识交流互动关系是大学与企业之间的知识互动。科技型中小企业与当地大学和科研院所进行知识交流，从中获取新知识（Mansfield，1991，1998；Salter and Martin，2001）[⑦][⑧]。与发达国家相比，后发国家区域创新系统在知识交流

---

① Astrid，Szogs.Andrew，Cummings.Cristina，Chaminade. Building systems of innovation in less developed countries：The role of intermediate organizations. [J]. CIRCLE. 2009.

② Lundvall，B.-Å. Johnson B. The Learning Economy[J]. Journal of Industry Studies，1994，1（2）.

③ Lall，S. Learning from the Tigers[M]. 1996.Macmillian：London.

④ Pietrobelli，C. Rabellotti，R.（eds.）Upgrading to Compete：SMEs，Clusters and Value Chains in Latin America，Cambridge Mass[M]. 2007.Harvard University Press.

⑤ UNIDO.Partnership for small enterprise development[M]. 2004.New York，United Nations.

⑥ Pietrobelli，C. Rabellotti，R.（eds.）Upgrading to Compete：SMEs，Clusters and Value Chains in Latin America，Cambridge Mass[M]. 2007.Harvard University Press.

⑦ Mansfield，E. Academic research and industrial innovation[J]. Research Policy，1991，（20）：1–12.

⑧ Mansfield，E. Academic research and industrial innovation：an update of results[J]. Research Policy，1998，（26）：773–776.

互动关系方面非常弱。而弱联系形成的原因是区域创新系统在这四类知识交流互动关系的建立中存在着系统失灵现象。

（1）生产者与使用者之间的系统失灵现象。后发国家技术创新的市场需求表现为某种碎片式结构。因此，区域内缺乏与科技型中小企业之间的诚信关系，而诚信关系的缺失使得区域内主体之间无法进行知识交流互动，从而无法形成上下游的产业链。因此后发国家科技型中小企业只能通过出口的形式接触先进地区的国外使用者，但受到距离、文化及跨国公司垄断的影响，本地生产商得到的使用者需求信息很少（Edquist and Cristina 2006）。

（2）本土科技企业与跨国公司之间的系统失灵现象。本地科技企业自身创新能力低不能激励跨国公司与其进行知识交流，并且跨国公司出于对自身知识产权保护的考虑，不会向本地的科技企业进行科技知识的传递（D'Costa，2006）[①]。因而后发国家科技企业要想从跨国公司获取新知识只能通过引进或招聘跨国公司的知识外溢者，完成新知识的获取（Dunning，1993；Dunning and Narula，2004）。因此后发国家科技企业与跨国公司之间建立知识交流关系的基础是跨国公司能够从当地的科技企业中获得能力或资源，这样后发国家科技企业与跨国公司两者之间的合作关系才能得以形成。

（3）本地科技型中小企业与外部科技型中小企业之间的系统失灵现象。本地区科技型中小企业与外地的科技型中小企业之间缺乏诚信、互补性资产合作关系水平低和彼此之间知识交流互动关系的程度较弱（D'Costa，2006）。

（4）当地大学与企业之间的系统失灵现象，即大学与企业之间很少进行知识交流。后发国家的大学受体制影响，基本上都是研究型大学，这种类型的大学更注重教育和研究的职能，对于通过技术产业化迎合市场需求及挖掘研发成果的创业价值关注较少。因此很多学者都对后发国家大学这

① D'Costa，A.P.Exports，university—industry linkages and innovation challenges in Bangalore，India. [R]. World Bank Policy Research，2006.

个角色所起的创新作用不看好，认为大学只是为社会提供了有技术技巧的毕业学生（Lundvall，2002；Martin and Etzkowitz，2006）。因而，后发国家的大学对于与企业之间建立合作关系并不关注，这使得科技企业提升技术水平的速度较慢。

从演化经济学的视角看，创新过程是一个区域内主体与所处环境的非线性互动过程。区域创新系统的创新主体不仅包括企业、科研机构、金融机构、消费者、政府，而且包括其他环境因素。在知识和技术的复杂交互过程中，政府创新政策设计的好坏成为创新主体与环境进行知识交流互动并解决系统失灵问题的关键（Lipsey and Carlaw，1998；Smith，2000；Chaminade and Edquist，2006）[①]。当政府的创新政策有助于主体之间及主体与环境之间的交流互动时，知识创新就会持续涌现。反之，知识创新就会缓慢滞后。

在总结和归纳不同学者对于系统失灵现象的解读后（Carlsson and Jacobsson，1997；Smith，1997；Malerba 1997），[②][③]乌尔西斯（Woolthuis，2005）提出了导致系统失灵的八类典型问题。随后克里斯缇娜（2006）通过对后发国家系统失灵的研究，从创新系统要素主体、环境、技术路径依赖和网络链接四个方面提出了导致系统失灵的四类因素。第一类是区域内要素主体自身能力不足及缺失所形成的系统失灵。第二类是制度因素对创新系统的不适应所形成的系统失灵。第三类是技术路径锁定对技术创新的阻碍所形成的系统失灵。第四类是交流互动网络的弱链接所形成的系统失灵。

（1）主体自身能力不足与缺失主要包括两种情况。第一种情况是区域内的创新要素缺乏而出现的系统失灵。创新要素缺乏主要包括科技创

① Lipsey，R. and K. Carlaw. A Structuralist Assessment of Technology Policies—Taking Schumpeter Seriously on Policy. [R]. Industry Canada Research Publications Program，1998.

② Carlsson，B.，Jacobsson，S. In search of useful public policies：key lessons and issues for policy makers[M]. 1997. Kluwer Academic Publishers.

③ Smith，K. Innovation as a SystemicPhenomenon：Rethinking the Role of Policy[J]. Enterprise and Innovation Management Studies，2000，1（1）：73–102.

新的基础设施不足和区域提供的创新资源不足。这里的科技基础设施包括了大学、科研院所、公共实验室等能够为企业提供科技研发的基础设施。由于大学、科研院所、公共实验室的缺失，使得后发国家科技企业无法获得科技创新知识，导致区域内知识创新不能进行（Gunasekara，2006；Krishna，2001，Basant and Chandra，2006；Lall and Pietrobelli，2005；Smith，2000）。这里指的创新资源包括了消费者、咨询机构、孵化器、金融服务组织等互补性创新资源。这些创新资源的缺失使得科技企业在系统内的创新活动过程中得不到应有的扶持，从而阻碍科技企业的创新（Carlsson and Jacobsson，1997）。第二种情况是要素本身缺乏对新知识的吸收能力而出现的系统失灵。科恩和利文索尔（Cohen and Levinthal，1990）[①] 提出了知识的吸收能力。知识的吸收能力是指企业利用知识的能力，吸收能力代表了企业对新知识的吸收和传送能力。后发国家科技企业的吸收能力与技术能力均较弱，从而阻碍了当地科技企业与跨国公司和大学之间的互动式学习（Dutrenit，2000；Bell，2002 and 2007；Padilla，2006）。[②]

（2）制度因素对创新不适应。这里所指的制度主要包括正式制度和非正式制度两类制度形式。正式制度是指当地政府制定的法规和规章等正式制度；非正式制度是指当地形成的社会价值观、社会文化等非正式的制度。这两类制度对当地区域内主体的创新行为及主体之间的创新交流活动起到了重要的影响。依赖两类制度，区域内经济主体之间可以持续进行知识的交流互动，从而彼此之间形成稳固的网络合作关系。但受法律和规章制度框架不健全、社会价值观不完善等因素的影响，后发国家出现了诚信不足、政府执行能力弱等问题，使得区域内主体之间的交流活动较少、合作关系较弱，导致区域内经济主体之间仅形成零星合作的网络关系（Smith，1999；Edquist et al，1998；Johnson and Gregersen，1994）。

---

① Cohen.Levinthal.Absorptive Capacity A New Perspective on Learning and Innovation[J]. Administrative Science Quarterly，1990，35（1）：128–152.

② Padilla，Ramon. Vang，Jan. Chaminade，Cristina. RIS and Developing Countries：Linking firm technological capabilities to regional systems of innovation[J]. 2008. CIRCLE.

（3）技术路径锁定对技术创新的阻碍。技术路径锁定阻碍技术创新的问题是由 Smith 提出，并对这类问题核心概念进行了界定。Smith 将技术路径锁定解释为企业由于自身技术知识有限或知识积累以旧知识架构为基础，对于新出现的技术机会缺乏反应能力，导致原有技术知识轨迹阻碍了具有技术优势的新技术传播的现象。技术路径锁定现象在后发国家经常出现，后发国家的企业由于缺乏新技术研发能力，更倾向使用成熟技术，而不是采用新兴技术。而企业对成熟技术的偏爱，使得该地区知识交流的互动仅实现了对成熟技术的增量式创新，而新的技术在系统内却无法进行传播，从而导致了系统失灵问题（Narula，2002；Smith，2000）。

（4）交流互动网络出现的弱链接。交流互动网络的弱链接是指网络中缺乏链接，使得创新要素主体之间不能获得充分的互补性资源、互动式学习和新知识（Carlsson and Jacobsson，1997）。因此，弱链接问题一旦出现，将导致系统中主体之间无法对新技术知识进行交流以及从其他主体中获得互补性资源的系统失灵问题。弱链接的问题在后发国家很常见，克里斯缇娜和尹塔拉克曼德（Cristina and Intarakumnerd，2008）[①] 在考察泰国的创新系统中发现，由于当地企业的知识吸收能力弱、政府制度设计上的失误以及大学及科研院所对创业活动的消极反应，区域主体之间交流互动的关系出现了弱链接，从而阻碍了当地企业的创新活动。

基于现有研究，后发国家政府需要通过系统性的政策设计解决创新系统失灵问题，进而启动和发展战略性新兴产业。因而，政府需要对创新系统中的创新主体和环境要素进行改造和重构，实现区域内知识交流合作关系的构建。

三、后发国家战略性新兴产业的发展

简和克里斯蒂娜（Vang，Jan and Chaminade，Cristina，2006）在研究印度软件业成长时发现，后发国家的科技企业存在自身技术差、吸收科技

① Cristina，Chaminade. Lundvall，B.-Å. Vang，J. Innovation policies for development：towards a systemic experimentation based approach[J]. 2010. CIRCLE.

知识能力弱以及当地没有形成软件的需求市场、大学与科技企业之间缺乏联系等问题。他们认为后发国家在建立区域创新系统发展新兴产业的过程中，主要经历了两个阶段：第一个阶段当地政府鼓励科技型中小企业与跨国公司建立知识互动的合作关系。伴随着科技型中小企业与跨国公司知识交流的逐渐深入，科技企业不断提升技术吸收能力，最终形成外包服务的供给市场；第二个阶段外包服务市场需求不断扩大，政府通过打造公共技术服务平台及投入研发资金，鼓励大学与科技企业建立知识交流合作关系，帮助科技企业实现从价值链低端向高端的升级。随着大学与科技企业之间、科技企业之间、科技企业与跨国公司之间形成的日益密切的知识交流合作关系，印度班加罗尔逐渐形成了支撑软件产业发展的创新系统。

对上述理论，许多学者提出质疑，认为后发国家构建区域创新系统的这种模式只能提升系统内科技型中小企业的技术吸收能力，而不能为当地科技型中小企业带来技术创新能力。在这种创新系统中，受跨国公司知识控制的影响，科技型中小企业只能吸收有限知识，从而后发国家不能实现根本性创新知识的涌现（Viotti，2002；Matthews，1999）。①②

上述研究的价值在于，作为后发国家技术创新的主体，科技型中小型企业自主创新能力的提升取决于能否构建起高度协同的知识交流网络。如果没有一个有效的区域创新系统以及科技型中小企业在缺乏大学、科研机构和相关企业支持的条件下，仅依靠跨国公司的帮助则难以实现系统创新，更无法真正启动和发展战略性新兴产业。

① Viotti，E. B. National Learning Systems-A new approach on technological change in late industrializing economies and evidences from the cases of Brazil and South Korea[J]. Technological Forecasting and Social Change，2002，69（7）：653–680.

② Matthews. From national innovation systems to national systems of economic learning : the case of technology diffusion management in East Asia[R]. Industrial Dynamics and Innovation Policy. 1999.

第二节 后发国家政府主导的区域创新系统建设

一、复杂适应系统视角下的政府主导新兴产业发展模式

对于后发国家而言，与传统产业的发展不同，战略性新兴产业的启动和发展是新知识的创造及其产业化过程。有效促进创新主体之间知识交流的区域创新系统是战略性新兴产业发展的基础和前提。创新系统的形成不仅涉及创新主体的持续涌现，而且涉及"官产学用"协同创新模式的形成和发展，这个过程是一个复杂系统适应环境变化的演化过程。

20 世纪 90 年代以后，复杂适应系统理论（Complex Adaptive System，CAS）的基本研究方法开始受到经济学家的重视，越来越多的经济学家开始摒弃传统经济理论的一般均衡分析范式，而从复杂适应系统的视角重新理解经济系统的运行机制演化规律（Arthur，1994；Arthur，Durdauf，Lane，1997；Holland，1995，1998；Foster，1997，2000，2005）。①②③④⑤⑥

对于后发国家而言，战略性新兴产业的启动和发展属于系统创新。没有定型的产品、没有生产标准和没有固定的上下游供应链协同，是战略性新兴产业启动之时的基本现实。应用复杂适应理论能够更好地解释后发国

---

① Arthur，W. B.，S. Durlauf，and D. A. Lane . The Economy as an Evolving Complex System II. [M]. 1997.Addison-Wesley.

② John H. Holland. Hidden Order：How Adaptation Builds Complexity[M]. 1995.

③ John H. Holland. Emergence：From Chaos to Order[M]. 1998.

④ Foster J. The Analytical Founda-tions of Evolutionary Economics：From Biological Analogy to Economic Self-Organization[J]. Structural Change and Economic Dynamics，1997（8）：427–451.

⑤ Foster J. From Simplistic to Complex Systems in Economics[J]. Cambridge Journal of Economics，2005（29）：873–892.

⑥ Foster J. Competitive Selection，Self Organization and Joseph A.Schumpeter[J]. Journal of Evolutionary Economics，2000（10）：311–328.

家战略性新兴产业启动和发展的内在动力和机制。复杂适应系统理论的基本框架包括：

第一，适应性行为主体（Adaptive Agent）。主体（Agent）是复杂适应系统理论中的重要概念，一般指具备独立行为能力的自然人实体或法律实体，主要包括自然人实体和企业等组织实体。适应性行为主体（Adaptive Agent）是主体概念的延伸，着重强调主体的能动适应能力。复杂适应系统理论认为，行为主体的能动适应能力主要表现为行为主体根据环境变灵活调整或新建立与其他主体之间的非线性互动关系，以适应新的发展环境。

第二，环境（Environment）。具体环境是针对主体而言的，对于某个行为主体而言，其他行为主体都属于他所面对的环境，即复杂系统所指的环境由与主体行为相关联的其他行为主体所构成。因而，主体与环境的适应性互动过程是主体通过与其他主体之间的非线性互动重构适应环境规则体系的过程。

第三，非线性互动（Nonlinear interaction）。非线性互动是系统内行为主体之间所形成的协同性交流互动关系。非线性不同于线性互动，它强调整体大于部分之和。在某种意义上，适应性主体与其他主体之间建立的互动关系，本质上是形成彼此之间良好的协同互动关系。协同互动关系的形成有利于适应性主体与其他主体之间在交互中涌现出适应环境变化的互动规则和主导逻辑。

第四，功能子系统（Sub-System）。整体系统的运转需要不同功能类型的子系统协同运转。子系统所形成的功能，主要依托子系统内部聚集的行为主体之间的非线性互动关系。功能子系统是具有相同属性的行为主体的簇群。功能子系统对环境的适应能力取决于行为主体之间在相互作用过程中形成的对环境的适应能力。

第五，涌现（Emergence）。涌现是复杂适应系统理论中的重要概念，表现为复杂适应系统从无到有的现象。简而言之，涌现就是聚集主体之间通过联系互动所产生的新功能模块，甚至带来整个系统的重构现象。一方面，涌现是由聚集主体之间互动所形成的创新结果，涌现表现为非线性互动过程中的创新。涌现过程体现出行为主体之间构建起来的协同性创新机制。另一方面，涌现体现出适应性主体对环境的适应能力。

第六，正反馈（Positive Feedback）。如果说涌现是复杂适应系统动态演化的表现形式，那么，正反馈就是涌现持续产生的机制保障。

作为后发国家，推动战略性新兴产业启动和发展的基础是构建国家或区域创新系统。例如，台湾新竹 ICT 产业的发展，区域创新系统构建的关键是产学研之间形成相互联系和彼此作用的合作型价值网络。合作型价值网络的主导者是科技型创业者，他们来自大学、科研机构和高科技企业。以创业者为主导，通过政府推动的产学研合作，是加速科技成果产业化和战略性新兴产业启动和发展的动力源。

作为后发国家，立足比较优势，通过引进国外先进技术和成熟产品，使中国快速成长为“世界工厂”。从制造经济向创新经济的转型，本质上就是新的复杂适应系统的形成和演化过程。在某种意义上说，推动制造经济向创新经济转型的创新创业活动，是科技型创业者不断适应环境变化的过程。

后发国家的战略性新兴产业首先来自科技型创业者的创新创业活动。后发国家收入提高会带来消费升级，从而带来市场需求的新变化。当满足新市场需求的产品和技术无法通过引进和模仿机制予以实现时，创新创业活动逐渐成为推动新兴产业发展的主要动力源。

科技型创业者作为创新经济的代表，与其他行为主体展开非线性互动，在区域内开展创新创业活动，推动区域经济发展和结构性变革。政府则作为科技型创业者开展创新创业活动的关键支持者，通过制度创新和组织创新促进其他经济行为主体与科技型创业者相互协作，形成新知识创造及其产业化的价值网络。围绕着创新创业活动，借助政府力量不断推动和强化价值网络中的合作关系，为新兴产业发展提供保障。在政府与科技型创业者的互动过程中，逐渐形成了以产学研为中心的协同创新规则体系。当协同创新带来的知识创新及其产业化出现规模报酬递增的情况后，经济系统中的结构和功能会随之发生变化，形成为创新创业服务的专用性子系统，例如，新产品研发的创新子系统和产业化服务的子系统。随着子系统的涌现，区域创新系统开始出现，逐渐成为战略性新兴产业发展的主导力量。

在复杂适应系统理论视角下，科技型创业者的创新创业活动，源于后发国家经济系统内部新型经济行为主体与环境变化之间相互适应性的结果。政府的作用是为创新创业活动的涌现提供制度和政策保障。通过创新租金的设置，在诱发创新创业活动的同时，政府通过政策设计实现机制创新，探索产学研协作新方式，推动新知识的创造及其产业化，从而促进战略性新兴产业的形成和发展。图 8-1 展示了复杂适应系统视角下政府主导的区域创新系统驱动新兴产业发展的基本机制。

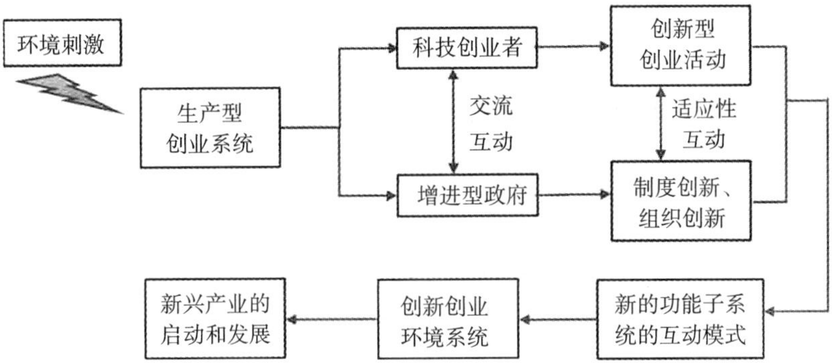

图 8-1　政府主导的区域创新系统驱动新兴产业发展的基本机制

作为后发国家，假设现有的经济系统中生产型创业活动是主导形态。当市场需求和成本约束条件发生变化的时候，以生产型创业活动为主导的要素驱动型经济发展模式难以支撑经济可持续发展。为了培育战略性新兴产业，政府通过出台创新创业政策推动科技型创业者创业和创新系统的构建。在适应环境变革的过程中，通过创新创业活动启动和发展战略性新兴产业。其中，政府在构建区域创新系统中的关键作用是围绕产学研高效互动制定制度和规则体系，推动创新创业活动的持续涌现和加速发展。

二、政府主导的区域创新系统驱动新兴产业发展的动力机制

2005 年之前，无锡市的经济结构以制造业为主导，技术来源是外源型的，主要来自发达国家成熟产品和标准技术。2005 年之后，随着市场

需求变化和成本约束收紧，尤其是面对日益严峻的太湖污染，无锡市政府开始探索从制造经济向创新经济的转型发展道路。在总结施正荣引智创业和太阳能产业发展的成功经验基础上，无锡市政府出台“530”计划，试图通过推动创新创业活动实现经济转型发展。

2007年，太湖蓝藻事件，把“530”创新创业计划与物联网的启动和发展有机地结合在一起。太湖蓝藻事件爆发后，在国家的支持下，无锡市政府积极引进与太湖蓝藻监测直接相关的物联网技术，吸引和集聚了一批海外归国、大学和科研院所的科技型创业者和相关机构围绕太湖蓝藻治理启动和发展物联网产业。

为了进一步聚集相关领域的科技人员和研究机构，从2010年开始，无锡市政府陆续出台了与发展物联网产业相关的系列政策，推动以物联网技术产业化为导向的新价值网络的构建。伴随着价值网络中创新主体之间合作关系的不断增强，无锡不断涌现出以物联网技术和产业发展为核心的不同功能子系统，共同构成了产学研协作的区域创新系统。

与战略性新兴产业的发展相关，无锡政府主导下区域创新系统的核心是推动科技型创业者的创新创业活动持续涌现和发展。其中，外部环境的变化，尤其是新的市场需求和政策租金的激励是启动创新创业活动的关键条件。而政策租金激励成功的前提是，随着创新创业活动的持续涌现，形成不同的创新功能模块，不断推动技术的产业化。随着产业的发展，区域内不同主体之间形成了市场自由竞争环境下的自组织合作关系。

图8-2刻画了在环境变化的条件下政府如何通过政策租金的设置推动科技型创业者发展新兴产业的内在机制。在外部环境变化的冲击下，政府通过设置政策性创新基金，激励科技型创业者与区域内其他主体之间开展创新创业活动。为刺激创新创业活动不断深入开展，政府通过政策创新和组织创新，建立了知识研发及产业化的价值网络。随着价值网络的涌现，系统出现了子系统功能的变化，最终驱动整体系统属性变化，即从支持传统制造业的生产型创业环境系统向支持新兴产业的产学研合作的区域创新系统转变。

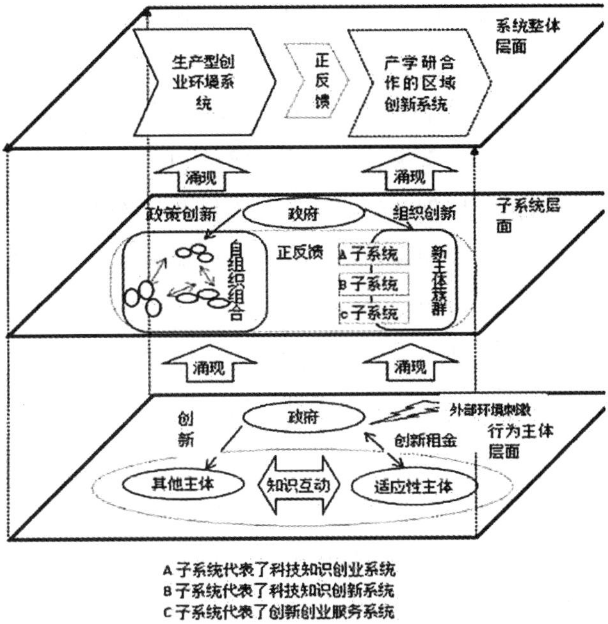

图 8-2　政府扶持科技型创业者驱动新兴产业发展的内在机制

（一）环境变化引发的创新创业活动

随着经济发展面临的市场需求和成本约束条件发生根本性变化，作为后发国家，中国以要素驱动的经济发展方式走到了尽头。但是外部环境的变化只是无锡市经济转型发展的宏观条件，至于物联网产业的发展则源于太湖蓝藻事件。宏观环境变化与偶然事件的结合，是无锡物联网产业发展的必要外部条件。

适应环境变化，尤其是偶然事件冲击所做出的积极试错才是新兴产业发展的关键。当然不是所有的试错都能引发战略性新兴产业的发展。例如，早在 2000 年前后，因为地处环太湖经济发达地区，包括纺织和印染在内的无锡传统制造业就开始面临原材料和劳动力成本上涨、土地价格居高不下和环境污染问题。2005 年之前，无锡市首先选择的发展路径是通过跨国公司的引进和聚集及其技术溢出推动本地企业的转型和升级。而从实施的情况来看，跨国公司的引进并没有带来技术的扩散，而仅把无锡作为生产基地。

太湖蓝藻事件的爆发引发的物联网技术创新及其产业化需求，在汲取尚德发展经验的基础上，无锡市政府开始把科技型创业者的创新创业活动作为驱动经济转型和发展的引擎。2005 年之后，面对太湖污染治理对物联网技术创新和产业化的需求，无锡成功吸引和集聚了大量的科技型创业者，支持其在区域内开展创新创业活动。而把偶然的试错转化为新兴产业发展和经济结构调整的支配规律是报酬递增。报酬递增产生的关键则在于集聚的经济行为主体通过相互联系和相互作用共同推动产业发展。

作为新的经济增长动力来源，新的创业主体在与原有系统中的其他经济行为主体建立互动关系时，可能受到原有经济系统的制约，无法自组织地形成有效的交流和互动关系，即出现创新系统失灵现象。在这种情况下，政府能否发挥增进市场的作用，即促进现有经济系统内的经济行为主体与新的创业主体之间构建互动合作关系，是化解创新系统失灵的关键。

2005 年之前，无锡市原有的经济系统是以加工制造为主导的，很少涉及对新知识创造及其产业化的支撑。因而，在 2003 年第一次蓝藻事件出现时，尽管受原有经济发展模式的影响，政府在积极引进跨国公司发展先进制造业的同时，开始试图通过引智创业推动城市经济的转型发展。基于无锡尚德的经验，2005 年后，无锡市政府开始制定实施“530”计划，试图吸引海外科技型创业者开展创新创业活动。因而，在 2007 年太湖蓝藻事件再次出现后，无锡市政府把引智创业计划与物联网技术创新及其产业化相结合，成为推动物联网产业发展的关键。为了实现报酬递增，在推动物联网产业发展的过程中，无锡市政府的核心作用是通过一系列政策制定和实施改造原有经济系统，在经济行为主体之间建立知识交流和互动的价值网络。随着价值网络中合作关系的不断丰富和强化，科技型创业者实现知识研发和产业化的速度不断加快。

从某种意义上讲，创新创业活动能否成功推动一个新兴产业的发展，从而引领经济转型和升级本身是高度不确定的。成功的关键是政府政策能否有效地推动新经济系统实现报酬递增。实际上，政府能够做的主要是改变环境变量，吸引和集聚相关产业领域的科技型创业者，通过科技型创业者与环境互动过程中的试错行为，探索经济系统演化的方向。

（二）创新创业活动与物联网知识应用系统的构建

从后发国家启动和发展新兴产业的经验来看，如何实现科技知识的产业应用是启动和发展新兴产业的关键。为了应对太湖蓝藻事件，无锡市政府通过创新租金的设立引致科技型创业者的创新创业活动推动了物联网知识的应用。科技型创业者的创业活动主要表现为两种类型：第一种创业活动表现为科技型创业者选择直接创业。无锡政府通过制定和实施一系列扶持政策支持科技型创业者把已有的物联网科技知识产业化，从而推动物联网产业的发展；第二种创业活动表现为科技型创业者与当地企业联合创业。无锡政府首先引进科技创业者团队，引导创业团队与当地有意进入物联网产业的企业进行合作。科技型创业者团队提供科技知识和技术，当地企业家提供资金和场地，形成“嫁接型”的科技型创业企业。随着物联网市场需求的扩张，两类创业企业大量涌现，推动无锡在交通、电力和安防等领域形成了物联网上下游企业的集聚，促进了物联网知识应用系统的建立和完善。

为了建立物联网知识应用系统，无锡市政府通过制定“530”计划中的创业服务政策和物联网政策中有关促进创业和知识交流的政策，有力地推动了基于物联网知识应用的知识交流合作关系的深化和发展。一方面通过包括风险投资、孵化器和管理咨询在内的创业服务机构的引进和发展，为孵化科技型创业者的新创企业提供支撑；另一方面为建立物联网企业之间的交流合作，无锡市政府通过先后设立涉及安防、电力、汽车等物联网产业联盟组织和物联网产品商贸洽谈会等形式，驱动区域内上下游科技企业之间的交流合作。

（三）创新创业活动与物联网知识创新系统的构建

大学及科研院所作为新知识创造及其传播的策源地，是区域内知识创新的主要来源。从美国硅谷发展的经验看，创新经济的发展依赖的不是传统的教学型大学，而是以研究型为基础的创业型大学。不同于以人才培养为主导的传统大学，创业型大学及科研机构强调新知识的创造及其产业化，尤其是注重创业活动在新知识创造及其产业化过程中的作用。以创业为导向展开新知识创造及其产业化能够更好地实现产学研的结合，从而促进新兴技术和产业在当地的发展。

在后发国家的创新经济发展中，同样表现出类似的规律。例如，以台湾工业技术研究院为代表的创业型科研院所的形成和发展，有效推动了台湾地区产学研合作关系的建立。因而，如何构建以创业为导向的创新型大学及科研院所，形成知识和技术的“三螺旋”发展，是后发国家实现新兴技术产业化和发展战略性新兴产业的重要途径。

作为东部地区的一个中等城市，与上海和南京相比，无锡市的科技创新资源相对匮乏，包括江南大学在内的大学和科研院所在物联网技术方面几乎没有任何积累。因而，引进和集聚与物联网技术相关的大学和科研院所成为无锡市政府的重点工作。

2007 年之后，无锡市政府通过引进物联网相关的创业型科研机构，形成物联网知识研发聚集区。2010 年，在中央政府的支持下，无锡建立了国家传感网创新示范区。随着科研院所和大学的聚集，无锡形成了物联网新兴技术的科技知识创新聚集区。截至 2014 年，引进和集聚的涉及物联网技术的创业型大学及科研院所包括中科院中国（无锡）物联网研究院、物联网产业研究院、清华信息技术国家实验室物联网技术中心。高水平科研院所的集聚为无锡物联网技术的知识创新奠定了基础。以无锡物联网产业研究院为例，到目前为止，研究院已发布 2 项国内标准、3 项国际标准草案、1 项行业标准；报批 6 项国内标准，其中 3 项国内标准处于征求意见中，正在制定 4 项行业标准。在发展科技基础设施的基础上，无锡市政府通过一系列激励政策推动科技型创业者在创业过程中研发新技术。

2006 年之前，无锡市几乎没有专业从事新兴技术研发的重点实验室与公共技术服务平台。2006 年之后，随着科技型创业者的不断涌入，无锡政府开始引进和发展了一批与物联网产业相关的技术研发中心和重点实验室，以满足科技型创业者技术研发的需求。2008 年以后，无锡政府再次通过加大政策扶持力度，推动技术研发中心、重点实验室和公共研发平台建设的速度。尤其是通过制定补贴政策，吸引国内科研院所到无锡建设技术研发中心。通过研发中心、重点实验室及公共技术平台建设，无锡市政府为科技型创业者新创企业和中小企业提供持续的研发和技术支持，激发了科技型企业研发物联网技术的积极性。2001 年以来无锡市科研院所的发展情况见表 8-1。

表 8-1　无锡科研院所建设情况

年份	国家省级工程技术研究中心	市级工程技术研究中心	国家省级重点实验室及公共技术服务平台	市级重点实验室、公共技术服务平台
2001	13			
2002	10			
2003	13			
2004	13	18		
2005	14	20		
2006	16	28	7	5
2007	20	46	13	12
2008	36	85	23	15
2009	135	149	37	33
2010	239	148	39	42

资料来源：根据网络和相关资料整理，2014.

随着政府制定政策扶持创业型大学及科研院所开展创新创业活动，无锡物联网知识创新系统出现了适应产业发展特点的创新知识扩散模式。第一，创业型研发机构通过直接创业的形式，实现新知识的创造及其产业化。第二，创业型研发机构通过与其他企业合作创业的形式，实现新知识和新技术的扩散和转化。创业型研发机构通过与当地企业建立合资公司，研发机构提供知识和技术，当地企业提供资源和场地，联合创业发展物联网产业。第三，创业型研发机构通过与企业建立合作研发关系，通过联合研发实现知识扩散。第四，创业型研发机构通过设立人才培训机构，通过专业人才的培训实现知识扩散。

（四）创新创业活动与创新创业服务系统的构建

无论从发达国家还是后发国家发展创新经济的实践经验来看，以创新创业中介组织机构为主体的创新创业服务系统的建设，是创新创业活动持续涌现的重要因素。由于后发国家原有经济系统是以加工制造为导向的，缺乏与创新创业活动相配套的服务体系。如何构建新的创新创业服务体系，是后发国家创新经济发展的重要问题。

2009 年，无锡市政府在科技型创业者及创业型科研院所调研的基础上，设立“530”人才创业服务中心和“530”项目促进中心，以满足科技型创业者创新创业活动的需求。中心为科技型创业者提供包括研发服务平台、科技产品检测平台、知识产权服务平台、股权融资服务平台、展销服务平台在内的系列服务，有效地帮助科技型创业者链接本地和区域外创新中介服务组织，获取相应的服务支持（见表 8–2）。从表 8–2 中列出的服务项目可以看到，研发服务机构、产品检测机构、投融资等服务于创新创业活动新机构的出现，有力地支持了区域内创新创业活动。无锡市政府通过建立创新创业服务系统，实现了科技型创业者与区域内其他行为主体之间的交流互动，继而形成知识研发及产业化的价值网络。

表 8–2　“530”人才创业服务中心和“530”项目促进中心的服务内容

服务依托载体	提供服务的组织	服务对象	服务内容
“530”人才创业服务中心	“530”人才创业服务中心（人才服务平台）	海外领军人才	通过实行“保姆”政策，帮助企业受理工商税务登记、国内驾照办理、护照签证延期、为“530”创业人才提供医疗保险服务
		海外领军人才及家属	区教育行政和主管部门推荐部分区域内公办优质教育资源（各类学校 2—3 所），以供子女入学、入托时选择
		海外领军企业（人才招聘）	根据“530”企业对人才的不同需求，在充分利用现有资源的基础上，组织赴高校举办“530”人才专场招聘会，提高招才引智效果，切实解决“530”企业人才招聘难题
“530”项目促进中心	无锡市农业再担保公司、锡州农村商业银行等（金融平台）	“530”企业（资金融资）	（1）拓展知识产权抵押等融资渠道，落实锡州农村商业银行等定点银行，依据其知识产权的评定价值，按 50 万元、100 万元、200 万元三个等级提供专项贷款，为创业企业迅速壮大提供资金支撑 （2）市政府扶持企业发展金融专项资金注资无锡市农业再担保公司 3000 万元和发挥 10 亿元创业投资引导发展资金作用，加强风险投资机构、创业担保再担保机构、技术交易市场等建设，建立“专业孵化”+“天使投资”的孵化培育模式，为创业企业提供融资服务 （3）“530”企业银行贷款连续 3 年按银行同期利息贴息支持

续表

服务依托载体	提供服务的组织	服务对象	服务内容
“530”项目促进中心	无锡市出入境检验检疫局（公共技术服务平台）	“530”企业（检测、认证）	设立“无锡工业产品有害物质检测公共服务分平台”、“无锡机电产品检测公共服务分平台”、“无锡医学检测公共服务分平台”和“无锡纺织工业产品检测公共服务分平台”。涵盖了电子电器、信息通讯、机械、家电、机动车、新能源、新材料、环保、纺织品、生物工程等高新技术行业和现代服务行业的检测需求
	无锡市知识产权局（知识产权平台）	“530”企业（数据库检索、产权交易）	设有无锡市知识产权服务平台，为“530”企业提供中外专利信息数据库检索、八大行业数据库和知识产权网上交易系统
	江苏省血吸虫病防治研究所（公共技术服务平台）	“530”生物医药企业（生物医药研发）	设立“530”生物医药公共科技服务平台。平台具备生物医药研发相关的蛋白质分析技术仪器设备支撑，以及生物医药研发临床前期的药效评价动物实验、各种动物药理、毒理实验等技术支持及所需仪器设备支撑。还可进行实验室研究项目伦理论证，为进入实验室的研究人员提供实验室管理、生物安全、实验操作技术及仪器设备 SOP 方面的培训
	中国电子科技集团公司第五十八研究所（公共技术服务平台）	“530”集成电路企业	设立“530”集成电路公共科技服务平台。主要进行集成电路设计、制造、封装、测试和可靠性试验等方面的服务
	企业合作平台	寻求技术合作的企业	设立了企业合作交流平台，帮助企业寻求技术合作的潜在伙伴
	无锡市政府（创业培训平台）	“530”企业（创业培训）	（1）计划在 3 年内分批次组织“530”企业的主要创业者及创业团队核心人员，开展创业指导培训和企业经营管理等业务培训 （2）实施“530”项目创业导师计划，聘任一批成功企业家作为落户“530”项目的创业导师，为创业者提供辅导、引导，提升创业成功率 （3）建立“530”企业专家服务团队。针对“530”企业在初创阶段和成长过程中遇到的各种问题，进行有效诊断，及时提供建设性方案，切实排忧解难，促进“530”企业的快速成长和发展
	市“530”项目促进中心（市场营销平台）	“530”企业（产品销售）	（1）建立“530”企业电子商务和产品销售平台，制定并提供统一的“530”企业产品群样本、行业集团介绍、企业形象策划、招投标策划等综合性服务 （2）“530”企业产品可优先列入政府采购，并可参与政府相关项目的招投标

资料来源：根据网络资料整理，2014.

无锡市政府建立的创新创业服务平台是一个不断适应科技型创业者需求的和不断演化的服务系统。创新创业服务系统包括两类平台：第一类是总平台（“530”项目中心平台），主要功能是收集并分类整理创新创业者的需求，根据创新创业者对创新资源的不同需求，建立相应的子服务平台。第二类是子服务平台，主要为科技型创业者提供具体的创新创业服务。如果创新中介服务组织不能为科技型创业者提供所需要的服务，科技型创业者会向总平台寻求帮助。在这种情况下，总平台会向政府提出科技型创业者所需的新型服务需求，政府则通过政策创新和组织创新吸引相关的创新中介组织与科技型创业者建立合作关系。随着新创新中介服务组织的加入，无锡创新创业服务系统得到不断完善。因而，无锡市创新创业服务系统通过不断满足区域内科技型创业者多样化和不断增加的需求，持续完善和强化区域内价值网络中的合作关系。

（五）区域创新系统驱动经济结构变革

政府通过政策和组织创新，以扶持科技型创业者开展创新创业活动为导向，建立了新知识创造及其产业化的价值网络。通过推动和增强价值网络中的合作关系，无锡构建了服务创新创业活动的物联网知识应用子系统、物联网知识创新子系统和创新创业服务子系统。随着三个子系统服务功能的不断完善，子系统之间的互动则形成了以产学研合作为轴心的区域创新系统。在区域创新系统的形成和演化过程中，无锡实现了物联网产业的启动和发展。

无锡市政府主导的区域创新系统在驱动物联网产业不断发展的过程中，带来了三个方面的经济结构变革。

第一，企业结构的变革。2005 年之前，无锡原有企业以加工制造为主导，属于典型的知识利用型企业。而在区域创新系统的培育下，无锡涌现出一批科技型中小企业。随着物联网产品和技术市场需求向全国的扩张和物联网产业的集聚，无锡创新型物联网企业呈现爆发式增长的态势。物联网企业数量从 2009 年的 66 家增长到 2012 年的 608 家，三年之内增长了约 10 倍。

为服务 608 家物联网企业的科技创新，无锡吸引和集聚了海外高科技人才、大学及科研院所等物联网高科技人才 238 名。随着高层次科技人才不断涌入到物联网产业领域，无锡物联网产业的竞争优势越来越明显，逐渐成为中国物联网产业发展的领头羊。

第二，物联网产业带动无锡产业结构的变革。2005 年之前，无锡市的产业结构以传统制造业为主导。创新经济的发展，带来了无锡产业结构的新变革。2010 年无锡市统计年报显示，战略性新兴产业和现代制造业在区域经济中的作用开始显现。尤其是物联网产业开始成为无锡市产业结构变革的重要力量，推动无锡经济的转型和升级。截至 2012 年 12 月，无锡市物联网及相关产业总产值突破 1000 亿元，608 家物联网企业中，年产值超 1000 万元的企业超过 227 个。更为重要的是，随着物联网技术应用领域的不断扩展，物联网技术逐步渗透到交通、水利、环保和安防等行业并不断创造出新的产业领域。目前，无锡的物联网及其相关企业已经在 17 个国家和地区、200 多个城市承建或参建了物联网项目。

第三，区域功能的变革。无锡原先属于典型的工业制造区，随着区域创新系统的完善，现在正在成长为典型的创新区。通过政策性创新租金的设置，在无锡形成了区域内主体之间知识创新及产业化的价值网络。随着价值网络合作关系的不断强化和扩展，形成了以产学研合作为重心的创新区。截至 2012 年，无锡集聚的国内外知名物联网研发机构达到 33 个。引进国家“千人计划”物联网人才 24 名，省“双创计划”人才 56 名。在若干重要科技领域，拥有一批核心技术，某些技术和产品填补了国内空白，达到国际领先水平；起草制定的物联网国际标准新增 2 项，国家标准 2 项，行业标准新增 13 项，行业话语权和主导力增强。在《福布斯》“2012 中国创新能力最强 25 个城市”榜单中无锡市位居第四，全市科技进步统计监测综合评价得分为 92.65 分，名列江苏省的第二名。

作为上述机制的总结，图 8-3 刻画了在制造经济环境遭遇冲击的背景下，政府如何通过扶持科技型创业者开展创新创业活动，实现子系统结构、系统整体结构和功能结构的变革，即政府主导构建区域创新系统驱动新兴产业发展的基本流程和内在机制。

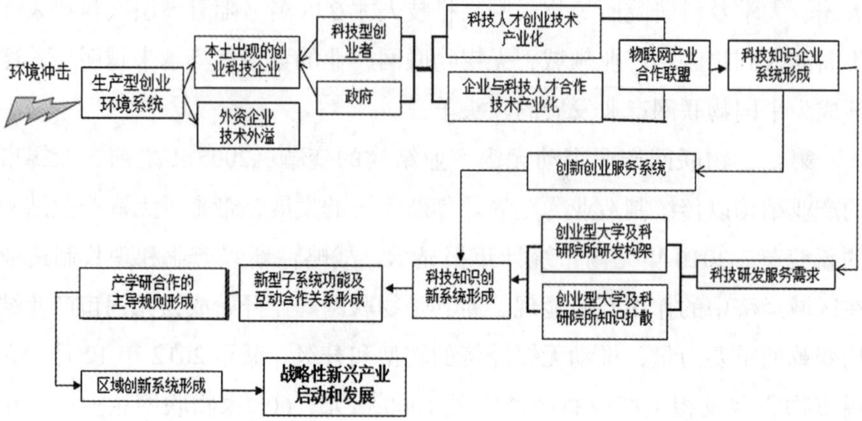

图 8-3　政府主导的区域创新系统推动新兴产业发展的逻辑示意图

从复杂适应系统（CAS）的视角，以无锡物联网产业的发展为例，本章对政府主导的区域创新系统如何驱动新兴产业发展进行了理论分析，得出的基本结论为：

第一，作后发国家和城市，新兴产业的启动和发展本质是原有以制造为导向的经济系统的结构变革过程。其中，经济系统结构变革的重心，是构建以产学研合作为导向的区域创新系统。区域创新系统包括科技知识应用系统、科技知识创新系统和创新创业服务系统三个相互独立的子系统。三个相对独立的子系统协同，成为后发国家和城市发展战略性新兴产业的动力来源。

第二，以制造为导向的经济系统结构变革的发生是环境的重大变迁所引发的。因为外部环境的剧烈变化，经济系统内部的经济行为主体开始尝试主动与变化的环境进行相适应。尤其是当环境变化表现为一个偶然的强烈冲击时，经济行为主体的积极试错可能形成报酬递增效应，适应性经济行为主体的报酬递增行为引发更多的经济行为主体的集聚和协同，从而最终引发经济系统的结构性变革。

第三，经济系统从制造向创新经济的转变过程中，科技型创业者的创新创业活动既是经济系统变革的动力，又是经济系统变革的目的。其中，政府发挥着十分重要的作用，政府通过政策和组织创新，不断促进科技型创业者的创新创业活动及其与其他经济行为主体的相互作用，变革经济结构。科技型创业者的创新创业活动及其所形成的价值网络，是区域创新系统形成和演化的关键。

第四，在经济系统的演化过程中，随着以新知识创造及其产业化为导向的价值网络的形成和扩展，科技知识应用系统、科技知识创新系统和创新创业服务系统开始形成。通过三个子系统的互动，经济系统的结构开始发生新变革。无论是企业创新能力、产业结构和区域创新活力均开始逐步提升。经济系统的结构变化为地区启动和发展新兴产业提供了支撑。

第三节 政府主导的物联网产业区域创新系统的形成和演化

为了推动物联网产业的发展，无锡市政府出台了一系列政策，促进区域创新系统的形成和发展。本节通过对政策体系演化过程及其效果的分析，考察无锡政府如何通过政策和组织创新，适应科技型创业者创新创业的需要，培育和完善基于物联网产业发展的新知识创造及其产业化的价值网络。

一、物联网产业发展之前所服务于知识应用政策体系的出现（2006—2008 年）

2005 年之前，无锡市政府经济发展的重心是建设和发展 1992 年成立的无锡市国家级高新技术产业区。政府政策创新的重点是招商引资和优化投资环境。从 1992 年至 2003 年，无锡市国家级高新技术产业区在招商引资上卓有成效，成为长三角地区日资企业相对密集的区域。

随着国际和国内市场需求的变化和成本约束的增强，到 2004 年，招商引资遭遇到瓶颈。一方面中国已经成为“世界工厂”，相对于市场需求，产能开始过剩；另一方面包括劳动力和土地在内的资源和环境约束增强。通过转型升级实现从中国制造到中国创造的转型，开始成为无锡市政府新的经济发展战略。

在发展物联网产业之前，2001 年创业企业尚德太阳能的快速成长引起了无锡市政府的高度重视。因为，尚德太阳能不是招商引资的产物，而是科技型创业者创业的结果。在总结尚德发展经验的基础上，无锡市政府出台了“530”计划，初步建立了以科技型创业者创业为导向的知识应用的政策体系。新政策体系的建立经历了两个阶段。

第一阶段：政府为复制尚德模式，开展引智创业活动（2006—2007 年）。

为了复制尚德经验，无锡政府推出了“530”计划，即计划在 5 年内，引进 30 名科技领军型人才到无锡创业。2006 年，先后制定和发布《无锡市人民政府关于引进领军型海外留学归国创业人才计划的实施意见》、《关于进一步吸引和用好优秀人才的试行规定》，明确了 3 个“100”，2 个“300”的激励政策。3 个“100”是指，一次性给予 100 万元创业启动资金，提供不少于 100 平方米的工作场所和不少于 100 平方米的住房公寓。2 个“300”是指，市科技风险投资资金给予不低于 300 万元的创业投资和给予不低于 300 万元的资金担保，三年内免收利息。

海外领军型人才享受“530”计划激励政策到无锡创业只需提供技术专利及应用说明书和商业计划书，因为地处长三角核心地带和邻近上海市的原因，周边的科技型创业者纷纷向无锡市集聚，向无锡市政府申请的项目快速增长。受项目识别能力的制约，2007 年无锡市政府推出了《无锡市人民政府关于引进领军型海外留学归国创业人才计划的补充意见》（以下简称“补充意见”）。“补充意见”提出项目专家评审办法和投资项目分类原则。评审专家的范围不仅包括国家“863”重大科技计划的项目专家，而且包括企业家和风险投资者。来自不同领域的专家和企业家能够帮助政府从市场、技术和团队诸方面有效识别项目的可行性和可投资性分类。通过项目分类，A 类项目领军型海外留学归国创业人才可以获得 100 万元创业资金支持；B 类项目领军型海外留学归国创业人才可以获得 60 万元创业资金支持；C 类项目领军型海外留学归国创业人才可以获得 40 万元创业资金支持。

第二个阶段：政府帮扶科技企业尽快实现产业化（2008 年）。

为评估“530”计划实施两年来的成效，无锡市人民政府成立了调查委员会，一方面通过调查掌握科技型创业企业的资金运营情况；另一方面评估科技型创业企业的发展情况和遇到的问题，选择更有产业化前景的企业给予更大的扶持。对于评估优秀的创业企业，政府将制定和实施更加优惠的政策，推动企业将科技成果尽快实现产业化。①

通过深入调查，无锡市人民政府发现，尽管领军型人才拥有先进的技术能力、多年海外公司的工作经验、强烈的创业热情和一定的资金实力，但是普遍缺乏创业经验和融资难问题突出。在发展中，科技型创业企业迫切需要解决的主要问题是技术人才②和资金短缺、创业管理经验缺乏。例如，表 8-3 中列出的 2006 年引进的 7 名领军型人才，普遍存在着上述三个问题。2008 年，无锡市政府推出了《关于领军型海外留学归国人才创业项目产业化推进计划的实施意见》，明确提出引进银行、培训机构、风投等中介组织，试图通过区域创新系统的丰富和完善，帮助创业企业解决上述问题和发展瓶颈。

表 8-3　　　　2006 年无锡引进海外高层次人才的情况

企业名称	地址	领军人物及毕业院校	产品	创业初期技术专利	曾经工作的公司	是否有创业经历	企业刚成立时技术是否已应用	初创团队构成
无锡辐导微电子有限公司	无锡市滨湖区山水城科教产业园	冯向光：美国宾州州立大学半导体物理学博士	主要研发产品包括高精度 TCXO、RS485 接口芯片和射频运放、电源管理、高速串行接口芯片	拥有两项通讯系统专利	曾在 Nortel，Terayon，Broadlogic，Marvell 等半导体研发企业就职	否	否	美国大型半导体设计公司有多年设计经验的工程师和科学家

① 参见《无锡市人民政府关于对“530”计划落户项目进行综合评估的意见》。

② 参见《无锡市人民政府关于对“530”计划注册落户企业（公司）招聘人才有关规定的通知》。

续表

企业名称	地址	领军人物及毕业院校	产品	创业初期技术专利	曾经工作的公司	是否有创业经历	企业刚成立时技术是否已应用	初创团队构成
无锡和邦生物科技有限公司	无锡市高新区	杨建良：哈佛大学医学院博士后	基因工程蛋白质药物系列，用于治疗型糖尿病、肿瘤、充血性心力衰竭、病毒性慢性乙肝、丙肝	有	曾在美国生物公司 Biogen 参与研发。回国后曾任美国美联集团公司（纽约）中国生化药部和中国丽珠集团新宝制药公司技术总监	否	否	海外留学归国的生物科技专业人员组成
无锡迦俐申生物医药科技公司	无锡马山生物医药外包园区	姚飞：美国乔治亚大学博士	从事微创介入（Minimal Invasive Surgery）手术用医疗器械和高值耗材的研发、生产、销售和服务	不详	不详	否	否	拥有10多年以上美国医药公司研发生产、销售、管理经验和美国医院工作经验
无锡中德美联生物技术有限公司	无锡惠山高新技术创业服务中心	郑卫国：先后在麻省理工学院、哈佛医学院完成生物医药博士后研究学习	核酸检测系列产品以及配套的检测技术，应用于国内法医DNA检测分析等领域	用于老年性痴呆症的检测复合物，并获得了美国专利，参与研制用于DNA测序的生物试剂盒	曾参与美国旧金山硅谷全球最大的基因生物仪器检测公司的研发工作	否	否	主要由研究生和本科生组成技术人员

续表

企业名称	地址	领军人物及毕业院校	产品	创业初期技术专利	曾经工作的公司	是否有创业经历	企业刚成立时技术是否已应用	初创团队构成
无锡紫芯集成电路系统有限公司	无锡高新区	奚谷枫：加利福尼亚大学计算机工程博士	设计开发高集成度低功耗的多媒体SOC芯片，应用于移动网络终端、智能手机，监控等多个领域。	在数字系统时钟设计、低功耗系统级芯片设计、数模混合电路设计方面有多项研究成果	任美国CADENCE公司产品行销副总裁。（CADENCE为世界最大的集成电路芯片设计软件公司，位列世界前十）	有	否	几乎没有
引速得信息科技有限公司	无锡市科技创业中心（国家级大学科技园城中区）	廉仁淳：韩国仁河大学商学博士	面向服装行业的企业信息化产品；面向企业供应链和生产管理的RFID产品；国际服务外包业务。推出了首套智慧餐厅系统	不详	不详	无	否	4-5人，以技术为主

资料来源：根据网络资料整理，2014年。

从2006年至2008年无锡市政府出台的相关政策来看，为适应科技型创业者的创业服务需求，无锡市政府不断完善区域创新系统（见表8-4）。其中，政府与科技型创业者之间的交流和互动是政策制定的前提。尽管出台了相关政策，但主要依据原有经济系统经济主体之间的互动规则为科技型创业者提供创业服务，彼此之间的适应性障碍是造成第一阶段服务体系不完善的根源。受到原有经济系统以加工制造为主导的影响，服务主体提供的服务过于单一，无法满足科技型创业者创业过程中的多样化需求。例如，依赖原有经济系统的投资机构创办的创投机构，只提供资金供应而不提供创业咨询服务，银行则不愿意为科技型创业者提供融资服务。原有的人才市场只提供人才招聘，不提供针对专业技术人才的知识培训。而培训机构只提供一般性知识辅导，无法为科技型创业者提供个性化的创业咨询服务。

表 8-4　　　　2006—2008 年无锡市政府推出的知识服务政策

年份	政策文件	关键主体	需要解决的问题	政策内容
2006	《市政府关于引进领军型海外留学归国创业人才计划的实施意见》	无锡市政府、无锡高新技术风险投资股份有限公司	创业资源投入	提出了 3 个“100”，2 个“300”的政策。3 个“100”是指无锡市政府一次性给予 100 万元创业启动资金，提供不少于 100 平方米工作场所和不少于 100 平方米住房公寓；2 个“300”是指无锡高新技术风险投资股份有限公司投资资金给予不低于 300 万元的创业投资和给予不低于 300 万元的资金担保。并且无锡市政府三年内免收租金
2007	《市政府关于引进领军型海外留学归国创业人才计划的补充意见》	无锡市政府、科技专家、企业家	投资项目如何评定	投资项目评定：申请项目在形式审查、专家技术评审的基础上，进行综合评审。根据综合评审的意见，将项目分为推荐（A 类）、推荐（B 类）、推荐（C 类）、不推荐（D 类）
			投资项目给予的优惠政策	项目投放资金： A 类：创业投资企业（公司）注册后 1 个月内，给予领军型海外留学归国创业人才（每个创业投资项目）100 万元创业启动资金，创业投资企业注册地所在的市（县）区负责提供不少于 100 平方米工作场所和不少于 100 平方米住房公寓，三年内免收租金 B 类：创业投资企业（公司）注册后 1 个月内，给予领军型海外留学归国创业人才（每个创业投资项目）60 万元创业启动资金，创业投资企业注册地所在的市（县）区负责提供不少于 100 平方米工作场所和不少于 100 平方米住房公寓，三年内免收租金 C 类：创业投资企业（公司）注册后 1 个月内，给予领军型海外留学归国创业人才（每个创业投资项目）40 万元创业启动资金，创业投资企业注册地所在的市（县）区负责提供不少于 100 平方米工作场所和不少于 100 平方米住房公寓，三年内免收租金

续表

年份	政策文件	关键主体	需要解决的问题	政策内容
2008	《关于领军型海外留学归国人才创业项目产业化推进计划的实施意见》	无锡市政府、银行、无锡市新区创友融资担保有限公司、无锡新区领航创业投资有限公司	资金融资问题	（1）计划项目企业向银行贷款的，在计划实施的连续三年内，按当年实际还贷额度和银行同期利息进行贴息；并协调担保公司予以担保 （2）引进风险投资或产业投资资金，根据需要，市创业投资公司可按 30%—50% 比例匹配入股
		无锡市政府、科技企业、高等院校	科技资源不足问题	鼓励企业建设研发机构，被评为省级以上研发机构的补贴 100 万元；鼓励企业与高等院校、科研单位的国家级重点实验室、工程技术研究中心共建分中心，建成后经考核效果明显的，补贴 100 万元
		无锡市政府、培训机构	创业经验不足问题	计划项目企业的主要创业者，由市统一组织赴国内外开展企业经营管理等业务培训
	《关于对“530”计划注册落户企业（公司）招聘人才有关规定的通知》	无锡市“530”计划办公室、人才服务（人力资源服务）中心、人力资源市场（人才市场、劳动力市场）	人才招聘难问题	（1）“530”计划注册落户企业（公司），可在全市范围内招聘人才，既可以在本辖区内招聘人才，也可以跨辖区招聘人才。各市（县）区人事（人事和劳动）局下属人才服务（人力资源服务）中心、人力资源市场（人才市场、劳动力市场）、各人才人事网站免费受理和开放各类招聘业务 （2）“530”计划注册落户企业（公司）招聘人才的人事档案管理，可尊重其意愿，挂靠在市人才服务中心或市（县）区人才服务（人力资源服务）中心，人事档案管理一律减半收费

续表

年份	政策文件	关键主体	需要解决的问题	政策内容
2008	《关于对"530"计划落户项目进行综合评估的意见》	无锡市政府、"530"企业	项目运营监督和评估	(1)项目基本情况。注册公司(企业)后所从事的科研、产品开发项目，是否与申报评审通过的"530"计划项目相匹配，项目开发进度和管理情况，以及除"530"计划项目以外其他项目的科研、开发等情况进行分析评估 (2)资金运作情况。对"530"计划注册落户后，市(市)县区注入的风险投资资金和创业人才注册资金部分的运作情况进行分析评估，尤其是对资金的投向、投入产出、财务管理等情况进行分析评估 (3)市场前景情况。对"530"计划注册落户项目的产业化程度、产品营销情况、产品使用领域、范围、市场占有情况、产业链拓展情况以及合作伙伴等情况进行分析评估 (4)创业团队情况。对"530"计划注册落户的团队成员构成、海外团队成员作用发挥、研发能力和项目开发层次及水平、团队成员参与程度和合作共赢等情况进行评估，以及吸引国内高层次专业技术人才和管理人才加入该团队等情况进行分析评估

资料来源：根据网络资料整理，2014.

二、物联网产业发展过程中知识应用服务政策体系的形成和演化（2009年至今）

2009年，时任国务院总理的温家宝同志视察太湖污水治理情况，在无锡提出要大力发展物联网产业。2010年，在中央政府和无锡市政府的主导下，无锡开始制定物联网产业发展战略。在实施物联网产业发展战略中，政府出台的政策主要包括两个方面：一方面通过不断完善原有的"530"计划，推动科技型创业者与原有经济行为主体之间展开深度合作；另一方面制定和实施物联网产业发展政策，聚焦与物联网技术应用相关的创业活动。在两类政策的共同推动下，无锡形成了以物联网产业为核心的知识应用服务体系。

（一）完善"530"计划相关政策

2009年，无锡市政府进一步对"530"计划扶持企业的服务需求展开调研。根据企业提出的服务需求、政策改进建议和前期政策评价，无锡市政府相继出台了《关于进一步推进“530”企业服务工作的意见》、《无锡市专利权质押贷款管理办法》、《关于开展“530”企业专项贷款试点工作的意见》等文件（见表 8-5）。文件针对科技型创业者创业服务体系不完善的问题，提出了两类应对方法：一是对原有政策进一步完善和补充，例如融资、创业经验不足和科技人才招聘难；二是为新产生的问题，例如公共技术服务平台少、产品销售乏力和知识产权保护等提供解决方案。

在解决问题的过程中，创业服务组织的类型出现了明显变化。在解决原有问题的过程中，政府通过促进原有服务机构转型满足新创企业的需求。在融资方面，政府设立新型试点银行代替了原有传统银行，专业从事科技型企业的融资服务。同时，政府还专门设立了为科技型中小企业提供贷款担保的机构。为弥补科技型创业者创业经验不足问题，政府鼓励当地企业家以创业导师的身份参与科技企业的经营管理。为了解决人才招聘问题，政府在人才市场建设上，不仅提供招聘服务，而且提供针对技术人才的培训服务。

面对新出现的问题，政府则通过设立新服务组织满足创业企业的服务需求。在技术服务领域，政府鼓励当地科研院所向科技型创业者实行资源开放和共享，为新创企业提供检测和研发服务。在产品销售领域，政府建立新的商务服务组织，为科技型创业者提供营销服务。在知识产权领域，政府为科技型创业者提供知识产权服务平台，为创业者提供知识产权保护。

在表 8-5 中还可以看到，出现新变化的还有无锡的创业模式。在政府制定的《关于以更大力度实施无锡海外高层次人才引进计划的意见》中明确提出引进嫁接型人才和科技人才，探索与当地企业共同创建新型科技创业企业的新模式。即通过引进科技人才与当地企业进行嫁接合作，开展创新创业活动。新的创新创业模式带来了当地企业家的“二次创业”。“二次创业”一方面可以利用当地企业的现有资源，为新创企业提供资金和管理方面的支持；另一方面，当地企业与科技型创业者融合发展，使更多的旧经济系统的经济行为主体加入到创新创业行列，加速新经济系统的形成与区域经济转型升级的步伐。

表 8-5　2009—2011 年无锡市政府出台的关于知识应用的服务政策

政策文件	关键主体	需要解决的问题	政策主要内容
《关于进一步推进“530”企业服务工作的意见》	人才市场和培训基地	科技人才招聘难的问题	（1）根据“530”企业对各类人才需求的实际情况，编制发布《无锡市“530”企业紧缺人才需求目录》，为全市“530”企业提供引进人才导向和招聘指南；（2）根据“530”企业对人才的不同需求，在充分利用现有资源的基础上，组织赴高校举办“530”人才专场招聘会；（3）建立“530”企业毕业生实训基地，每年向有条件的“530”企业派遣应届高校优秀毕业生进行实习锻炼，形成合作共赢效应
	公共技术服务组织	解决公共技术服务问题	建设无锡市“530”生物医药研发测试公共服务基地，为“530”生物医药企业提供委托检测、委托实验服务、项目团队进驻实验室服务、提供专用实验室租用服务；建立无锡市“530”创新检测公共服务基地，基地设在无锡出入境检验检疫局，为“530”企业新品研发、技术创新提供质量检验测试、设计试制验证、技术咨询和应用技术培训等各类专业化技术服务；建立无锡市“530”集成电路研发公共服务基地，基地设在中国电子集团公司第五十八研究所，为“530”企业提供集成电路快速封装、工艺加工、可靠性检测、产品设计等服务
	当地企业家和专家服务团队	解决创业经验不足的问题	实施“530”项目创业导师计划，聘任一批成功企业家作为落户“530”项目创业导师，为创业项目进行辅导、引导，提升创业成功率。根据产业提升和企业自主创新的需求，及时组织“530”创新人才持有项目与科技企业的对接洽谈，推动优势互补、合作共赢
			建立“530”企业专家服务团队。“530”企业专家服务团队由市和各市（县）区从事经济管理、企业管理、市场营销、财务管理、技术管理等方面的人员组成，针对“530”企业在初创阶段和成长过程中遇到的各种问题，进行有效诊断，及时提供建设性方案。
	知识产权机构	解决科技企业知识产权保护	（1）为“530”企业提供中外专利信息数据库检索、八大行业数据库和知识产权网上交易系统；（2）为“530”企业提供科技信息服务资源；（3）鼓励并重点支持“530”企业申请专利，形成对企业自主知识产权核心技术的专利保护

续表

政策文件	关键主体	需要解决的问题	政策主要内容
《关于进一步推进“530”企业服务工作的意见》	商务服务组织	解决科技企业产品营销不力问题	(1)建立“530”企业电子商务和产品销售平台，制定并提供统一的“530”企业产品群样本、行业集团介绍、企业形象策划、招投标策划等综合性服务；(2)“530”企业产品可优先列入政府采购，并可参与政府相关项目的招投标
《关于开展“530”企业专项贷款试点工作的意见》	市级科技部门、江苏锡州农村商业银行（试点科技银行）	知识产权抵押贷款	由市级科技部门请专门的评估机构负责评定。其评估的知识产权按价值分为A、B、C三级，A级可获得不超过200万元专项贷款，B级可获得不超过100万元专项贷款，C级可获得不超过50万元专项贷款
《无锡市专利权质押贷款管理办法》	各市（县）区科技局、银行（试点科技银行）	专利权质押	(1)贷款额度：专利权质押贷款的额度原则上最高不得超过专利评估价值的30%；(2)贷款期限：专利权质押短期流动资金贷款不超过1年，中长期流动资金贷款不超过3年，且不能超过专利权的有效期限
《关于为中小企业开展再担保业务的通知》	无锡市（农业）再担保公司	再担保贷款	申请再担保的项目单户单笔控制在500万元以内；单户单笔的金额控制在担保公司注册资金的15%以内；贷款担保期限须在6个月以上
《关于以更大力度实施无锡海外高层次人才引进计划的意见》	无锡市政府、科技创业人才、当地企业	嫁接式企业引进海外留学归国（无锡）科技领军型创业人才	经评审确认的，一次性给予领军型创业人才100万元安家费，由政府和引进企业按50%的比例分担。以技术成果入股投资的，经评估，其技术成果可按注册资本不少于30%作价入股
		海外留学归国（无锡）科技领军型创新人才	经评审确认的，一次性给予领军型创新人才100万元安家费，由政府和引进企业（研发机构）按50%的比例分担
《关于更大力度加强技能人才工作三年行动计划》	无锡市人事局	技术人才培训	(1)鼓励公共实训基地、定点培训机构组织大学生开展符合新兴产业要求的技能培训；(2)鼓励职业中介机构免费推荐持“技能绿卡”证书的大学生就业。对职业中介机构按每人1000元标准给予一次性职业介绍补贴。上述补贴资金在市人才发展资金中列支

续表

政策文件	关键主体	需要解决的问题	政策主要内容
《无锡市种子资金操作细则》	无锡市财政局、科技局	初创期科技型中小企业融资问题	种子资金投资额根据企业发展潜力、创业投资企业投资力度，按创业投资企业实际投资额 50%—100% 比例对项目跟进投资。每个项目不超过 500 万元，双方均以现金出资
《关于更大力度实施无锡物联网应用示范工程建设 3 年行动计划》	政府相关采购部门	物联网技术应用市场问题	政府通过在安防、电力、环保等领域推广物联网技术，大力推进物联网技术应用市场的形成。通过充分发挥每个物联网应用示范工程建设的示范带头作用，引领各有关行业、领域物联网技术的应用和推广，鼓励国内外资本加盟合作，探索物联网应用的商业模式，大力推进物联网应用市场的建立和形成

（二）聚集物联网产业发展政策

2010 年以后，为吸引更多的物联网技术人才开展创新创业活动，无锡市政府相继制定了促进物联网产业发展的系列政策（见表 8-5）。

首先，在人才引进方面。无锡市政府先后制定了《关于更大力度实施无锡物联网应用示范工程建设 3 年行动计划》和《关于更大力度吸引物联网技术和产业高层次人才三年行动计划》，吸引国内外科技型创业者到无锡发展物联网产业。2010 年无锡市政府通过开放交通、安防、电力等十个物联网应用市场，进一步加大科技型创业者到无锡开展物联网技术研发及产业化的力度。物联网企业由 2009 年的 66 家快速增长到 2010 年的 238 家。

其次，在投融资方面。无锡市政府通过制定《无锡市物联网发展专项资金管理暂行办法》和《无锡国家传感网创新示范区建设总体方案及行动计划》，解决物联网科技企业在技术研发及产业化方面的融资需求。2012 年无锡市政府投入了 5 亿元的物联网专项资金。其中，1.5 亿元用于支持无锡物联网产业发展，其他 3.5 亿元的专项资金则重点支持 149 家企业发展。同时，中国物联网研发中心与大唐电信科技公司、无锡国联集团、无锡新区创业投资集团公司签署共建“中国物联网投资基金”框架协议，建立了支持物联网企业发展的专业基金公司。2010 年，无锡市先后建立和在建物联网投资基金机构 4 个，基金总规模达到 57 亿元。

再其次，在技术人才培训方面。政府通过制定《无锡物联网人才金港计划》和《无锡国家传感网创新示范区建设总体方案及行动计划》，为物联网企业提供人才资源支持。2011 年南长科技创新及服务外包集聚区管委会与无锡人才金港物联网教育发展有限公司共同负责“无锡人才金港”计划的制定与实施。目前金港已经和国内外 22 所大学以及本地 65 家物联网相关企业签署了人才培养合作协议，计划每年培养 2000 名物联网专业人才，输送到重点物联网企业、高科技企业和政府部门。

最后，在产业链的完善方面。无锡市政府通过制定《无锡国家传感网创新示范区建设总体方案及行动计划》，解决了物联网上下游企业的交流合作的问题。2012 年无锡市政府应物联网企业的建议，在无锡成立了基于汽车、农业、家居等领域的物联网产业联盟。产业联盟的出现，形成了物联网上下游企业之间开展长期知识交流的合作关系。

三、无锡物联网产业知识创新系统的构建

为了更好地帮助科技企业发展和实现物联网产业关键技术的突破，无锡市政府在 2010 年之后相继出台了《关于更大力度吸引物联网技术和产业高层次人才三年行动计划》、《关于更大力度推进政产学研合作三年行动计划》和《关于实施科技成果转化工程的意见》等政策（见表 8-6）。新的政策聚焦于四个方面：一是吸引科研院所到无锡设立研发机构，帮助无锡吸引和集聚更高端的科技研发资源；二是激励企业进行核心技术研发，推动企业与企业之间、企业与研发机构之间建立技术合作联盟，共同攻克关键技术瓶颈；三是吸引中介机构建立科技成果转化市场，帮助研发机构实现知识扩散；四是搭建国内外知识交流的沟通渠道，推动区域内科研机构与国外先进地区研发机构之间的知识交流。

通过四个方面内容的政策聚焦，一方面无锡市快速聚集了高端物联网科技创新资源，另一方面通过推动和促进创新主体之间的知识交流、互动和协同，构建区域新兴产业知识创新系统。

随着支持知识创新的政策体系不断完善，无锡市逐渐形成了物联网科技创新和产业化的高地。在物联网产业科技创新资源最为密集的太湖国际

科技园，已发展为国家传感网创新示范区核心区。截至2013年6月，太湖国际科技园引进和集聚国家“863”项目2项和江苏省成果转化项目17个，拥有国内专利申请1513件，其中发明专利授权108件（同比增长46%），PCT专利申请6件。在物联网关键技术领域，识凌科技研究所开发的第二代RFID智能终端获得全球RFID十大创新产品奖，英臻科技自主研发的SolarMAN数据采集设备荣获SNEC“十大亮点”奖。太湖科技园的物联网产业知识产权集群管理项目，获得国家知识产权局确定的首批战略性新兴产业知识产权集群管理试点项目（全国10家）。智能传感系统产业集群成功获批科技部第一批创新型产业集群试点单位（全国10家），是江苏省唯一被认定的创新型产业集群。

表8-6　　无锡出台的关于科技研发的政策（2010—2011年）

政策文件	关键主体	需要解决的问题	政策主要内容
《关于更大力度推进政产学研合作三年行动计划》	政府、研发机构	产学研平台建设	（1）完善合作院校专家库、人才交流预备库等基础数据库平台；建立联盟综合服务平台，设立多种形式的成果交易服务平台；（2）发挥政府各专项资金作用，支持共建研发机构和教育培训机构建设。设立市级政产学研合作专项资金，重点支持在本市联合共建的产学研合作重大创新载体、院士工作站、重大科技成果转化项目和成果转移转化服务机构，各区县政府应同时设立配套科技专项资金共同支持；（3）政府和科研机构通过共建研究院（所）等实体研发机构，更大力度集聚院校的科技和人才资源
		研发机构的建设	实施“3个1000”计划。在建设期内给予科技经费支持1000万元，机构所在区县给予1000平方米办公和研发场地，院校成果转移转化管理机构派驻在无锡专职服务人员1000元/人/月的补贴
《关于更大力度吸引物联网技术和产业高层次人才三年行动计划》（研发机构条款）	政府、研发机构	研发机构及公共技术服务平台的设立	依托无锡的物联网研发机构和企业，建设国家级物联网研发和工程中心，加快集聚国内外著名高校的物联网重点实验室等科研机构，鼓励和支持电信、广电和电力系统在无锡设立物联网研发机构，建设遥感、微纳技术基地、传感应用研发基地、信息技术集成基地、软件研发基地等基础研究平台。围绕企业技术创新共性需求，建设集研发、中试、小批量生产和测试于一体，国内领先、国际先进的物联网公共技术服务平台、公共测试服务平台、综合信息咨询服务平台

续表

政策文件	关键主体	需要解决的问题	政策主要内容
《关于实施科技成果转化工程的意见》	政府、科研机构	国外科研院所的交流平台	（1）构建与境外科技园区的对接机制；（2）构建接受境外科技园区的技术辐射机制；（3）构建境外科技园区创新成果承接机制；（4）加快建设一批国际技术信息平台，实现与境外主要创新活跃区在技术资讯领域的同步对接
		科技公共服务平台	（1）重点在信息技术、环保装备和集成电路设计等领域，新建3-4家产业技术研究院，着力开展产业共性技术研发、企业孵化和成果转化；（2）依托专业性科技服务机构，在物联网、微电子、生物、环保等领域新建一批公共技术服务平台，开展研发设计、试验验证、信息及知识产权等系列化的技术服务，建设工程文献信息中心、科技资源数据共享中心和知识产权及技术产权交易中心，推进具有一定资质的分析测试中心和行业检测机构提供系统、可靠的检测和测试服务，为中小企业创新创业提供支撑
	政府、企业	企业技术创新	（1）以高新技术龙头骨干企业为依托，多形式、多渠道推进各类产业技术研究院、科学家工作室以及工程技术研究中心、院士工作站、博士后工作站、研究生工作站、企业技术中心建设；（2）引导企业加大研发投入，充分发挥企业投入主体、研发主体、引才主体和成果转化主体的作用，使企业更加自觉地依靠科技创新实现跨越发展；（3）引导和支持企业与企业、企业与高校科研机构、行业与行业之间的技术合作，通过产业技术创新联盟等多种形式，着力打造产业技术创新链
	政府、知识产权机构	科技成果转化	加快完善以无锡市知识产权服务平台为核心的知识产权服务体系，大力发展知识产权贸易，培育和发展知识产权评价、交易市场体系，重点扶持专利代理、交易、评估和信息服务等中介机构发展

资料来源：网络资料整理，2014.

四、无锡围绕物联网产业新型功能子系统的形成和演化

在政府主导下，随着“530”计划的不断丰富和完善，以新知识创造及其产业化为导向的价值网络开始出现。同时，随着“530”计划向物联网产业的聚焦，形成了基于物联网产业发展的科技知识创新系统、科技知识创业系统和创新创业服务系统。而三个子系统功能的形成和作用的发

挥，最终形成了无锡市以产学研合作为主导的区域创新系统。其中，产学研合作交流规则的形成，是科技知识创新系统、科技知识创业系统和创新创业服务系统发挥作用的关键。

（一）科技知识应用系统的构建

在“530”计划的开始阶段，无锡市原有经济系统资源配置的主导机制是制造经济内生的，无法满足科技型创业者的创业需求。因而，搭建服务于科技型创业者创新创业的新服务体系，成为“530”计划发展和演化的方向。在构建科学技术产业化的创业服务系统过程中，政府通过创新租金的设置诱致和引导区域内科技型创业者与原有经济系统的经济行为主体建立新的合作关系。2009 年之后，随着物联网产业的蓬勃发展，政府又通过推出扶持物联网产业发展的政策，推动区域内科技型创业者与原有经济系统的经济行为主体围绕物联网技术应用建立合作关系。在以物联网技术应用为导向的新旧经济行为主体之间的合作和互动中，新的规则开始形成，并逐渐发展为经济运行和资源配置的主导者。

更为重要的是，政策的制定和实施不仅增强了经济行为主体之间的交流互动频率，而且孵化出了一批新型服务组织（见表 8-7）。新型服务组织的出现，同样遵循新的互动规则，成为物联网技术产业化的推动者。新型组织主要包括三大类：一是评估创业项目的组织；二是为科技型创业者提供创新创业服务所衍生出的中介组织；三是为构建物联网上下游产业链所衍生出的中介组织。

表 8-7　物联网技术应用系统的相关组织

“530”关联政策及服务组织	政策目的	合作主体	新型组织及功能	新的交流规则
政策：《关于引进领军型海外留学归国创业人才计划实施意见》	为无锡科技创业人员提供创业启动资源	风投、本地的企业家、“863”及“973”的科技专家、地方政府部门、科技创新人才	创业项目评审机构：对创业项目进行评估	政府集聚科技专家、风险投资和本地企业家对创业计划进行评估，决定对科技人才提供创业的启动资源

续表

“530”关联政策及服务组织	政策目的	合作主体	新型组织及功能	新的交流规则
政策:《无锡市创业投资引导发展专项资金运行管理暂行办法》	引导和吸引风险投资公司将资金投资到“530”科技企业及物联网科技企业	外地的风险投资公司、国有创业投资公司、政府部门、科技企业	政府部门组建创业投资工作联席会议组织：负责指导、监督和管理国有创投公司引导发展资金的运作情况，审核引导发展资金投资决策。物联网产业投资基金组织：为物联网企业提供资金支持	政府设立国有创业投资公司参股科技企业，引导和吸引风险投资公司对科技企业进行投资，并通过股权交易市场实现退出，从而形成了政府投资的模式
政策:《关于进一步推进“530”企业服务工作的意见》	为引导银行为科技型企业提供贷款	本地区的银行、政府部门、科技企业、担保公司	科技银行：专门针对科技企业的需求，提供多样化贷款产品的银行	政府引导银行面向科技企业，设计多样化的新型贷款模式，并通过担保公司为科技银行提供一定额度的贷款担保
	为科技企业家提供创业培训	培训企业、政府部门、科技企业	政府设立的企业沙龙组织：专门为科技企业家进行创业培训	政府出资邀请咨询公司、法律顾问、成功的企业家与科技企业家进行互动交流，提供个性化的创业服务
	为科技企业提供产品检测服务	科研院所、政府部门、科技企业	公共检测服务机构：专门为科技企业提供产品检测的机构	政府在科研院所设立公共检测机构，激励科研院所的人员为科技企业提供产品检测服务
政策:《关于以更大力度实施无锡海外高层次人才引进计划的意见》	设置“嫁接型”企业补贴资金，吸引科技人才与制造类企业合作	本地区的制造类企业、科技人才	嫁接型科技企业：制造类企业与科技人才及团队合作设立的企业	政府出资刺激制造类企业与科技人才及团队合作，形成创业经验+技术创新的“嫁接型”科技企业

续表

“530”关联政策及服务组织	政策目的	合作主体	新型组织及功能	新的交流规则
政策:《无锡市物联网产业发展规划》	为物联网企业打造所需的专业化科技人才	本地区的物联网企业、政府部门	物联网人才金港机构：为重点物联网企业、高科技企业和政府部门培养和输送适合当地需要的高、中、低端紧缺人才 创业保姆服务机构：为科技型创业者提供行政方面的服务	政府出资建立人才培训机构和人才服务机构，引进培养科技人才相关的大学，建立物联网企业与大学合作的人才培养机制和设立科技创业人才保姆服务机制
政策:《关于更大力度吸引物联网技术和产业高层次人才三年行动计划》	通过对物联网产品进行营销，吸引区域内外的物联网技术企业合作，构建上下游物联网产业链	区域内外的物联网技术企业、政府	物联网产业联盟：将物联网所涉及产业的上下游企业进行链接 物联网电子商务平台：通过电子商务营销的形式，实现物联网企业上下游关系的建立 物联网博览会：物联网产品展销的形式，实现物联网企业上下游关系的建立	政府出资建立产业联盟组织机构和建立电子商务平台，实现物联网企业交流合作

资料来源：根据网络资料整理，2014.

新型组织的涌现，极大地促进了科技知识应用系统功能的发挥。从表8-7中可以看出，新政策推动新型组织的出现，新组织则服务于新旧经济行为主体以新技术产业为导向的经济系统。

（二）科技知识创新系统的构建

随着以物联网技术应用服务为导向的子系统的出现，进一步吸引科技型创业者到无锡开展创新创业活动。科技型企业的大量涌现，产生了包括对研发机构在内的高端创新资源的需求。而以加工制造为导向的原有经济系统无法提供高端研发资源。在这种条件下，无锡市政府同样通过创新租金的设置，一方面吸引国内外的科研机构到无锡设立物联网研究机构，另一方面推动大学和科技院所与新创企业建立合作关系。在政策的推动下，无锡形成了以新兴技术研发为导向的技术创新合作系统。

同样，通过推动以物联网技术研发为导向的合作关系的建立，在无锡衍生出一系列为新兴技术研发提供服务的新型组织。这类新型组织主要包括四种类型（见表 8-8）：一是构建大学与企业合作关系而衍生出的新型中介组织；二是构建创业型大学及科研院所的新型组织；三是构建为降低新兴技术研发成本而设立所衍生出的公共服务类新型中介组织；四是为加快科技知识交流而设立的知识交流型中介组织。

表 8-8　与物联网技术创新相关的组织

"530"关联政策及服务平台	政策及设立平台的目的	合作主体	新型组织及功能	新的交流规则体系
政策：《关于更大力度推进政产学研合作三年行动计划》、《关于更大力度吸引物联网技术和产业高层次人才三年行动计划》	设置产学研合作资金，强化区域内企业、科研院所的技术交流与合作	本地区的科技企业、制造类企业、科研院所、政府	大学及研究院所成果转化中心：将大学及研究院所研发的成果与企业进行对接 孵化器建立的产学研交流平台：提供企业与大学进行技术交流的平台	政府出资设立孵化器和成果转化中心，并且政府通过这两个平台开展活动，有组织链接当地企业与科研院所展开交流合作
	政府出资与外地大学和科研院所合作建立创新研发平台	外地的大学、科研院所、跨国公司的研发机构、政府	创业型大学及科研院所：这些大学及科研院所不仅要进行技术研发，而且还会以创业的形式将研发技术产业化	政府出资建立科研院所及提供创业环境，激励科研院所进行技术研发并将其进行产业化
《关于进一步推进"530"企业服务工作的意见》	政府出资，为服务科研企业研发而建立公共服务平台	政府、科技企业、科研院所	公共技术服务科研机构：为科技企业提供设备租用及技术人员的培训并对共性技术进行研发 知识产权服务组织：为科技企业和科研院所提供知识产权的申请和融资交易 科技项目申请服务组织：为科技企业申请科研项目资金	政府通过出资设立公共服务组织，降低科研院所及科技企业的研发成本，激励新兴技术的快速研发

资料来源：根据网络资料整理，2014.

新型组织的出现强化了物联网技术研发及传播的知识互动合作关系，形成了支撑物联网技术创新的交流规则体系。随着交流规则体系的形成，无锡形成了物联网技术研发的创新系统。

依托物联网知识创新系统、物联网知识应用系统和创新创业服务系统的建立，无锡形成了产学研合作的区域创新系统。以无锡新区构建的物联网区域创新系统为例，新的区域创新系统主要包括：

（1）在科学技术研发方面。无锡新区通过上升为国家级物联网示范中心，拥有各类物联网独立研发机构 32 家。截至 2012 年底，新区物联网技术申请的专利达到 2565 件，其中发明专利 1415 件，授权 507 项，发明专利授权 111 项，形成新产品 52 项。报批发布国家标准 3 项，国际标准 2 项，新增立项 2 项。其中，无锡物联网产业研究院已发布 2 项国内际准、3 项国际标准草案、1 项行业标准，报批 6 项国内标准，3 项国内标准征求意见中，正在制定 4 项行业标准。无锡新区累计参与制定国家标准 8 项，国际标准 6 项，行业标准 16 项。攻克物联网产业的核心关键技术近 50 项，其中无锡清华物联网技术中心的“基于非测距的无线网络定位理论与方法研究”项目荣获国家自然科学奖二等奖。

（2）在科技知识交流方面。无锡新区形成了智能工业和智能安防产业联盟、感知中国产业联盟。启动会员单位已近千家，组织 91 家企业参加第三届物联网博览会，参展展品近 300 项，承办 2012 中欧嵌入式网络系统峰会等论坛峰会。

（3）一批产学研合作项目推动的市场化活动：清华大学与威海集团合作的北洋清安，成电科大孵化的术有、昶达，上海交大孵化的波汇、联河光子等一批产学研合作企业于上半年开始实际运营。

（4）一批重点企业的示范项目取得了初步的市场推广成效。感知物联集团天津河东区嘉华小区物联网应用项目、嘉华大厦数字监控系统项目、天津机场安防系统建设项目成功签约。江苏物联网研究发展中心与市公安局签署公安物联网应用示范项目合作协议；中国移动物联网研究院电动车远程防盗产品全国用户突破百万辆，无锡地区突破十万辆；国网电科院物联网技术中心智能电网在梅村的传感器网络应用示范项目目前进入验收阶段。截至 2012 年年底，无锡新区实现物联网产值 347 亿元，其中营业收入超过 10 亿元的企业有 12 家，超过 2000 万元的企业有 80 家。

五、主要结论及要进一步研究的问题

在构建物联网区域创新系统的过程中，无锡政府通过制度创新和组织创新建立了知识创新及产业化的价值网络，从而形成了服务产学研合作的政策体系及功能子系统。

（一）结论

基于对无锡市以物联网产业为主导的区域创新系统建设的回顾，本章的主要结论是：

（1）科技型创业者、大学及科研院所的引入是无锡市构建区域创新系统的关键。在物联网产业启动和发展的过程中可以看出，无锡之所以能够建立和强化企业与大学的产学研合作关系，是因为无锡市政府不断吸引创业型科技人才、大学及科研院所集聚到无锡开展创新创业活动。创新创业活动的开展不仅使区域不断吸引科技创新资源，完善区域内知识研发及产业化的能力，而且能够推动政府制定相适应的创新政策。

（2）创新政策的制定是一个不断演化的过程。创业型科技人才、大学及科研院所能够在无锡开展创新创业活动，是因为无锡政府制定创新政策吸引区域内其他主体与科技型创业者建立合作关系而形成的。但由于互动合作关系的形成具有不确定性，因此无锡市政府在创新政策的制定上无法简单地通过模仿其他地区的经验，而是通过不断的试错和学习，逐渐构建起来适用于本地区主体之间自组织形成的知识创新及产业化的价值网络。

（3）知识创新及产业化的价值网络驱动区域创新系统的形成。无锡形成了知识创新及产业化的价值网络，从而使不同功能类型的创新中介组织聚集到了科技型创业者的周围。在与不同功能类型的创新中介组织的交流互动中，无锡形成了不同新交流内容的交流规则。根据这些新生成的不同类型的交流规则，无锡形成了不同功能的创新子系统。这些创新子系统的涌现推动无锡形成了区域创新系统。

（二）需要进一步研究的问题

本章以无锡为例，考察中国经济如何从要素驱动向创新驱动型经济的转型。与要素驱动型经济相比，创新驱动首先表现为以新兴产业发展和现有产业升级为导向的经济结构调整和演化过程。作为后发国家，经济转型和产业结构调整滞后背后的关键因素是创新生态系统的系统失灵。因而，在经济转型和产业结构调整过程中，发展创新驱动型经济的重心是创新生态系统的培育。

无锡通过构建以“530”计划为核心的创新生态系统，在推动新兴产业发展的同时，带动传统产业的升级，成为率先建立创新驱动型经济的典范。当然，从实际运行的情况看，对无锡的经济转型同样存在着诸多争议。其中政府主导的创新生态系统建设成为争议的焦点。尽管取得了巨大的成就，从可复制和推广的视角看，如何完善无锡的经验仍然是一个值得深入探讨的问题。

第九章

战略性新兴产业发展中的商业模式创新*

战略性新兴产业的启动和发展不仅仅是技术创新过程，而且是与新兴技术商业化相匹配的商业模式创新过程。正如管理学大师彼得·德鲁克所说："当今企业之间的竞争，不是产品间的竞争，而是商业模式之间的竞争。"①不同于传统产业的商业模式创新，新兴产业商业模式创新是创新主体构建全新商业模式的过程。本章借鉴复杂适应系统理论，在相关理论研究的基础上提出，商业模式由主导逻辑、策略组合和价值网络三个核心组成，创新主体的商业模式创新过程包括市场机会识别、试错、主导商业模式的建立、新进入者模仿和新兴产业中主导商业模式确立五个阶段。

第一节　理论探讨

新兴产业发展是创新主体利用新技术开发新产品并将新产品产业化以满足新市场需求的过程。其中，利用新技术开发出新产品属于技术创新过程，而新产品的产业化以满足新市场需求则属于商业模式创新过程。因而，新兴产业发展不仅包括技术创新过程，而且包括商业模式创新过程。

* 本章是对包括山东在内的新能源汽车产业调研基础上完成的。本章作者为张长令。

① [美] 德鲁克．德鲁克日志 [M]. 上海译文出版社，2006.

在新兴产业发展的整个过程中，前期以技术创新为主，后期则以商业模式创新为主。

一、商业模式创新与新兴产业的兴起和发展

对新兴产业的现有研究大多强调技术创新，而忽略商业模式创新。例如，Foster（1986）的 S 曲线强调新技术的生命周期和技术创新，A-U 模型虽然强调产品创新和工艺创新，但不管是产品创新还是工艺创新，都是技术创新的某种形式。因为对商业模式创新的忽视，现有产业研究无法完整地揭示产业发展的内在逻辑和规律。

与 Foster（1986）的 S 曲线和 Abernathy 与 Utterback（1978）的 A-U 模型仅仅强调技术创新不同，Christensen 在讨论破坏性创新的过程中，开始把商业模式创新纳入到产业发展理论中来。Bower 与 Christensen（1995）首先界定了维持性技术（Sustaining Technology）和破坏性技术（Disruptive Technology）。① 其中，维持性技术是指对主流消费者所重视的产品性能进行改进的技术创新，即使现有产品性能变得更好的技术创新。而破坏性技术则是指使主流消费者所重视的某些产品性能变得更差的技术创新，即使现有产品性能变得更差的技术创新。Christensen 与 Raynor（2003）将破坏性技术与商业模式创新结合在一起，提出了破坏性创新理论（Disruptive Innovation Theory）。② 根据该理论，破坏性创新是这样一个过程：进行破坏性创新的企业（又称破坏者）不是向现有市场的消费者提供更好的产品，而是引入比现有产品性能更差的产品（又称破坏性产品）。破坏性产品一般具有使用简单、便捷和低成本等特点，对新的或不太挑剔的消费者具有吸引力。在技术进步的速度超过消费者使用技术的能力的情况下，破坏性产品的性能会得到充分改进，从而与现有市场上主流消费者的需求相符，破坏者最终击败现有市场上的主导企业，成功实现破坏性创新。

---

① 克里斯滕森，安东尼，罗恩著．远见：用变革理论预测产业未来 [M]．北京：商务印书馆，2006.

② 克莱顿·M. 克里斯坦森，迈克尔·E. 雷纳．困境与出路：企业如何知道破坏性增长战略 [M]．北京：中信出版社，2004.

然而，破坏性创新理论虽然同时强调破坏性技术创新和商业模式创新，但破坏性技术一般都发生在成熟产业。因而，破坏性创新理论强调的商业模式创新同样是成熟产业中的商业模式创新。从新兴产业的发展的过程看，商业模式创新常常发挥着更加重要的作用。

以计算机产业为例，1964 年美国计算机产业随 IBM360 系统的诞生而引入模块化，由此带来了系统的结构性创新。模块化创造了一个开放式创新环境，创新活动异常活跃，创新竞争激烈，且技术呈现多层次演进趋势。20 世纪初，科技的迅猛发展带来了繁重的数据处理要求，尤其是来自军方的紧迫压力和全力支持，促成了美国第一台电子计算机 EN IAC 的诞生。这一时期技术变革的力量主要来自于政府。在第一台电子计算机 EN IAC 的研制中，美国军械部面对种种质疑，果断与莫尔学院签订了 50 万美元的研制合同，为第一台计算机研制提供了可靠的资金保证。

在同期计算机研制中，美国军械部对待 EN IAC 方案的态度同德国政府对待许莱尔·朱斯方案的态度截然相反，因而美国率先研制成功第一台计算机。在随后的发展中，技术从军用转向民用，主要变革力量来自企业组织惯例。例如，20 世纪 60 年代美国的计算机基础研究比苏联落后至少 5 年，而计算机应用水平则比后者先进。其中的重要原因是美国实行的是完全的市场经济，市场的一批大企业如 IBM 公司，能够及时捕捉计算机产品的市场价值，并敢于在承担市场风险的前提下展开产品的开发和市场化推广。

当计算机逐渐产业化之后，非兼容机在研制与使用过程中的种种弊端迫切要求产品结构变革。企业的技术惯例再次发挥作用，IBM 公司运用在制表机设计和制造中的模块化结构设计和研发计算机。模块化把设计和制造任务分开，以实现大批量、低成本制造。IBM 公司沿袭了以往在研制制表机中的模块化设计范式，于 1964 年推出 IBM360 兼容机，这是计算机产品的重大结构创新。

自计算机开始产业化以来，计算机产业的通行做法一直都是由制造商生产计算机，然后再分销给经销商和零售商，由他们卖给最终消费者。从 IBM 公司到苹果计算机公司，都是沿袭这种做法。传统的销售方式虽然可以充分利用专业化销售力量，同样存在着严重缺陷，即消费者只能在有限的标准化产品系列中选择所需要的产品，制造商与消费者之间不存在直接联系，消费者的需求信息无法直接反馈给制造商以改进产品和服务。同时，向消费者销售计算机的经销商和零售商由于没有设计和制造能力，无法满足消费者的定制要求。更为重要的是，由于产品从制造商到最终消费者要经过多级分销环节，在销售渠道会产生大量库存，在计算机产业技术和顾客需求快速变化的条件下，传统销售模式大大增加了库存贬值的风险和压力。

戴尔公司的直销商业模式创新从根本上改变了电脑产业通行做法所遇到的困境，并且成为其超越竞争对手的关键所在。这种模式的特点表现为：产品从制造商直接到最终用户，没有中间环节，制造型企业将物流和售后服务外包，将主要精力集中于自己的核心业务。以直销为核心特征的商业模式创新，不仅使戴尔有了成本和价格方面的优势，也使它可以生产出更能满足客户需要的产品，提供直接的、更好的服务，这大大促进了计算机产业的发展。

从计算机产业发展的过程可以清晰地看到，技术创新仅仅是产业发展的一个维度，以模块化和直销为代表的商业模式创新同样发挥着至关重要的作用。在新兴产业的兴起和发展过程中，尤其是在产品的市场化推广和普及的过程中，商业模式创新是产业发展的关键因素。

二、商业模式的创新和演化

（一）商业模式的概念

虽然学术界对商业模式的研究成果颇丰，但学者们对商业模式的看法可谓是众说纷纭，至今未能形成一个被广泛认可的商业模式的定义。但由于学者们大多在特定背景下对特定研究对象进行研究，因而他们对商业模式的定义是不同的。笔者在对大量有关商业模式定义的文献进行梳理的基础上，得到了一些比较流行的商业模式的定义。

Timmers（1998）认为，商业模式是一种产品流、服务流和信息流结构，这种结构包括三种描述：（1）对业务参与者及其作用的描述；（2）对各种业务／商业参与者潜在利益的描述；（3）对获取收益的资源的描述。[①] Amit 和 Zott（2001）认为，商业模式是一种特定交易的内容、结构和治理。[②] 这种特定交易通过利用商业机会来创造价值。基于交易和活动相联系的事实，Zott 和 Amit（2011）进一步发展了商业模式的定义，将商业模式定义为超越核心企业、跨越核心企业边界的一系列相互依赖的活动组成的系统。[③] Chesbrough 和 Rosenbloom（2002）认为，商业模式是一种将技术潜力与经济价值的实现链接起来的启发式（heuristic）逻辑。[④] Faber（2003）将商业模式定义为"企业网络设想的通过利用技术机会创造和获取价值的方式。"Osterwalder（2004）使用本体论的方法对商业模式进行研究，并将商业模式定义为"包含一组元素及元素间相互关系的概念性工具，这种工具表达了企业赚钱的逻辑。"这个定义描述了企业为一个或多个细分消费者群体提供的价值，该企业的结构以及该企业用来创造价值、营销价值、传递价值和关系资本，以便产生可获利的、持续的收益流的合作者网络。Shafer 等（2005）认为，商业模式表现为企业在价值网络中创造和获取价值的潜在核心逻辑和策略选择。[⑤]

Schweizer（2005）基于类型学视角，从三个维度对商业模式进行了定义，认为商业模式包含价值链构建、创新者和互补性资产拥有者的市场力量对比，以及潜在总收益。Morris 和 Schindehutte（2005）认为，可以从三个层次上来定义商业模式：在最基本的层次上，商业模式是一种企业如何赚钱和如何长期维持其利润流的陈述；在操作层面，商业模式是能

① Timmers，P. Business models for electronic markets. Electronic Markets，1998，8（2）：3–8.

② Amit，R.，& Zott，C. Value creation in e-business. Strategic Management Journal，2001，22：493–520.

③ Zott，C.，& Amit，R. Business Model Design and the Performance of Entrepreneurial Firms. Organization Science，2007，18（2）：181–199.

④ Chesbrough，H. W.，& Rosenbloom，R. S. The role of the business model in capturing value from innovation：Evidence from Xerox Corporation's technology spinoff companies. Industrial and Corporate Change，2002，11：533–534.

⑤ Shafer，S. M.，Smith，H. J.，& Linder，J. The power of business models. Business Horizons，2005，48：199–207.

够创造和维持竞争业务（商业）的相互依赖的关键系统的设计；在策略层面，商业模式强调企业进行市场定位、组织边界间的相互作用以及增长机会的总体方向。在此基础上，他们提出了商业模式的概念，指出商业模式是对经营策略、决策和经济领域中一套相互联系的决策变量如何表达/安排以便在定义的市场中创造竞争优势的一种简洁表达。Johnson 等（2008）认为商业模式由消费者价值主张、（企业）盈利构想、利润配方、核心资源和核心程序等四个相互交织的元素构成，它们一起创造和传递价值。[①] Teece（2010）认为，商业模式阐述了支持消费者价值主张的逻辑、数据和其他相关证据，以及企业传递该价值的可行的成本和收益结构。[②]

Geore 和 Bock（2009）认为，虽然商业模式的概念非常混乱，但商业模式构建和实证研究中，诸如策略选择、资源积累和创新等组织方面的研究比较集中。因而，可以从组织理论的角度将商业模式的概念（对商业模式的理解）分为六个大类：即（1）商业模式的组织设计；（2）商业模式的企业的资源基础观；（3）商业模式的叙述和意义建构；（4）商业模式的创新本质；（5）商业模式的机会本质；（6）商业模式的交易结构。

（二）商业模式的构成

在早期的研究中，学者们往往把商业模式分成一些具体的元素，如服务和产品创新、参与者、参与者之间的关系、信息和应用结构，以及信息和价值交换等。Alt 和 Zimmerman（2001）认为，在商业模式的定义中已经显示了一些共同的元素，主要包括：（1）使命：决定了总体愿景、策略目标和价值主张，也决定了产品和服务的基本特征。（2）结构：这与参与者在特定的商业环境（某个价值链或价值网络）、特定的细分市场、消费者和产品中所起的作用有关。（3）程序：将商业模式的使命和结构客观、忠实地翻译成具体的操作术语。（4）收益：在中长期需要的投资、成本结构以及产生的收益。Afuah 和 Tucci（2001）将商业模式看作一个由若干

① Johnson, M. W., Christensen, C. C., & Kagermann, H. Reinventing your business model. Harvard Business Review, 2008, 86 (12): 50-59.

② Teece, D. J. Business models, business strategy and innovation. Long Range Planning, 2010, 43 : 172-194.

组部件（包括价值、收入来源、价格、相关活动、执行能力和可持续性等）、相互关系及相关技术构成的系统。Mahadevan（2000）强调（商业模式是由）价值创造、收益和物流（构成的）。就买方而言，价值创造意味着减少搜索和交易成本。而卖方可以通过减少与消费者、促销和交易成本相关的成本，从缩短周转时间和提高周转率中获益。在因特网上引入各种中介方都被认为会增加供给方和需求方的价值流。Mahadevan（2000）认为，这会形成良性循环，并最终在虚拟社区中物化。这些社区将使包括企业、消费者、市场开辟者和门户服务器在内的所有参与者都获利。Osterwalder 和 Pigneur（2002）在给出商业模式定义时，其方法更系统。在企业应该提供什么、它的目标客户是什么、怎样实现目标和将赚取多少收益等问题的基础上，他讨论了四个基本要素：如：①产品创新和隐含的价值主张；②消费者管理，包括对目标消费者、渠道和消费者关系等方面的描述；③基础管理、能力和资源、价值配置、价值网络、合作关系等；④财务方面，包括收入模式、成本结构和利润等。

在对一系列不同的商业模式概念进行比较和广泛回顾商业模式和服务方面的文献、（移动通信和互联网）价值链和组织网络方面文献、财务和 IT 投资方面文献以及大量案例分析、案例研究（移动电话、互联网和电子商务）白皮书等基础上，Haaker 等（2004）区分了一些一般的商业模式部件，主要包括：（1）服务单元 / 领域：对价值主张（服务交付的增值）和服务交付针对的细分市场的描述。（2）技术单元：对创造和分布服务交付的多主题、企业内和企业间价值网络的描述，已经对焦点企业在该价值网络内位置的描述。（3）财务单元：对从某种特定服务交付中获取收益的价值网络方式和价值网络内不同主题之间风险、投资和收益分配与分担的描述。

Johnson 等（2008）认为，商业模式由消费者价值主张、利润配方、核心资源和核心程序等四个元素构成，它们环环相扣，共同创造和传递价值。

Viscio 和 Paternack（1996）认为，商业模式包含了五个元素：全球核心（有五个关键目标：识别、战略领导、能力、控制目标和资本目标）、业务单元、服务、治理和链接。该定义不仅定义了商业模式的个体元素，还定义了商业模式的整体元素。从个体和整体两个方面对元素进行定义，这表明商业模式除了在个体上产生价值之外，还产生一种“系统上的”价值。这种系统价值确定了什么应该在组织之内和什么应该在组织之外。它还有助于为从每个元素中获取的期望绩效确立标准。

Hamel（2000）指出，商业模式概念的元素和商业模式的元素是相同的。商业模式是付诸实践的商业模式概念。[①] 简单来说，商业模式概念包含四个主要部件：核心策略、策略资源、消费者界面和价值网络。在这些组件之间发挥媒介作用的是三个元素，即消费者利益、能力配置和企业边界。它们将这些组件链接起来，并使之相关联。

Schmid 等（2001）区别了一个商业模式的六种一般元素：使命、结构、程序、收益、法律（合法化）问题和技术。在设计一种商业模式并应用其框架时，Schmid 等（2001）强调，所有六个元素及其各自元素的动态演化都要考虑。Voelpel 等（2004）认为，商业模式的一般元素包括：①新的消费者价值主张，这也会涉及新的消费者群体；②为了进行该价值创造，所需要的价值网络重构；③保障其他利益相关者满意的领导能力。

1. 主导逻辑

一些学者认为商业模式是一种主导逻辑，也就是说，企业的商业模式主要由主导逻辑构成。Prahalad 和 Bettis（1986）在研究（业务）多元化和企业绩效之间的关系时最先提出了主导逻辑的概念，将主导逻辑定义为经理们将业务概念化并进行重要资源分配决策的方式。Prahalad 和 Bettis（1986）指出，企业的高层管理是对企业管理方式产生重要影响的“关键个体的集合”（例如，一个决策阶层）。这些个体的集合在很大程度上影响管理的方式和程序，进而影响关键资源的配置选择（Donaldson 和 Lorsch，1983）。企业内的事情是通过先前存在的知识系统处理的。这些系统代表了基于经理们的个人经验而在长期内形成的信念、理论和命题 / 意见，它们还被称为方案 / 模式（Schema）。组织模式主要是经理们在特

① Hamel，G. Leading the revolution. Boston：Harvard Business School Press，2000.

定企业或产业中进行经营管理时对其经验进行阐释的结果。模式使经理们迅速地、有效率地将某一事件分类，评价其结果，并考虑采取合适的行动（包括什么也不做）。如果没有模式，当需要在大量模糊和不确定的情况下进行分析时，经理及其所在的组织将最终瘫痪。换句话说，经理们需要有选择地对环境进行扫描，以便及时地做出决策（Hambrick，1982）。对将要被扫描的环境元素的选择有可能受到该模式的影响。不幸的是，对于某个组织及其所处环境来说，模式并不是绝对可靠的向导。事实上，一些模式是事件的一种非常不准确的表现，特别是当条件发生变化时。并且，模式常常不能准确标记事件。有时候，事件是通过不准确的或不完全的知识结构处理的。Kiesler and Sproul（1982）指出，经理们在其对事件的心智表征上进行经营管理，而这些心智表征很可能是基于历史环境的，而不是基于当前环境的。

Linder 和 Cantrell（2000）最早将主导逻辑用于商业模式，认为商业模式是经济主体进行价值创造的核心逻辑。[①] Linder 和 Cantrell（2000）将商业模式分为两种形式，一种是运营的商业模式（Operating business model），另一种是变化的商业模式（Change Model）。

运营的商业模式。运营的商业模式是真实的商业模式，也就是我们通常所说的商业模式，它是企业创造价值的核心逻辑。对于一个利润导向的企业来说，运营的商业模式解释了该企业如何赚钱。

变化的商业模式。与运营的商业模式相比，变化的商业模式更进一步。变化的商业模式描述企业适应动态环境的机制。因而，变化的商业模式一个企业随时间变化在动态的环境中进行改变以能够持续获取利润的核心逻辑。

Shafer 等（2005）认为，核心逻辑是商业模式的一部分。他们指出，商业模式表现为企业在价值网络中创造和获取价值的潜在核心逻辑和策略选择。并且，核心逻辑表明一个精巧的商业模式有助于明确阐述策略选择

① Linder，J.，& Cantrell，S. Changing business models：Surveying the landscape. Working paper，Accenture Institute for Strategic Change，2001.

的因果关系和内部一致性的关键假设。

2. 策略

一些学者认为策略是商业模式的一部分或一个组件，还有学者认为策略不同于商业模式，并对两者进行了区分（Shafer 等，2005；Teece，2010；Seddon and Lewis，2003）。Chesbrough 和 Rosenbloom（2002）追溯了策略的理论渊源。他们指出，Alfred Chandler 在其 1962 年的著作《策略和结构》中第一次对现代产业组织的增长和变化进行了系统阐述和比较说明。他解释了增长策略中隐含的多元化挑战如何要求企业管理层有想象力的反应。

Ansoff（1965）将《策略和结构》中的思想应用到了企业策略的应急概念（emerging concept）上。他将策略视为一种企业为匹配其所处环境造成的机会和威胁而自觉实行的计划。Andrew（1971）是最早对商业策略和企业策略进行区分的学者之一。他指出，商业策略是业务多元化的企业在部门或生产线管理中做出的产品市场选择，而企业策略是商业策略的扩展集。“企业策略”像商业策略一样，都定义了产品和市场，并且会对企业走向不确定的未来的过程起决定作用。一个企业可能只有一个企业策略，但这个企业策略可以包含若干商业策略。因而，企业当前的业务可能会影响它未来的业务选择。

一些学者探讨了商业模式和策略的关系。Seddon and Lewis（2003）研究了商业模式和策略的差别。Seddon 和 Lewis（2003）首先指出，哈佛大学的学者们对策略的研究最具代表性。他们提出的策略概念经历了从 20 世纪 60 年代（Andrews，1971）的 SWOT（Strengths 优势，Weakness 劣势，Opportunities 机会，Threat 威胁）分析到当前来自产业组织经济学和组织经济学的深刻洞察力的观点的演变。他们还指出，波特是这些学者的代言人。根据波特的观点，策略涉及定义企业在市场中的长期位置、对企业需要还是不要向消费者提供价值进行艰难的权衡、利用企业用来将价值传递给消费者的“活动系统”的各个部分打造难以复制的适应等内容，所有这些都是为了获得较高的投资利润率。波特提出了用三种图示法对策略进行阐述。

之后，Seddon and Lewis（2003）考察了 Magretta（2002）[①]、Weill and Vitale（2000）和 Applegate（2000，2003）三位学者给出的"商业模式"的权威定义，认为商业模式是对企业策略某些方面的抽象表征（abstract representation）。这里的"策略"是波特定义的策略。

Magretta（2002）认为，商业模式与策略不是一回事。商业模式描述了企业的各种业务如何拼装成一个系统，但这些业务并没有将竞争这种重要的性能维度纳入。而策略的职责是处理现实问题。

Seddon and Lewis（2003）指出，企业的策略是特定的、专门针对该企业的。相比而言，可以将商业模式看作对企业策略的抽象，相同的商业模式还可以应用到其他企业。同样，企业策略可以被任意数量的商业模式表示。

Shafer 等（2005）指出，商业模式不是策略。Shafer 等（2005）认为，策略有时被看作是一种随时间变化而做出选择的模式。更多情况下，策略被认为是一种前瞻性的感觉。

Teece（2010）探讨了商业模式、策略和竞争优势的关系。他认为，商业模式比策略更一般。为了保护通过新的商业模式设计和执行获得的竞争优势，将策略分析与商业模式分析相结合是必要的。将竞争优势分析与商业模式设计偶合时，需要分割市场，然后为每个细分市场创造一种价值主张，设立传递这种价值的设备，并需要考虑用来阻止其他竞争者通过模仿或由于消费者的非中介化而破坏该商业模式和策略的各种"隔离机制"。

3. 价值网络

在对商业模式进行研究之前，就有学者专门对价值网络进行了研究，并形成了一些有影响的研究成果。为了对破坏性技术进行研究，Christensen（1997）提出了价值网络的概念，认为价值网络是企业识别用户需求并做出反应、解决问题、获得投入、对竞争者做出回应并努力创造利润的环境。Christensen 和 Raynor（2003）进一步强调，价值网络是指

① Magretta，J. Why business models matter. Harvard Business Review，2002，80（5）：86–92.

一指环境，企业在此环境内确立自己的成本结构和经营流程，为了对每类顾客的共同需求做出有利的反应，企业需要在该环境中与供应商和销售渠道合作伙伴进行合作。

Allee 对价值网络进行了系统研究。Allee（2001）首先对知识经济时代价值创造的背景进行分析。她指出，知识经济时代的关键问题是“怎样创造价值”。这个问题的传统答案是“通过价值链”来创造。然而，价值链模型是基于工业时代生产线的一种线性的、机械的商业模型。这种机械的模型过于简单，在用来理解知识经济时代价值的复杂性时是不足的。并且，很多用来分析商业关系的方法并没有考虑将知识和无形价值交换的作用作为新兴的网络化企业的基础。虽然学术界对知识经济的兴趣越来越浓，但智力资本和无形资产并没有被纳入到商业模式中。结果，试图理解价值网络的努力常常更混乱，而不是更清晰。然而，在知识经济时代创造成功的商业模式的关键在于理解价值网络的动力。

在此基础上，Allee（2001）将价值网络定义为一种通过两个或更多个体、团体和组织之间的复杂动态交换（exchange）而产生经济价值和其他收益的关系网络。任何涉及有形交换和无形交换的组织或组织群体，不管它们是私营产业（private industry）、政府还是公共部门，都可以被看作价值网络。价值网络通过两种基本类型的交换媒介进行交易，一种是有形的价值交换，另一种是无形的价值交换。价值网络的目标是为其参与者创造经济成功或其他价值（利益）。价值网络的参与者通过将它们的专业技和知识转化成对网络中其他成员有价值的有形和无形的交付物来参与到价值网络之中。在一个成功的价值网络中，每个行动者或参与者都贡献价值并获得价值，它们以这种方式维持它们自己和整个价值网络的成功。当这种方式行不通时，参与者就会退出价值网络，或被驱逐出价值网络，并且，整个价值网络变得不稳定，也可能瓦解或重组。

一些学者认为，商业模式需要通过价值网络创造价值和获取价值。还有一些学者认为，价值网络是商业模式的一个组件。

Hamel（2000）是最早对商业模式和价值网络的关系进行研究的学者之一。Hamel（2000）指出，在“变革的时代”，企业需要创造新的商业模式来实现价值的创造和获取，但价值创造和获取不是真空中发生，而是在价值网络中发生的。他进一步指出，以企业为核心而构建的价值网络是商业模式的四个组件之一。价值网络的元素主要包括供应商、合作者、销售渠道和拓展企业资源的联盟。价值网络的作用是补充和放大该企业的资源。价值网络的设计和管理是商业模式创新的重要内容。

与 Hamel（2000）类似，Shafer（2005）认为，商业模式是企业在价值网络中创造和获取价值的潜在核心逻辑和策略选择的反映。Zott 和 Amit（2009）认为，企业的商业模式是一个由相互独立的、超越焦点企业及穿越其边界的一系列活动组成的系统。这种由活动组成的系统使焦点企业与其合作者配合，从而创造价值并合理分配价值。从本质上说，Zott 和 Amit（2009）强调的活动系统其实是一种创造和分配价值的网络，即价值网络。可见，Zott 和 Amit（2009）认为，企业的商业模式是一种价值网络。

总的来说，学者们对商业模式组成的观点主要集中在三个方面，即认为商业模式是一种主导逻辑、一种策略选择和价值网络。

在对之前学者的研究成果进行梳理的基础上，本章给出商业模式的定义：商业模式是特定市场环境下经济主体创造价值和获取价值的主导逻辑、策略组合、价值网络及其相互作用方式的总称。

这个定义包括三个层次的含义：

首先，商业模式是经济主体在特定市场环境中创造价值和获取价值的方式。

其次，经济主体的商业模式包含主导逻辑、策略组合、价值网络这三个基本元素。

最后，经济主体的商业模式不是静态的、一成不变的，而是动态的、随着外部市场环境的改变不断发生变化的。这种动态变化不仅表现为主导逻辑、策略组合、价值网络这三个基本元素之间的相互作用，还表现为经济主体在适应外部市场环境过程中对其商业的基本元素及它们之间相互作用方式的改变。

其中，主导逻辑仅仅是一种商业模式的概念，而特定市场环境下经济主体创造价值和获取价值的主导逻辑、策略组合、价值网络及其相互作用方式才是现实经济商业模式。

商业模式创新即形成了新的商业模式。对于成熟产业来说，商业模式创新可能是从某种程度上改变了原有商业模式的一个或几个基本元素。而对于新兴产业来说，商业模式创新往往意味着商业模式所有基本元素的根本改变。

（三）商业模式的演化

近年来，学者们开始对商业模式的形成和演化过程进行研究。有的学者研究了商业模式形成和演化的整个过程，有的学者只研究了商业模式形成和演化的某个特定阶段。

Cavalcante 等（2011）将商业模式定义为支撑企业完成其业务所必需的核心重复标准过程（core repeated standard processes）发展的基本原理的抽象。其中，核心重复标准过程是指一套为达到事先制定目标而重复执行的相关活动。他们指出，并不是所有的组织变化都会引起商业模式的改变，只有影响商业模式的核心重复标准过程的变化才会引起商业模式改变。在此基础上，他们将商业模式变化分为四种类型，即商业模式创造、商业模式扩张、商业模式校正和商业模式终止。

（1）商业模式创造。商业模式创造是指将商业理念物化为新企业，也就是筹备并运作一个新的商业模式。商业模式的初始理念存在于创业主体的意识之中，在付诸实施之前一般会经过几次修改。在这种情况下，没有可以利用的之前就有的工作实践或重复标准过程来实施该商业模式。

（2）商业模式扩张。从根本上说，商业模式扩张是指增加现有商业模式的活动，或拓展现有商业模式的现有核心过程。这个阶段的主要特点是活动的增加。商业模式扩张的关键驱动力是为扩大现有业务探索机会并利用相关的商业机会。

（3）商业模式校正。商业模式校正是指去掉一些改变现有商业模式的东西，并用一种新的过程来替代它们。校正意味着干预现有过程，而干预现有过程意味着按照不同的方向运营，或探索新的运营方式。

（4）商业模式终止。商业模式终止是指将商业模式舍弃或移除的过程。商业模式终止可能是停止一个业务领域或单元（假定该业务单元有自己的商业模式），也可能是关停整个企业。

Günzel 和 Wilker（2009）从商业模式生命周期的角度分析了以服务为最终产品的商业模式演化的过程。他们指出，商业模式从商业理念到建立企业的发展过程可以分为几个不同阶段。这种分阶段的商业模式有助于理解由于创新或改变以及创新或改变对企业策略或商业模式影响而产生的竞争格局演化。他们分别从四个角度考察了商业模式的阶段，即技术服务发展、创业和商业计划、创新采用和创新扩散、营销。在此基础上，他们将商业模式演化的过程分为三个主要阶段：机会识别阶段、企业创建阶段和市场阶段。其中，市场阶段又分为市场提供、市场成熟和市场下降等子阶段。

现有理论和概念准确描述了关键商业模式组件和市场结构已经被确认和广泛接受条件下的商业模式发展和实施。已知的市场规则、规范、结构和现有企业及价值链组件的假定与交易成本理论经济学理论（TCE）是一致的，几乎所有的商业模式定义都是以这种假定为基础的。按照交易成本经济学的宗旨，通过建立能够最大化交易效率的企业和价值链合作者之间边界和设计商业模式，可以节省交易成本。这些商业模式定义是探讨确定市场中商业模式组件的最优安排的实证研究的动力，但这些研究都忽略了商业模式发展的一个关键元素，即清晰的和被广泛接受的市场规则、规范和边界建立之前的阶段。

为了弥补已有研究的这种不足，Holloway 和 Sebastiao（2010）研究了新兴市场中的商业模式形成与演化，指出商业模式和新兴市场的共同演化是创业主体通过实现（Effectuation）[①] 和市场驱动将其利益与其利益相关者网络相匹配的过程。

正如 Christensen（2003）所说，新兴市场没有包含足够的结构和可辨别的信息以供传统市场潜力分析；显然，我们也不能准确确定开发这种不确定潜力的最优策略。Sarasvathy（2001）、Sarasvathy 和 Dew（2005）提

① Sarasvathy（2001）最先提出实现的概念，认为实现过程是将一套方法当做给定，集中精力从由这套方法创造的可能效果中进行选择。

出了一种关于创业主体在高度不确定性和信息不充分的条件下开发商业模式和市场的解释。[①②] Sarasvathy 和 Dew（2005）认为，新市场创造是创业主体通过实现进行商业模式试验的结果。实现的基本假设是，创业主体避开基于可估计的风险和投资等级的预期收益分析，而是选择利用给定方法可以产生的可能效果（Sarasvathy，2001）。当新市场出现的时候，创业主体可能会分析所有可能的资源安排和市场机会，这是因为他们的认知是有限的，并且，他们有着不同寻常的动机（Sarasvathy 和 Dew，2005）。在面对很多机会的时候，创业主体开始利用它对市场的初始假设开发与这种假设相匹配的商业模式。通过很多对其市场假设进行测试和参与利益相关者网络的反复过程，次序开始出现，从而催化出商业模式和创造出新市场。

为了更科学地解释新兴产业商业模式的创新和演化，本章引入复杂适应系统理论分析商业模式如何适应技术和市场的变化创新和发展的机制。

复杂适应系统的适应机制就是复杂适应系统对外部环境适应的过程。从本质上来说，复杂适应系统的适应机制主要涉及该系统在其所处环境下对其自身结构的持续修改。通过这种持续修改，复杂适应系统能够使其自身更好地适应外部环境（见图 9-1）。

适应过程中，复杂适应系统对其自身结构的改变是通过一系列的操作组合来实现的。而这一系列的操作组合及其变化又是由特定因素控制的，我们将这些控制因素称之为复杂适应系统的适应程序。适应程序之所以重要，是因为复杂适应系统所处的外部环境存在初始不确定性。也就是说，复杂适应系统不能对当前环境进行准确把握。由于这种初始不确定性，适应程序对什么样的结构最适应的信息是不完全的。为了减少这种不确定性，适应程序需要在环境中测试不同的结构，以便获取必要的信息，从而

① Sarasvathy，S.D. Causation and Effectuation：Toward a Theoretical Shift from Economic Inevitability to Entrepreneurial Contingency. Academy of Management Review，2001，26（2）：243–263.

② Sarasvathy，S.D.，& Dew，N. New Market Creation through Transformation. Journal of Evolutionary Economics，2005，15：533–565.

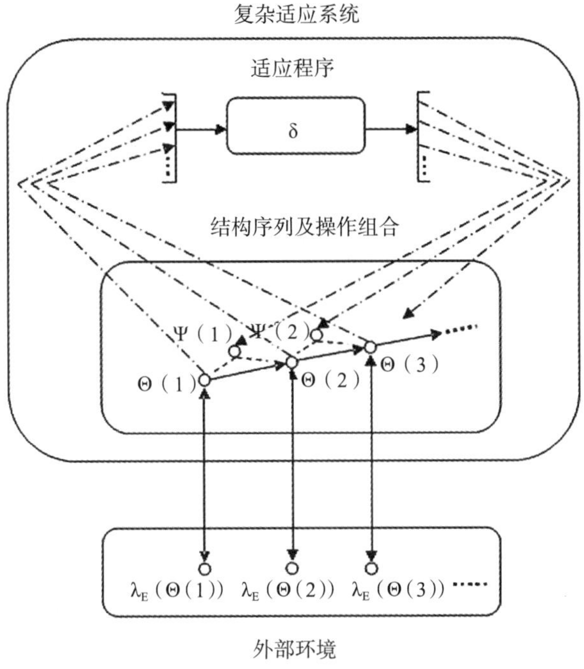

图 9-1　复杂适应系统适应外部环境的机制

对外部环境进行把握。

在适应过程的每个阶段，复杂适应系统会根据其当前的结构在环境中的表现，来确定如何对其自身结构作进一步调整。通过这种调整，复杂适应系统能够得到更好的、更能适应外部环境的结构，这就是复杂适应系统的适应性，又称适应能力。复杂适应系统的适应性是由该系统的适应程序决定的，复杂适应系统的适应程序越完善，则其适应能力越强。此外，什么样的结构可以用来响应环境，以及什么样的结构可以通过实施可能的操作组合来实现，都是由适应程序决定的。可见，适应程序还决定了操作组合和结构的行动域。

复杂适应系统对外部环境的适应机制如图 9-1 所示，为阐明这种适应机制，本章做出如下假定：

（1）假定外部环境具有初始不确定性，则复杂适应系统在进入该环境时，其信息是不完全的，并不清楚哪种结构最适应该环境。

（2）假定复杂适应系统通过其在外部环境中的表现来获取当前外部环境的信息，并根据所获得的信息来进行下一步的操作。

（3）假定在复杂适应系统适应外部环境的过程中，外部环境不发生变化。则随着适应过程的不断推进，复杂适应系统对外部环境的信息越来越完备。

（4）假定复杂适应系统具有较强的适应能力，则复杂适应系统能够迅速对外部环境进行响应，并能够根据其在外部环境中的表现快速对其自身结构进行调整，以便更好地适应外部环境。假定某个时刻复杂适应系统在外部环境中的表现是由复杂适应系统当前从外部环境中获得的收益来衡量的，由于复杂适应系统在外部环境中的表现是由其当前的结构决定的，则其当前的表现，即复杂适应系统当前从外部环境获得的收益是其当前结构的函数。假定复杂适应系统在 t 时刻的结构为 Θ（t），则在时刻 t，复杂适应系统的收益为 λE（Θ（t））。λE（Θ（t））反映了复杂适应系统在某个时刻对外部环境的适应状况。

（5）假定复杂适应系统是理性的，则为了获取更多收益，复杂适应系统会通过对其自身结构的调整来使其在外部环境中表现更好。通过调整，复杂适应系统能够更好地适应环境，从而能够获得更多的收益。

（6）假定复杂适应系统对其自身结构的调整是通过适应程序 δ 来实现的，则适应程序 δ 决定了调整过程中可以进行的操作的组合 Ψ（t）。于是，在整个适应过程中，由适应程序 δ 决定的可以进行操作的组合形成了序列 <Ψ（1），Ψ（2），…，Ψ（t）>。

现在来阐述复杂适应系统适应外部环境的机制：

当复杂适应系统进入某一外部环境时，该系统的会根据其初始结构在该环境中的初始表现获取外部环境的信息。设复杂适应系统的初始结构为 Θ（1），则其初始表现，即初始收益为 λE（Θ（1））。

在复杂适应系统进入外部环境的初始时刻，该系统的初始结构 Θ（1）及初始收益 λE（Θ（1））会反馈给该系统的适应程序 δ。在收到这些反馈之后，适应程序 δ 会试图根据其当前获得的外部环境信息，对复杂适应系统的初始结构进行调整，以期获得更多收益。

在进行调整之前，适应程序 δ 会根据当前获得的外部环境信息以及复杂适应系统当前的结构 Θ（1），生成一个操作组合 Ψ（1）。通过执行操作组合 Ψ（1），复杂适应系统对其当前的结构 Θ（1）进行调整，并得到了新的结构 Θ（2）。

接下来，复杂适应系统新的结构 Θ（2）会在外部环境中有新的表现 λE（Θ（2））。并且，它的新结构 Θ（2）及新表现 λE（Θ（2））会反馈给该系统的适应程序 δ。经过这一过程，复杂适应系统获得了更多的外部环境信息，以及在当前环境中对自身结构进行调整的经验。此时，为了获得更多的收益，复杂适应系统会试图对其自身结构进一步调整。

由于获得了更多的外部环境信息和对自身结构调整的经验，在复杂适应系统对外部环境适应的过程中，其适应程序 δ 生成的操作组合会不断优化。于是，在下一时刻，适应程序 δ 生成的操作组合 Ψ（2）会优于 Ψ（1）。通过执行操作组合 Ψ（2），复杂适应系统得到了新的结构 Θ（3），并获得新的收益 λE（Θ（3））。新的结构 Θ（3）优于原有结构 Θ（2），相应地，收益 λE（Θ（3））也高于收益 λE（Θ（2））。

随着适应过程的不断推进，这一过程不断重复。经过这种不断重复，复杂适应系统从外部环境获得的信息越来越完备，其自身结构也越来越能适应外部环境。于是，复杂适应系统在外部环境中表现越来越好，其从外部环境中获得的收益越来越多。

以上模型是对复杂适应系统适应外部环境机制的描述。需要指出的是，模型中阐述的是一种理想的状态。在现实中，复杂适应系统所处的环境一般都是不断变化的，因而，复杂适应系统在适应过程中进行的结构调整和获得的收益也是不确定的。

第二节　战略性新兴产业中企业商业模式创新

类似于复杂适应系统适应外部环境的机制，战略性新兴产业中企业商业模式创新的过程是创新主体不断适应新兴市场的过程。在这个过程中，创新主体的主导逻辑类似于复杂适应系统的适应程序，创新主体的策略组合类似于操作组合，以创新主体为组织者的价值网络结构类似于复杂适应系统的内部结构，而创新主体面对的新兴市场类似于复杂适应系统所处的外部环境。通过主导逻辑、策略组合和价值网络这三个商业模式核心组件与新兴市场的相互作用，创新主体不断适应新兴市场，从而在新兴产业中实现商业模式创新。

一、新兴产业中企业商业模式的核心组件

不同于 Hamel（2000）的商业模式组件，本章认为，主导逻辑主要包括商业使命、产品和市场范围，策略组合只包括核心程序，而价值网络不仅包括供应商、合作者、联盟，还包括消费者和资源。其中，资源不仅包括创新主体内部的资源，也包括创新主体通过构建价值网络和与其他经济主体作用而能够支配或利用的资源。

主导逻辑来源于创新主体基于过去经验对未来的商业使命、产品和市场范围、核心程序和价值网络形态的想象。前文指出，主导逻辑是创新主体基于过去经验的一种判断。显然，这样定义主导逻辑过于简单。实际上，主导逻辑是对创新主体将新产品产业化过程的一种抽象，它是创新主体基于过去经验和当前环境，对新的创新过程的一种想象和设想。这种设想包括创新主体对潜在消费者和目标市场范围的判断，如何研发和生产新产品，如何打造某种营销和分配渠道将新产品传递给潜在消费者。此外，主导逻辑还包括创新主体对创新过程中价值创造和价值分配方案的设想。这种设想是以创新主体对潜在消费者和目标市场的界定、研发、生产和营销新产品的形式为基础的；创新主体通过构建价值网络和确立定价结构来实现这种设想。因而，本章认为主导逻辑是抽象的商业模式，也可以称其为商业模式概念。

需要强调的是，作为创新主体的一种想象和设想，主导逻辑具有较强的主观性。在刚刚进入新兴产业时，创新主体的主导逻辑完全是创新主体基于过去创业经验而对未来创新创业过程的一种设想，因而其主观性较强，这种设想一般不能适应新的市场环境，或只能部分地适应新的市场环

境。随着创新主体开始将这种初始的主导逻辑付诸实践，初始主导逻辑的客观性会逐渐被检验。而创新主体会根据外部环境的反馈信息逐步调整这种初始的主导逻辑，以便使其更好地适应外部环境。经过不断调整，当这种初始的主导逻辑开始适应外部环境，拥有这种主导逻辑的创新主体能够提供被新的消费者接受的产品时，它开始转变为创新主体的主导逻辑。在此基础上，经过不断的巩固和强化，拥有这种主导逻辑的创新主体能够提供新兴产业中所有消费者接受的产品时，这种主导逻辑就成为新兴产业中的主导逻辑，拥有这种主导逻辑的创新主体成为新兴产业中的主导企业。

策略组合是创新主体为了将主导逻辑付诸实践而采用的一套较为具体的方法。之所以将其称之为策略组合，是因为这些策略具有连贯性和逻辑上的内在一致性。策略组合主要包括：把握市场的策略、市场分析策略、产品设计和研发策略（设计和研发的形式，是模块化还是一体化）、生产策略（获得能力的策略、获得资源的策略、降低成本的策略）；营销策略（营销渠道、营销方式和定价结构等），但所有策略都有一个共同的目标：即降低创新的成本和满足目标消费者的需求。

不同于 Allee（2001）的价值网络概念，本章将价值网络定义为创新主体通过特定的价值创造机制和价值获取机制与消费者和其他经济主体之间复杂、动态的相互作用而产生经济价值的关系网络。价值网络中的关系可以分为两类，一类是创新主体与消费者之间的关系，主要包括创新主体与消费者之间相互作用的方式、传递的资源和信息等，通过这种关系，创新主体向消费者提供新产品和满足消费者需求，从而创造价值和获取价值。可见，创新主体与消费者之间的关系是经济价值产生的基础，这种关系是价值网络中的根本关系。价值网络中的另一类关系是创新主体与其他经济主体之间的关系，创新主体之所以要与其他经济主体建立经济关系，是因为创新主体本身并不具备创造新产品和满足消费者需求的全部资源和能力。为了弥补其资源和能力方面的不足，创新主体要与其他经济主体建立关系。但创新主体与哪种经济主体建立关系、如何进行相互作用等都是由创新主体与消费者之间的关系决定的，因而，创新主体与其他经济主体之间的关系是一种派生关系，这种关系是由创新主体与消费者之间的关系派生出来的。

不同于 Hamel（2000）的观点，本章认为，价值网络不仅包括为创新主体提供能力和资源的供应商、合作者、联盟，还包括创新主体本身，以及消费者和政府。一般而言，创新主体是价值网络的组织者，而供应商、合作者和消费者都是价值网络的参与者。作为一种特殊的主体，政府既可以通过制定标准和政策成为价值网络的管理者，也可以通过采购创新主体的产品或服务成为价值网络的参与者。

价值网络中的资源不仅包括各主体拥有的资源，还包括各主体之间传递的资源。本章从两个不同的角度将价值网络中的资源进行划分：（1）从创新主体的角度出发，可以将价值网络内的资源分为创新主体拥有的资源和创新主体之外的资源。创新主体拥有的资源是指创新主体内部的资源，如品牌、专利、收益、固定资产、专门技术、消费者数据和人力资本等。创新主体之外的资源是指虽然处于创新主体外部但仍处于价值网络内部的资源，主要包括其他经济主体所拥有的收益、固定资产、专门技术和人力资本等。（2）从价值网络中资源的性质出发，可以将其分为有形资源和无形资源。其中，有形资源是指固定资产、人力资本、产品和服务等物质资源，而无形资源是指消费者数据、专门技术、品牌、专利、信息、创新主体的经验和判断、消费者忠诚度等非物质资源。

在价值网络中，资源是各主体之间相互作用的媒介。创新主体与其他经济主体通过资源这种媒介进行相互作用，形成了特定的关系，从而形成了特定的价值创造和价值获取机制。

二、战略性新兴产业中企业商业模式创新的动力机制：一个简单的理论模型

新兴产业中进行商业模式创新的创新主体面临的最大挑战是市场的不确定性。在新兴产业发展初期，消费者的需求是潜在的，也是不确定的。由于信息不对称的作用，创新主体不能准确把握消费者的这种潜在需求，因而无法较好地满足这种潜在需求。此时，基于消费者潜在需要的市场也只是潜在的，而不是真实存在的。创新主体不能对不存在的市场做出分析

和把握，它们需要寻找突破口以实现商业模式创新。

为了进行商业模式创新，新兴产业中的创新主体需要克服市场不确定性带来的挑战。本章认为，新兴产业中创新主体商业模式创新的过程是创新主体的商业模式和新兴市场①共同形成和演化的过程。在这个过程中，创新主体通过打造和不断调整其商业模式来适应新兴市场的变化，直到新市场演化为成熟市场。最终，成功进行商业模式创新的创新主体将成为新兴产业中的主导企业，其商业模式将成为新兴产业中的主导商业模式（见图 9–2）。

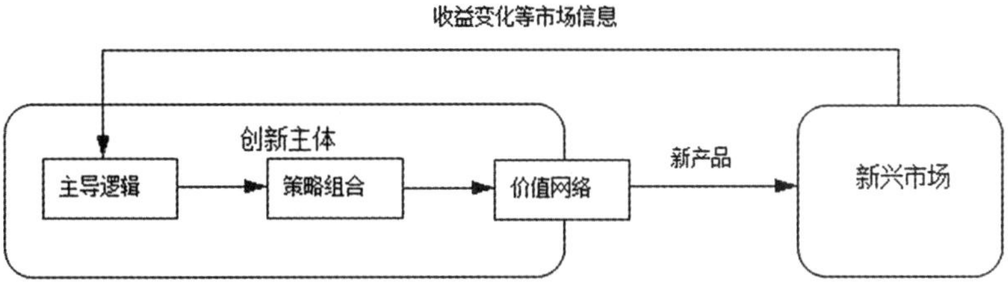

图 9–2　战略性新兴产业中企业商业模式创新的动力机制

进一步说，在新兴产业发展过程中，创新主体将根据新兴市场的变化，利用这种变化中获得反馈信息，不断对其商业模式进行调整。如图 9–2 所示，创新主体调整其商业模式的机制如下。首先，新兴市场的变化将引起创新主体收益的变化。一般而言，新兴市场的变化主要表现为这种市场的逐渐扩大。其中，在新兴产业发展初期，由于主导商业模式没有出现，创新主体不能准确把握消费者的潜在需求，因而它们也不能较好满足潜在消费者的需求。此时，创新主体的商业模式是主观的，是没有经过市场验证的。由于消费者的潜在需要没有被较好地满足，它们对新产品的接受程度较低，新兴市场扩大的速度是缓慢的。随着新兴产业的发展，特别是主导商业模式出现之后，由于创新主体已经能够对消费者的潜在需求进行比较准确把握，它们开始推出能够满足消费者潜在需求的、改进的新产品。消费者对这种新产品的接受程度较高，原有的潜在需求逐渐转变为在新兴市

① 为了与传统产业中的新市场进行区别，本章将新兴产业中的市场称为新兴市场，下同。

场中的现实需求，新兴市场迅速扩大。可见，主导商业模式出现之后，新兴市场将以较快的速度扩张。不管是新兴市场的较快扩大，还是较快扩张，都会对创新主体的收益产生影响。需要强调的是，由于其商业模式的差异，不同创新主体的收益是不同的，并且，不同时点上同一创新主体的收益也是不同的。对于某个时点的创新主体来说，当该创新主体当前的商业模式能够为其带来收益时，当前的商业模式将得到强化。反之，当该创新主体当前的商业模式不能为其带来收益，甚至导致该创新主体亏损时，该创新主体将采取措施改变其当前的商业模式，以实现盈利。

其次，创新主体收益的变化将引起其商业模式主导逻辑的变化。如前所述，商业模式的主导逻辑是以创新主体过去的经验和判断为基础的。在某个时点，当创新主体的收益发生变化时，该创新主体对新兴市场的判断也会发生变化。其中，当该创新主体的收益增加时，其过去的经验和判断将被强化；而当该创新主体没有获得收益或亏损时，它将根据当前从市场反馈过来的收益变化等信息修改或摈弃过去的经验。相应的，该创新主体的主导逻辑将得到强化或修正。

再次，创新主体主导逻辑的变化将导致其商业模式策略组合的变化。对于一种特定的商业模式来说，策略组合是由主导逻辑决定的。因而，主导逻辑发生变化时，策略组合必然发生变化。在新兴产业发展过程中，创新主体策略组合的变化又分为两种情况。其一，当创新主体的主导逻辑被强化时，策略组合一般只需要发生一些微小的变动，如在现有策略组合中增加一个或几个策略，或改变现有策略组合中的某个策略。其二，当创新主体根据来自新兴市场的反馈信息对其主导逻辑做出修正时，策略组合会发生较大变化。这表现在，创新主体或策略摒弃现有策略组合而采用一种新的策略组合，或对现有策略组合进行大幅度改进。

最后，创新主体策略组合的变化将引起其商业模式价值网络的变化。不管是创新主体主导逻辑的变化，还是其策略组合的变化，最终都表现为其价值网络的变化。这是因为，创新主体主导逻辑和策略组合的变化都是在创新主体内部发生的，都是潜在的、不可见的。只有创新主体价值网络的变化可以被新兴市场上的其他创新主体和经济主体察觉。在主导逻辑发生变化和策略组合发生变化之后，创新主体会将这些变化逐步转变为价值网络的变化。也就是说，创新主体将根据以上两种变化，特别是策略组合的变化来调整其价值网络，以便更好地适应新兴市场和获得收益。对于主导逻辑和策略组合来说，主导逻辑是抽象的，是对商业模式的整体把握，它对价值网络的影响是间接的；而策略组合是一项项具体策略的组合，因而较为具体，它对价值网络的影响是直接的。在新兴产业发展过程中，创新主体价值网络的变化也分为两种情况。其一，当策略组合发展微小变动时，创新主体一般只对现有价值网络进行一些简单的调整。比如，增加或减少价值网络中的经济主体，改变价值网络中资源的数量或类型等。其二，当策略组合发生较大变化时，创新主体将会对现有价值网络进行较大调整，甚至重新构建价值网络。这主要表现在，创新主体将改变价值网络中各主体之间的作用方式，改变价值网络中的核心节点，或摒弃现有价值网络，而重新构建新的价值网络，等等。

总之，在新兴产业发展过程中，创新主体将不断重复以上过程，通过对其初始商业模式和被新兴市场验证的商业模式的不断完善来实现商业模式创新。在这个过程中，创新主体的主体逻辑发挥着核心作用。当创新主体的主导逻辑能够适应新兴市场变化时，创新主体能够从新兴市场中获得持续的收益，该创新主体能够最终实现商业模式创新。反之，当创新主体的主导逻辑不能使用新兴市场变化时，创新主体将由于不能获取收益和商业模式不能持续而被迫退出新兴市场。

三、创新主体商业模式的演化路径

根据新兴产业发展过程中创新主体商业模式的演化特征，本章将新兴产业中创新主体商业模式创新的过程分为市场机会识别、初始商业模式试错、主导商业模式确立、新进入者的模仿学习和产业主导商业模式确立五个阶段。在不同阶段，商业模式的不同组件发挥着主导作用。例如，在市场机会识别阶段，主导逻辑发挥着主要作用。市场机会能否被识别，取决于市场机会是否跟创业企业的主导逻辑相匹配，等等。

（一）市场机会识别

在新兴产业发展初期，该产业能否启动，取决于这种产业代表的潜在新市场能否被创新主体识别。而创新主体能否识别新的市场机会，是由其主导逻辑决定的。

在新兴产业中，市场机会是潜在的。不同于拥有明确需求的当前市场的成熟产业，新兴产业中的市场机会是潜在的。新兴产业中的潜在市场机会源自新的消费者的潜在需求。新的消费者的需求是潜在的，是因为当前的市场上并没有相应的产品来满足这些消费者的需求。

在新兴产业中，创新主体的商业模式创新从新的市场机会的识别开始。对于新兴产业中的创新主体来说，其首要任务是识别新的消费者的潜在需求，也就是要去寻找那些当前市场上的产品不能满足的消费者及其需求，这是创新主体进行商业模式创新的基础。只有发现了新的消费者的潜在需求，创新主体才有可能采取策略和构建价值网络来满足这种新的需求。

创新主体能否识别新的市场机会，不是由其原有的商业模式（如果创新主体是二次创业的企业）决定的，而是由其新的商业模式决定的。进一步说，创新主体发现新的消费者的潜在需求，不是由其新的商业模式或该商业模式中的其他组件决定的，而是由其新的商业模式的主导逻辑决定的。如前所述，创新主体商业模式创新的过程是新的商业模式形成和演化的过程。需要强调的是，创新主体的新的商业模式的形成不是一蹴而就的，而是一个长期的过程。新的商业模式的形成始于新的主导逻辑的形成。在新兴产业发展初期，为了识别和把握新的市场需求，创新主体会形成一个初始的主导逻辑。这种初始的主导逻辑是创新主体对其在新兴产业中整个创新创业过程的判断和设想。这种判断和设想源自创新主体过去创新创业的经验，具有很强的主观性。

在新兴产业发展初期，创新主体面临新的消费者的潜在需求。能否识别这种新的市场机会，取决于创新主体的初始主导逻辑是否跟新的消费者的潜在需求相匹配。由于创新主体初始的主导逻辑是一种基于创新主体基于过去创新创业经验的一种判断和设想，它很少能与新的消费者的潜在需求完全匹配。进一步说，创新主体过去创新创业经验是该创新主体对过去的新市场及通过研发和生产新产品来满足这种新市场的过程的提炼和抽象。当新兴产业中新的市场机会具有与创新主体过去面对的新市场的某些主要特征时，创新主体的初始主导逻辑就有可能发现这种新的市场机会。换句话说，当创新主体初始的主导逻辑的某些主要特征与新的市场机会的特征相匹配时，该创新主体就能够发现新兴产业中新的市场机会。创新主体初始的主导逻辑主要特征与新的市场机会的特征匹配的程度越高，则创新主体发现新的市场机会的可能性越大。反之，创新主体初始的主导逻辑主要特征与新的市场机会的特征匹配的程度越低，则创新主体发现新的市场机会的可能性越小。

（二）**初始商业模式试错**

当新兴产业中的创新主体发现新的市场机会时，它会试图把握这种新的市场机会。为了把握新的市场机会，创新主体需要制定一个策略组合，并构建一个初始的价值网络来研发和生产新产品，以满足新的市场需求。

本章假定，在这个阶段，新的消费者的潜在需求是不发生变化的。由于信息不对称的作用，创新主体虽然识别出了新的市场机会，发现了新的消费者的潜在需求，但它只能了解这种潜在需求的一部分特征，而不能对其进行全面和准确地把握。

为了全面、准确地把握新的消费者的潜在需求，创新主体需要经过一个试错过程。它们需要根据其主导逻辑对新的消费者的潜在需求的把握，制定和执行相应的策略组合，构建初始的价值网络，研发和生产新产品，并提供给新的消费者。由于创新主体的主导逻辑的主观性，它们提供给新的消费者的新产品并不能完全满足这些消费者的需求。因而，在创新主体刚刚开始推出新产品时，只有较少的消费者会购买这种新产品。而创新主体会根据新市场上消费者的反应来不但调整其主导逻辑，进而调整其策略组合和价值网络，直至其主导逻辑能够较为全面、准确地把握新的消费者的潜在需求，并且，相应的创新主体能够根据这种主导逻辑制定和调整其策略组合，构建和调整其价值网络，从而最终能够研发和生产出适应新的消费者的潜在需求的新产品，并以某种恰当的渠道提供给消费者，进而较好地满足这种新的消费者的潜在需求。

在创新主体未识别出新的市场机会之前，其主导逻辑是完全主观的。此时，由于并未识别和发现新的市场机会，创新主体的主导逻辑完全是一种在过去创新创业经验基础上想象，因而是完全主观的。然而，这种完全主观的主导逻辑的某些特征可能与新的市场机会相匹配，从而创新主体能够识别和发现新的市场机会。

在识别和发现新的市场机会之后，创新主体会依靠其对新的市场机会的把握来形成一个初始的主导逻辑，即创新主基于满足什么样的需求，形成了对研发、生产什么产品和怎样研发、生产这种产品的想象和设想。当然，这种初始的主导逻辑是主观的。不同于创新主体在识别和发现新的市场机会之前的主导逻辑，这种初始的主导逻辑已经不是完全主观的。由于这种初始的主导逻辑是以创新主体对新的市场机会的某种程度的把握为基础的，它已经具备了一定的客观性。

为了满足这种刚刚被识别和发现的新的市场机会，创新主体需要将其初始的主导逻辑付诸实践。首先，创新主体需要在初始主导逻辑的基础上制定一种策略组合。具体来说，创新主体需要根据新的消费者的潜在需求的特点，量身定做一套策略组合。这套策略组合不仅包括创新主体研发和生产新产品的策略，还包括将新产品传递给消费者的策略，即营销策略。其次，创新主体还需要实施这种策略组合，并据此构建一个初始的价值网络。只有策略组合是不能研发和生产出新产品的。为了向消费者提供新产品，创新主体需要将策略组合付诸实践，而付诸实践的方法就是构建一个初始的价值网络。构建初始的价值网络的过程是创新主体根据策略组合选择供应商、合作者和其他参与者，并与它们建立链接的过程。通过与选定的参与者建立链接和相互作用，创新主体获取了研发、生产和传递新产品所需要的资源和能力，并开始向新的消费者提供新产品。之所以将这个时期的价值网络称为初始的价值网络，不仅是因为这种价值网络的规模较小，还因为这时创新主体与包括消费者在内的其他参与者之间的链接是不稳定的。

在构建起初始的价值网络之后，创新主体开始为新的消费者研发和生产新产品。然而，由于此时创新主体的主导逻辑具有较强的主观性，创新主体不能对新的消费者的潜在需求进行全面和准确把握。而其新产品是这种具有较强主观性的初始主导逻辑的反应，虽然它具有新的消费者需要的某种属性，但这种新产品只具有新的消费者需要的部分属性。也就是说，此时创新主体研发和生产的新产品只能部分得满足新的消费者的潜在需求。因而，这时只有少量的新消费者选择购买这种新产品。需要指出的是，由于初始价值网络的不完善等原因，这种新产品一般性能较差、成本较高，这进一步抑制了新的消费者的潜在需求。

为了更好地满足新的消费者的潜在需求，创新主体会根据选择其新产品的消费者反馈的信息和当前获得的收益来调整和完善其主导逻辑。进一步的，在经过调整和完善的新的主导逻辑的作用下，创新主体还会调整其原有策略组合或制定新的策略组合，并根据不断调整的主导逻辑和策略组合来调整或重新构建初始价值网络。这种调整过程会一直持续下去，直到创新主体的主导逻辑能够较准确地把握新的消费者的潜在需求，并形成了一套执行起来能够满足新的消费者潜在需求的策略组合。这就是创新主体试错的过程，也是纳尔逊所说的“干中学”的过程。

在这个阶段，创新主体的主导逻辑是主观的、没有经过市场验证的，而其初始的价值网络很不稳定，参与者随时都有可能离开此价值网络。因而，在这个阶段，策略组合是主导组件。能否形成正确、有力的策略组合，是创新主体能否试错成功的关键。

（三）主导商业模式确立

经过试错过程，创新主体形成了较为客观的主导逻辑和较为可行的策略组合。然而，此时创新主体的价值网络的规模仍然较小，创新主体与其他参与者之间的链接仍然是松散的，也是不稳定的。这是因为，虽然创新主体形成了较为客观的主导逻辑和较为可行的策略组合，并且，创新主体当前的价值网络跟初始的价值网络相比有很大进步，例如，各经济主体之间的联系渐趋紧密，创造价值的能力增强，价值网络的效率更高等。但是，由于该价值网络的规模仍然较小，它能够向新的消费者提供新产品的数量是有限的，其创造价值的能力也是有限的。正因如此，该价值网络中的其他参与者随时都可能退出，去寻找和加入能够创造更多价值的价值网络。

可见，在这个阶段，创新主体的核心任务是构建一个初具规模的价值网络。这种价值网络不仅能够将创新主体已经形成的较为客观的主导逻辑和较为可行的策略组合付诸实践，形成主导商业模式。更重要的是，它能够创造更多的价值和占领更大的市场份额，从而巩固这种价值网络和主导商业模式。

在试错过程中，创新主体会发现其新产品越来越能够满足新的消费者的潜在需求。因而，新兴产业中也会有越来越多的消费者选择该创新主体研发和生产的新产品。随着消费者对该创新主体新产品需求的不断增加，该创新主体会逐渐感受到其当前的价值网络对于这种需求的限制。随着新兴产业的不断发展，总会出现一个时点，在这个时点上，某创新主体当前的价值网络已经完全不能满足新的消费者对其新产品的需求。于是，该创新主体开始寻求价值网络的扩张。需求指出的是，在之前新的消费者对该创新主体新产品的需求不断增加的过程中，创新主体原有价值网络的扩张是缓慢的、循序渐进的，也可能根本就没有发生变化，而当前新的消费者对该创新主体新产品的需求已经达到了原有价值网络的供给极限。而该创新主体寻求的新的扩张是一种更为迅速、更大规模的扩张。

当创新主体形成了较为客观的主导逻辑和较为可行的策略组合之后，它会调整当前的价值网络，以便更好地满足新的消费者的需求。创新主体能够更好地满足新的消费者需求的能力主要表现在：该创新主体提供的新产品所拥有的性能特征能够与消费者需求的产品性能特征相匹配，该创新主体的价值网络能够较为高效地运行，其研发和生产新产品的成本降低，将新产品传递给消费者的成本也降低，并且使消费者能够更方便、快捷地获得该新产品。创新主体较好地满足新的消费者需求的能力使消费者能够获得价格较低而性能较高的新产品。因而，会有越来越多的消费者选择该消费者提供的新产品，这将导致对该创新主体新产品需求的快速增加。在这种快速增长的需求压力下，一方面，该创新主体将进一步完善其当前的价值网络和提高价值网络的效率，以提供更多的新产品；另一方面，由于能够向消费者提供更多的新产品，该创新主体及其所在的价值网络将能够创造更多的价值。此时，该价值网络也将获得更多的价值。不仅该创新主体能够获得更多的价值，该价值网络的其他参与者也将获得更多的价值。

由于该价值网络中的其他参与者的收益逐渐增加，新兴产业中的其他参与者将试图加入到该价值网络之中。这些参与者不仅包括新的消费者，还包括合作者、供应商等其他参与者。这种情形将以信息的形式反馈给创新主体，创新主体开始根据这种信息修改其主导逻辑，以增强其满足新的消费者需求和创造更多价值的能力。接着，创新主体会改变其当前的策略组合，在其中增加与价值网络之外的其他参与者链接的策略。根据该策略，创新主体会选择与更多的参与者建立链接。需要指出的是，对于除消费者之外的参与者（可能是供应商，也可能是合作者或其他经济主体）来说，不同的参与者在价值网络中发挥的作用是不同的。进一步说，当与创新主体链接时，除消费者之外的不同消费者对创新主体的资源和能力的影响是不同的。有的参与者是价值网络之外的核心节点，它们或者拥有更多的资源，或者拥有更强的适应能力；有的参与者是价值网络之外的非核心节点，它们拥有的资源较少，或适应能力较弱。在与除消费者之外的其他参与者进行链接的过程中，由于作为价值网络之外的核心节点的参与者的加入会显著增加创新主体可以利用的资源或显著提高创新主体满足新的消费者需求的能力，而非核心节点的加入对创新主体的资源和能力的影响并不明显，创新主体将越来越倾向于选择与价值网络之外的核心节点进行链接。

当创新主体与新兴产业中较多作为核心节点的参与者成功建立链接时，该创新主体具备了较强的满足新的消费者需求的能力，能够提供大批量的新产品来满足这种需求。此时，创新主体不仅具备了较为客观的主导逻辑和较为可行的策略组合，还具备了将这种主导逻辑和策略组合付诸实践的大规模价值网络。至此，新兴产业中创新主体的主导商业模式开始形成。

合作者、供应商是新兴产业中的核心节点，价值网络之外的经济主体开始主动与创新主体建立链接。

（四）新进入者的模仿学习

当创新主体具备较强的满足新的消费者需求的能力时，它不仅能够向消费者提供大批量的新产品，还将创造更多的价值，并获得更多的价值。

然而，在这个阶段，新兴产业中形成了主导商业模式的创新主体是少数的。或者说，形成了主导商业模式的创新主体是新兴产业中创新主体的先行者。与此同时，新兴产业中的其他创新主体或者处于努力构建大规模价值网络的阶段，或者处于试错阶段。更有甚者，还可能有一些创新主体处于市场机会识别阶段。无论是处于大规模价值网络构建阶段的创新主体、处于试错阶段的创新主体，还是处于市场机会识别阶段的创新主体，当它们发现形成主导商业模式的创新主体能够获得更多的价值时，将采取相应的策略，试图对形成主导商业模式的创新主体进行模仿学习。此外，当新兴产业中的其他经济主体和其他产业中的经济主体发现形成主导商业模式的创新主体能够获得更多的价值时，它们也将产生模仿学习的动机，并试图进行模仿学习。

在刚刚开始对形成主导商业模式的创新主体进行模仿学习时，不管是其他创新主体，还是其他经济主体，它们都是盲目的。有的创新主体或经济主体会模仿创新主体的价值网络，有的创新主体或经济主体会模仿创新主体的策略组合，还有的创新主体或经济主体会模仿创新主体的主导逻辑。一般而言，对该创新主体价值网络的模仿学习最为容易，因为价值网络是显而易见的，最容易被识别；对策略组合的模仿学习较为困难，因为在该创新主体的策略组合付诸实践之前，该策略组合是隐性的，其他创新主体或经济主体并不能识别和发现这种策略组合，只有该策略组合付诸实践之后，其他创新主体或经济主体才能识别和发现该策略组合，进而对其进行模仿学习；对主导逻辑的模仿学习最为困难，这是因为，即使其他创新主体或经济主体识别和发现了形成主导商业模式的创新主体的策略组合，它们也只是把握住了该创新主体主导逻辑的一部分。

一般而言，其他创新主体或经济主体对形成了主导商业模式的创新主体的模仿学习是从价值网络的模仿学习开始的。进行模仿学习的其他创新主体或经济主体首先考察形成了主导商业模式的创新主体向消费者提供的新产品，通过对新产品的考察，其他创新主体或经济主体了解了新产品的基本特征，从而对新的消费者的潜在需求有了较为全面和准确的把握。在考察形成了主导商业模式的创新主体的新产品之后，进行模仿学习的创新主体或经济主体对新的消费者潜在需求的把握程度与该创新主体或经济主体自身所处的商业模式创新阶段及该创新主体或经济主体自身的特点有关。一方面，进行模仿学习的创新主体对新的消费者潜在需求的把握程度与该创新主体自身所处的商业模式创新阶段有关，创新主体所处的商业模式创新阶段越高，则该创新主体对新的消费者潜在需求的把握程度越高，反之亦然；例如，处于试错阶段的创新主体对新的消费者潜在需求的把握程度高于处于市场机会识别阶段的创新主体。另一方面，进行模仿学习的其他经济主体与该经济主体对新的消费者潜在需求的把握程度和该经济主体之前从事的创新创业活动与当前在新兴产业中研发和生产新产品的匹配程度有关。当该经济主体之前从事的创新创业活动与当前在新兴产业中研发和生产新产品的活动匹配程度较高时，它对新的消费者潜在需求的把握程度较高，反之，则把握程度较低。

当进行模仿学习的其他创新主体或经济主体对新的消费者的潜在需求有了一定程度的把握时，它们开始着手构建新的价值网络。它们构建新的价值网络的过程仍然是对形成了主导商业模式的创新主体的价值网络进行模仿学习的过程。在着手构建新的价值网络之前，进行模仿学习的其他创新主体或经济主体首先考察形成了主导商业模式的创新主体的价值网络。通过对这种价值网络的考察，进行模仿学习的其他创新主体或经济主体对形成了主导商业模式的创新主体的价值网络的基本结构、所需要的资源和能力以及该创新主体与价值网络中其他经济主体作用的方式有了一定程度的把握。然后，进行模仿学习的其他创新主体或经济主体将以这种把握为基础，结合对新的消费者的潜在需求的把握，形成自己的主导逻辑，并根据自己的主导逻辑制定出相应的策略组合。这时的主导逻辑和策略组合分别是进行模仿学习的其他创新主体或经济主体的初始主导逻辑和初始策略组合，它们将根据其初始主导逻辑和初始策略组合构建初始的价值网络，并通过初始的价值网络研发和生产新产品以满足新的消费者的潜在需求。由于进行模仿学习的其他创新主体或经济主体对形成了主导商业模式的创新主体的新产品和价值网络把握是片面的，它们在这种片面把握的基础上形成的初始主导逻辑和制定出的策略组合是主观的。最后，它们根据主观的初始主导逻辑和初始策略组合构建起的初始价值网络是不完善的，这种价值网络研发和生产出的新产品并不能较好地满足新的消费者的潜在需求，并且，这种价值网络的效率较低，研发和生产新产品的成本较高。

为了更好地满足新的消费者的潜在需求，进行模仿学习的其他创新主体或经济主体开始改进这种由初始主导逻辑、初始策略组合和初始价值网络构成的初始商业模式。与形成了主导商业模式的创新主体通过试错来完善其初始商业模式的行为不同，进行模仿学习的其他创新主体或经济主体主要通过进一步对形成了主导商业模式的创新主体的模仿学习来完善其初始商业模式。一般而言，前者是一个漫长的过程，而后者可以在较短的时间内完成。

在建立了初始的价值网络并开始向新的消费者提供新产品之后，进行模仿学习的其他创新主体或经济主体会进一步考察形成了主导商业模式的创新主体的新产品和价值网络。由于这时进行模仿学习的其他创新主体或经济主体已经具有了向新的消费者提供新产品的经验，它们对创新主体的新产品和价值网络的把握能力增强，进而对新的消费者需求的把握能力也会增强。在此基础上，进行模仿学习的其他创新主体或经济主体会完善其价值网络。与此同时，由于形成了主导商业模式的创新主体的商业模式也在完善和发展，进行模仿学习的其他创新主体或经济主体也会在这种完善和发展过程而察觉到形成了主导商业模式的创新主体的策略组合的变化。这种变化有助于进行模仿学习的其他创新主体或经济主体把握形成了主导商业模式的创新主体的策略组合。接着，进行模仿学习的其他创新主体或经济主体会根据其对形成了主导商业模式的创新主体的策略组合的把握来完善其策略组合。通过完善自身的价值网络和策略组合，进行模仿学习的其他创新主体或经济主体对形成了主导商业模式的创新主体的主导逻辑也有了一定程度的把握。在这个过程中，经过一定程度完善的进行模仿学习的其他创新主体或经济主体一般仍不能向新的消费者提供能够较好地满足新的消费者需求的新产品，这种信息会反馈给它们的主导逻辑。最后，进行模仿学习的其他创新主体或经济主体将结合其对形成了主导商业模式的创新主体的主导逻辑的把握和从其价值网络向新的消费者提供新产品时反馈的信息来完善其主导逻辑。需要指出的是，进行模仿学习的其他创新主体或经济主体的模仿学习行为就是这种完善价值网络、策略组合和主导逻辑的过程。这个过程也是一个反复的过程。经过这样一种过程，进行模仿学习的其他创新主体或经济主体最终也会形成自己的主导商业模式，这种主导商业模式不仅能够较好地满足新的消费者的潜在需求，还能够使进行模仿学习的其他创新主体或经济主体创造和获取更多的价值。至此，进行模仿学习的其他创新主体或经济主体转变为具有主导商业模式的创新主体。

（五）产业主导商业模式确立

当新兴产业中的其他创新主体和经济主体以及来自其他产业的新进入者对率先形成主导商业模式的创新主体进行模仿学习时，率先形成主导商业模式的创新主体会采取一些策略来阻止这种模仿学习行为。一般来说，在其他创新主体和经济主体刚刚开始对率先形成主导商业模式的创新主体进行模仿学习时，该创新主体会采取一些简单的策略，如申请产品设计专利、打造专用性资产和垄断重要资源等。之所以称之为简单的策略，是因为这些策略依靠创新主体及其所在的价值网络就能完成。随着进行模仿学习的其他创新主体和经济主体越来越多，被模仿的创新主体将采取较为复杂的策略，如向其他形成主导商业模式的创新主体和模仿者授权核心技术、组建合作联盟和制定联盟标准等。而当进行模仿学习的其他创新主体和经济主体更多、逐渐形成了自己的主导商业模式时，迫于这些模仿者的竞争压力，率先形成主导商业模式的创新主体将联合其他较早形成主导商业模式的创新主体制定市场规则、规范和产业标准，从而把自己的商业模式确立为新兴产业中的主导商业模式，该创新主体也就成为新兴产业中的主导企业。需要指出的是，最后成为新兴产业中主导企业的创新主体不一定是最早形成主导商业模式的创新主体，但它一定是具有最强适应能力的创新主体。也就是说，这种创新主体在商业模式创新过程中的适应能力最强。

根据前文的分析，当较早进行商业模式创新的创新主体形成自己的主导商业模式并开始获取较多价值时，新兴产业中的其他创新主体和经济主体以及来自其他产业的新进入者将开始对该创新主体的主导商业模式进行模仿学习。然而，由于模仿者本身具有不同的特点，它们进行模仿学习的过程及其对被模仿者的影响是不同的。具体来说，处于努力构建大规模价值网络阶段的创新主体模仿学习的速度最快，经过模仿学习，这种创新主体将很快构建起大规模的价值网络，并开始向新的消费者提供新产品，因而，它们对已经形成主导商业模式的创新主体的影响也最为直接；处于试错阶段的创新主体模仿学习的速度较快，经过模仿学习，这种创新主体将很快完成试错过程，并开始着手构建大规模的价值网络，因而，它们对已经形成主导商业模式的创新主体的影响较为直接；处于市场机会识别阶段的创新主体模仿学习的速度较慢，通过对已经形成主导商业模式的创新主体的新产品和价值网络的考察，这种创新主体将较快识别市场机会，并开始模仿学习，进而完成试错过程和构建大规模的价值网络，因而，这种创新主体对已经形成主导商业模式的创新主体的影响不太直接；处于新兴产业中的其他经济主体和其他产业中的经济主体模仿学习的速度最慢，它们首先需要识别新兴产业中的市场机会并成为创新主体，接下来才能进行模仿学习，逐步完成试错和构建大规模价值网络等过程，从而开始影响已经形成主导商业模式的创新主体，因而，它们对已经形成主导商业模式的创新主体的影响最不直接。此外，对于大多数新兴产业而言，当其他创新主体和经济主体开始对形成了主导商业模式的创新主体进行模仿学习时，该产业中已经形成了主导商业模式的创新主体很少，正在努力构建大规模价值网络的创新主体较少，处于试错阶段和市场机会识别阶段的创新主体较多，而欲进行模仿学习的该产业中的其他经济主体和欲进入该产业进行模仿学习的其他经济主体最多。

当模仿者开始进行模仿学习时，新兴产业中努力构建大规模价值网络的创新主体能够通过模仿学习迅速构建起大规模的价值网络，并开始向新的消费者提供能够较好满足他们需求的新产品，这势必会与被模仿者争夺消费者，从而对其构成威胁。然而，由于新兴产业中这种类型的创新主体较少，它们对被模仿者的威胁也较小。虽然如此，被模仿者还是会察觉到这种来自模仿者的威胁，并开始制定阻止其他创新主体和经济主体模仿学习的策略。此时，由于威胁并不明显，被模仿者一般会采取一些较为简单的策略，如申请产品设计专利、打造专用性资产、垄断重要资源或向模仿者授权某种专利或技术等。随着模仿学习过程的不断推进，处于试错阶段的创新主体也会通过模仿学习完成试错和构建大规模价值网络的过程，并开始向新的消费者提供能够较好满足他们需求的新产品，进而对被模仿者构成威胁。由于在开始模仿学习之前新兴产业中处于试错阶段的创新主体较多，它们在完成模仿学习过程之后对被模仿者的影响也较大。这时，被模仿者会进一步制定策略，来阻止这些创新主体的模仿学习。与努力构建大规模价值网络的创新主体进行模仿学习时的情况不同，新兴产业中原有的努力构建大规模价值网络的创新主体已经完成了模仿学习，并成为已经形成主导商业模式的创新主体。因而，这些创新主体也已经成为被模仿者。于是，新兴产业中率先形成主导商业模式的创新主体成为最早的被模仿者，而原有的努力构建大规模价值网络的创新主体成了新的被模仿者。为了共同应对来自模仿者的威胁，最早的被模仿者和新的被模仿者会选择结成战略联盟，它们或者依托联盟制定联盟技术标准，或者依托联盟制定市场规则，从而形成模仿学习的壁垒。

需要指出的是，率先形成了主导商业模式的创新主体在其主导商业模式形成之后会利用其价值网络向新的消费者提供越来越多的新产品，从而占领越来越大的市场份额。随着新兴产业的发展，率先形成了主导商业模式的创新主体在满足新的消费者需求的过程中进一步完善其主导逻辑和策略组合，进一步调整和扩张其价值网络，从而进一步完善和强化其商业模式。因而，新兴产业中率先形成了主导商业模式的创新主体一般会拥有最完善的商业模式，并会占领最大的市场份额。也就是说，率先形成了主导商业模式的创新主体一般具有适应能力最强的商业模式，并且具有最强的新市场控制能力。同理可知，对于新兴产业中较先形成主导商业模式的创新主体来说，其商业模式的适应能力较强，对新市场的控制力也较强。

当之前处于试错阶段的创新主体经过模仿学习并开始与被模仿者争夺新市场时，由于这些创新主体开始通过向新的消费者提供新产品来获取价值，之前处于市场机会识别阶段的创新主体、新兴产业中的其他经济主体和其他产业中的经济主体也会对这些创新主导商业模式创新的过程进行学习。于是，新兴产业中会出现越来越多的形成了主导商业模式的创新主体和进行模仿学习的创新主体，它们将会对被模仿者形成较大的冲击。为了有效应对这种冲击，被模仿者，特别是率先和较先形成主导商业模式的创新主体将进一步制定策略来限制和阻止模仿者的模仿学习行为。一般而言，率先和较先形成主导商业模式的创新主体会利用其较完善的商业模式和较强的市场控制能力来制定该新兴产业的产业标准。通过制定产业标准，率先和较先形成主导商业模式的创新主体不仅使其商业模式合法化，还会有效地阻止其他创新主体和经济主体的模仿行为。至此，获得商业模式合法化地位的创新主体成为新兴产业中的主导企业，其商业模式也就成为新兴产业中的主导商业模式。这时，新兴产业中的企业商业模式创新过程完成，新兴产业进入成熟阶段。

综上所述，战略性新兴产业中企业商业模式创新是一个极其复杂的过程。本章所构建的演化模型只是对该过程中企业商业模式创新一般行为的简单抽象。在对某种具体的新兴产业或其中具体企业的商业模式创新过程进行分析时，需要针对该新兴产业或企业的具体情况，运用本章中演化模型的基本原理进行分析。

三、总结

对于传统产业而言，由于产品已被消费者接受，商业模式创新面临的主要任务是扩大消费者数量。如果企业能够改善营销渠道，使潜在消费者以更低的成本或更便捷的方式接触、获得产品，就会有更多的潜在消费者开始消费这些产品。

不同于传统产业，新兴产业首先要提高消费者对新产品的接受程度，然后才能增加消费者数量。因为新兴产业的产品往往是尚未标准化的非成熟产品，消费者对其缺乏充分的认识。并且，由于技术不成熟等原因，这些新产品在性能、价格、使用便利性等方面存在较多不足。

在模型分析的基础上，本章认为新兴产业发展过程中企业商业模式创新的特征主要包括如下：

第一，新兴产业中的企业商业模式创新是创新主体构建全新的商业模式的过程。

第二，在新兴产业发展过程中，企业商业模式创新一般要经过五个阶段，即市场机会识别、初始商业模式试错、主导商业模式确立、新进入者的模仿学习和产业主导商业模式确立五个阶段。

第三，是否完成试错过程和能否构建起大规模价值网络是战略性新兴产业中企业商业模式创新能否成功的决定因素。

随着中国经济进入"新常态"，新兴产业已经成为推动经济结构调整和经济发展方式转变的关键因素。商业模式创新是新兴产业能否快速启动和发展的重要环节。对新兴产业商业模式创新的研究，将为新兴产业的企业发展提供指导和借鉴。

第十章

交易组织方式变革与电子商务经济的发展*

进入21世纪，Web2.0技术带来的互联网和大数据成为驱动全球经济变革和发展的新引擎。尤其是中国电子商务兴起及其对实体经济的广泛渗透和革命性影响，不仅对中国而且在全球经济结构变革中产生深刻影响。与包括美国在内的发达国家不同，中国电子商务经济呈现指数式增长态势。增长速度的差异导致中国网络零售交易额分别于2009年、2010年、2011年和2013年先后超越德、英、日、美成为全球最大的网络零售市场。更为重要的是，电子商务的发展不仅带来中国零售业革命，而且引发了包括生产、流通、服务和技术创新在内的整个经济体系的深刻变革，数据驱动的新经济形态正在形成。本章的研究表明，平台式网络交易模式所引发的经济行为主体的非线性互动，是中国电子商务经济指数增长的关键。

第一节　作为交易组织方式变革的电子商务

一、问题的提出

2009年中国网络零售市场成交额达到2600亿元（约合400亿美元），

* 本章的写作基于2012年至2013年对以阿里巴巴为代表的中国电子商务经济体的调研。作者李强治。

超过德国成为全球第四大网络零售市场。2010 年中国网络零售市场成交额达到 5131 亿元（约 770 亿美元），超过英国成为全球第三大网络零售市场。2011 年中国网络零售市场成交额达到 8019 亿元（约 1270 亿美元），超过日本成为全球第二大网络零售市场。[①] 中国电子商务研究中心发布的《2013 年度中国网络零售市场数据监测报告》显示，2013 年中国网络零售市场交易规模达 18851 亿元，根据 2013 年 12 月 31 日的美元汇率计算，约为 3110 亿美元，已经超过美国成为全球最大的网络零售市场。[②]

麦肯锡全球研究院的报告显示，2003—2011 年中国网络零售市场的年复合增长率达到 120%，远超过美国（17%）、日本（27%）、英国（18%）、德国（22%）等发达国家。[③] 根据阿里研究中心的报告显示，2006—2012 年中国网络零售市场的年复合增长率高达 99%，同样远超过美国（12%）、日本（21%）和英国（10%）等国。[④] 中国电子商务研究中心的数据，即使只考虑最近五年（2009—2013 年），中国的年复合增长率仍然高达 64%。由此可见，中国不仅是全球增速最快的网络零售市场，而且是唯一在达千亿美元级市场规模后仍然保持高速增长的国家。

中国电子商务研究中心和国家统计局公布的数据显示，中国网络零售交易额的增长速度远高于社会消费品零售总额的增长速度（2006—2012 年中国社会消费品零售总额的平均增长速度为 17.5%）。因而，中国网络零售额占社会消费品零售总额的比重已经由 2008 年的 1.3% 快速提高到 2012 年的 6.3%，超过美国（大概 5% 左右），并于 2013 年进一步上升到 8.04%。电子商务已经成为驱动中国消费增长的新动力来源。

---

① 根据中国电子商务研究中心发布的中国数据和麦肯锡全球研究院发布的主要发达国家数据比较的结果。

② 笔者判断中国已经成为全球第一大网络零售市场的主要依据是：根据麦肯锡全球研究院、阿里巴巴研究中心、中国电子商务研究中心等发布的数据，尽管 2012 年中国仍然是全球第二大网络零售市场，但中美网络零售市场的规模已经较为接近（中国为 2118 亿美元，美国为 2255 亿美元），加之中国更高的增长速度，都普遍预计 2013 年中国网络零售市场会超越美国。

③ 麦肯锡全球研究院中国分院 . 中国网络零售革命 . 线上购物助推经济增长，2013 年 3 月 .

④ 阿里研究中心 . 新基础：消费品流通之互联网转型，2013 年 2 月 .

图 10-1 展示了中国和主要发达国家（美、日、英、德）网络零售交易额的变化情况。根据以上三组数据的描述和图 10-1 的展示，作者发现，网络零售交易额的增长路径展现出两种不同的趋势：第一，以美、日、英、德为代表，表现为一种线性增长路径；第二，以中国为代表，表现为一种指数增长路径。

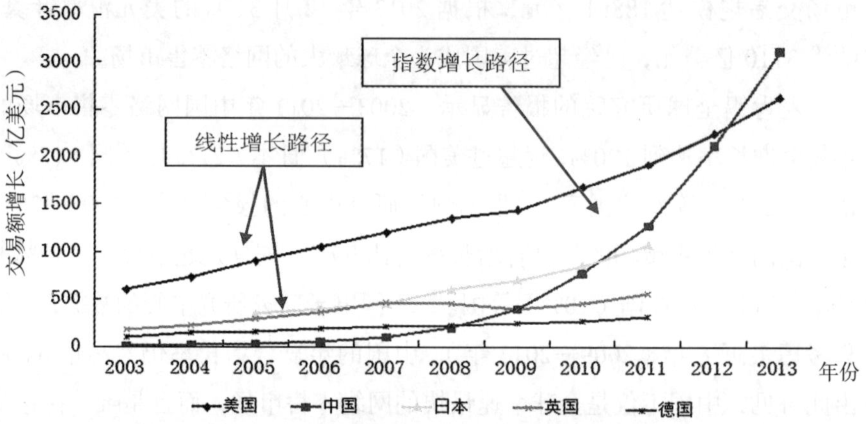

图 10-1　2003—2013 年全球主要国家网络零售交易额的增长情况

数据来源：① 2003—2011 年所有国家的数据都来自：麦肯锡全球研究院中国分院，中国网络零售革命：线上购物助推经济增长 [R]，2013 年 3 月；② 2012—2013 年中国数据来自：中国电子商务研究中心，2013 年度中国网络零售市场数据监测报告 [R]，2014 年 3 月；③ 2012—2013 年美国数据是根据 17% 的年增速的估算值。

伴随中国网络零售市场的爆发式增长，一个以电子商务为核心的新兴经济体正在快速崛起，带动了中国零售业、制造业、物流业、信息业、金融业等众多产业的增长与变革。其中，2012 年，仅淘宝全网（包括天猫）的交易额就突破万亿元大关。据互联网数据中心的统计显示，截至 2012 年底，仅淘宝网创造的直接就业机会就达 467.7 万个，拉动间接就业约 1333 万个，并创造了包括网商、运营商、物流商、软件开发商、推广商、淘宝客、淘女郎等丰富的种群生态，成为名副其实的新兴经济体。

如何理解不同国家在基于互联网技术的新兴经济增长路径上存在的差异？互联网经济的快速发展，对中国经济的持续增长，特别是电子商务带动的中国经济转型有怎样的影响？对两大问题的理论研究是本章的主要内容。

现有的理论研究主要关注互联网所带来的信息交互优势带来的交易

成本节约效应如何影响交易方式的选择（Bakos，1991；Brynjolfsson and Smith，2000；陆立军和于斌斌，2009b；陆立军和刘猛，2013）。与传统交易组织方式相比，互联网以其特有的交易成本节约机制，促进了以网络零售为代表的网络交易组织方式对传统交易组织方式的替代。但是现有的主流理论对中国与发达国家电子商务经济体增长路径上的差异却缺乏解释力，因为从中国电子商务发展的实际看，交易成本仅仅是支配电子商务经济发展的因素之一。

尽管理论研究相对缺乏，但是行业领域的专业研究已经关注到中国和美国[①]电子商务发展模式及其结构特征的差异（例如，麦肯锡全球研究院的研究，2013）。如图 10-2 所示，与国外网络零售主要以大型 B2C 网站主导的经销式网络交易组织形态不同，中国 90% 左右的网络交易额都是由平台式网络交易组织形态（主要包括淘宝的平台式 C2C 和天猫的平台式 B2C）创造的，相比之下，美国平台式网络交易组织形态只占 24% 左右。不仅如此，在中国的网络零售市场中超过 70% 的交易额比重是 C2C 形态，而在其他国家这个比重不超过个位数。

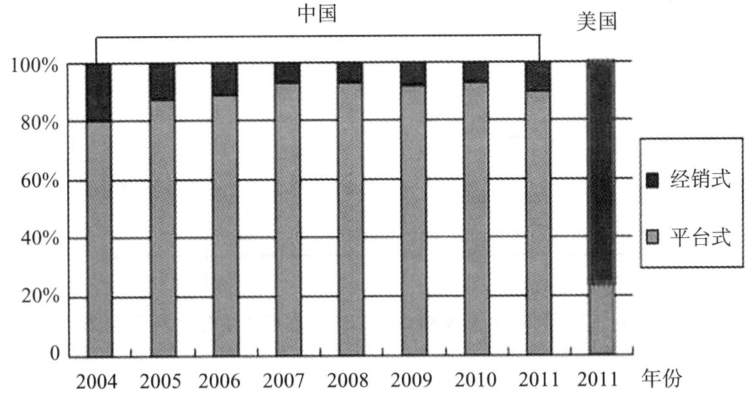

图 10-2　中美两国网络零售组织形态的结构差异

数据来源：麦肯锡全球研究院中国分院.中国网络零售革命.线上购物助推经济增长[R].2013 年 3 月.

① 本章主要以中国和美国之间的比较研究为核心，其他发达国家的具体模式暂不具体分析。但就现有的理论和行业研究表明，主要发达国家在电子商务发展模式及结构特征上具有高度的相似性。

尽管交易成本节约效应是驱动以电子商务为核心的互联网经济体快速成长的基本动力，但是当我们沿着交易成本节约效应和两国网络交易组织形态的结构差异两个维度进行深入分析后发现：与美国占主导地位的经销式网络交易组织形态相比，中国占主导地位的平台式网络交易组织形态并不是最有效率（或交易成本节约效应更显著）的交易组织模式。而且，以淘宝为代表的高度开放的平台式结构决定了，随着双边平台的成长和交易规模的增大，还会诱发很多新的交易成本，导致交易平台的总交易成本呈现上升趋势。两种网络交易组织形态的交易成本随平台成长的变化趋势如图 10-3 所示。其中，以亚马逊为代表的大规模 B2C 网络经销平台，由于其交易基础环境的完善需要较长的投资期，因此在平台启动初期的交易成本较高，但随着技术架构的成熟和运营体系的完善，平台的交易成本会呈现下降趋势。与此不同，以淘宝为代表的平台式 C2C 模式，由于平台方仅需要提供基础交易环境，在平台启动初期能够极为有效地降低交易成本，然而随着平台成长，其提供的基础交易服务难以满足海量信息交互的需求，反而引发交易成本上升。

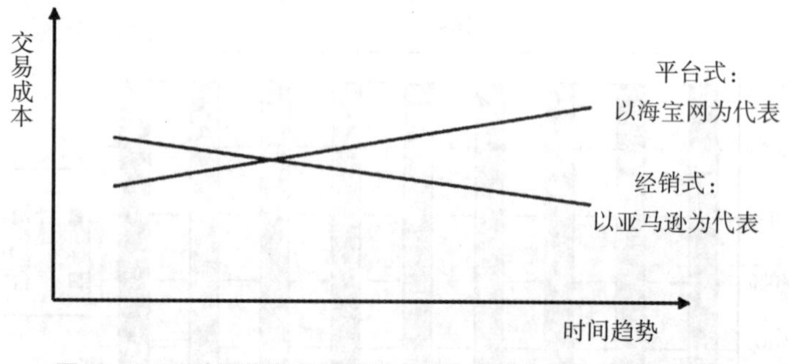

图 10-3　两种网络交易组织形态的交易成本变化趋势示意图

基于以上的背景分析，作者发现，在以电子商务为核心的互联网经济领域，中国与主要发达国家存在规模增长路径与交易成本结构的内在不一致性，即交易成本结构较优的交易组织形态仅呈现线性增长路径，而交易成本结构次优的交易组织形态却呈现指数增长路径。那么，为什么平台式网络交易组织形态占绝对主导的中国能够在以网络零售为核心的电子商务领域首先取得爆发式增长，并快速发展成为全球最大的电子商务经济体？

对这一问题的回答是本章研究的核心。

二、基于商业生态系统理论的电子商务生态系统研究

商业生态系统理论是将自然界的生态系统理论经过适当的改造应用到商业系统分析而产生的新兴理论。该理论从整个生态系统均衡持续发展的角度重新审视传统的建立在竞争分析基础上的经济学理论，强调系统主体之间的相互依存和共同发展，认为当前环境下的竞争活动不是单个主体之间的竞争而是生态系统之间的竞争。以电子商务为核心多主体彼此关联而形成的互联网经济体是典型的商业生态系统，不仅如此，从国内互联网发展的实践看，几乎所有的互联网企业都在践行商业生态系统战略，要么打造一个生态系统、要么参与一个生态系统。围绕生态系统的竞争已经成为互联网巨头竞争的焦点。

（一）商业生态系统理论

1993 年，美国学者詹姆士·穆尔（James F.Moore）在《哈佛商业评论》上发表的“Predator and Prey: A New Ecology of Competition”一文中，首次将生态学中的观点引入到企业竞争战略中，提出了“商业生态系统”的概念（Moore，1993）。在其 1998 年所著的《竞争的衰亡：商业生态系统时代的领导与战略》一书中，进一步系统地阐述了商业生态系统的概念及商业生态系统的进化规律，并为各类企业提供了发展战略参考。他将商业生态系统定义为：以组织和个人的相互作用为基础的经济联合，其成员除企业自身外，包括客户群、供应商群、产业领导者群、投资商、金融商、贸易合作伙伴、标准制定者、工会、政府及具有政府职能的单位，以及其他利益共同体单位，这些单位通过利益共享、自组织甚至有些偶然的方式聚集在一起，而每个参与者依靠其他的参与者，以取得各自的生存能力和效果（詹姆斯·穆尔，1999）。

Peltoniemi 和 vuori（2004）在此基础上给出了一个更完整的定义：所谓商业生态系统，就是由具有一定关联的组织组成的一个动态结构系统，这些组织可能是企业、高校、研究机构、社会公共服务机构及其他各类与系统有关的组织。他们认为商业生态系统兼有生物生态系统、经济系统、

复杂适应系统的特点，由占据不同“生态位”的企业组成。这些企业的生态位相互关联，一旦其中的一个发生变化，其他相关者包括竞争者、合作者和补充者均发生变化。商业生态系统是将生态学观点应用于企业竞争战略后的新生概念，与生物生态系统类似，商业生态系统的特征是，具有大量的松散联结的参与者，每个参与者都依靠其他的参与者，以取得各自的生存能力和效果。商业生态系统中的各参与者彼此命运悠关：如果生态系统健康，那么所有参与者都能够繁衍生息；如果不健康，所有参与者都会深受其害。所以这个观点认为参与者的战略应该从相互争斗，转换成如何能够更好地共同发展，把原来注意力从内部能力上，移到关注所参与的商业生态系统的整体特性。

商业生态系统理论打破了传统企业之间单赢的竞争观念，强调企业的经营大环境是一个联系紧密、互为依赖的共生系统（田秀华、聂清凯、夏健明、李永，2006），企业需要在这个环境中与其他企业共同发展。基于商业生态系统理论，企业的关注点应该从提升内部能力转移到增加企业所参与的商业网络的整体能力上（Moore，2006），因为未来的竞争不再是个体企业之间的竞赛，而是商业生态系统之间的对抗（Dobson，2006）。

詹姆斯·穆尔（1999）从商业生态系统均衡演化的层面，将商业生态系统的发展过程分成四个阶段：第一阶段，有特殊生存力的新商业生态系统逐渐诞生并初具规模；第二阶段，商业生态系统通过抓住可利用的元素及相关产品和服务，吸收新增加的顾客和风险承担者，扩充其范围和消费资源；第三阶段，随着商业共同体结构和协议变得稳定，共同体内部争夺领导权和利润日趋激烈，角色和资源在领导阶段会进行再定位和再分配；最后阶段，为了避免商业生态系统被新系统所替代，逐渐走向衰退和死亡，系统开始持续更新。商业生态系统与自然生态系统一样，都是复杂自适应系统，具有许多共性的地方，但两类系统的根本区别在于商业生态系统中的主体具有做出有意识决策的能力，而在自然生态系统中的主体是无意识的。

商业生态系统由不同种类的物种主体组成，而这些物种在系统中担当不同的角色和职责，主要可以分为以下三种（Iansiti and Levien,

2004）：核心型企业（Keystone），即充当商业生态系统调控者的角色，通过影响这个系统的特定行为而维持生态系统的健康；支配主宰型企业（Dominators），通过纵向或横向一体化来管理和控制某一生态系统；缝隙型企业（Niche Players），着眼于专业化和差异化，将自己独特的能力集中在某些业务上，利用其他企业提供的关键资源来开展经营活动。

（二）电子商务生态系统研究

随着国内电子商务的不断发展和演进，我国基于平台型电子商务的生态系统特征越来越显著。实际上，国内电子商务平台是伴随着生态系统的爆发而成长的。基于这种发展趋势，从商业生态系统理论视角对电子商务发展进行研究受到越来越多国内学者的关注。从现有的研究看，对电子商务生态系统研究涉及的问题十分广泛，主要包括：电子商务生态系统的特点或与传统商业生态系统相比所具有的优势（徐博艺，杨冬梅和姜丽红，2002；司林胜和王凌晖，2010），电子商务生态系统环境下的企业发展战略研究、特别是不同生态位的企业电子商务发展策略研究（杨韵和谢金生，2006；刘鲁川和陈禹，2006；闵惜琳和姚锐，2007；杨艳萍和李琪，2008；周建良，2011），电子商务生态系统演进的影响因素及企业如何建设电子商务生态系统（刘雷，2010；张向先、张旭和郑絮，2010）以及平台型电子商务生态系统的协调机制问题研究（付媛，2013；胡岗岚等，2009a；卢莉，2010）等。

以上这些研究为我们理解中国电子商务产业快速发展现象提供了一个全新的理论视角。然而从现有的研究看，尽管许多学者都尝试从商业生态系统理论的视角研究由电子商务引发的经济现象，但很少有一定深度的高水平的理论研究。其中，胡岗岚等对电子商务生态系统的研究是目前较为相对全面和深入的理论探讨。

胡岗岚等（2009a）用商业生态系统理论来解释中国电子商务产业的集群化现象及其形成发展的演化路径。认为，电子商务生态系统是一系列关系密切的企业和组织机构，超越地理位置的界限，将互联网作为竞争和沟通平台，通过虚拟、联盟等形式进行优势互补和资源共享，结成的一个有机的生态系统。该系统中的“物种”成员按其定位可以划分为以下几类：①领导种群。即核心电子商务企业，是整个生态系统资源的领导者，通过提供平台以及监管服务，扮演电子商务生态系统中资源整合和协调的角色；②关键种群。即电子商务交易主体，包括消费者、零售商、生产商、专业供应商等，是电子商务生态系统其他物种所共同服务的“客户”；③支持种群。即网络交易必须依附的组织，包括物流公司、金融机构、电信服务商以及相关政府机构等，这些种群并非依赖电子商务生态系统而生存，但它们可以从优化的电子商务生态系统中获取远超过依靠自己竞争力可得的利益；④寄生种群。即为网络交易提供增值服务的提供商等，包括网络营销服务商、技术外包商、电子商务咨询服务商等。这些物种寄生于电子商务生态系统之上，与电子商务生态系统共存亡。

胡岚岚等根据詹姆斯·摩尔对商业生态系统演化阶段的划分将电子商务生态系统的发展演化概括为开拓、扩展、协调、进化四个阶段。认为，促使电子商务从单一网站进化为多物种的电子商务生态系统的原因主要有：①核心电子商务企业的创建与壮大培育了新市场环境，可以容纳更多物种的参与；②电子商务发展的内生力量，如各物种自我繁殖和进化的需要，促使更多的主体进入生态圈；③电子商务发展所依附的支持性因素如电子支付、物流、利好政策等的加入，加快了系统的进化繁殖，并扩大了生态系统的范围；④生态系统的发展吸引了大量增值服务商的寄生，进一步改善了电子商务生存环境。这些内生和外生的原因使得电子商务产业的“物种”不断丰富，循环也更加完善，最终实现电子商务各“物种”成员的生态共建、生态共生以及在此基础上的价值创造、价值共享和共同进化。

此外，胡岚岚等（2009b）还研究了电子商务生态系统中各类参与主体之间的协调问题，包括电子商务生态系统中各成员间可能出现的信任问题、利益争夺问题、信息不对称问题以及协作问题等。① 这些问题成为困扰和制约电子商务生态系统持续发展的重要因素。在结合阿里巴巴案例分析的基础上，胡岚岚认为作为电子商务生态系统核心企业的领导种群，在生态系统资源整合和成员关系协调上具有关键作用，提出了领导种群在生

① 胡岚岚，卢向华，黄丽华．电子商务生态系统及其演化路径 [J]. 经济管理，2009（6）.

态系统治理上可采取的四大协调机制：关系协调机制、利益协调机制、信息协调机制、运作协调机制。

以上四个视角的理论研究为本章的理论研究提供了基础与借鉴。首先，电子商务与实体零售的渠道竞争或融合分析为本章基于交易成本结构的分析奠定了基础。由交易成本节约导致的竞争优势（表现为信息搜寻的便捷、商品价格的降低、品类更丰富等）是电子商务兴起和发展的根本驱动力。其次，双边市场理论中对平台成长的分析，包括平台聚集的交叉网络效应、平台开放与封闭的策略分析等；以及平台领导理论中关于平台与互补品创新关系的研究，为本章基于互联网平台视角的架构创新分析提供了基础与借鉴。最后，本章无论是在事实逻辑的梳理，还是理论模型的构建中都直接使用了商业生态系统理论中的许多概念，并将中国电子商务现象看作是一种生态系统现象。

从以上的综述来看，当前经济理论界对电子商务现象的理论研究仍然是在不同的理论视角下各自展开，没有形成完整的理论体系，且不同理论视角下研究的具体问题也千差万别。严格来说，就本章研究的核心问题而言，以上四个理论视角的分析都不能给出系统的回答。现有理论研究的不足主要表现在：

第一，国内关于电子商务与实体零售渠道竞争的分析以及国内关于电子商务与专业市场融合发展的分析都是对本国具体经济现象的分析，尽管都是建立在交易成本基础上的理论分析，但没有一个统一的框架能够对各国的电子商务现象给出内在逻辑一致的分析。

实际上，国外学者对电子商务现象的研究，主要是针对以亚马逊为代表的 B2C 平台而展开的。[①] 而亚马逊所表现出的与传统零售商（如开始时与美国最大图书零售商巴诺，当前与美国最大的连锁零售商沃尔玛）之间的竞争与变革，自然成为国外经济学者研究关注的焦点。而中国电子商务现象的主要成分则是以淘宝为代表的 C2C 平台，而中国与亚马逊模式相似的当当网等 B2C 平台不论在规模还是速度上都处于低水平状态，因此，在

① eBay 在初始时只是二手品交易平台，还不是严格的网络零售平台。

国内电子商务发展的很长一段时间里，电子商务与传统零售的渠道竞争现象并不显著。这也是国内学者很少关注渠道竞争研究的原因所在。

第二，双边市场理论和平台领导理论对平台现象的研究不能很好地解释互联网平台架构下的创新和生态现象。既有平台理论缺陷是由具体的平台现象的局限性所导致的。既有平台理论所关注的平台现象主要是支付卡平台、操作系统平台、媒体平台、芯片平台等，这些平台与互联网平台有显著区别。

既有的平台理论主要强调平台的双边架构特征或平台与第三方之间的相互依赖特征，但对于有互补性需求的双边群体之间如何在平台架构下实现交易（至少是信息交互）的并不关心。如图 10-4 中，我们对比微软基于 PC 的 Windows 操作系统平台和苹果基于手机的 IOS 操作提供平台。尽管两个平台具有相似产业架构，但苹果基于互联网的 App store 为开发者和消费者之间构建了直接交互的机制，这是其与传统微软平台的根本区别。互联网带来的交易方式（或信息交互方式）变革使我们对苹果的研究就不能完全套用对微软的研究方式。

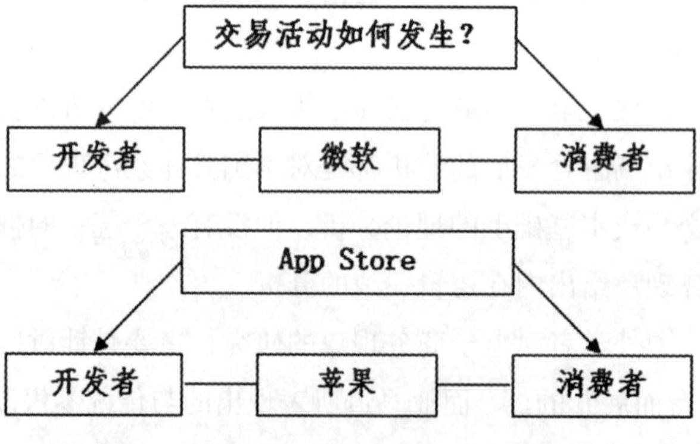

图 10-4　微软平台与苹果平台的架构特征

信息交互方式变革的重要性对于电子商务平台研究而言，更是不言而喻。因此，本章认为互联网平台是信息技术变革下出现的新的平台现象，信息交互方式的变革（交易方式的变革是其重要表现之一）是本章对互联网平台现象复杂性和特殊性研究的基本出发点。

第三，基于商业生态系统理论的电子商务研究目前还处于探索性阶段，仍然没有突破性的理论成果。就本章概括的已有研究而言，生态系统理论在对电子商务现象进行描述性研究上，具有无可比拟的贴合性，但对于电子商务生态系统演变动力和路径的解释却缺乏经济学的理论深度。目前基于该理论视角的研究对于解释中国与主要发达国家存在的路径差异更是鲜有涉及。因此，本章对商业生态系统理论的借鉴主要表现在描述性研究上。

第二节　中国电子商务经济体快速爆发的事实逻辑

从网络交易平台的出现到电子商务经济体的形成，是互联网技术条件下各类经济主体不断适应和衍生，各类经济组织不断创新和演变，最终在整体上展现出来的一种涌现现象，其本质是一个新的复杂适应系统的形成过程。由各类具有能动性的经济主体及其之间的联系规则构成的复杂经济系统，在与环境的作用过程中具有内生的演化动力，适应性是这一演化过程的基本机制，复杂性是这一演化过程的基本特征。基于此，本节从复杂适应系统理论思想出发，对中国电子商务经济体的主导模式、演化过程和关键机制进行刻画和总结。

一、中国网络交易平台的主导模式

（一）网络交易平台的三种基本组织模式

自 1995 年商业互联网出现之后，基于互联网的交易组织方式就被创造出来，鉴于其带来的交易方式变革对交易成本节约的重要作用，网络交易方式被越来越多的企业所接受和使用，许多不同类型的交易组织模式被创造出来。依据电子商务平台在网络交易过程中的角色或作用，网络交易平台主要有三种组织模式：直销式、经销式和开放式。

1. 直销式网络交易平台

直销式网络交易平台是指由品牌商自建网络销售平台直接向消费者销

售其自有品牌产品的组织模式。在直销式网络交易组织模式中，产品品牌商是整个流通分工体系中的核心，参与到经营活动的所有环节中，不但掌控制造端自行组织和管理供应链，而且掌控销售端自行组织产品推广和销售，对经营活动的盈亏自负。其基本运营模式如图 10-5 所示。

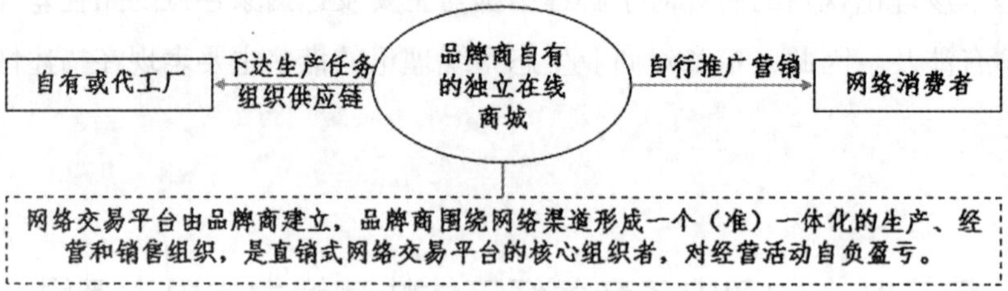

图 10-5　直销式网络交易平台示意图

最早建立直销式网络交易平台的典型代表是戴尔公司。从国内发展的情况来看，直销式网络交易平台已经成为传统品牌商开拓网络销售渠道的基础方式，主要表现为独立在线商城的形成，如服装领域的李宁官方商城、家电领域的海尔商城等。然而，由传统品牌商建立的在线独立商城并没有取得实质性进展，在直销式网络交易平台领域，取得一定建树的多数是由互联网品牌商建立的，如专注于服装领域的凡客诚品、专注于手机领域的小米商城、专注于箱包领域的麦包包等。

2. 经销式网络交易平台

经销式网络交易平台是指由渠道商建立网络销售平台，并从其他供应商处采购商品再销售给消费者的组织模式。由渠道商建立的网络交易平台在整个经营过程中扮演着经销商的角色，其将其他不同品牌商的商品采购来集中在一个平台上进行销售。整个经营过程的主导是渠道商，其自行采购商品并自行组织销售，通过差价赚取利润，对经营活动的盈亏自负。其基本运营模式如图 10-6 所示。

最早的经销式网络交易平台应属亚马逊。从国际发展的主流看，经销式网络交易平台已经成为主流的发展模式，这种模式实际上是对基于实体渠道的沃尔玛模式的替代。经销式网络交易平台在国际上出现后，也于 20 世纪末在中国开始出现，典型代表如当当网、卓越网、京东商城等。

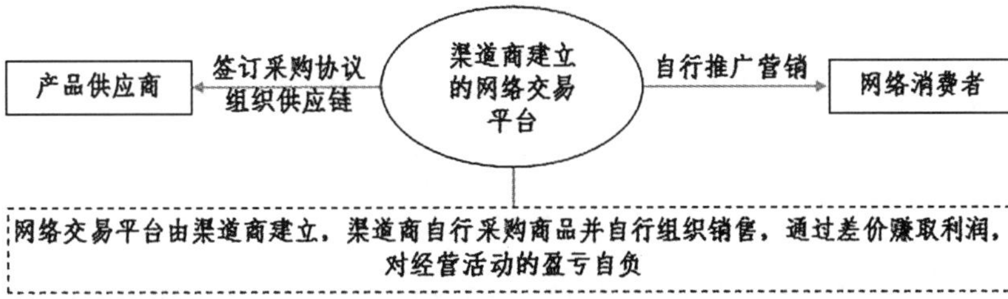

图 10-6 经销式网络交易平台示意图

与基于实体渠道的经销式交易组织模式拥有“超级市场”和“品类杀手”两种主要模式类似，经销式网络交易平台也可以分为综合型网络交易平台和垂直型网络交易平台。如早期的当当网、卓越网聚焦在图书领域，早期的京东商城聚焦在电器领域，都可以理解为垂直型经销式网络交易平台；随着电子商务的发展，这些早期的垂直型平台开始向综合型平台转型，将自己的经营品类扩张到所有零售领域。

3. 平台式网络交易平台

平台式网络交易平台是指由第三方建立的网络销售平台，具备一定条件的组织或个人可以在平台上建立自己的店铺直接与消费者进行交易的组织模式。在平台式交易组织模式中，平台运营方主要提供网络交易活动所需的支撑服务，不直接参与商品经营活动，而是由在平台上开店的商户和消费者直接交易，平台方并不对商户经营活动的盈亏负责，主要通过收取租金或提供增值服务的方式获取收入。

最早的平台式网络交易平台要属开创 C2C 业务模式的 eBay。目前来看，全球主要的 C2C 平台都采取的是平台式网络交易模式，如中国的淘宝，这与 C2C 业务模式自身的特点和内容有关。当然，平台式交易组织模式并不仅限于 C2C，在 B2C 领域的平台化趋势也越来越显著，其中以亚马逊的 Marketplace 平台和阿里巴巴的天猫平台为典型代表。

4. 三种基本组织模式的比较

以上界定的基于网络交易平台的三种基本组织模式，实际上在实体交易组织模式中都有直接的原型，而互联网带来的交易方式变革启动了新一轮交易组织方式的革命。尽管三种网络交易组织模式相较传统的实体交易

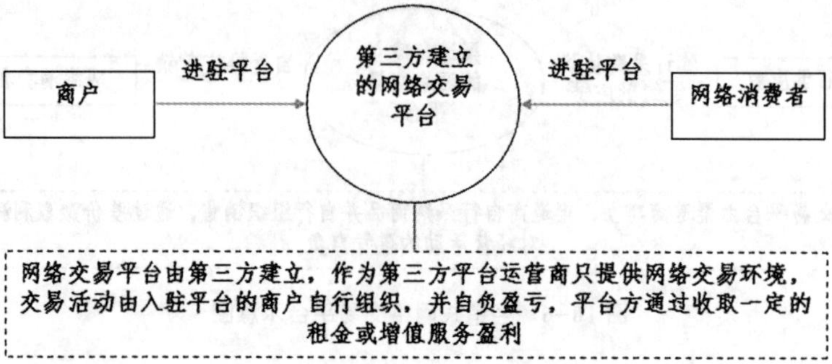

图 10-7　平台式网络交易平台示意图

组织方式而言，在交易成本上都具有竞争优势，但由于组织模式不同也存在较大的差异。表 10-1 从平台方在经营活动各个环节中的参与度，总结了三种基本网络交易组织模式的差异。

表 10-1　　三种基本网络交易组织模式的比较

组织模式	直销式网络交易平台	经销式网络交易平台	平台式网络交易平台
典型代表	海尔商城、小米商城	京东商城、当当网	淘宝、天猫
平台方的盈利模式	经营利润	经营利润（买卖差价）	平台使用费、交易佣金及其他增值服务收入
平台方是否负责盈亏	是	是	否
平台方是否参与交易	是	是	否
平台方是否提供支付	是	是	是
平台方是否参与生产	是	否	否
平台方是否物流配送	部分	是	否
平台方是否售后服务	是	是	否

从表 10-1 的比较中可以发现，三种网络交易组织模式中，平台方在经营活动各个环节中的角色和作用存在较大的差异。其中，直销式网络交易平台对经营活动各个环节的渗透率最高，实际上形成了生产和销售一体化或准一体化的企业组织；经销式网络交易平台对经营活动各个环节的渗透率次之，与直销式网络交易平台相比不参与产品的设计、生产等活动，但需要负责运营产品采购、推广销售、物流配送、售后服务等一系列经营

活动，实际上是一个标准的商业组织；平台式网络交易平台对经营活动各个环节的渗透率非常低，不参与具体的商品经营活动，只需要提供必要的基础支撑，如商品展示、信息搜索、用户沟通、支付工具等。因此，从网络交易平台参与生产经营活动的一体化程度来看，从直销式到经销式再到平台式的一体化程度在逐步降低，从另一个角度看，意味着平台的开放度在提高，对整个经营活动的分工协同要求也在逐步提高。

（二）中国网络交易平台的主导模式选择和网络交易组织的平台化趋势

1. 中国网络交易平台的主导模式选择

中国以网络零售为主要内容的互联网经济始于20世纪末，1999年5月成立的8848.com和1999年8月成立的易趣网分别开创了中国B2C和C2C两种主要模式的网络零售平台，并在1999—2000年间获得了快速发展。然而，在随后的互联网泡沫中遭受重大打击，8848.com以破产告终，易趣网也于2002年引入eBay的战略投资，并在2003年被eBay全资收购。2003年5月，阿里巴巴推出基于C2C业务模式的淘宝网，真正开启了中国的互联网零售产业。由于淘宝网一系列本土化的战略举措，很快超越eBay易趣成为中国最大的网络交易平台①。目前，中国C2C领域只剩阿里巴巴的淘宝网、腾讯的拍拍网和Tom集团的易趣网，其中，淘宝网一家独大，2012年的交易额达到8000亿元，占C2C网络零售市场的96.4%。

在B2C方面，当当网、卓越网引领了中国B2C行业的发展。当当网由李国庆于1999年创立，卓越网由雷军于2000年创立，两家公司都是亚马逊的追随者，都起步于图书和音像制品销售。2004年亚马逊全资收购卓越网，并改名为亚马逊中国开始进军中国市场。同年，刘强东成立京东商城，致力于产品标准化程度较高的3C产品的网上销售，挑战国美和苏

① 在C2C网络零售领域，淘宝是一个追赶者的角色，自诞生之日起就面临与国际巨头eBay的全面竞争，并遭到对手在各个方面的全面阻击。但淘宝凭借对中国市场的了解，开发了淘宝旺旺、支付宝等一系列本土化的交易工具，并采取全面免费的策略，快速实现赶超，并占据了中国C2C领域赢者通吃的地位。据统计，2004年下半年，淘宝网已在多项指标上赶上或超过易趣——先是在个人交易商品数量、alexa排名方面，接着是在浏览量、商品数、商品成交金额等个人交易核心指标方面，并于2005年全面超越易趣，2006年成为亚洲最大的在线购物网站。

宁等传统电器零售商。然而，直至 2008 年，当当网和京东商城的交易量分别仅为 7.6 亿元和 13.2 亿元，与同期淘宝网的 999.6 亿元相差甚远。中国 B2C 领域这种不温不火的状态直到 2008 年 4 月淘宝商城的推出才真正得到改变。淘宝商城在 2009 年就实现了 100 亿元的交易额，成为中国最大的 B2C 网络交易平台，并在随后几年展现出越来越强的爆发力，2010、2011、2012 年分别实现了 300 亿元、920 亿元和 2072 亿元的交易额，远远超过了其他 B2C 平台。截至 2012 年底，淘宝商城占中国 B2C 市场份额达 52.1%（见图 10-8、图 10-9）。

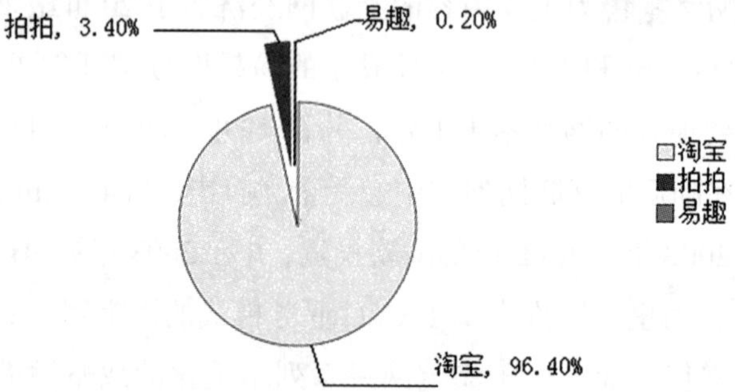

图 10-8　2012 年中国 C2C 网络零售市场占有率

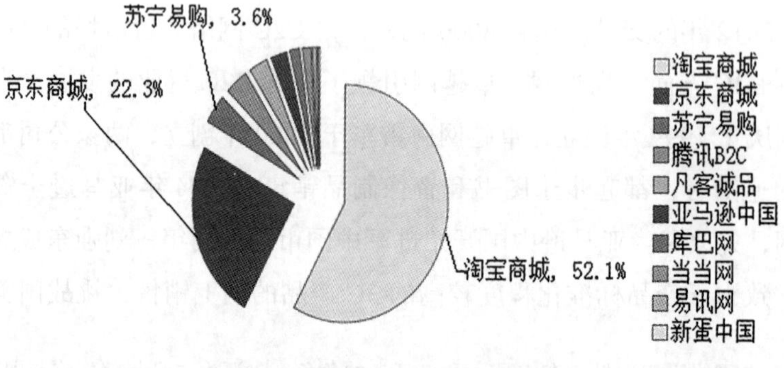

图 10-9　2012 年中国 B2C 网络零售市场 TOP10 占有率

从网络交易平台的组织模式看，以淘宝（集市）为代表的 C2C 领域天然都是平台式的交易组织架构且表现出极高的市场集中度，形成了淘宝网赢者通吃的垄断型市场结构；而在 B2C 领域出现了三种组织模式共同发展的格局，如淘宝商城是典型的平台式架构，京东商城是典型的经销式架构，凡客诚品是典型的直销式架构。然而，从交易规模看，以平台式交易组织模式为架构的淘宝商城占据了半壁江山。麦肯锡全球研究院的数据显示，平台式网络交易平台成为中国占绝对主导地位的网络交易组织模式，2011 年该模式占到网络零售市场份额的 90%。而且，从 2003 年中国电子商务快速发展至今，以平台式为主要架构的网络交易平台始终主导着中国电子商务的发展，因此，平台式网络交易组织模式成为中国网络交易组织模式的主导选择，也成为推动中国电子商务经济体发展的主要力量。

2. 网络交易组织的平台化趋势

中国电子商务研究中心的监测数据显示，到 2012 年底，中国 B2C、C2C 及其他电商模式企业数已经达到 24875 家。尽管本章无法完全统计所有电商企业的交易组织模式，但就 2012 年排名前 30 的电商企业来看，经销式的网络交易组织模式占据了绝对主导。如表 10–2 所示，对 2012 年中国交易量前 30 名的 B2C 平台进行统计发现，仅有淘宝商城（天猫）和 QQ 商城 2 家采取的是平台式交易组织模式，仅有小米商城、凡客诚品、梦芭莎、V+、联想官方商城、麦包包等 6 家采取的是直销式的交易组织模式（且其中仅有联想为传统品牌，其余 5 家都为网络品牌），而剩下的 22 家都采取的是经销式的交易组织模式。

表 10–2　　国内 B2C 平台 Top30 的交易规模和组织模式

平台名称	经营品类	成立时间（年份）	2012 年交易额（亿元）	交易组织模式
天猫	综合品类	2008	2072.0	平台式
京东商城		2004	660.0	经销式
苏宁易购		2007	188.0	经销式
QQ 商城		2010	115.0	平台式
亚马逊中国		2004	105.0	经销式
当当网		1999	74.5	经销式
一号店		2008	45.0	经销式

续表

平台名称	经营品类		成立时间（年份）	2012 年交易额（亿元）	交易组织模式
银泰网	综合品类		2010	5.6	经销式
小米商城	垂直品类	数码家电	2011	100.0	直销式
易讯网		数码家电	2006	57.9	经销式
唯品会		服装服饰	2008	54.4	经销式
凡客诚品		服装服饰	2007	45.0	直销式
库巴网		数码家电	2006	35.8	经销式
新蛋网		数码家电	2001	19.0	经销式
聚美优品		美容保健	2010	18.0	经销式
乐蜂网		美容保健	2008	14.8	经销式
国美电器		数码家电	2006	14.3	经销式
梦芭莎		服装服饰	2006	13.0	直销式
酒仙网		酒类	2010	12.0	经销式
天翼手机网		数码家电	2008	8.0	经销式
V+		服装服饰	2007	7.8	直销式
天天网		美容保健	1999	7.0	经销式
走秀网		服装服饰	2007	7.0	经销式
联想官方商城		数码家电	……	6.5	直销式
麦网		服装服饰	2010	5.8	经销式
麦包包		服装服饰	2007	5.3	直销式
好乐买		鞋类	2007	5.0	经销式
中粮我买网		食品	2009	4.3	经销式
绿森数码		数码家电	2003	4.2	经销式
优购网		鞋类	2011	4.0	经销式

资料来源：艾瑞咨询．中国 B2C 在线零售商 Top50 研究报告，2012.

尽管仅从以上的数量统计来判断，经销式网络交易平台组织模式具有更普遍的应用。然而，作者进一步梳理后，认为平台式交易组织模式才是网络交易组织的内在发展趋势。这主要基于以下两点判断：第一，垂直型电商具有向综合型电商发展的动力和趋势。从表 10-2 可以发现，绝大多数垂直型电商都是中小规模的电商，交易额普遍在20亿元以下，与绝大多数综合型电商相差甚远。垂直型电商专注于某一品类领域，不仅需要其消费者需求的深刻把握，而且需要强大的品牌运营能力，这决定了其必须采取经销式的交易组织模式。然而，这些电商企业往往都处于竞争性领域，面临着综合性平台的挤压，因为综合性平台在经营的品种种类和对消费者的聚集能力上具有优势，且网络平台边际成本极低的特征决定了综合性平台的单品经营成本更低，因此，一旦综合性平台在某一个品类领域发力后，垂直平台就很难有生存空间。这种竞争性压力以及其专注的市场空间自身的有限性，决定了垂直性平台在发展到一定规模后有向综合性平台发展的动力。如京东商城、亚马逊中国、当当网、苏宁易购等综合性平台，都是由垂直型平台发展而来的。实际的结果也表明，综合型平台往往拥有更大的规模、更大的市场占有率。第二，综合型电商具有从经销式组织模式向平台式组织模式发展的动力和趋势。关于这一点，以下从国外和国内的情况分别进行例证。

（1）亚马逊的平台开放之路。尽管同时起步于1995年的eBay和Amazon都依托互联网带来的竞争优势获得了比以往实体零售模式更快的发展速度，但具有平台式交易架构的eBay在发展态势上一直领先Amazon。从两个平台的交易量和增长率变化情况看，1997年开始eBay的增长率开始超过Amazon，并于1998年在总交易量上超过Amazon，此后两者之间的差距越来越大。eBay领先Amazon的这种趋势一直持续到2006年，这一年eBay的交易量达到525亿美元，而Amazon则刚刚超过100亿美元。从交易量来看，直到2010年以前，eBay一直是全球最大的网络购物平台（见图10-10）。

正是面临来自eBay的强大竞争压力，从1999年开始Amazon就着手开发向第三方卖家开放的网络交易平台，并于2000年11月正式上线了Marketplace平台。与Amazon原有的封闭的经销式组织模式不同，Marketplace是一种开放平台模式。在Marketplace平台上，Amazon只是平台服务的提供商，交易活动是在第三方卖家和消费者之间直接发生的，Amazon通过收取登录费和交易费的模式盈利。Marketplace实际上就是一

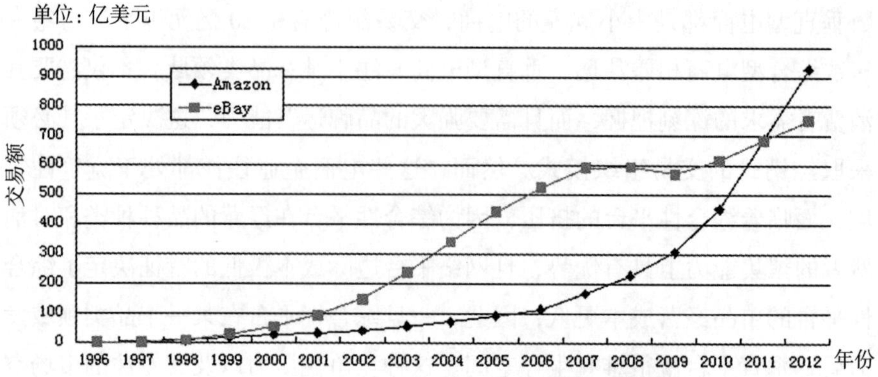

图 10-10　Amazon 和 eBay 平台的交易量情况

数据来源：(1) eBay 的数据直接来自其公开年报；(2) 亚马逊的交易量数据是根据三个数据估算得出的，包括公开年报中的总营收数据（是自营成交额和第三方收费收入的总和）、估算的第三方成交额占总成交额的比例（2001—2012 分别假定为 5%、5%、5%、5%、10%、10%、15%、20%、25%、30%、36%、40%）、估算的第三方收费占总营收的比例（2001—2012 分别假定为 1%、1%、2%、2%、3%、3%、4%、5%、6%、7%、8%、9%）。

种平台式的交易组织架构，并不对入驻卖家的资质有比较严格的要求，一般不向个人或中小卖家开放（见图 10-11）。

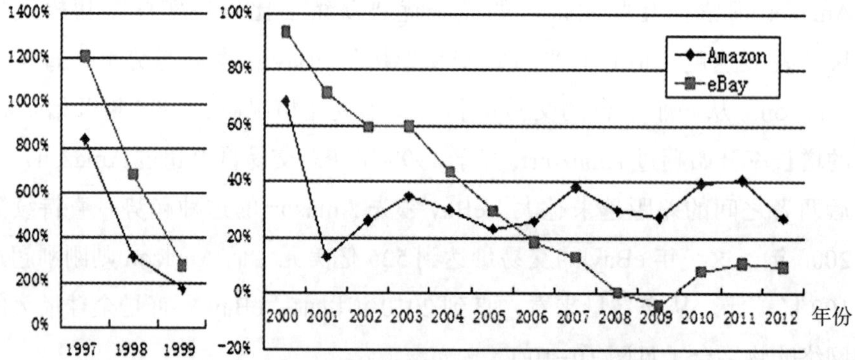

图 10-11　Amazon 和 eBay 平台的交易量增长率情况

Amazon 依托自营平台业务和 Marketplace 平台业务的双重拉动，开始爆发出巨大的增长潜力。特别是 2006 以来，Marketplace 平台业务的快速增长，成为带动 Amazon 增长的主要来源。到 2012 年底，Amazon 的 Marketplace 平台上的全球卖家数量已经超过 200 万家，Marketplace 平台上的成交额已经占到 Amazon 总成交额的 40%，成为 Amazon 未来最具增长潜力的业务。

（2）中国网络购物平台的开放趋势。与 Amazon 的发展路径相似，国内主要网络购物平台也经历了类似的过程。

淘宝商城的出现及其爆发式的增长态势彻底改变了中国 B2C 行业的发展格局。在淘宝商城的带动下，从 2009 年下半年开始，国内综合型 B2C 电商都陆续推出了第三方开放平台业务。当当网于 2009 年底、京东商城于 2010 年底、亚马逊中国于 2011 年 7 月，以及后来者苏宁易购也于 2012 年 7 月上线了第三方开放平台。尽管这些电商的第三方开放平台在开放程度、准入资质、收费模式、服务支持方面存在不同程度的差异，但整体上都形成了开放平台架构的发展模式。2012 年 11 月 11 日，淘宝商城平台一天的成交额达到空前的 191 亿元，超过了当当网、一号店、凡客诚品等 B2C 平台一年的成交量之和，这一态势进一步加快了其他电商平台向开放平台架构转型步伐。

京东商城于 2010 年 12 月 30 日推出第三方开放平台，经过两年时间的运营，到 2012 年底在开放平台上的商户达到 6000 多家，交易额达到 120 亿元，占京东平台总交易额的 20%，成为推动京东增长的重要来源。2013 年京东商城进一步加速向卖家整体解决方案提供商的转型，加大了开放平台的推进力度，针对第三方卖家推出了技术、物流、财务、服务四个方面的支持计划，并计划于 2016 年使第三方平台业务量占比达到 50% 以上（见表 10-3）。

表 10-3　　国内主要网络交易平台开放第三方平台的情况

	第三方平台业务的上线时间 / 名称	第三方平台上拥有的卖家数量	第三方平台业务占总销量的比重
C2C：天然的开放平台模式			
eBay	1995	—	—
淘宝集市	2003	700 万	100%
B2C：			
亚马逊	2000 年 11 月推出 Marketplace 平台	2012 年全球已拥有超过 200 万卖家	从 2006 年开始有起色，到 2012 已占到 40%

续表

	第三方平台业务的上线时间 / 名称	第三方平台上拥有的卖家数量	第三方平台业务占总销量的比重
亚马逊中国	2011 年 7 月推出	目前在中国的第三方开放平台处于关闭运营状态	
阿里巴巴	2008 年推出天猫商城	—	100%
京东商城	2010 年 12 月推出 POP 开放平台	2012 年底 6000 多家，2013 年 7 月达到 3 万家	2012 年底交易额达 120 亿元，占 20%；预计 2016 年，将占到 50%
当当网	2009 年	—	—
苏宁易购	2013 年 9 月推出苏宁云台	—	—

针对京东的开放平台策略，从传统电器零售商转型而来的苏宁易购，于 2013 年 9 月强势推出苏宁云台。作为后来者，向第三方卖家开出了“三免、两低、一担保”[①] 超级优惠政策。并计划使开放平台商家在 2013 年就达到 1 万家，2014 年和 2015 年分别达到 5 万家和 10 万家的规模。

（三）平台式交易组织模式与中国开放型电子商务经济体的出现

根据经营活动由谁来主导，可以将直销式、经销式和平台式三种基本的网络交易组织模式划分为两种类型的电子商务经济体：一种是封闭型电子商务经济体，包括直销式和经销式，其基本特征是网络交易平台上的产品经营活动是由平台方控制或主导的；另一种是开放型电子商务经济体，其基本的组织模式就是平台式，在开放型电子商务经济体中网络交易平台上的产品经营活动是由第三方控制或主导的。与直销式和经销式两种交易组织模式相比，平台式交易组织模式天生就是一种开放型的电子商务模式，因为最基础的平台式架构也要包括平台组织、第三方卖家和网络消费者三个群体以及建立在平台规则基础上的协同分工关系，这构成了开放型电子商务经济体的基本生态和基础架构。

以淘宝和天猫为代表的平台式网络交易组织模式出现及其主导地位的

① “三免”是指永久免年费、免平台使用费、免佣金（大部分招商类目进行佣金返还）；“两低”是指低保证金、低佣金（针对家电、3C、OA 办公品类，低于行业佣金标准）；“一担保”是指用易付宝结算，使用担保交易。

形成，诱发了中国开放型电子商务经济体的出现。不仅如此，由于淘宝和天猫高度的开放性，进一步促进了中国开放型电子商务经济体在基础的种群生态和分工关系的基础上，涌现了更加多样化的生态种群和更加复杂的分工协同关系。主要表现在：

第一，生态种群的多样化。种群生态的多样化表现在两个层次：第一个层次是，除了基础的网络交易平台、网商群体和消费群体之外，中国电子商务经济体还出现了制造商群体、服务商群体、物流商群体、推广商群体等，以及适应群体之间交互需求而衍生的新的分工协调性平台组织，如图 10-12 所示。第二个层次是，从各个群体的内部结构看，也表现出的复杂的多样性特征。以网商群体为例，可以划分了网络经销商①、网络品牌商②和传统品牌商③三个种群；在以服务商群体为例，根据服务的内容不同，又可以划分为 IT 系统服务商、代运营服务商等。

第二，协同分工体系的深化。专业化中间商是交易效率改进或单位交易成本下降导致的分工演进的结果（庞春，2009）。基于互联网技术带来的交易成本的下降和交易效率的提高，进一步促进了商品流通分工体系的专业化分工程度。具体表现在，生态种群的多样化及其协同需求促进了种群之间分工关系的深化。为了适应具有广泛内部结构差异的多种群之间的协同需求，基于开放平台架构的一系列新的平台协同组织被创造出来，如

---

① 网络经销商主要是指经营他人品牌的淘宝或天猫卖家。这里的网络经销商即可能是从品牌商那里直接拿货的专营店或专卖店，也可能是传统线下经销商直接开的网店，或从线下经销商那里拿货的一些中小卖家（一般不可能从厂家那里直接拿到货）。

② 网络品牌商是指完全基于电商平台而成功创建的自有品牌商。这些品牌商主要分为两大类：一类是具有传统品牌经验的企业，它们具有产品制造和线下分销经验，在线下销售不利（如绿盒子、小狗电器）或发现电商渠道潜力的情况下（如茵曼、阿芙精油），转而通过电商平台，实现成功扩张的品牌（或电商平台成为其产品销售占绝对主导地位的渠道）；另一类是没有传统品牌经验的企业，它们完全依托电商渠道发现市场机会，强调产品的自主设计和自主研发，通过自己加工或代工的模式进行制造，最后完全通过电商平台进行销售而成功发展的品牌。

③ 传统品牌商是指传统制造商通过自建电商运营团队或委托第三方代运营公司将传统线下渠道销售的产品转移到线上进行销售的传统品牌制造商。其与具有制造经营的网络品牌商的区别是，其原有的线下业务仍然保持和拓展。

服务协调平台（淘宝卖家服务市场）、制造协调平台（主要指供应链平台）、推广协调平台（第三方信息交互平台）、物流协调平台等等。这些新的协调性平台组织的创新极大降低了种群之间的交易成本，提高了整个经济系统的交易效率（见图 10-12）。

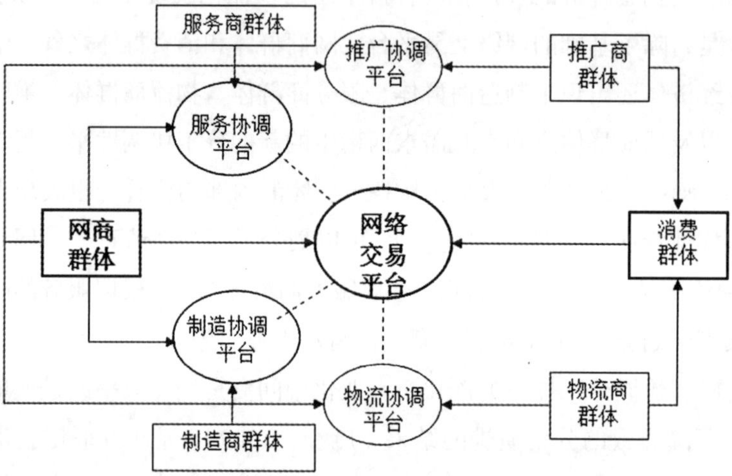

图 10-12　中国开放型电子商务经济体的生态种群和协同分工

二、中国开放型电子商务经济体成长和演化的现实逻辑

基于复杂适应系统理论，作者通过六个关键阶段的具体刻画来分析中国开放型电子商务经济体出现、形成与演化的历史逻辑。需要说明的是，本节所刻画的不同阶段的群体、组织和规则的适应性演化过程之间并不是严格的先后关系，也没有明确的阶段转化的标志，甚至有些只是几条不同历史线索的分别表述。尽管如此，本章认为这种阶段划分对理解中国电子商务经济体适应性演化的历史逻辑仍然是十分必要的。

（一）平台式网络交易组织与网络零售商群体兴起

基于平台式网络交易组织的网络零售商群体是中国电子商务经济体中最早也是最基础的种群。中国的网络交易平台兴起于 20 世纪末，与 8848.com、当当网等基于 B2C 模式的经销式网络交易平台不同，1999 年 8 月成立的易趣网[1]和2003年5月成立的淘宝网是中国最早的两个基于C2C模式的平台式网络交易组织。这两个平台式网络交易组织的出现及其一系列机制创新，培育和激发了中国一批从事网络零售的新兴商人群体的出现。作为促进第三方卖家和买家达成交易的网络交易平台，是一个典型的具有双边平台特征的交易组织，与其他双边平台一样，对于处于发展初期的中国C2C平台而言，面临的第一个考验是如何解决平台启动问题。

双边平台理论认为，在平台启动初期，由于技术的复杂性或市场的不确定性会导致互补品供应商参与平台的动力不足，因此平台方必须采取一系列有效的措施来吸引一边用户的聚集从来引发另一边用户的成长。但与Thomas Eisenmann（2009）等给出的倾斜性定价策略与David Evans（2009）等给出的互补品投资策略不同，基于互联网带来的交易方式变革使网络交易平台不仅具有传统的双边平台特征，而且其平台启动面临更大的复杂性。以淘宝为例，在定价策略上，淘宝采取的是双边全免费策略，并不是通过一方补贴另一方的方式；在投资策略上，淘宝作为开放式的双边平台，从未对第三方供应商进行过投资或任何形式的供货合作。

实际上，从淘宝初期面临的关键问题看，尽管网络交易方式与实体交易方式相比具有产品价格更低、信息搜索更便利等一系列比较优势，但基于网络交易环境的信任机制缺乏成为平台启动的关键约束。在网络交易方式中，由于商家和买家不是面对面交易，买卖双方的信息不对称以及买卖双方对交易安全的担忧等，极大降低了网络平台的交易效率，因此，如何构建安全有效的网络交易环境成为淘宝平台启动面临的主要挑战。在应对这些问题上，淘宝平台探索了很多适应中国商家和买者交易习惯的机制设计，逐渐构建起了有效的信息交互机制、完善的信用评价体系和安全的网络交易环境。本章主要总结了以下机制设计：

第一，通讯工具。基于网络交易平台的信息通讯工具是在网络环境下为买卖双方建立的一种信息交流工具，解决了买卖双方在无法面对面直接交流的情况下如何更好地了解商品信息或顾客需求的问题。以淘宝旺旺为

① 2003年6月被eBay全资控股，形成eBay和淘宝竞争的局面。

代表的即时通讯工具[①]是淘宝适应中国消费者货比三家、讨价还价的消费习惯而设计的，使买家和卖家之间建立直接的沟通交流平台，既起到了信息快速传递的作用又极大促进了买卖双方的信任关系。有数据表明，在淘宝网早期达成的交易记录中有 90% 的买家使用了淘宝旺旺进行过信息沟通（黄若，2013）。

第二，评价机制。消费者评价机制是指消费者在购买了某件商品之后，可以对商品的质量、功能、商家服务态度、效率等发表意见并进行满意度评价一整套机制。评价制度的建立是网络交易平台信誉环境形成的重要制度设计，也是网络交易方式优于传统交易方式的重要表现。先前消费者的评价不仅为后来消费者在进行购物决策时提供可信任的第三方依据，而且通过诚信经营和优质服务获取消费者好评也成为网络零售商基本的价值取向，较好的信誉成为网络零售商的一种无形资产[②]。消费者评价制度实际上形成了一种强大的监督力量，能够起到净化卖家群体的作用，有效促进了一个诚信经营的商业环境形成。目前，消费者评价制度已经成为电商平台搭建的基础性功能。

第三，支付工具。与消费者已经习惯的一手交钱一手交货的线下交易形式不同，网络交易的一个重要缺陷在于现金和商品的非即时交割引发的不信任问题。不论是买家先付款还是卖家先发货，对双方而言都存在极大的交易风险。而以支付宝为代表的第三方支付工具的创新有效解决了支付

① 在早期的网络购物平台中主要有两种信息通讯的实现方式。第一种是以 eBay 为代表使用的邮件方式，第二种才是以淘宝网为代表的即时通讯方式。从沟通效率来看，显然即时通讯方式能够提供更好的网络购物体验，那么为什么当时的电商巨头 eBay 要做如此保守的选择呢？其原因主要在于 eBay 自身的盈利模式和业务内容。eBay 在初期主要是以二手物品交易为主要业务的网络拍卖平台，其收入来源的重要部分就是买卖双方达成交易后的交易佣金。eBay 必须保证买卖双方在进行有效的信息沟通后直接在 eBay 平台上达成交易，而不是仅仅把 eBay 当作信息发布和交互的平台，在双方达成意愿后通过线下的方式交易，这会造成佣金流失。因此，eBay 选择使用邮件沟通方式是可以更有效的对买卖双方交流的内容进行监控，以保证其交易在网上达成交易。与此不同，淘宝一直采取的是免费模式，在发展初期坚持不盈利的发展战略，因此没有必要一定保证买卖双方必须线上实现交易。

② 这种无形资产的价值直接体现在一个皇冠级的卖家账号可以在市场上卖到几十万元。

和交割过程中的交易风险问题。其基本的交易流程为：消费者将货款打到由平台方控制的支付宝账户，资金暂时由平台方掌控和监管，消费者收到和验货之后，向平台方发出确认收货的信息，此时支付宝再将消费者的货款打到卖家账户。有支付平台介入的交易流程设计[①]。有效保护了消费者的资金安全和卖家的货物安全。

以上三点为主要内容的机制设计，有效促进了中国网络购物信用环境的形成，极大降低了由买卖双方的不信任带来的交易成本上升问题。与此同时，由淘宝开创的C2C平台免费开店、免费上传、免费交易模式，将商品零售行业的开店和经营成本降到有史以来任何经营方式、任何经营平台下最低的水平，开创了中国一个"零成本"创业时代，吸引了大量基于淘宝平台的网商创业活动。基于互联网技术的平台式网络交易组织在中国的出现及其一系列有效促进信息交互、交易信用环境形成和网络创业成本降低的制度和机制设计，激发和培育了中国第一批网络零售商和网络消费者群体出现，初步构建了一个安全和低成本的网络交易环境。

（二）产品组织方式创新及新的流通分工体系的出现

网络零售的发展对中国零售商群体的分布状况产生了重要影响。与实体零售商必须接近消费者的分布特点不同，网络零售商主要是在网络平台上与消费者完成信息交互和达成交易的，而且网络零售商面对的消费者群体是分布在全国各地，这就使得网络零售商无法做到、也没有必要采取接近消费者的布局方式。北京大学中国社会与发展研究中心与阿里研究中心于2012年1月至2012年6月展开的一项基于淘宝集市个体店主的"谁在开网店"的调查研究表明，中国中小网络零售商群体主要分布在广东（20.32%）、浙江（11.97%）、江苏（9.57%）等东部沿海省份[②]，而这些省

① 实际上，从当前的发展趋势看，支付宝带来的交流流程创新带来了一系列重大而深远的影响，如在促进售后服务体系建设，促进金融创新方面等。

② 目前，笔者没有获得关于中国网络零售商分布情况更早期的统计数据。但多方面的证据和逻辑推理可以证明这种靠近货源地的布局假设是成立的。作者掌握的主要证据还有：（1）阿里研究中心发布的数据，2012年全国县级地区淘宝销售额Top10分别是：义乌市、海宁市、常熟市、永康市、晋江市、桐乡市、海门市、石狮市、平湖市、昆山市；（2）案例证据。

份正是中国传统制造集群和专业交易市场最为发达的地区。由此，可见中国网络零售商的分布具有接近货源地的分布特点。

其实，对于中小网络零售商而言，淘宝的开放式交易平台已经提供了一个免费的商品展示和获取消费者的渠道，其经营成本和风险主要来自货品的选择和组织。接近货源地可以有效降低网络零售商在货品组织方面的风险。由于接近货源地，相比中小实体零售商需要在多层级批发商处拿货不同，同样处于中小规模的网络零售商则可以直接在货源地的批发市场中进货，减少了货源的中间商环节，形成更大的价格优势。然而，对于不断涌现的中小网络零售商、特别是刚刚创业的中小网络零售商而言，由于货源地批发市场主要是针对各地中间批发商的批发业务，其要求的最低进货规模往往不能满足中小网络零售商希望的“微批量、多品类”的进货需求，这就使得在有限资金情况下，很多创业者只能选择减少经营的产品品类。这一方面使得中小网络零售商不能享受到批量订单带来的更多折扣，品类减少也增加了其经营风险。另一方面与实体零售商在进货后只需将商品摆上货架不同，网络零售商还需要一系列拍照、图片处理、文字描述、关键词设置等工作，而传统的批发供应商不可能提供这些方面的服务支持。

因此，随着基于平台式网络交易组织的网商创业群体越来越活跃，一方面，在一些网商聚集度高的地区（如义乌、白沟），一些专门服务于本地网商的实体网货超市开始出现；另一方面，一些聚焦于国内贸易的 B2B 平台的批发业务获得快速发展，如阿里巴巴、慧聪网、汇齐思百货、进包网等。不论是网货超市还是网络批发平台，其产生和快速发展的基础是网商创业群体不断涌现的需求。这些网货批发平台尤为有效适应了中小网络零售商的货品组织需求，并且这些网货批发平台出现后不断进行适应性创新，极大降低了中小网络零售商的创业成本和经营风险。主要表现在如下几个方面：

第一，与专业市场中的实体批发商主要经营批发业务不同，网货批发平台一般采取的是阶梯定价的批发零售模式，即根据采购商采购的商品数量设定不同的价格水平，采购量越大价格越低。这种灵活的采购模式，恰好适应了中小网络零售商柔性化的采购需求。

第二，网货批发平台开创性创造了小额混批、一件代发等适应中小网络零售商的产品组织模式。以一件代发为例，网络零售商使用网货批发平台的一件代发服务，在网上获得订单后直接将订单信息发送给网货批发平台，再由网货批发平台直接发货给消费者。这种模式省去了网络零售商采购、物流、仓储、发货等一系列环节，极大降低其经营成本，可以利用更多的精力和资金投入在机会发掘、市场营销和客户服务上。

第三，网络批发平台出了货品平台服务外，还逐步渗入到货品的拍照、属性描述等环节，对网货批发平台上的所有产品进行数字化采集形成数据包，并向采购的网络零售商提供相应产品的基础数据包，这也进一步降低了网络零售商的经营成本。

总体而言，中小网络零售商群体的爆发式增长引致的新的产品组织需求导致了网货批发平台的产品组织方式创新，而网货批发平台的出现及其不断适应性创新又进一步降低了中小网络零售商的创业成本和经营风险，进一步激发和促进了网络零售商群体的涌现。网货批发平台产品组织方式创新的重要意义在于建立了传统制造商与网络零售商之间的沟通渠道，形成了基于网络零售平台的“传统制造商——网货批发平台——网络零售商——网络消费者”的新的专业化分工体系（可以简单表示为“B2B2C”的形式）。这种新的流通分工体系的形成，使网络零售商摆脱了对既有流通分工体系（传统制造商——多级批发商——实体零售商——本地消费者）中多层级批发商的依赖，打造了一条由传统制造商直通消费者的新的流通渠道。实际上，新的流通分工体系的形成就已经标志着由平台型电子商务架构的新的交易组织方式的基本形态初步形成，一个新的商业生态系统的雏形开始展现。

（三）制造端和零售端的相向拓展及新的流通分工体系的成熟

第二个阶段所形成的新的交易组织方式或商业生态系统的初步形态，并不是一种稳定的商业形态。为什么说这种商业形态不具有稳定性？我们来看这样一个可能的假设：制造商通过新的流通渠道获得的销售不断增加，并成为其重要的新增长来源；那么在一个完全开放的平台型电子商务环境下，制造商完全可以自己直接转变为网络零售商，面向网络消费者直接销售工厂产品，从而形成 B2C 的直接交易模式；在这种模式下，显然制造商可以拥有诸多优势，比如比既有中间商和零售商更具有货源优势和成本优势、比中小网络零售商更具有资金和人才优势，并且可以消除所有中间商环节获取更高的盈利空间；因此，我们可以认为“传统制造商—网货批发平台—网络零售商—网络消费者”的流通分工体系并不具有稳定性，至少传统制造商具有消除网络批发平台和网络零售商而转向“传统制造商（网络零售商）—网络消费者”的直接交易形态的动机和可能。从现实的发展看，这种不稳定的流通分工体系的演化并没有完全按照以上假设的逻辑发展，而是形成了“传统制造商—网络零售商—网络消费者”的流通分工体系（注：依然是 B2B2C）。

实际上，对于中国传统制造商而言，“传统制造商——网络零售商——网络消费者”的流通分工体系是一种对其最为有利的交易组织方式。首先，这种流通分工体系相对于初步形态的流通分工体系实现了制造商与零售商的直接对接，消除了所有中间商环节，不仅增加了其可能的获利空间，而且增强了其对终端渠道的掌控能力，这在传统经营方式下是需要相当的规模和能力才能够做到的；其次，更为根本的原因是，这种变革并不需要引发制造商既有生产组织方式和商业经营模式的根本转变。中国的制造商一般处于价值链低端的加工制造环节，产品附加值较低，主要是通过向采购商和批发商批量销售的模式获得一定的利润水平，简单说“走量”是其增加利润的核心，因此以中间商为主要客户的批量生产和批量销售成为其主导的生产组织方式和商业经营模式。在这种传统经营模式下，制造商的经营风险向中间商转移，在没有产品差异化竞争能力的情况下可以保证相对稳定的利润空间。而向网络零售商角色的转型对传统制造商而言，是对其既有经营模式的根本性颠覆，不仅需要零售经营能力，而且需要产品差异化能力以及生产组织方式的适应性变革，这种变革的风险和成本是显而易见的。相对而言，跨越中间商直接向网络零售商供货的模式则是更优的选择，在这种模式下，不需要传统制造商对既有经营模式进行根本性调整。

从交易互动的微观过程看，在“传统制造商—网货批发平台—网络零售商—网络消费者”的流通分工体系下，不论对于传统制造商还是网络零售商而言，都有双方直接合作并建立相对稳定分工协作关系的动力。一方面，网络零售商希望与制造商建立直接的相对稳定的供货关系，这样不仅省去了中间商环节，而且可以通过与制造商签单供货协议的方式，以从厂家直接进货获取更优惠的价格折扣。实际上，网货批发平台采取的阶梯定价的批发零售模式对中小网络零售商而言尽管获得了进货规模上的柔性，却导致了平均进货成本的偏高。因为，中小网络零售商一般是“小批量、多批次”的进货模式，对于经营较好的网络零售商而言，尽管其在一定时期内的总进货规模较大，但由于每次进货的规模很小，其平均进货成本就会偏高。另一方面，对于一些销量较大的网络零售商，制造商也希望与其建立直接的供货关系，以替代中间商，增强对终端渠道的掌控能力和提升盈利空间。正是在这样两种力量推动了流通分工体系的持续变革。

以上关于第二阶段初步形成的流通分工体系内在不稳定关系的分析，说明了新的流通分工体系必定会进行持续变革的原因和动力。而以淘宝为代表的高度开放的网络交易平台则为这种持续变革提供了适应性的规则体系。淘宝平台的规则是：任一制造商（或品牌商）的任一款产品可以由任意数量的卖家进行销售。① 这一规则为制造商在网络平台上构建跨越中间商的分销体系提供了空间。这就是我们在淘宝平台上能够看到的很多制造商都有数十、数百、甚至上千的淘宝卖家在销售其生产的产品。在这样一种分销体系下，即使每个店铺仅为其贡献很小的销售量，集合起来的总销售规模仍然是十分可观的；而且在经营风险上可以形成制造商与零售商共担的机制。从另外一个角度理解，制造商实际上是通过分销体系的建立，为自己的产品聚集了大批具有丰富经验的网络推销员。

与以上制造商构建分销体系的变革方向正好相反的是，一些具有丰富网络零售经验和敏锐市场洞察力的网络零售商开始向供应端拓展，构建自己的供应链体系，甚至设立自己的工厂。这种发展趋势的典型例证是基于淘宝平台的网络原创品牌的兴起，如裂帛、茵曼、韩都衣舍等。从动机看，

① 首先，由于淘宝平台在很长一段时间内经营的主要产品都是无品牌产品，平台方根本无法有效地对某一制造商的某一款产品的卖家数量进行限制；其次，淘宝平台就是通过免费和开放才吸引了大量的卖家和买家聚集到平台上的，这是其成功的重要原因。

构建供应链体系的网络零售商主要有以下几种类型：第一，发现一个新的细分市场领域，但由于发展初期单品的生产需求量较小，没有工厂愿意接单生产，因此，不得不亲自开办工厂、组织力量进行生产；第二，一些采购量相对较大的网络品牌商与一些中小型的工程建立合作关系，这些中小型的工厂往往没有现代化生产设备，以手工加工为主；第三，网络品牌商在成长壮大之后开始与一些大厂开始合作，同时一些新兴创建的网商供应链服务企业开始参与网络品牌商的供应链体系建设，如辛巴达和共创供应链等。

不论是制造商向分销端的拓展，还是零售商向供应端的拓展，都促使了一个更加稳定和成熟的“传统制造商—网络零售商—网络消费者”的流通分工体系的形成。同时，为了适应越来越多的中小制造商的分销体系建设需求和越来越多的网络原创品牌的供应链体系建设需求，诞生了一批适应中小企业需求的分销平台和供应链平台组织。其中，最为典型的如ShopEX专门为传统制造商构建网络分销体系，辛巴达专门为网络原创品牌建立与加工厂之间新型的供应链关系。到目前为止，这种双向拓展的演进趋势仍在持续，特别是越来越多的传统制造商加入到这一转型过程中，促成了这一新的流通分工体系主导地位的形成。因此，这一体系的形成标志着由平台型电子商务架构的新的交易组织方式的基本形态的成熟和定型，一个新的商业生态系统开始走向成熟。

（四）开放式 B2C 平台创新开启新一轮流通变革

随着新的流通分工体系（传统制造商—网络零售商—网络消费者）的有效运转，越来越多的传统中小制造商加入到这个新的流通分工体系中，这也促使越来越多的传统品牌制造商[①]增进了对网络零售渠道的认知和重视。特别是 2008 年金融危机后，越来越多的传统品牌制造商开始加速网络零售渠道的布局，探索各种形式的基于互联网的 B2C 业务模式。从理论上来说，对于拓展网络零售渠道的传统品牌制造商而言，淘宝平台的完

① 相对于传统中小制造商而言，传统品牌制造商是具有一定规模、研发能力和产品品牌，并拥有系统的产品销售渠道的制造商。

全开放规则，使得其可以转型为网络零售商，直接从事基于B2C业务模式的网络零售。但正如第三阶段中已经分析的，一方面制造企业自身能力的限制使得其难以适应直接面对网络消费者所要带来的一系列在经营模式上的根本变革；另一方面淘宝平台针对中小企业（中小零售商）建立的一整套规则体系，缺乏有效的品牌保护机制[①]，不能适应相对规模较大的传统品牌制造商的渠道建设需求。因此，淘宝平台不可能形成B2C为主导的业务模式，其既不可能成为传统品牌制造商转型发展的基础平台，也不可能成为传统中小制造商品牌化发展的基础平台。

与淘宝平台基于C2C业务模式的探索不同，前文中已经提到，中国早在20世纪末就诞生了以当当网和卓越网为代表的经销式B2C网络交易平台；2004年京东商城成立，开创了中国3C领域的经销式B2C网络交易平台。然而，从交易规模看，直至2008年，当当网和京东商城的交易量分别仅为7.6亿元和13.2亿元，与同期淘宝网的999.6亿元相差甚远；从产品品类看，这些B2C平台主要经营图书、影响制品、电器产品等标准化程度较高的品类，远远没有渗透到更为广阔的产品领域。因此，尽管这些B2C平台成立时间较早，并拥有雄厚的资本支持，但无论在交易规模还是在经营品类上都没有引领中国B2C业务模式的爆发。从现实发展看，中国B2C业务模式的爆发始于淘宝商城的出现。

基于传统品牌制造商对B2C业务需求的增长，以及淘宝平台对内容品质的提升需求，2008年4月，阿里巴巴在淘宝平台上推出了从事B2C业务的淘宝商城（2012年1月改名“天猫”）。与中国以往所有的B2C平台不同，淘宝商城继承了淘宝平台的开放架构模式，是一个针对第三方传统品牌制造商开放的网络交易平台，淘宝商城作为平台方不参与交易，主要通过收取登录费和交易费以及其他增值服务盈利。由于淘宝商城是建构在淘宝网基础上的，直接分享淘宝网已经形成的庞大用户流量，对传统品牌制造商具有极大的吸引力。因此，淘宝商城推出后，展现出爆发式增长

① 淘宝平台最大的一个特点就是快速模仿和价格竞争，品牌商根本没有任何竞争和溢价能力。一个现象是，任何一个爆款出现后，会迅速被模仿，以致价格被快速拉低，根本没有品牌运营的空间。

的态势。如图所示，淘宝于 2008 年推出淘宝商城后，在 2009 年就实现了 100 亿元的交易额，成为中国最大的 B2C 网络交易平台，并在随后几年展现出越来越强的爆发力，2010、2011、2012 年分别实现了 300 亿元、920 亿元和 2072 亿元的交易额，远远超过了其他 B2C 平台。

尽管在运营模式上，淘宝商城仍然是采取了淘宝一贯的开放平台模式，但与淘宝平台不同，淘宝商城是一个仅向具有一定资质的第三方卖家开放的网络交易平台，这些第三方卖家要么直接是品牌商、要么是某品牌的独家代理商，且对同一品牌的运营商数量（包括旗舰店和代理店）严格限制在 3 家以内。这一新的平台式网络交易平台的出现，开启了中国电子商务对流通分工体系的新一轮变革。与淘宝平台所启动的对传统中小制造商的流通分工体系的变革不同，淘宝商城开启的是对传统品牌制造商既有流通分工体系的变革。由于传统品牌制造商已经形成了较为完善的实体分销渠道，或者说已经形成了较为成熟的基于实体渠道的 B2C 业务模式，使得传统品牌制造商的网络渠道拓展面临更大更直接的渠道冲突。也正是这种冲突的存在，使得中国针对传统品牌制造商的 B2C 网络交易模式的发展面临很大的困难（见图 10-13）。

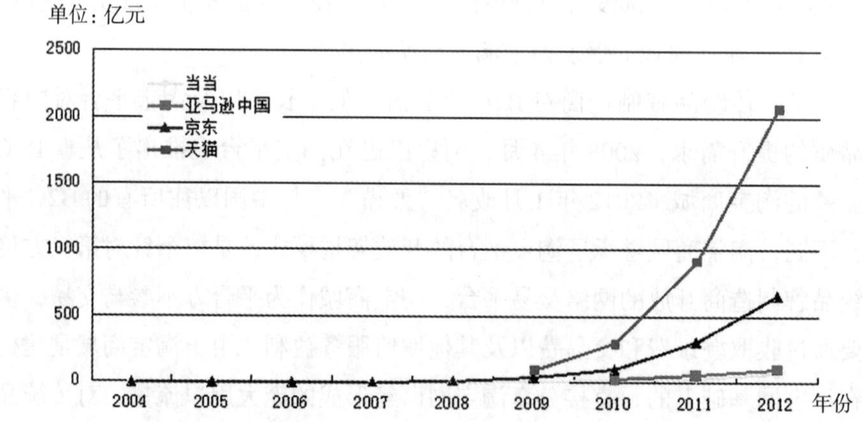

图 10-13　国内主要 B2C 网络交易平台的交易量情况

传统品牌制造商在渠道转型过程中的冲突与困难，在淘宝商城初期的发展中表现十分明显，其中一个典型的例证是“淘品牌”（后来改名为“天猫原创”)的兴起。“淘品牌”是指在淘宝平台(及后来的天猫平台)上诞生和成长起来的网络原创品牌,这些网络原创品牌一般是网络交易平台上某一细分领域的佼佼者。实际上,正是传统品牌制造商在应对冲突过程中产生的滞后,为“淘品牌”的迅速成长提供了机会空间。对于淘宝商城而言,作为一个向第三方开放的品牌产品交易平台,直接引进传统品牌制造商进驻是最优的选择。因为,一方面传统品牌制造商的基数很大、可以迅速扩充淘宝商城平台的卖家数量和产品品类,另一方面传统品牌制造商已经形成一定的品牌效应、拥有更好的客户基础,有利于吸引更多的实体消费者转移到网上。然而,淘宝商城在发展初期却大力扶持“淘品牌”的发展,很大原因就是通过培育淘宝集市中的大卖家进入淘宝商城扩充早期的品牌网商群体,以弥补传统品牌制造商的应对滞后。扶持网络原创品牌看起来是一件很“美”的事情,但对于处于启动期的双边平台而言,并不是最优的选择。但正是传统品牌制造商转型的渠道冲突以及对网络渠道认知的滞后导致等待网络原创品牌由小做大成为可行集中最优的选择。

在未来的发展中,这种认知滞后与渠道冲突的原因始终是制约传统品牌制造商网络转型的关键因素,但随着时间的推移和电子商务的爆发,渠道冲突将越来越成为更加主导的制约因素。这种渠道冲突的制约,不仅体现在那些尚未转型或转型失败的企业中,而且体现在那些正在转型和转型“成功”的企业中。实际上,现在正在大力倡导的线上线下(即O2O)相结合的业务模式,也恰如其分的反映了当前线上线下的隔离现象。那些正在转型和“转型”成功的品牌制造商大多在利用其惯常使用的产品差异化策略使网络渠道和实体渠道产生隔离效应。这种隔离策略利用了厂商与消费者之间的信息不对称,是滥用[①]产品差异化策略的结果,使消费者很难

① 这里的“滥用”不仅指厂商通过欺骗性的产品描述来使消费者产生产品差异化的心理,更重要的是现代企业已经形成的正常的产品差异化策略(即同一企业基于同一技术要开发一系列衍生品)就已经使得消费者进行价格比对的成本很高。因此,作为品牌制造商很容易通过产品差异化策略使得线上线下的价格根本不具可比性。常见策略:线下线上销售不同系列的产品。当然,我们也能在线上找到很多线下销售的产品,但往往并不是网店主推的产品,这使得这些产品的销量往往很低。

进行有效的线上与线下的价格比对。

尽管基于传统品牌制造商的交易方式变革面临更大的挑战，但以淘宝商城为代表的开放式 B2C 平台开启了中国流通分工体系的新一轮变革：基于平台式网络交易平台的 B2C 模式对基于百货公司、超级市场等实体流通渠道的 B2C 模式。在互联网带来的变革力面前，传统品牌制造商所形成的既有的资源基础和架构体系不得不做出相应的变革。随着越来越多的传统品牌制造商开始主动布局自己的网络销售渠道，2010 年以来不仅仅是以淘宝商城为代表的开放式 B2C 平台获得了快速增长，以京东商城为代表的经销式 B2C 平台也获得了快速增长；同时，苏宁、国美等传统零售渠道商也开始大力拓展网络渠道。因此，新一轮流通分工体系变革之势正在凸显。

（五）第三方服务创新和分工协同推动生态系统爆发

与直销式或经销式网络交易平台相比，在平台式网络交易平台中，平台方参与整个经营活动的程度是十分有限的。对于依托网络交易平台的第三方卖家而言，涉及产品设计和制造、产品采购和仓储、网络推广和销售、货品物流与配送、售后服务等环节中所有技术的或管理的问题，都需要由卖家自身来负责。这就需要网络零售商和传统制造商具备强大的网络平台的运营管理能力。然而，依托中国平台式网络交易平台聚集和成长的第三方卖家以中小商户或中小企业为主导，它们或是在适应互联网渠道的运营能力上或在适应互联网渠道的供应链能力上存在诸多能力不足的情况。随着众多中小网络零售商、传统中小制造商以及越来越多的传统品牌制造商在平台式网络交易平台上聚集和发展，特别是传统制造商开始主导构建以其为核心的网络营销体系以及网络品牌商开始构建以其为核心的制造体系时，这些基于平台式网络交易平台的第三方卖家对经营活动中各个环节的专业化服务商的服务需求就逐步提高，从而引致了第三方服务的创新和整个系统分工演化的推进。

阿里研究中心的报告显示，2012 年在淘宝开放平台上聚集的第三方服务商数量达到 49 万家，服务 900 多万家免费用户和 100 万家收费用户，依托淘宝平台衍生的服务营收规模约152亿元。[①] 这些第三方服务商主要聚集在IT系统、运营、导购、摄影、客服外包、旺铺等官方、电子商务培训、保险、搜索广告、金融、店面装修、数据、质检、电子商务园区等领域，围绕网商群体的各种服务需求提供多样化的专业服务（见图10-14）。

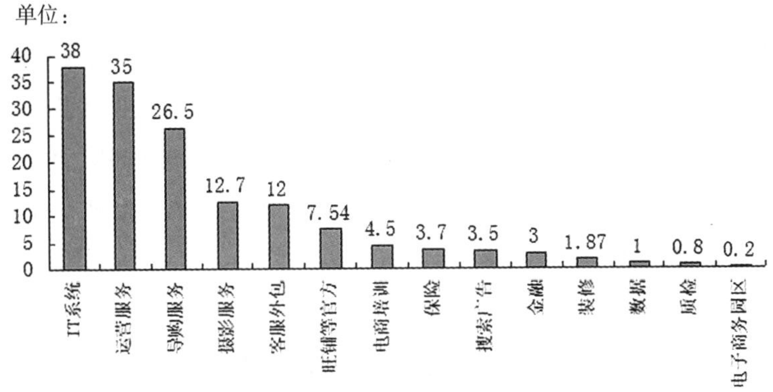

图10-14　围绕淘宝平台形成的第三方服务商群体

以IT系统为例，基于电子商务平台的数字化交易，使转型网络交易平台的传统制造商对信息化建设的需求变得极为迫切。同时，由于不同传统制造商在规模、产品等方面存在较大差异，对IT系统建设需求具有很强的个性化特征，以淘宝为代表的网络交易平台方所提供的IT服务工具只能满足小微卖家的信息管理需求，而大中型买家的个性化IT服务需求则主要是通过第三方服务市场来获取。阿里研究中心的数据显示，专业服务于网店管理的IT系统已经成为淘宝平台上最大的第三方服务需求，并根据网店生命周期的不同阶段形成了不同的IT系统产品[②]：针对进入期卖家，主要是解决其订单实现和客户管理问题；针对发展期卖家，主要是解决内部协调和商品货源问题；针对成熟期卖家，主要是解决企业决策、数据交换、线上线下融合问题。不同生命周期卖家对第三方IT服务商的能力也提出了不同要求，就目前来看，针对进入期卖家的IT产品提供商已

① 阿里研究中心．协同扩张：电子商务服务业报告[R]. 2013年4月．

② 阿里研究中心．协同扩张：电子商务服务业报告[R]. 2013年4月．

经有上千家，针对发展期卖家的 IT 产品提供商大约上百家，而针对成熟期卖家的 IT 产品提供商仅有几十家。整体而言，在目前的淘宝平台上，不同规模的卖家都能够容易找到相应的第三方 IT 系统服务商，已经形成了一个成熟的 IT 系统外包服务市场。

再以运营服务为例，随着传统制造商对进入电子商务平台的需求越来越强烈及其在电子商务运营人才、成本控制、经营效率等方面的严重不足，拉动了电子商务运营服务外包市场的高速增长。以天猫运营服务市场为例，到 2012 年底，607 家认证运营服务商服务了 2300 多家店铺，并且为了满足品牌商的个性化需求，运营服务商往往选择与多种专业服务商分工协作，将运营中的许多环节分包出去。其中，IT 系统的外包率达到 88%，仓储的外包率达到 64%。从而形成了一个“传统品牌商——运营服务商——专业服务商”的分工协作体系。这种专业化分工协同体系的形成，极大提高了传统品牌商网络平台的运营效率。数据显示，运营服务商达成的交易额，按照店铺数量平均，约为天猫店铺整体平均值的 2 倍；按照服务商数量平均的交易额均值，约为 9.6 倍。①

随着网络交易规模的快速增长，服务于网商群体的第三方服务获得了空前发展，平台方、网商群体和服务商群体形成了一个成熟的专业化分工协同体系，极大地提升了平台式网络交易平台的交易效率。第三方服务商群体的兴起和专业化分工协同体系的形成，既是传统制造商基于平台式网络交易平台加速转型和快速成长的需求诱致的结果，同时又进一步促进了网络交易平台的规模增长，形成了一个良性互动的平台生态系统。然而，正如杨小凯所说，市场经济发展的过程一直是在扩大专业化分工与降低交易成本之间进行选择。依托平台式网络交易平台的专业化分工深化，在促进协同效率提升的同时却也产生了由专业化分工带来的交易成本上升问题。网商与服务商之间不断上升的协同需求又促进了平台组织的进一步创新。围绕网商和服务商协同的平台组织创新主要表现在两个方面：

第一，开放平台。为了适应平台卖家越来越个性化的专业服务需求，

① 2012 天猫运营服务商白皮书 [R]，2012 年 8 月 .

淘宝网于2009年6月宣布推出开放平台[①]战略，通过开放API将平台资源开放出来供第三方开发者调用，而第三方开发者通过在平台上开发创新型服务与应用，在满足平台核心用户个性化需求的同时，利用开放平台实现自身的市场拓展。开放平台架构推动了网络交易平台、网络零售商家和第三方开发者的分工协同体系，形成良性生态系统。对于平台方而言，这一分工协同体系的形成，一方面利用第三方开发者的智慧和力量满足了平台核心用户日益多元化和个性化的需求，增加了平台的用户黏性，另一方面通过第三方开放者的创新服务将交易平台的产品和服务推广到更广泛的互联网社群。淘宝开放平台主要向外部开发者提供三大类基础资源：淘宝账号、业务数据、流量平台。其中，业务数据开放是指淘宝以API数据形式向第三方开放淘宝商品、交易、物流等核心业务数据。截至2012年底，淘宝开放的API接口数量达到1025个，涵盖了淘宝核心交易和各项垂直业务的主要流程，API日调用量达到25亿次，入驻开放平台的服务商群体共支撑超过200万家店铺、超过1000万名消费者（见表10-4）。

表10-4　淘宝开放平台开放和数据交互情况

年份	淘宝开放的API数量（个）	API日均数据调取频次（亿次）	入驻淘宝开放平台的ISV数量（万）	接入淘宝开放平台的卖家数量[②]（万）
2008	30	0.2	—	—
2009	100	0.4	—	—
2010	300	8	—	—
2011	758	19	—	—
2012	1025	25	51.2	120

第二，卖家服务交易平台。开放平台架构为第三方开发者利用平台数据开发创新型服务和应用提供了基础的技术架构，但第三方开发者和平台核心用户之间的服务交易如何实现仍然是影响分工协同有效实现的障碍。

① 开放平台是一种新型的网络服务模式，是指平台方通过开放自身的接口，使第三方开发者通过运用和组装平台接口产生新的应用，使得该应用能统一在平台上运行.

② “接入淘宝开放平台的卖家数”即通过淘宝开放平台的API自己开发的软件或使用第三方软件，用于发货、库存管理、BI等后端业务能力的卖家数量.

基于开发者与卖家之间快速成长的交易市场，淘宝推出了服务卖家经营需求的第三方服务交易平台：卖家服务市场。与淘宝交易平台一样，淘宝卖家服务市场也采取了平台式网络交易平台架构，只要接入淘宝开放平台的第三方开发者都可以在卖家服务市场上展示、推广和交易自己的服务。不仅如此，淘宝卖家服务市场是一个一站式卖家服务平台，为卖家系统地提供工具软件、品控质检、网店服务、资讯教程等卖家增值服务的服务交易平台。服务内容包括：店铺装修、图片拍摄和处理、流量推广、促销管理、商品管理、订单管理、客户关系管理、客户服务、行业店铺分析、企业内部管理、运营服务、品控服务、物流仓储、商家培训、无线应用等。

由开放平台和卖家服务交易平台两个互相关联的平台组织创新，有效地架构起了网络卖家、交易平台和第三方服务商之间的分工协同关系，形成了“平台＋第三方服务”的产业组织架构。这一产业组织架构的形成标志了平台式网络交易平台良性生态系统的形成。

（六）双边信息交互效率的下降与第三方信息交互平台的创新

互联网带来的交易方式变革引致买卖双方交易成本的极大降低是电子商务平台成长的基本动力。然而，随着平台式网络交易平台成长，基于网络交易平台基础信息交互工具的双边交易效率却在不断下降，引致新的交易成本产生。据估计，淘宝平台上聚集的卖家数量已经达到 800 万家，展示的商品数量达到 8 亿件。任何一个品类下的卖家数量和商品数量都数以万计、甚至百万计。2013 年 12 月 24 日作者以男士皮鞋和连衣裙两个关键词进行搜索，结果淘宝平台上的相关店铺数量分别为 30980 家和 650453 家、商品 SKU 分别为 115.22 万件和 988.7 万件。如此海量的卖家和商品信息，使得消费者进行信息搜索和识别的成本大大增加。对于卖家而言，除了搜索页面前几页的展示商品可能进入消费者的视野范围之外，绝大多数卖家的商品根本连展示的机会都没有，而且当前以销量、信用、评价等为主要权重的搜索结果排序方式，使得后进入的商家根本没有获得展示的机会。这就破坏了整个淘宝平台成长的动力和生态。随着淘宝搜索这一由平台提供的基础信息交互工具的无效率，使得平台提供的基于关键词竞价的直通车等信息交互平台的推广成本水涨船高，不断侵蚀卖家的利润空间。随着平台的成长，基于平台自身提供的信息交互机制已经不能满足海量商品和海量用户快速匹配的交易需求，特别是广大中小卖家的商品推广需求。

仅仅通过淘宝平台内部的信息交互机制无法从根本上解决淘宝平台信息交互成本的不断上升，为此，淘宝平台不断加大开放力度，通过第三方信息交互平台创新在淘宝平台外部实现高效的信息交互和交易匹配。在淘宝开放平台战略的推动下，一系列提高信息交互效率的第三方平台开始出现，并展现出互联网独有的快速爆发特征。目前，围绕淘宝平台上卖家与买家信息交互的平台类别，大致可以划分为三类：购物搜索类平台、竞价展示类平台、社会化导购平台。购物搜索类平台是指，专门致力于购物需求的信息检索平台，是为消费者提供从多种在线零售网站中进行商品价格、网站信誉、购物方便性等方面的比较资料，如淘宝的一淘网、网易的有道购物搜索、百度的百度购物搜索等。竞价展示类平台是指，通过关键词竞价获取相应广告位展示权的广告交易平台，如淘宝直通车、淘宝 TANX 营销平台等。社会化导购平台是一种基于开放平台为社会化媒体网站提供轻量化电商解决方案，为用户提供个性化导购服务的新型电商模式，从其吸引用户的方式不同可以分为三种类别：社会分享导购平台、媒体资讯导购平台和折扣返利导购平台，典型平台如美丽说、蘑菇街、IT168.com、泡泡网、淘折扣、乐券天地等。围绕淘宝开放交易平台而衍生的信息交互平台创新的大致历程如图 10–15 所示。

在以上分析的三大类信息交互平台中，就中国的情况而言，基于开放平台的第三方信息交互平台创新主要集中在社会化导购平台领域。社会化导购平台的基本组织机制和盈利模式是淘宝 2007 年就开始推出的“淘宝客”模式。通过按成交计费的佣金提成模式，创造了数十万淘宝客大军，成为淘宝平台上的信息搬运工，将商品信息链接安插到互联网上的各个角落。当然，淘宝客是一种基于个人的分散化导购模式，而基于淘宝客模式的组织化创新把社会化导购推向了高潮。我们看到的美丽说、淘折扣等实际上就是组织化的淘宝客，这些平台组织通过满足网民各方面的社会化需求（如咨询、交友、阅读、购物等）而引导网民到淘宝平台上进行交易。

截至2012年8月，有70%的淘宝网卖家参与淘宝客推广，参加淘宝客商品的数量为2亿，天猫已发放补贴1.4亿元，已有18万个合作网站加入社会化导购。实际上，随着互联网开放度的不断增加以及互联网模式创新的不断涌现，任何能够吸引网民集聚而形成的网络社区都可以成为网络交易平台的第三方信息交互平台，如今年兴起的微博、微信等SNS平台都具有极大的“轻电商”价值（参见图10-15）。

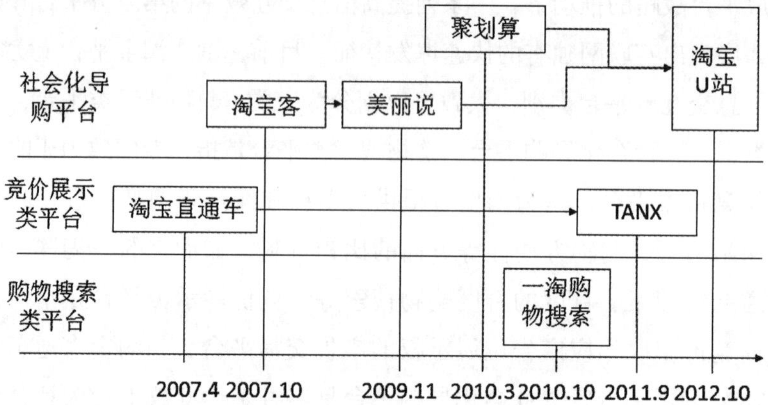

图10-15 信息交互平台创新演化的历程

对于网络交易的平台方而言，第三方社会化信息交互平台的兴起有效促进了平台卖家和消费者需求之间的有效对接，成为平台成长和生态系统良性发展的重要部分。但第三方社会化信息交互平台的兴起也使得平台方自有信息交互平台作用的弱化，降低了平台方对整个生态系统或分工协同体系的控制力，从而引发的新的冲突和矛盾。[①] 为了应对第三方社会化导

① 第三方导购平台的野蛮生长，直接威胁了淘宝的流量控制能力，将会直接动摇淘宝的商业模式。因为，如果大部分流量是由外部引入的，那么淘宝就变成了一个单纯的成交场所，就像是那些沦为试衣间的商场专柜一样。为此，2013年8月，淘宝网对外部大量的超低价引流量平台进行了封杀，对这些导购平台不计入搜索。列入名单的平台包括：（1）超低折扣U站：VIP团购、淘牛品、九块邮、淘800淘优惠、捡宝贝、特价乐购、秒杀通、特价猫、抢牛品、乐享特价、精品街、聚折团、天天淘实惠、我爱潮流等；（2）外部大量存在低价引流现象的网站：团800、折800、口袋购物等。淘宝的解释是其内部的聚划算、天天特价等低价引流量平台也不计入搜索，淘宝是一视同仁的。但外界普遍认为是对第三方导购平台进行封杀的信号。

购平台的兴起，以淘宝为代表的平台方进行了新的组织创新，建立了开放式社会化导购建站平台：淘宝优站。淘宝优站提供了从如何建立导购平台，如何管理监控流量和成交，以及到如何物流和仓储的所有服务，导购平台只需要关注用户的互动和流量。这大大提高了淘宝对外部流量的控制能力。尽管很多第三方平台不愿意，但淘宝的吸引力确实太大，不跟淘宝合作可能面临没有生存空间的危险。所以，像蘑菇街这样的领导型第三方导购平台也选择加入了淘宝优站。淘宝这样的巨头是这些中小商家（第三方导购平台）生存最大的外部变量。到目前为止，已经有近 1000 家第三方加入了淘宝优站。

第三方信息交互平台的创新是基于信息交互成本的上升和开放平台架构而涌现的，多样化的交互机制创新有效促进了网络零售商与网络消费者之间的交易效率，成为平台生态系统不断持续和扩张的重要动力。未来随着大数据技术的发展，推动商家和消费者之间精准匹配的平台组织创新还将持续涌现。

三、中国开放型电子商务经济体爆发的关键机制

基于对中国开放型电子商务经济体形成和演化历史逻辑的分析，可以将中国开放型电子商务经济体爆发式增长的逻辑结构概括如图 10-16 所示。首先，开放式 C2C 平台通过一系列机制创新，创造了一个安全可靠的交易环境，并通过免费模式极大降低了创业门槛，激发了基于开放式 C2C 平台的中小网络零售商的兴起。其次，随着中小网络零售商的成长，基于专业市场的传统进货模式，不能适应中小网络零售商的货品组织需求，由此，引发了以网络超市和网货批发平台为代表的产品组织方式创新，初步形成了基于 C2C 平台的“传统制造商——网货批发平台——网络零售商——网络消费者”新的流通分工体系。再次，基于网货平台的新的流通分工体系具有内在不稳定性，以及传统制造商和网络零售商的能力适应性，促使传统制造商积极构建网络分销体系以及网络零售商积极构建自己的供应链体系，并最终形成了“传统制造商——网络零售商——网络消费者”的成熟形态的流通分工体系。再次，随着网络零售市场的快速增长，

传统品牌商发生认知转变，开始积极拓展网络零售渠道，然而，原有基于C2C架构的开放平台并不能适应品牌商的经营需求，由此，基于平台架构的B2C平台诞生，促进了传统品牌商的转型发展，开启了新一轮的以变革传统品牌商为目标的流通分工体系变革，并使得渠道冲突矛盾越来越凸显，成为阻碍变革的关键因素。再次，随着平台成长，庞大的卖家群体开始延伸出基于网络运营的专业化服务需求，由于这些需求的碎片化和个性化，作为平台方很难全部满足，促进了适应这一服务需求的平台架构创新，由此激发第三方服务商加入的平台服务中，并通过交易组织创新，形成了新的基于卖家服务需求的服务分工体系。

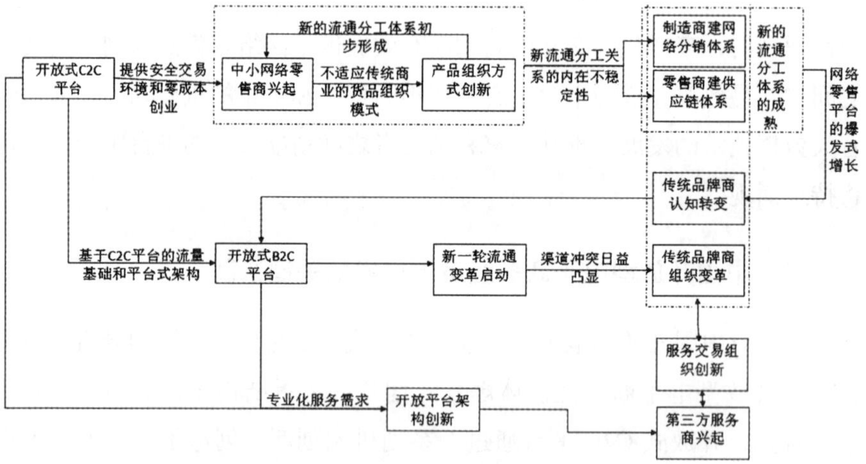

图 10-16　中国开放型电子商务经济成长的逻辑结构

因而，中国开放型电子商务经济体的形成是一个适应性演化过程，交易组织创新所带来的交易效率提升和专业化服务需求促进了各类群体在网络平台的聚集和创生，由此带动的各种基于平台架构的组织创新，进一步促进了整个生态系统的联系和分工协同。

从分工协同的角度看，在整个适应演化过程中，有两条十分突出的关键线索：一条是流通分工体系，另一条是服务分工体系。这两个分工体系的适应性成长构成了中国开放型电子商务经济体爆发的纵向逻辑和横向逻辑。其中，流通分工体系形成的“传统制造商—网络零售商—网络消费者”

的成熟形态，是纵向变革过程；服务分工体系系统的“网络零售商—开放平台—第三方服务商”的专业化分工，是横向拓展过程。这两个过程或两大分工体系的逐步形成和良性互动，推动了整个生态系统的成长。因此，本章将这两大分工体系形成的内在机制作为解释中国开放型电子商务经济体爆发式增长的逻辑主线。

第三节　平台架构与交易组织结构变革

从实际发展看，中国电子商务经济体的发展不仅表现为交易规模的快速增长，更重要的表现为围绕第三方服务的种群生态的爆发。服务种群生态的爆发及其内含的新的分工组织架构是解释电子商务发展中国现象的关键线索。其中，作为新的组织方式创新，平台架构是中国电子商务经济爆发式增长产生的基础。

一、交易成本结构的新变化与平台化创新解决方案

与传统交易组织方式不同，网络交易组织方式的交易结构是高度集聚的，随着平台用户和交易规模的增长，新的交易成本被引发，集中表现为平台卖家与买家之间的信息交互效率问题，即海量商品信息与海量需求信息的匹配。

随着平台用户和交易规模的增长，影响交互效率的主要因素已经不是买卖双方的信誉保证机制，而是网络交易组织方式使传统交易组织方式下分散化的交易活动变得高度集中化而导致的信息交互效率问题。在传统交易组织方式下，交易活动的一个重要特点是本地化，由全国各地的批发零售商或连锁零售商分散化组织实施，即使是最大型的超级市场其能够展示的商品数量及能够服务的消费者群体范围都是有限的，因此，其交易活动都是在有限数量的商品和消费者之间进行匹配的。与此不同，在网络交易组织方式下，交易活动是在高度聚集的网络空间上实现的，只要互联网能够触及的地方，商家和消费者都可以到网络平台上进行交易，使得传统的

基于本地的分散化交易变得高度集中化，然而在网络交易平台的用户规模和交易量达到一定规模后，网络交易平台将面临一个新的根本性问题：消费者如何快速找到满意的商品以及商家如何将商品推广给有需要的消费者？

以淘宝为例。目前，淘宝平台上已经聚集了800万卖家的8亿件商品和5亿注册用户，如何在海量商品和海量用户之间进行有效的信息交互已经成为淘宝面临的基本问题。2008年以前，淘宝平台提供的信息交互服务主要包括淘宝搜索（2003）、淘宝旺旺（2003）、淘宝直通车（2006）、淘宝客（2007）。以其中商家最主要的流量来源淘宝搜索为例，每一个搜索页面仅能展示几十件商品，消费者一般只会浏览到前几页，而每个关键词下一般都存在几十万、甚至上百万的匹配结果，这样真正能够跟消费者产生交互的商品也就仅仅万分之一左右。这就破坏了整个淘宝平台成长的动力和生态。随着淘宝搜索这一由平台提供的基础信息交互工具的无效率，使得平台提供的基于关键词竞价的直通车等信息交互平台的推广成本水涨船高，不断侵蚀卖家的利润空间。

随着平台的成长，基于平台自身提供的信息交互机制已经不能满足海量商品和海量用户快速匹配的交易需求，特别是广大中小卖家的商品推广需求。因此，这种由平台方提供的有限的通用型信息交互机制已经极大限制了交易达成的效率，如果不能有效改进将极大损害平台的持续发展。

对于中国平台型电商经济体的发展而言，随着平台交易规模的快速增长，基于多种群扩张的生态系统出现爆发之势。特别是在2008年之后，以淘宝为核心平台的种群扩张和生态形成直接促成了新的经济体的出现。这种生态系统的爆发不仅指卖家和买家的快速聚集和增长，更重要的是围绕卖家与买家交易活动而衍生了一系列服务商群体的出现。当然，我们将平台、买家、卖家、服务商构成的整体称为生态系统的内涵，不仅指规模的增长和种群的多样化，更重要的是包括种群之间联系的规则，只有联系规则的出现和成熟才构成了生态系统平衡与持续的基础。实际上，基于规模增长和种群扩张带来的新的交易成本问题，反映的正是多种群之间复杂的信息交互（或联系规则）问题。

对于生态系统的扩张和日益增长的信息交互问题，以淘宝为代表的网络交易平台推出了开放平台战略：通过开放 API 接口将平台资源开放出来供第三方开发者调用，而第三方开发者通过在平台上开发创新型服务与应用，在满足平台核心用户个性化需求的同时，利用开放平台实现自身的市场拓展。开放平台架构构建了网络交易平台、平台核心用户和第三方开发者之间的信息协调机制，形成纵向的协同分工体系和良性生态系统。对于整个网络交易平台而言，开放平台架构的出现创新性地解决了的新的交易成本问题：一方面充分利用了第三方开发者的智慧和力量来满足平台核心用户日益多元化和个性化的需求，增加了平台的用户黏性，另一方面通过第三方开发者的创新服务将交易平台的产品和服务推广到更广泛的互联网社群。

目前，淘宝开放平台已经向外部开发者提供三大类基础资源的开放：淘宝账号、业务数据、流量平台。其中，业务数据开放是指淘宝以 API 数据形式向第三方开放淘宝商品、交易、物流等核心业务数据。截至 2012 年底，淘宝开放的 API 接口数量达到 1025 个，涵盖了淘宝核心交易和各项垂直业务的主要流程，入驻开放平台的第三方服务商数量达到 49 万家，共支撑超过 200 万家店铺、超过 1000 万名消费者，依托淘宝平台衍生的服务营收规模约 152 亿元。这些第三方服务商主要聚集在 IT 系统、运营、导购、搜索广告、金融、数据等领域。其中，在导购领域出现了购物搜索、竞价展示、社会化营销等多种类型的第三方信息交互平台，截至 2012 年 8 月，有 70% 的淘宝网卖家参与导购推广，参加导购推广的商品数量为 2 亿个，天猫已发放补贴 1.4 亿元，已有 18 万个合作网站加入社会化导购。

从动态的角度看，在平台生态系统的成长过程中，主体的生存和发展并不是简单的匹配到合适的资源，而是通过创造性破坏创造、聚集或发掘优势资源的过程，即创新型创业不断涌现的过程。开放平台架构释放了海量交易信息中所蕴藏的商业机会，极大降低了第三方主体从事创新型创业活动的门槛，使第三方主体可以通过自身的途径识别新的商业机会（主要是那些能够创造更高的交易匹配效率的机会），并通过资源整合发掘和利用新的商业机会。这种基于第三方主体的创新型创业活动来推动平台交易成本不断优化的产业组织架构尤为有效地适应网络交易平台的结构特征。

因此，中国平台型网络交易组织模式的巨大成功不仅在于该种组织架构有效契合了中国特有的制造业与流通业的关系结构，而且还在于其通过平台化架构创新促进了一个良性生态系统的形成，有效增强了平台的竞争力。

图 10-17 描述了基于网络交易平台的交易成本结构的新变化（交易成本上升）推动了网络交易平台的架构知识创新，新的分工组织架构通过激发第三方创新的涌现，提高了网络交易平台的交易效率（降低交易成本），并最终形成了一个相互依存的良性生态系统。中国基于平台式网络交易组织所形成的新的服务分工体系表现为“第三方服务商 + 开放平台 + 网络零售商”的平台型架构。基于此架构的第三方创新的爆发在弥补中国传统制造商网络运营能力不足、降低平台种群间的信息交互成本上发挥了重要作用。

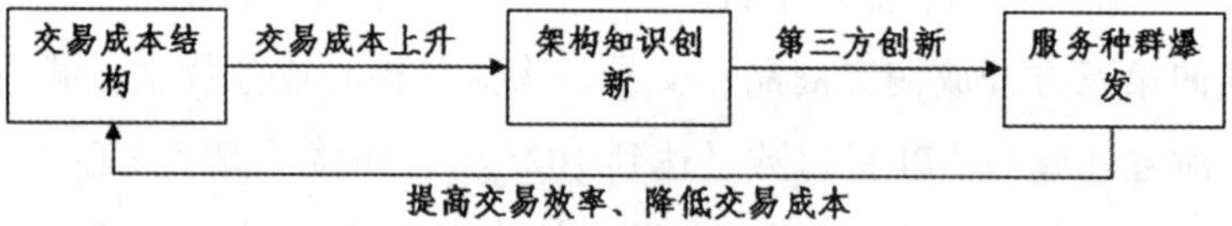

图 10-17　交易成本结构新变化和交易平台架构的发展

实际上，内含于淘宝交易平台的“开放平台 + 第三方创新”的产业组织架构，代表了互联网经济时代一种新的创新组织方式。不仅发生在淘宝，包括腾讯、百度、谷歌、苹果、亚马逊、facebook 等几乎所有的互联网公司都在积极实施开放平台战略。这种创新组织方式尤为有效适应了互联网经济时代市场高度集中的交易需求结构，成为促进互联网平台成长的关键机制。通过与以汽车产业为代表的一体化架构和以计算机产业为代表的模块化架构的比较，本文将以互联网产业为代表的新的创新组织方式称之为平台化架构。以下我们将从架构知识和产业创新的关系出发，在比较一体化、模块化和平台化三种创新组织架构的基础上，对平台化架构促进创新活动爆发的内在机制进行理论概括。

二、架构知识与产业创新

架构知识与产业创新之间的关系已经成为创新理论研究的重要内容。

一般而言，主导的架构知识决定了产业创新的规则，一种新的架构知识（包括产品架构和组织架构）的出现意味着产业创新组织方式也将随之改变。本节我们从架构知识出发，比较当前主导的两种架构知识：一体化架构知识和模块化架构，及其蕴含的创新规则和促进创新的机制。作者认为，以开放平台为代表的生态系统的爆发，实际上预示了一种互联网经济时代新的架构知识的出现：平台化架构。新的架构知识的出现将对互联网时代创新活动的组织方式产生根本影响。

对架构知识的探讨始于人们对复杂性问题（复杂系统）进行分解和简化理解的一种理论尝试。复杂系统是由一系列相互依存的、以非线性方式相互作用的子系统（或模块）构成的整体（Simon，1962；Steward，1981；Baldwin 和 Clark，2000），而系统架构就是复杂系统各模块相互联系的规则或方式。从知识系统的角度看，复杂系统的有效运作包括架构知识和模块知识两个方面，其中架构知识是指关于复杂产品的各子系统之间参数关系或联系规则的知识；与其相对应的是模块知识，是指关于各子系统内部设计的知识。最早从架构知识视角对现实世界中各种复杂系统进行研究的是美国学者赫伯特·西蒙。西蒙（1962）。他对社会系统、生物系统、物理系统、符号系统等进行比较研究后发现，所有复杂系统都具有“近乎可分解性”，具有分层结构的共同架构特征。20 世纪 70 年代以来，随着计算机、软件等具有复杂系统特征的信息产业的快速发展，从架构视角对复杂产品的设计和开发问题进行理论探讨的研究受到广泛关注，甚至可以说出现了相对完善的架构理论。

Henderson 和 Clark（1990）认为产品架构是促使系统内各单元能够灵活顺畅和相互协调的设计构想，是指组成产品的部件（或模块）链接的方式；并证明了架构创新（即那些仅改变模块连接的方式，而不改变模块知识的创新）会破坏已经固化到现有企业组织架构和信息流程中的架构知识体系，对现有企业的市场竞争力产生极大的影响。Ulrich（1995）认为产品架构是产品功能与物理模块之间的配置关系的组合，包括功能元素的安排、功能元素与物理模块之间的关系、相互作用的物理模块之间接口的规格；产品架构的设计选择决定着制造企业的经济绩效。Baldwin 和 Clark

（2000）则把系统架构定义为系统的组成模块以及模块间的作用关系，并认为界面独立于架构界面的作用在于详细规定模块间的交互关系；他提出了新的产品设计规则即模块化架构，认为模块化架构是一种增加设计灵活性和市场适应性的产品架构安排。藤本隆宏（2007）认为，产品架构是指关于如何将产品分割成零部件和工序，并将产品的功能分配到这些零部件中，然后设计和改进由此带来的零部件之间和工序之间的接口的基本性设计思想；并认为日本汽车产业竞争力的来源就是汽车所具有的整体型产品架构与日本企业所具有的产品制造的组织能力有效匹配的结果。

从目前系统架构的研究来看，在复杂产品设计和开发的研究中，最重要的两种架构类型是一体化架构（或整体型架构）和模块化架构。一体化架构（整体型架构）是指产品的功能和模块之间并不是一一对应的关系，而是一对多、多对一、甚至是多对多的复杂对应关系特征的产品架构（藤本隆宏，2007）。一体化架构有利于提高系统的运行效率但是设计和构建的难度较大（Fixson 和 Park）。模块化架构是一种特殊的设计结构，其中参数和任务结构在模块内部是相互依赖的，而在模块之间是相互独立的（Baldwin 和 Clark，2000），即当一个系统包含许多模块，每个模块又有一个或者多个独特的功能，模块之间通过若干简明的界面连接在一起时我们就称这种系统的架构为模块化架构（Hoetker）。模块化架构以其在设计柔性和制造柔性上的优势（Baldwin 和 Clark，1997；Worren，Moore 和 Cardona，2002），已经对现代产业（包括制造业和服务业）的发展产生深远影响，几乎所有产业都或多或少地融入了模块化架构的设计理念。

20 世纪七八十年代，美国学者 Abernathy 和 Utterback（1978）、Abernathy 和 Clark（1985）以及 Tushman 和 Anderson（1986，1990）等构建了一个生产和设计过程演进的理论，提出了主导设计的概念，并探讨了主导设计与创新之间的关系：在主导设计出现以前，企业创新活动以产品创新为主；在主导设计出现之后，企业创新活动以工艺创新为主。主导设计的出现就意味着某种特定的产品架构得到广泛认可，并成为该技术路径下主导的产品架构选择（Clark，1985）。他们的研究已经表明，架构与创新之间确实存在某种内在的联系。创新活动是在特定的技术架构及其内生的组织架构中发生的，创新发生的规律并不是一成不变的，而是一个动态演化的过程，随着主导架构的变革及其引发的产业组织变革会引发创新活动发生规律的演变。

20 世纪以来，出现了两次重大的新技术产业：第一次，是 20 世纪初期，以福特 T 型车为代表的汽车产业；第二次，是 20 世纪中期，以 IBM360 为代表的计算机产业。这两大产业的持续创新成为推动 20 世纪人类进步和经济增长的关键引擎。而对这两大产业内含的架构知识的研究，为我们理解汽车产业和计算机产业中创新的机制提供了钥匙。

藤本隆宏对一体化架构与汽车产业进行了深入的研究。“早期的汽车大多是使用通用的零部件拼装出来的，但自从 1908 年问世的 T 型福特车利用最优化设计的专用零部件而使大批量的生产方式取得成功以来，汽车生产就一直采用由许多特殊设计的零部件组装的类型”（藤本隆宏，2007）。因此，汽车是一种必须要调整零部件的设计并使其达到最优化，才能发挥出整体功能整体型架构产品。而这种整体型架构产品所要求的部件之间必须经过仔细的磨合和打造，决定了汽车产业的创新成本是非常高的，而现有企业在这方面所积累的制造能力和组织能力则成为创新活动进行的重要保障，这也是日本汽车产业深层次竞争力的根本来源。因此，一体化架构使复杂系统中的创新活动往往必须以“整体”形态体现出来，这极大增加了新产品开发的成本，必然降低创新活动的活跃程度。

与一体化架构不同，模块化架构则受到越来越多的学者和企业的关注。模块化架构是由哈佛大学商学院院长吉姆·克拉克和前副院长卡利斯·鲍德温于 1997 年在“Managing in an Age of Modularity”一文中首先提出的，并于 2000 年在《设计规则：模块化的力量》一书中系统提出的。随后，2003 年日本学者青木昌彦和安藤晴彦等在《模块时代：新产业结构的本质》一书中发展了模块化理论，进一步论述了模块化与现代产业结构的关系。从克拉克和鲍德温的分析来看，模块化架构是对 20 世纪 60 年代中期以来以计算机为核心的信息技术产业快速发展而涌现出的许多新的产业现象的系统总结。

“模块化”是指复杂产品可以划分为若干个独立的子系统，子系统之间由一些明确的设计规则进行协调，从而保证子系统组合在一块时仍然能够有效发挥作用。模块化的架构使得产品的开发分为两个层次，第一个是架构设计层次，第二个是模块设计层次。架构设计层次规定的是明确的规则，所有模块的设计都必须遵循这一规则，才能保证模块接入系统后能够有效工作。模块设计层次规定的隐形的规则，这一层次的设计规则是由模块内部决定的，模块设计者不需要与其他的模块或架构设计者之间进行事先的协商。那么这种模块化的架构是如何促进创新的？让我们从 IBM360 电脑问世之后发生的事情说起：

首先，1967 年 12 月，在 IBM360 系统开始批量生产不到一年的时候，IBM 的圣何塞实验室（磁盘驱动器研发中心）有 12 名非常重要的员工离开了 IBM，跳槽到一个叫信息存储系统的新公司。这些员工不仅带走了 IBM 的大容量磁盘驱动器技术，而且他们还十分了解 360 系统的设计规则。这件事引起了磁盘驱动器行业的巨大震动。许多磁盘驱动器公司都发布了与 IBM 兼容的磁盘驱动器产品，并在很短的时间内开发出了比 IBM 自己开发的运行更快、并且更便宜的磁盘驱动器产品。其次，这种趋势一旦出现，许多新兴企业就会快速涌现，并与现有企业在每个模块上进行竞争。很快不只磁盘驱动器，在磁带驱动器、存储设备、处理器以及操作系统、应用软件等模块领域都有大批的新兴企业出现，这些同模块内的企业之间展开激烈竞争，不仅开发出了比现有企业更好的模块产品，而且还创造了具有许多新功能的模块产品。到 1980 年在这些模块设计方面最优秀的工程师并不在 IBM 工作，相反致力于专门的模块设计和生产的企业拥有越来越多的工程师，形成了现有企业在该模块领域所无法比拟的研发能力。最后，由于模块起作用的范围是被一定的架构设计规定的，因此，当模块创新速度超越了这一范围，或者有新的功能模块出现，又会对原有的架构设计提出新的挑战，这促使着架构设计（模块之间的联系规则）进行创新。当然这一创新可以由原有的架构设计企业（领导型企业）进行，也可以由新企业进行。实际上我们发现，由新企业进行的架构设计创新相当普遍，最突出的就是，到了 20 世纪 90 年代以后，英特尔战胜 IBM 成为电脑硬件设计领域的领导者，微软成为电脑软件设计领域的领导者。

从以上类似三部曲的描述中，我们可以简单地窥见整个计算机产业，在模块化架构的驱动下，如何通过中小企业在模块设计乃至架构设计领域不断涌现的创新和创业活动，而不断膨胀和爆发的。模块化架构突出了产品设计的灵活性和快速创新的能力，企业可以通过模块内部和模块之间匹配关系来加速产品创新（Ulrich 和 Eppinger，2000）。其中，基于模块化架构下的模块创新成为驱动产业创新活力的主要来源。只要接口技术统一，模块内部的知识和设计决策可以由不同的人依据不同的理念进行尝试。模块本身作为一个复杂的子系统，其技术实现的路径仍然是多样化和不确定的，在市场更能够接受哪种技术选择之前，模块设计团队必须提供自己的实验方案，因此，在每一个模块的设计上会孕育出许多基于不同技术选择的创新企业，它们通过反复实验，以提供更有竞争力的产品。正是这种模块设计技术选择上的不确定性，使得我们发现很多风险投资机构对于每一种相关的模块都会同时选择几家不同的企业同时进行投资。正是这些专门致力于模块研发的企业之间的激烈竞争，才促进了整个计算机性能的快速提供和价格的快速下降以及计算机功能的日益丰富。

上面分析了 20 世纪以来以汽车为代表的机械制造业和以计算机为代表的信息制造业的两次重大产业变迁及其创新组织方式的适应性变化。然而，20 世纪中期以来围绕信息技术的快速发展，特别是 20 世纪 90 年代以来，以互联网为核心的新技术产业逐渐发展成为引领全球经济增长的新引擎，各种创新资源不断向互联网产业聚集，多样化的互联网创新活动不断涌现，成为现代经济中最为重要的科技产业。那么，我们该如何理解互联网经济时代不断涌现的创新活动？

根据已有的研究，复杂系统所内含的架构知识是我们理解复杂系统创新能力的重要视角，正如一体化架构和模块化架构分别是对机械制造业和信息制造业创新活动涌现机制的理论阐释。根据这一视角，作者认为作为一个新的复杂经济系统的互联网产业，以其为基础的创新活动的不断涌现实际上内含了一种新的架构知识的出现，作者称之为“平台架构”。正是这种“平台架构”在激发互联网创新方面的重要作用，使得这种新的架构知识成为理解基于互联网的复杂经济现象本质的基本出发点，正如青木昌彦将模块化架构看作是现代产业结构的本质一样（青木昌彦，2003）（见图 10-18）。

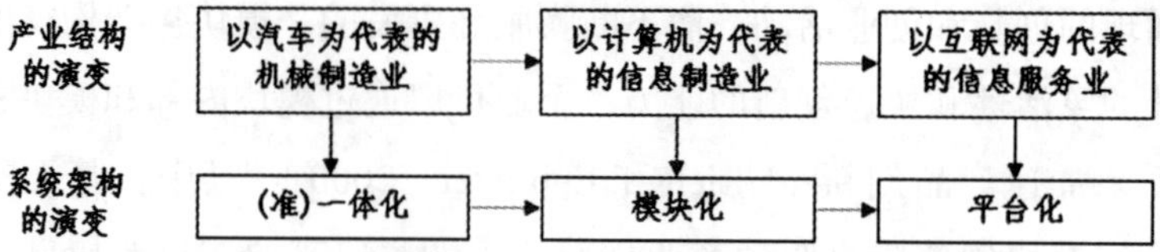

图 10-18　战略性产业及其内涵的架构知识的演变

最早对平台现象进行系统研究的是产业组织理论中的双边市场理论。根据第二章对双边市场理论的文献综述，目前理论界对于"平台"的界定并没有一致的认同，概括而言，可以从"双边平台架构"、"交叉网络外部性"和"价格结构非中性"三个方面来概括。而这三个方面的概括实际上存在某种程度的相关性，如交叉网络外部性可能是导致价格结构非中性的主要原因。之所以会出现这种局面，其根本原因是不同学者所研究的平台现象面临的具体问题的差异而导致的。[①] 尽管存在这种严格定义上的差异，但从广义上，学者们一般将双边市场里联结不同用户群的产品和服务就称之为"平台"（Eisenmann 等，2006）。因此，双边市场理论中"平台架构"的基本特征（见图 10-19）是：有一个平台运营商提供有形或无形的平台服务，同时存在两类或更多类的终端用户通过这个平台发生交易或相互影响（陈宏民等，2007）。

图 10-19　平台架构的基本特征

双边市场理论中对平台架构基本特征的描述也适用于对本书所关注的互联网平台的架构特征，如服务于流通分工的淘宝交易平台所具有的"网

① 如 Rochet、Tirole 等对支付卡平台的研究，其初始问题是支付卡联盟对交换费的集体协商定价行为是否违反反垄断法，由此而引发了对平台定价问题的研究；再如 Evans、Hagiu 等对操作系统平台的研究，其初始问题是微软将其自有的 IE 浏览器与其视窗操作系统捆绑销售的行为是否构成不正当竞争，由此而引发了对平台成长问题的研究。

络零售商—交易平台—网络消费者”的架构和服务于服务分工的淘宝开放平台所具有的“第三方服务商—开放平台—网络零售商”的架构，都符合基本的双边架构特征。尽管在架构特征上具有相似性，但双边市场理论主要是对支付卡平台、媒体平台、交易平台、操作系统（软件）平台等四大类平台现象的理论概括，本书所关注的平台现象则是互联网经济条件下的网络平台。以往的平台理论研究已经表明，不同类型平台现象的研究会产生理论视角上的差异性，本书所研究的平台架构是一种协调互联网经济条件下复杂经济系统的独特的系统架构（包括技术的和组织的）。这种独特性主要体现在互联网平台所具有的双边信息交互功能，这是其区别于现有平台现象研究最重要的出发点。

这里对上面提出的“双边信息交互功能”做进一步的说明。以微软视窗操作系统为例[①]，微软视窗操作系统建立起了第三方应用开发商和消费者之间的联系，是一个典型的双边平台架构。仅从技术的角度看，操作系统平台确实具有协调应用软件和消费者之间信息交互的功能，主要表现在应用软件能够识别和处理用户的指令，同时也能够以可视化的方式向用户展示运算结果。然而，此时双边平台的信息交互也仅限于接口技术标准化条件下的指令识别、运算和输出，并不涉及双边群体之间的信息交互，如应用软件开发商如何通过平台了解消费者的需求偏好、消费者如何通过平台了解应用软件的功能特性等信息。也就是说，在双边市场理论中对平台架构具有协调双边信息交互功能的描述，实际上仅是从技术架构角度的论述。而互联网平台所具有的双边信息交互功能，不仅包括技术架构角度的协调功能，而且包括组织架构角度的协调功能，即更重要的是互联网平台具有协调双边群体进行自身知识的信息交互，而这些信息往往可以转化为发现创新机会和获取创新利润的知识。

实际上，与一体化架构和模块化架构描述的是工业经济时代现代制造业的创新组织方式不同，这里所界定的“平台架构”是对信息经济时代现

① 在双边市场理论中，有关平台架构与产业创新的描述仅仅在操作系统平台的研究中有所涉及，其他三类平台在激发第三方创新方面的研究十分不足。本书主要关注架构与创新之间的关系，因此，这里主要分析操作系统平台。

代信息产业创新组织方式的一种理论概括。随着信息技术的不断突破（表现在以个人电脑为代表的信息存储和信息处理能力的大幅提升和以互联网为代表的信息传输能力的大幅提升）和信息基础设施的逐渐普及（表现在个人电脑和互联网设施的普及导致网民大幅增加），在20世纪末21世纪初，初步形成了相对成熟的信息经济社会。信息技术的发展大大降低了经济主体之间进行信息交互的成本，信息经济社会的形成使得个人、企业的社会和经济活动都可以转化为可识别、处理、传输和显示的信息编码，一切经济活动都表现为信息符号。在信息经济社会中，经济活动的基础资源已经不再是工业经济社会中的资本、劳动力等要素资源，而是信息/知识资源，经济活动的价值创造机制主要表现为建立在信息或知识基础上的交互行为。因此，本章所界定的"平台架构"实际上是一种协调信息经济条件下作为基础性资源的信息或知识的一种新的组织方式（见图10-20）。

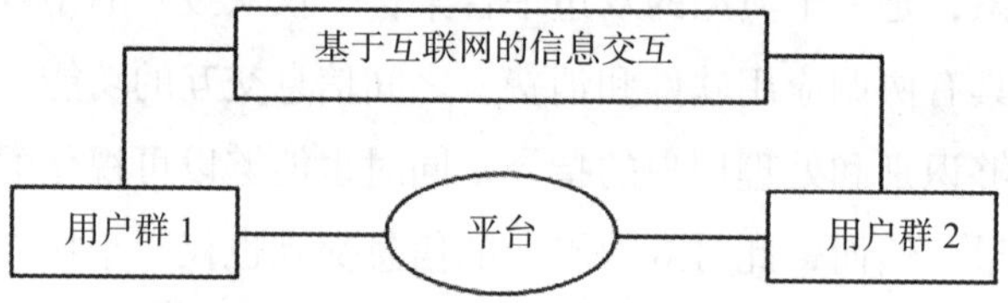

图10-20　信息经济条件下平台架构的基本特征

根据以上分析，作者将"平台架构"定义为协调信息经济条件下具有互补性需求的双边群体之间进行信息交互的一种组织方式。图10-20展示了信息经济条件下平台架构的基本特征。作者认为这种特有的组织方式尤为有效适应了互联网经济条件下消费者需求的个性化、碎片化和多变化特征，使得整个产业系统能够以消费者需求为核心做到穷尽所有和灵活响应，真正进入了由消费者驱动创新的时代，激发了第三方创新创业活动（甚至是个人创新创业活动）的涌现，形成了极具适应力和竞争力的"平台+中小企业"的产业组织架构。下一节，我们将对平台架构促进创新活动的机制进行理论概括。

三、平台架构下的创新机制：基于“生产者与消费者交互”视角

基于创新是生产者与消费者信息交互结果的基本假设，剖析互联网条件下的平台架构促进生产者与消费者信息交互效率的内在机制。本节的研究表明，互联网开放平台架构所具有的结构优化效应和市场聚集效应两个方面的作用机制，极大提升了高度分散的生产者和消费者之间的信息交互效率，不仅为第三方创新者提供了创新机会的涌现机制，而且直接为其提供了创新利润的实现机制，构建了由大众智慧服务大众需求的产业组织架构。

本章研究的快速涌现的创新现象是基于互联网开放平台的第三方创新现象。在对这一现象的理论研究上，借鉴了 Lundvall（1985，1991）对市场结构与创新活动关系研究的一些基本思路。

首先，本章研究的是“大数量”（或完全竞争）市场结构下的创新活动。Lundvall 曾经从“生产者与使用者”关系视角，研究了“小数量”市场结构下（仅有小数量的生产者或专业用户存在的市场）创新活动如何发生的问题，并提出了著名的“有组织的市场”理论。他认为拥有大量生产者和大量使用者的“大数量”（或完全竞争）的市场结构不利于创新活动的发生。因为，一方面，对生产者而言，所有信息都表现为价格信号，不能获得任何有关用户需求的信息；另一方面，对使用者而言，仅能观察到新产品的一些表面特征，对于复杂产品对绩效的影响很难评估。与此不同，本文所研究的创新活动是发生在 Lundvall 所说的“大数量”的完全竞争市场结构下的，即我们研究的创新领域往往是那些拥有大量的生产者和使用者的产品领域。

其次，如何界定创新以及创新如何发生。创新是在经济活动中引人新思想、方法以实现生产要素新的组合（熊彼特，2009），可以划分为技术创新和制度创新两种类型。本章研究的创新活动属于技术创新的范畴，主要是指新知识（新想法、新技术）的创造及其商业化的过程（鲍莫尔，2004；德鲁克，2000）。可见，创新活动的发生包括新想法的诞生或新技术的创造以及新想法或新技术被市场认可获得创新租金的两个连续过程。

基于此，Lundvall 直接将创新活动看作是技术机会与市场需求相互碰撞的结果。显然，作为创新者不仅需要有技术机会方面的信息，而且需要获取市场需求方面的信息。实际上，从历史上看，没有哪一个领域的创新像互联网领域的创新一样，需要对消费者的需求进行如此深刻的把握，本节所关注的创新很大程度上是由消费者需求驱动的。

基于以上的说明，本节提出从“生产者与消费者交互”[①] 的视角出发，研究基于互联网开放平台的创新活动涌现的内在机制。同时，基于这一视角的研究框架包含两点基本假设：第一，创新活动是生产者与消费者信息交互的结果，生产者需要消费者的需求信息作为创新活动的投入，而消费者需要有关新产品特性及其对自身效用影响的信息来选择采纳或适应新产品；第二，创新活动发生所需的信息分布是不对称的：生产者拥有有关技术机会和新产品特性的信息但消费者并没有，同时消费者已经拥有关于消费者需求的信息而生产者却没有。因此，市场组织如何有效地促进生产者与消费者的交互，即促进双边群体的信息交互，是创新活动发生的关键。

根据前面的基本假设，可以得到一个基本推论：生产者与消费者信息交互方式的变化及由此引发的信息交互效率的变化将直接影响创新活动的活跃程度。因此，作者从双边群体信息交互的组织方式所内含的信息交互效率出发，剖析创新活动涌现的内在机制。通过对众多互联网平台的研究，作者认为开放平台架构所具有的“结构优化效应”和“市场聚集效应”尤为有效改善了原有层级架构下的信息交互效率，从而促进了创新活动的大量涌现。本节的论证框架如图 10-21 所示。下面我们从开放平台架构在双边群体信息交互效率上的双重效应分别进行分析。

在高度专业化的分工经济中，经济活动的两个主要群体——生产者和消费者——是处于完全分离且高度分散的分工结构和空间结构中的。双边群体之间的信息互动（包括交易的达成）必须通过由各种相互联系的经济主体所构成的特定的组织网络来实现的，如工业经济条件下的层级网络和

① Lundvall 使用的是“生产者与使用者关系”视角，而本章直接使用“生产者与消费者关系”视角。主要是因为，Lundvall 研究的是中间品市场的创新，使用者主要指专业用户而非终端消费者；而本章研究的是终端产品市场的创新，使用者主要是指终端消费者。

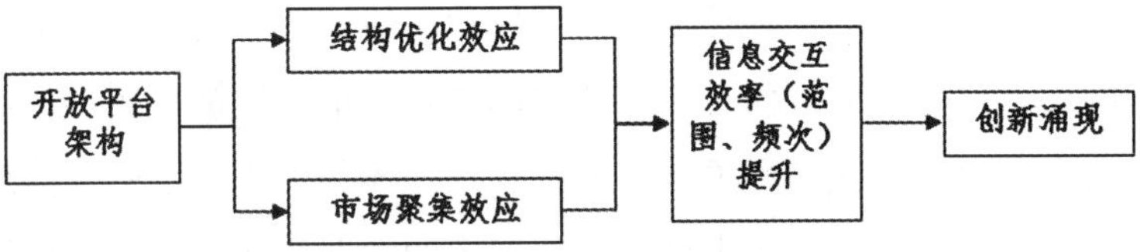

图 10-21 平台架构驱动创新涌现的内在机制

信息经济条件下的平台网络。所谓“结构优化效应”是指平台网络改变了传统的层级网络下生产者和消费者进行信息交互规律，即双边信息交互的组织方式发生变化，从而提高了生产者与消费者信息交互的效率。下面我们将根据组织间联系的紧密程度，从一体化组织网络和非一体化组织网络两种情况对结构优化效应分别进行分析。

图 10-22 展示了典型的非一体化层级网络。该种网络形态的典型特征是存在广大的中间商群体作为生产者与消费者之间联系的纽带而形成一种层级网络结构。其中，在生产者与中间商之间是基于市场交易的随机链接关系，而中间商与消费者之间的信息交互则是发生在本地市场范围内的。在这样一种网络形态中，生产者与消费者之间的信息交互是由中间商作为中介进行协调的，信息传递主要是单向的，即由生产者向消费者传递，而关于消费者的知识则很少在这一体系中逆向传递，生产者和消费者的经济行为主要依据价格信号来调整的。因此，非一体化的层级网络很难激发创新活动的涌现。这也是 Lundvall 所说的完全竞争条件下创新活动很少发展的原因。

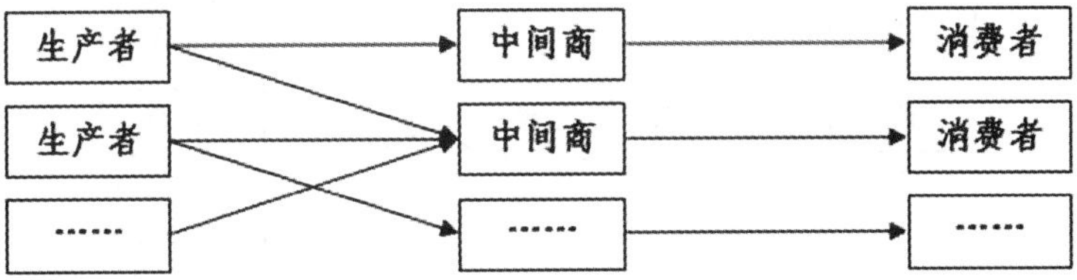

图 10-22 非一体化层级网络

图 10-23 展示了典型的一体化层级网络。该种网络形态的典型特征是生产者通过其具有控制力的经营渠道直接与消费者实现链接的层级网络结构。一体化层级网络使非一体化层级网络中各层级之间的市场交易关系转

变为非市场交易关系，这一转变使得一体化层级网络中的生产者不仅具有强有力的信息推广能力，而且能够建立起高效的信息反馈机制，从而实现生产者与消费者的直接互动关系。同样，在一体化层级网络中，信息交互仍然直接发生在终端层级与本地市场范围内的消费者之间，一体化生产者的内部管理效率将直接影响这种双边信息交互的效率，特别是关于市场需求的知识由消费者向生产者流动的效率。根据已有研究，大企业所形成的组织架构和运营流程将极大限制这种信息交互的实际效率。综合而言，与非一体化层级网络相比，一体化层级网络大大提升了生产者与消费者之间的信息交互效率，并由此促进了大型生产者持续创新能力的形成。这通常体现的是鲍莫尔（2004）所说的“资本主义的机器”。

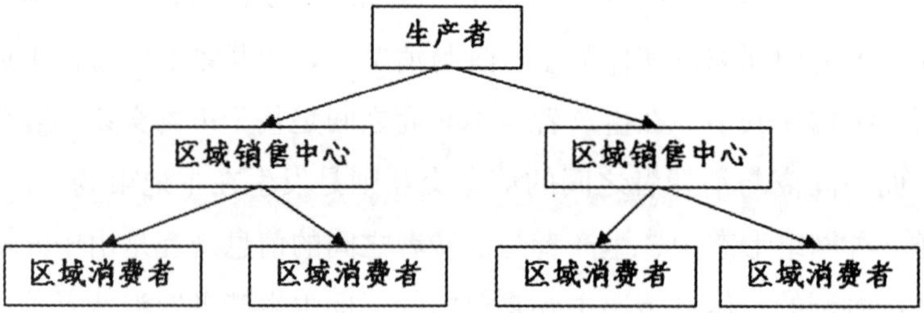

图 10-23　一体化层级网络

图 10-24 和 10-25 分别展示了典型的非一体化平台网络和一体化平台网络两种形态。实际上，这也是平台型网络结构的开放形态和封闭形态的区分。与层级网络相比，平台网络表现出以下几个特征：

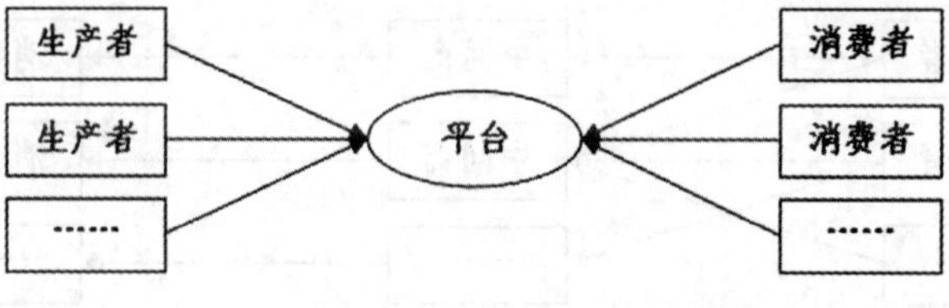

图 10-24　非一体化的平台网络

第一，双边群体之间的信息交互行为由间接形态转变为直接形态。无论是一体化还是非一体化层级网络中，生产者与消费者之间的信息交互都是由多层级网络架构来协调的，是一种间接交互形态；而在平台网络中，

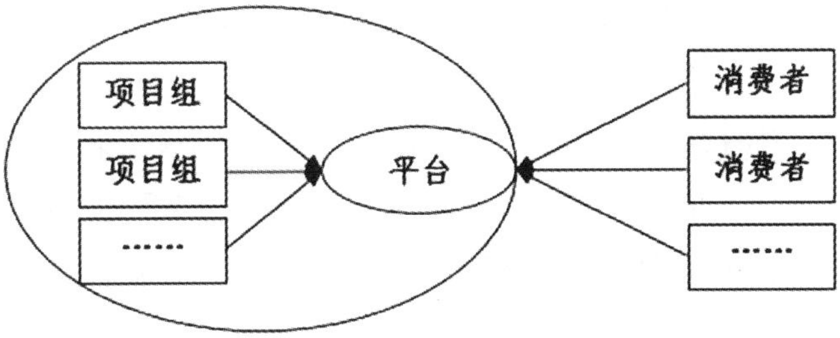

图 10-25　一体化的平台网络

平台运营方作为中介协调组织为生产者与消费者提供了直接交互的机制。平台运营方是双边群体信息交互的规则制定者，为生产者和消费者在平台上的信息交互活动提供共同的行为准则，从而促进双边群体的信息交互效率。交互形态的变化降低了信息跨层级流动过程中的效率损失。

第二，双边群体之间的信息流动由单向传递转变为双向传递。无论是一体化还是非一体化层级网络中的信息流占主导地位的是由生产者向消费者的流动，而反向流动相对较弱；在平台网络中，双边群体是在一个高度聚集的空间中实施双向搜索行为，不仅消费者能够获得一切关于产品的信息，而且生产者能够直接获得除价格信息之外的关于市场的知识。这种信息流结构也决定了层级网络中的创新活动是由生产者驱动的，而平台网络中的创新活动是由消费者驱动的。信息流结构的变化大大提升了创新所需知识实现交互的可能性。

第三，双边群体之间信息交互的空间范围由有限转变为无限。这一转变有两个过程：一是从无到有的过程，基于互联网的平台网络使得原本不可能的（或不经济的）信息交互变得可能，原有实体网络所不能达到（或不经济）的地区，而互联网可以便利的达到；二是从少到多的过程，基于互联网的平台网络使得同等资源投入条件下的信息存储和展示能力得到极大提升。交互空间的转变大大提升了信息交互的范围。

以上分析的三种结构性变化使得平台网络架构下的生产者与消费者信息交互的效率大为提升，这是平台网络架构驱动创新活动涌现的结构优化效应的具体体现（见图 10-26）。此外，从平台网络架构的一体化和非一体化的两种组织形态来看，由于一体化组织形态的封闭架构特征使得其在关于生产者知识方面的聚集功能降低，从而影响基于小众需求的个性化创新活动的不足，其内在交叉网络效应也会进一步降低平台的双边信息交互效率。当然，具有开放架构的平台网络，并非一定不参与第三方创新活动，平台对第三方创新的介入应不以损害整个平台的生态平衡为前提，要与其他生产者在共同的规则体系下从事创新活动。关于此问题，我们将在后文的平台治理部分进行更加深入的讨论。

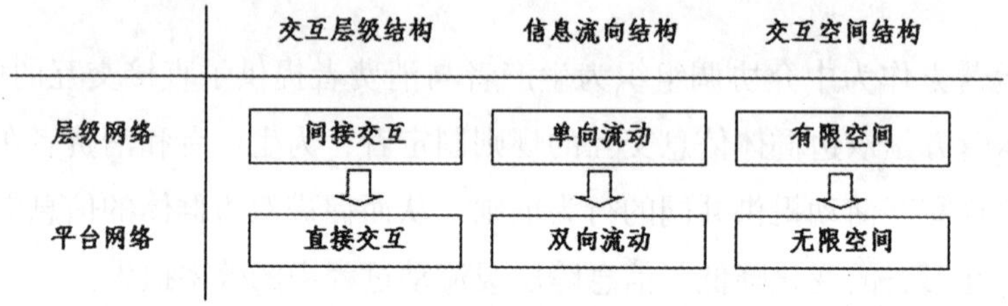

图 10-26　结构优化效应的内在体现

前面已经指出，本章研究的一个基本假设是创新活动发生所需的信息分布是不对称的。据此，我们进一步认为，创新活动发生所需的生产者和消费者的信息是以高度分散形态存在的。高度分散表现在两个层面：第一，附着了相关信息的现有生产者和消费者在空间分布上是高度分散的；[①] 第二，能够识别或满足消费者某种需求的生产者，以及能够发现并需要某种产品的消费者，在一个创新的环境中，往往是以潜在的形态存在的，这就进一步导致了信息分布上的高度分散。双边信息分布上的高度分散，导致了双边群体获取互补性信息上的高成本，特别是对于潜在的生产者和潜在的消费者而言，事前信息的获取几乎变得不太可能，进而导致了创新活动往往很难发生。所谓“市场聚集效应”是指互联网开放平台使高

① 与消费者相比，为了达到经济上的规模效应，生产者在空间分布上的聚集程度相对更高，表现为前文所说的产业集群、商品交易市场等区域中企业或商户的空间聚集，在这些区域内关于生产者的知识并不是分散而是相对聚集的形式存在的。但是这种聚集形态所导致的信息搜索上的优势主要是相对中间采购商而言的，对于迂回式交易组织方式下的终端消费者而言，关于生产者的知识仍然是分散存在的。因此，从消费者的角度而言，只要最终的信息交互（包括交易达成）是在分散的状态下完成的，那么无论对于消费者而言，还是对于生产者而言，他们获取对方的信息都是在高度分散的空间中完成的。

度分散的信息分布结构变为高度聚集的信息分布结构，双边信息的聚集、特别是关于消费者信息的聚集，不仅促进了基于消费者需求的创新机会涌现，而且使生产者或潜在生产者实施创新机会的成本大为降低，并且由消费者聚集而形成的低成本且快速的市场试错渠道，大大提高和加速了创新利润的回报，从而促进了创新活动的快速涌现。因此，从这个角度看，互联网开放平台实际上是分散的生产者信息和分散的消费者信息快速聚集的组织机制创新。

互联网开放平台所具有的信息聚集功能主要是由经济上的和技术上两方面因素共同作用形成的。在经济上，网络经营模式与传统经营模式相比所具有的成本节约效应，以及双边平台架构所具有的交叉网络效应，使得互联网开放平台具有很强的双边聚集能力，并且当平台双边规模达到一定的临界点时，甚至会出现富者愈富、赢者通吃的现象，如阿里巴巴在电子商务领域，腾讯在即时通讯领域，百度在网络搜索领域的表现，这种内在的报酬递增机制使得平台的聚集能力愈发强大。在技术上，在以操作系统为代表的软件平台中，生产者除了能了解到其开发的产品所接入的平台拥有多少消费者之外，就无法获取更多其他的信息，更不可能在产品开发之前就借助平台了解产品的潜在需求和设计形式等。而以阿里、腾讯等为代表的互联网开放平台，不仅具有协调双边群体信息交互的功能，而且可以有效获取、记录、存储和管理消费者在平台上的动态行为数据，消费者在互联网平台上的每一次操作都构成了一个反映消费者偏好的信息符号，由平台方以数据的形式存储起来。随着平台的成长和消费者使用频次的增加，作为平台架构中的平台运营方就可以形成一个高度聚集的关于消费者的知识库。

在互联网开放平台架构下，关于消费者信息的高度聚集极大促进了创新机会的涌现，主要表现为：在高度分散的市场结构中，企业的最优生存策略就是开发具有大众需求的产品，这类产品更容易使企业达到盈利点，特别是在区域市场中尤为如此；而具有小众需求的产品很难达到盈利点，针对这一市场的产品开发往往需要更高的成本（包括市场识别、开发设计、微量制造、微量运输等），因此，在市场需求完全分散的状态下，生产者就很难达到提供产品或服务所需要的成本要求（除非完全定制化的定价很高，但很多产品很难达到）。而在高度集聚的市场结构中，这种情况就大为改善。一方面，消费者的高度聚集使得原本的小众市场很可能转变为一个相对的大众市场；另一方面，原本分散的分销行为转变为集中的分销行为，享受分销环节的规模经济效益。这种双重作用使更多企业可以在原本小众需求的市场上达到盈利点，从而极大增加了新的机会涌现，也为很多中小企业的生存和发展提供了基础。在个性化需求和碎片化市场越来越突出的今天，互联网开放平台所具有市场聚集机制，尤为有效适应了这种变化。企业的创新不仅仅是那些显然的具有大众化需求的市场，而且可以精准地开发那些小众化的、甚至个性化的市场。

创新机会的涌现往往是伴随着实施创新门槛的降低①，由此才真正塑造了一场全社会创新的盛宴，而不仅仅是为那些人们不得不接受的骄傲的生产者提供的机会。互联网开放平台架构不仅促进了创新机会的涌现，而且极大降低了识别和实施创新机会的成本，主要表现在：第一，机会识别成本的降低。消费者活动在网络上的高度聚集及其需求偏好的数字化，降低了企业进行大规模市场调查的成本，极大便利的基于数据分析的机会发现过程。第二，渠道建设成本的降低。互联网开放平台聚集效应，天然的将具有特定需求或兴趣的消费者聚集到同一个平台上，加上互联网平台所具有的网络交易技术（包括支付、安全等），为生产者提供了直接的市场通道。更为重要的是，一方面，这种高度聚集及网络信息的可识别性使得网络营销的精准性更高，节约营销费用，另一方面，在通道使用上的低价格（甚至免费）使得生产者可以快速进行市场试错，并不断对产品进行改进，以快速响应市场需求的变化。第三，技术开发成本的降低。开放平台的本质

① 在现有的创新研究中，很少关注到创新成本问题。本章实际上是将创新与创业看作是内涵一致的两个概念，这两个概念的内涵都包括机会的发现和实施两个连续的环节。实施创新就是创业的过程，我们将其称之为创新型创业活动。因此，本章不仅关注创新机会的涌现，更关注创新机会的实施成本。严格的说，在一定时期内关于消费者需求的创新机会总是一定的（包括那些消费者自己也并不一定知道的需求），并不会随着组织结构的变化而出现总量上的增加，实际上严格的原因是组织结构上的变化带来了机会实施成本的降低，从而使创新机会显性化。

内涵就是向第三方生产者开放其技术接口，为所有生产者和消费者提供统一的信息编码方式，同时开放平台为了吸引更多的第三方生产者加入还会提供产品开发工具，使得生产者可以专注于产品创新而不是网络经营技术问题[①]。

创新门槛的降低以及开放平台的开放性，为社会上的各种组织甚至个体成为“生产者”提供了可能。实际上现有企业在技术轨迹、市场轨迹或组织架构上的种种限制，在创新机会的发现、评估和执行上往往不具有中小生产者的灵活性，特别是在碎片化市场和个性化需求的创新机会中，中小生产者更具有灵活性优势。互联网平台的产业架构，往往使得原有产业体系下固定和繁琐结构或格局，变得灵活和简单，我们称之为价值链重构效应。这种产业价值链重构，改变了过去大企业主导的格局，以其前所未有的开放性吸引了广泛的社会个体参与到基于消费者需求的创新活动中，个体创业者不断涌现。这一现象似乎已经成为互联网开放平台所特有的创新涌现现象。当然，在开放平台架构下，传统大企业并不必然难以适应，有效适应环境的变化，转向利用新的规则体系，加上其既有的互补性资产，也能够爆发出巨大的能量。前所未有的潜在的新进入者威胁，也是现有的大企业越来越具有创新力的重要原因，即使在一定的垄断性格局下，大企业的创新意识和能力依然强劲。

开放平台架构既是一种技术架构、也是一种组织架构，既内含了模块化架构中驱动创新涌现的重要机制，也内含了双边平台架构中驱动创新涌现的重要机制[②]。开放平台架构还提供了明确的价值实现机制，我们称之为商业模式。开放平台本身就是建立在多方合作共赢基础上的，是一个一荣俱荣、一损俱损的生态系统，多主体信息交互的非线性效应，使得生态系统中充满了复杂的竞争与合作关系，平台方一般会制定一个一致明确的合作规则，来减少生态系统中的机会主义行为，将其引向一个良性循环路径。

① 很多平台甚至能为完全不懂网络技术，却有好的想法或创意的生产者提供展示的机会，如淘宝U站。

② 模块化架构驱动创新的机制主要是接口知识标准化推动模块创新；双边平台架构驱动创新的机制主要是交叉网络效应和互补品创新。

尽管我们在模块化架构、双边平台架构中都拥有一定的规则体系来协调经济主体的行为，但开放平台架构与另外两种架构相比更具有创新性的一个重要因素是，在一整套事先约定的规则体系中，包括完整的创新激励机制，即创新的价值实现机制。如苹果 App Store 创造的平台与开发者“3:7”分层机制，淘宝创造的“淘宝客”模式等。其中，围绕“淘宝客”的价值实现机制，已经衍生出了一系列的创新模式。因此，开放平台架构不仅为生产者提供了基于消费者信息的创新机会和低成本快速实施创新机会的支撑，而且还为创新者提供了从创新中获取利润的一系列商业机制。

因此，创新活动在整体上的快速涌现并不是简单的，而是由一系列复杂的因素和机制共同作用的结果。我们用图 10-27 来展示这些复杂的因素及其相互作用的机制。开放平台形成了分散的生产者信息和分散的消费者信息的聚集效应，通过降低创新门槛、提供创新机会、明确创新回报机制等，来实现信息经济时代潜在的生产者资源与潜在的个性化需求的有效对接，激发更广泛的第三方创新，促进平台生态系统的可持续发展。

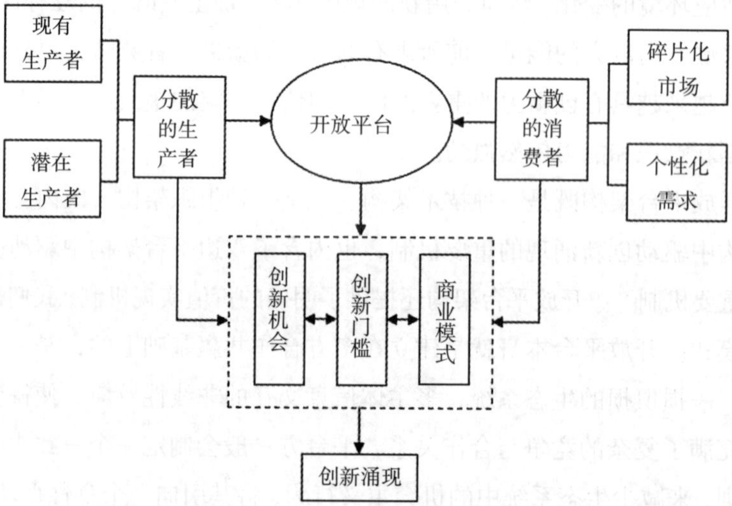

图 10-27　市场聚集效应的内在体现

四、平台治理问题：生态系统中的冲突与平衡

互联网平台架构及其驱动的产业创新，实际上创造了一个平台生态系

统。就像亚马逊森林一样，亚马逊河就是森林系统的核心，孕育了多样性的不断爆发的生态扩张，同时，周围生态的扩张反过来也成为亚马逊河水源的根本保证，最终形成一个可持续的生态系统。如同河流与森林之间的相互依赖关系一样，平台生态系统的存在和扩张的根本就在于“成就别人、发展自己”，即平台所引领的创新组织模式，一方面使为第三方生产者，特别是中小生产者提供了有效的创新空间并有利可图，另一方面，第三方生产者的持续聚集和涌现，也正是平台持续发展的根本和源泉。

平台生态系统中的相互依存关系使得平台存在的基础天然就是多方合作和多方共赢，然而，平台架构与产业创新关系的本质（潜在生产者对接个性化需求）也决定了这种合作和共赢的关系必须限定在一定的格局中，否者，由于生态失衡必然造成种群间的冲突。首先，平台方对于第三方生产者的态度，即其对待平台开放性的看法。平台所聚集的广泛的消费者所具有的潜在价值，不仅可以由第三方生产者来实现，而且可以由平台方自身来实现，即平台方是否选择插足第三方市场的决策问题。由于平台方往往具有信息上和资源上的种种优势，使得即使在开放架构下（即同样的竞争规则下），第三方生产者也很难获得成功。平台方往往拥有涉足第三方市场的冲动，因为很多时候第三方市场的利润空间要远远超过平台服务本身的利润空间，或者获取第三方市场利润往往只是顺便的事（即可以低成本快速进入）。由这种冲动造成的生态冲突，往往会使平台由开放转向封闭，尽管很多企业依然宣称它是开放的。其次，在平台化架构中，消费者在整个平台体系中的消费行为必须以平台服务方和内容服务方两个方面共同配合和有效衔接为前提，但不同主体在架构中对消费者的吸引力的大小会影响到平台方与第三方在体系中的地位。一般而言，在平台化架构中，平台方是处于绝对主导地位的，它通过架构设计和平台规则的制定直接影响整个生态系统的演进方向，但当某些第三方所提供的服务能够吸引到绝大多数的平台用户时，第三方在平台体系中的影响力则会上升，极端情况下，平台则可能仅仅沦落为配角地位。如果说奉献更多第三方市场还是可以被许可的话，第三方在平台中影响力的上升往往是被禁止的，就像我们看到淘宝对很多第三方引流量平台的种种规则改变。

因此，平台方所定义的共赢的生态格局，往往是：第三方市场的利润空间不能超过平台本身；第三方生产者对消费者影响力不能超越平台本身。当然，对于平台架构的这种格局的内在规定性，我们需要理性看待，这也是平台问题的复杂性所在。

五、总结和需要进一步研究的问题

自20世纪90年代以来，由互联网引发的经济结构变革，成为驱动全球经济增长的新引擎。其中，电子商务的异军突起以其对传统实体经济的广泛渗透和革命性影响，成为经济结构变革的先锋。近十年来，以电子商务为代表的互联网经济同样成为中国经济发展中最大的亮点。

通过对以美国亚马逊为代表的经销式网络交易模式和以淘宝为代表平台式网络交易模式的比较分析，表明两种交易组织模式的结构性差异是中国电子商务经济呈现指数增长的关键。在单一交易的局部环节，平台式网络交易模式并不占优势，但是在非线性互动的整体交易上则表现出明显的优势。从中国经济发展的实际出发，平台式网络交易模式创新是中国电子商务经济爆发式增长及其引发现实经济体系变革的动力。

第十一章

新型创新区的兴起与城市经济转型发展*

包括科技城和科学城在内的创新区，是从制造经济向创新经济转型的重要依托。如果说远离城市中心区的硅谷和新竹是传统创新区代表的话，近年来在城市中心区和重塑区兴起和发展的新型创新区则代表了知识经济的前沿。依托城市中心区第三产业发达和商务配套环境成熟的优势，新型创业区更适合发展包括数据、科技金融、孵化器和研发服务在内的新兴产业。

经过30多年的加速工业化，包括中心城区在内的城市建成区的更新改造已经成为驱动中国经济增长的动力来源之一。随着国际和国内市场条件的变化，尤其是包括电子商务和数据经济在内的新兴经济体的出现，以商业和住宅地产开发、文化创意产业和休闲旅游区建设为导向的城市更新改造战略逐渐走到了尽头。如何把城市更新改造与实施创新驱动发展战略相结合，大力发展新型创新区，探索走精明增长和智慧城市的新路子，是加快城市转型发展的重要战略思路。

作为知识经济时代的创新增长极，创新区的兴起和发展是建设具有影响力的科技创新中心的基石。2014年6月9日，美国著名智库布鲁金斯学会（Brookings Institution）发布的研究报告《创新区的崛起：美

---

* 本章是2014年对天津中心城区核心区——和平区的新兴业态发展调研的基础上完成，主要作者为崔鹏、马犇。

国创新的新地理》(The Rise of Innovation Districts：A New Geography of Innovation in America)，对近年来兴起的在推动美国创新经济发展中发挥重要作用的新型创新区进行了深入分析和阐述。

不同于依赖商业发展振兴和发展城市的传统思路，新型创新区通过发展企业、网络和贸易部门，帮助所在城市或大都市提高产业全球竞争力，从而驱动城市的繁荣发展。同时，新型创新区不同于远离城市中心区建设的传统科技园区，同样不关注离散工业的发展，而是有意识地通过新兴技术与产业和城市部门的融合创造新的产品、技术和市场解决方案。在研究报告中，新型创新区主要包括三种基本类型："锚+"、"城市区域重塑"和"城市化科学园区"三种类型。其中，"锚+"型创新区主要分布于城市中心区和次中心区，依托科技创新资源集聚和商务配套设施完善的优势，通过创新要素聚集发展为最富活力的创新区。

在制造经济的发展过程中，工业、人口和部分城市功能从城市中心区向郊区的扩散导致中心城区的空洞化。为了城市中心区的产业空洞化，大部分城市都把商业和住宅地产开发、文化创意和休闲旅游街区的建设作为城市更新改造的方向。随着包括电子商务和大数据在内的新兴技术和经济的兴起和发展，现有的发展思路再次受到冲击。如何把城市更新改造与实施创新驱动战略相结合，引入和集聚创新要素发展新型创新区，是代表了中国城市转型发展的新方向。

第一节　城市更新改造与东伦敦科技城的兴起

经济结构的变迁深刻影响了城市的兴起和演化，自工业革命伊始，每一轮新经济范式的出现都导致新兴城市的出现和原有城市形态的改变。从全球范围内最新的变化规律来看，2010 年以来，随着第三次工业革命的到来和知识经济的出现，包括美国纽约、澳大利亚布里斯班、荷兰埃因霍温、爱尔兰都柏林和英国伦敦在内的后工业化城市，纷纷开始新一轮的城市更新改造，通过创新区的规划和建设，由原来的经济中心、金融中心和商贸中心转型升级为具有全球影响力的科技创新中心。

与20世纪70年代至今创新区的发展不同，新型创新区不是通过新城区的建设发展而来，而是通过城市中心区的更新改造而来。前者的典型是美国的硅谷、中国台湾的新竹和瑞典的西斯塔。后者的典型则是纽约、伦敦、巴塞罗那、柏林和多伦多。其中，英国东伦敦科技城的兴起和发展是通过城市中心区更新改造发展新型创新区的典范。

一、英国伦敦城市经济的三次转型

伦敦作为工业革命时代的核心城市，从工业革命至今经历了三次重大的经济社会转型，每一次转型都引致城市内部子区域间功能的重新调整和在城市系统内地位的改变。20世纪60年代之前，伦敦作为传统工业城市，制造业部门是占据伦敦经济比重最大的产业类目。在制造业发展的年代中，东伦敦地区是重要的工业企业集聚地。

20世纪60年代，伴随着城市周边卫星城的建设，伦敦出现大量的制造型企业外迁运动。以金融、企业总部经济为主导的现代服务业在就业人口比重和经济总量比重上迅速超过制造业部门，成为伦敦市主导产业部类。伦敦成为经济全球化过程中的全球金融中心型城市。从城市内部区域功能来看，在泰晤士河畔原有的伦敦历史城区上，建立起高度密集的伦敦金融城，成为伦敦市内的服务业产业高地。随着服务业的逐渐发展，在伦敦西部的威斯敏斯特区内逐渐形成了服务业集聚的城市副中心，原有的制造业集聚地东伦敦地区则迅速的衰落。

伦敦第二次转型开始于20世纪90年代。随着以金融为主导的服务业发展成熟，伦敦需要寻找新的增长动力来源。人均收入的增长推动文化消费的增加，文化产品的消费则催生了伦敦市内创意产业的发展。伦敦创意产业已经成为仅次于金融业的第二大产业门类。在创意产业发展中，伦敦西部区域如SOHO、Camden区、威斯敏斯特区凭借良好的历史文化氛围和商业氛围成为创意产业的集聚地。伦敦东部地区虽然也开始出现一些创意产业的集聚，但发展相对缓慢，进一步沦为城市的“边缘区域”。

随着数字经济、互联网平台经济、大数据产业等新兴产业在伦敦城市内部的集聚，伦敦开始了第三次转型。新兴技术不仅全面渗透到伦敦原有的以金融为主导的服务业和创意产业，推动传统产业升级，而且催生出众多的新兴产业。在这一轮转型中，衰落的东伦敦区域为新兴经济活动提供了空间。大量的创新创业者集聚在东伦敦地区，在新技术领域开展创新创业活动，推动"老旧"东伦敦成为"新"的东伦敦科技城。图 11–1 对伦敦三次转型产业集聚区的变迁进行了描述。从 20 世纪 60 年代金融产业的发展，到 20 世纪 90 年代文化创意产业聚集区的出现，再到新世纪数据经济的发展及其与金融和文化创意产业的融合，共同构成了伦敦城市经济演化和发展的逻辑主线。

二、东伦敦科技城的发展历程

作为工业化时期遗留下来的老旧城区，伦敦核心区的东部长期被认为是"问题城区"和"边缘城区"(City Fringe)。在经济发展上，与伦敦金融城和伦敦西部的创意产业集聚区相比，伦敦老城区的东部在经济上表现较差，被称为"经济真空区"(Economic Vacuum)。城区的长期衰退使得东伦敦区域内存在大量的低租金空闲的物业，而凭借与城市繁荣区较近的地理优势，从 20 世纪 90 年代开始，东伦敦开始被新兴经济活动主体关注，逐渐成为新兴经济领域创业者集聚区，最终成为英国转型发展数字经济等新兴科技产业的战略要地，实现了从经济真空向经济繁荣的转变以及老旧城区的复兴。从总的发展历程上，东伦敦科技城的发展分为三个阶段：

（一）创意产业发展阶段

从 20 世纪 90 年代开始，整个伦敦新增长动力从以金融为主导的服务经济向创意经济转型。伦敦西部区域成为当时包括设计、艺术、音乐、电影电视等在内的创意产业的集聚地。伦敦东部作为城市的落后区域，由于低廉的租金和大量的闲置空间，成为一些非主流艺术家和新兴艺术流派的集聚地，通过对老城区的改造而开始出现酒吧、影院等文化场所，城市基础设施也不断改善。

（二）科技创业者集聚初期

从 2001 年开始，随着数字经济和互联网平台经济的兴起，伦敦开始出现新一轮创新创业的潮流，新兴产业迫切需要在伦敦核心区内寻找发展空间。东伦敦凭借位于城市核心区边缘的良好区位优势、相对低廉的租金、富有活力和创新意识的文化氛围，成为科技创业者开展创新创业活动的目的地。东伦敦“硅环岛”的周边开始出现科技创业者和科技型中小企业的集聚现象。

（三）**东伦敦科技城大发展**

2008 年全球金融危机使得英国政府迫切需要在服务经济和创意经济之外寻找新的增长动力来源，东伦敦地区集聚较多科技创业者的现象引起英国国内高度关注。2010 年英国政府以“硅环岛”为中心成立东伦敦科技城，将东伦敦科技产业的发展作为英国经济转型的战略高地。从图 11–1 中东伦敦科技城年新增企业数量能够看到，2008 年开始，东伦敦科技城进入高速发展阶段，不仅集聚了大量的科技创业者和中小企业，类似谷歌、亚马逊和思科这样的全球高科技巨头企业也开始在东伦敦集聚。

东伦敦科技城的出现是以数字革命和信息技术革命为代表的新兴科技引发经济变革的产物。以年新增企业为指标，从近十年上发展历程来看，东伦敦科技城呈现出指数式爆发增长的态势，迅速成长为英国新的增长核心区。

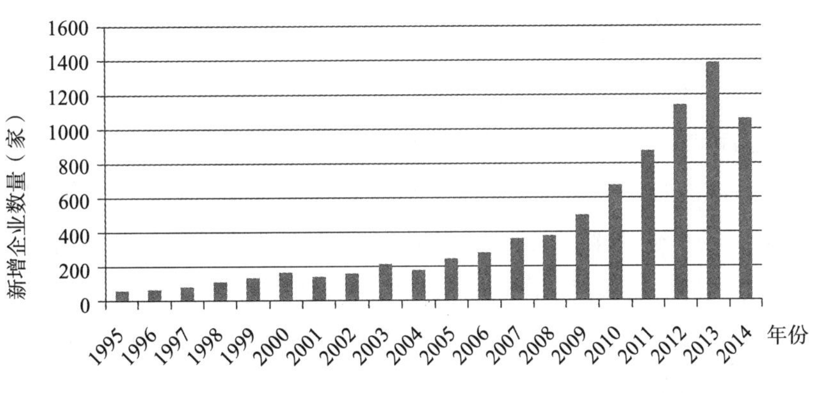

图 11–1　东伦敦科技城 1995—2014 年每年新增企业数量

数据来源：英国创新国家（Tech Nation：https：//www.duedil.com/technation/2015/）.

三、数据驱动的创新区

2010年以来，利用数据产业革命带来的机遇，通过平台为主导的金融科技和创意科技的发展，伦敦再次作为欧洲创新中心的新面貌展现在世人面前。在全球创新经济版图中，2015年伦敦以拥有4万家科技公司、13家独角兽公司和440亿美元的体量，与硅谷和纽约三足鼎立。2016年3月在围棋人机比赛中闻名于世的谷歌AlphaGo是伦敦本土科技公司DeepMind[①]的杰作。在数据经济发展中，伦敦形成了金融科技和创意科技两大产业集群，成为欧洲新经济发展的引领者。

（一）数据经济兴起前的伦敦经济

为了积极应对后工业时代经济全球化带来的新一轮分工调整和产业结构转型机遇，20世纪60年代开始，伦敦致力于大力发展金融业和创意产业继续保持全球经济体系中的枢纽地位。全球金融中心和文化创意之都的地位，为发展数据经济奠定了坚实的基础。

在英国Z/Yen Group公司编制的全球金融中心指数（GFCI）排名中，伦敦和纽约连续18年交替位列榜首。在传统银行业务中，伦敦拥有500多家银行和251家外资银行，作为世界最大的国际银行贷款来源地之一，2013年伦敦的跨国贷款占全球总额的19%，居全球第一位。国际清算银行（BIS）2013年的报告显示，伦敦以日均2.5万亿美元的交易量占全球外汇总交易量（5.3万亿美元）的47%；作为全球最大的OTC金融衍生产品交易市场，2013年的日均交易额约为1.5万亿美元，占世界的50%。据伦敦市政府公布的报告，伦敦还掌握着欧盟96%的碳排放交易和全球超过80%的有色金融交易，同时还拥有世界顶尖的国际保险市场和最古老的证券交易市场和黄金市场。依托强大的融资能力，伦敦吸引了三分之一《财富》500强企业欧洲总部和几乎所有国际银行、金融机构的总部、分支机构和办事处落户。

除了金融产业，伦敦最具全球控制力和影响力的产业是文化创意。凭

① DeepMind公司在2014年以4亿英镑的价格被谷歌公司收购，成为谷歌公司的子公司。

借雄厚的历史文化积淀和率先建设创意国家战略的政策优势，20 世纪 60 年代开始，伦敦率先集聚了大批国际性创意资源，使伦敦在艺术、设计、出版、音乐、媒体等创意产业细分领域成为全球创意产业的“内容洼地”。与工业化时代的大规模标准化生产相比，创意的创造和制作是非标准化的，生产过程是高度柔性的，产业呈现出碎片化的状态。

无论是金融还是创意产业，在数据经济兴起之前企业都是一个个“信息孤岛”。如何利用和挖掘已经沉淀的海量金融数据和创意资源，提高资源的配置效率和财富创造的能力，是全球金融危机之后伦敦产业结构调整和经济转型和发展的方向。包括大数据和云计算在内的数据产业的发展，彻底打破了伦敦金融业和创意产业发展的瓶颈。围绕着数据和计算的要素化，在以平台为主导的生产组织方式和平台创业的孵化模式推动下，创新创业活动的大量涌现成为驱动伦敦经济转型发展的动力来源。

（二）伦敦数据经济的内在结构和机制

图 11-2 是基于伦敦数据产业的 9 家代表性企业个体网的关键节点绘制的价值网络图。对价值网络图的分析表明，伦敦数据经济兴起的产业基

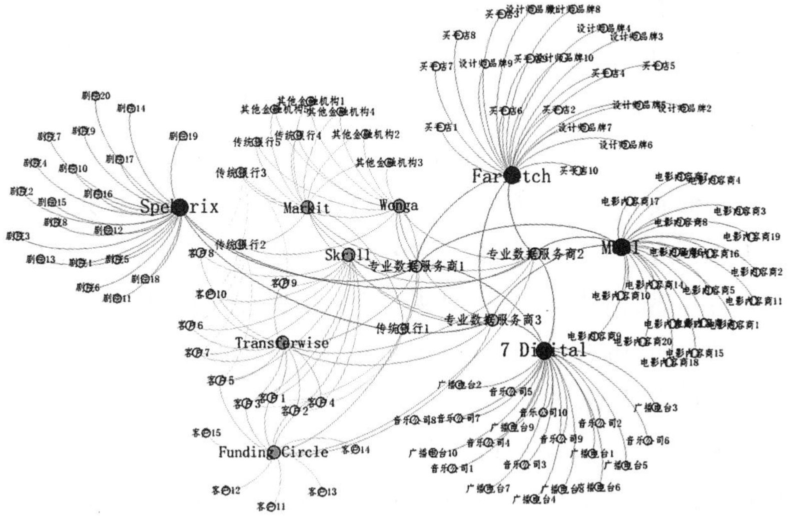

图 11-2　伦敦数据产业的价值网络逻辑图

注：图形由 Gephi 软件自动生成；数据来源由伦敦数据经济系统典型的 9 家代表性企业核心关系抽象而成。图形内节点颜色的深浅以及节点大小与节点中心度成正比。

资料来源：根据 9 家企业网络和公开数据整理，2016.

础是金融和文化创意产业。数据产业的代表企业与金融和创意企业存在直接连接关系。而把金融和文化创意产业连接在一起，共同创新价值和驱动经济结构变革的主导者是数据平台企业。从价值网络节点中心度排序看，以数据为基础的创意科技公司和金融科技公司是中心度排名最高的网络平台。

作为数据经济的主导者，平台企业把新一代信息技术引入金融和创意产业，打破了原有产业价值创造的组织体系，重新配置和整合原有产业资源。以平台企业为核心，金融和创意企业之间形成了新的互动规则，构建了以平台企业为主导的产业创新生态系统。随着平台为主导的产业生态系统的建立，原有产业价值创造活动的主导者逐渐边缘化，成为价值网络的外围节点。例如，图 11-2 中原有金融产业的主导者是银行及其他金融机构，随着以数据平台为主导的金融科技公司的兴起，在包括支付业务、跨国转账业务和消费信贷在内的业务领域逐渐替代传统金融机构，发展为产业生态系统的主导。而传统金融机构则逐渐成为平台企业新价值创造系统中的非核心价值创造者。

平台能够吸引集聚资源，重构产业体系的根本原因在于以数据驱动的产业主导业务模式和流程的形成，包括交易双方数据的实时抓取展示和对数据关联、计算和挖掘而形成的知识创造体系。平台集聚资源的基础和前提是数据的实时在线分享，通过将大量市场交易主体实时交易信息的分享，实现了低成本快速交易。更为重要的是，基于平台的数据共享，形成了新的知识创造系统。平台的广泛链接能力打破了“信息孤岛”效应，为数据关联计算提供了基础，通过大数据算法模型的构建，以及数据技术与传统产业业务知识的结合，实现了知识创造的持续涌现，为现实经济活动的科学决策提供了系统支撑。

1. 数据平台与伦敦金融业的新发展

依托原有国际金融中心的产业优势，伦敦率先实现了以大数据和云计算为核心的新一代信息技术对传统金融业的变革。埃森哲 2014 年的报告指出，以伦敦为产业策源地的英国金融科技交易量 2011 年以来呈现出爆发式增长的态势，2014 年的交易量是 2011 年的 3 倍，5 年复合增长率是全球平均水平的3倍，是硅谷交易量的5倍。2015年，在伦敦13家科技独角兽企业中，以数据为驱动力的金融科技企业达到5家（见表11-1）。

表11-1　价值网络节点的中心度排序

产业类目	节点名称	中心度
创意科技类	Farfetch	23
	7 Digital	23
	Spektrix	23
	MUBI	23
金融科技类	Skrill	13
	Transferwise	13
	Funding Circle	13
	Wonga	13
	Markit	13
专业数据服务	专业数据服务商1	9
	专业数据服务商2	9
	专业数据服务商3	9

资料来源：根据Gephi软件自动生成的价值网络图中心度而整理，由大到小排序，取前12位.

与传统金融业务不同，数据驱动的金融科技公司以数据收集、加工和计算为导向构建全新的产业生态系统。在数据的收集和加工上，金融科技公司加工的数据维度和数据量远超传统的金融巨头，尤其是对客户行为数据和关系数据的收集和分享方面，突破了原有金融机构的数据收集和处理方式。在数据加工和计算方面，基于包括大数据、云计算和机器学习在内的新兴数据分析技术，金融科技公司实现了在线数据的多维度、实时性和大体量分析计算，驱动金融机构在信用评级和风险控制等多个业务领域形成大数据决策模型，大大提高了决策效率和风险。

在组织方式上，围绕着海量数据的分析和计算金融科技产业形成了平台化趋势。如图11-3所示，在伦敦金融业价值网络图中，位于网络中心节点的企业都是平台型科技金融机构，传统银行和其他金融机构则成为平台资源整合的对象，在新增价值创造系统中逐渐被边缘化。而平台集聚和整合资源的基础则是实时在线数据汇集、加工和计算能力。例如，表

11–2 中的 Transferwise 公司，企业的主营业务是跨国转账支付。受风险控制能力的限制，传统金融机构跨国转账成本高，基于区块链技术[①]的应用，Transferwise 实现了平台上多笔转账交易的实时监控和汇率变动的实时监控，通过对等相反跨境转账业务的实时匹配，大大降低了业务的交易成本。

表 11–2　5 家伦敦金融科技类独角兽企业的情况

	主营业务	行业地位	产业定位
Skrill	互联网第三方支付	独角兽	平台
Transferwise	互联网跨国转账支付	独角兽	平台
Funding Circle	P2P 借贷	独角兽	平台
Wonga	互联网征信及消费信贷	独角兽	平台
Markit	金融数据服务	独角兽	平台

资料来源：根据 5 家企业官网及网上公开数据整理，2016.

再例如，图 11–3 中的 Wonga 金融科技公司，企业的主营业务是互联网征信及消费信贷，不同于传统金融机构的消费信贷业务中大量的人工参与，Wonga 将消费者个人信用评价及是否发放贷款的决策建立在大数据模型和机器学习之上，实现了业务的智能化、实时化和较少的人工参与。Wonga 以数据为核心建立起能够产生提供业务决策的知识平台后，形成了对传统金融机构的吸引力。大量金融机构通过将自己的客户数据与 Wonga 的数据及技术对接，为业务决策提供支撑。这种传统金融机构与 Wonga 互动规则的形成，使得 Wonga 平台自身数据体量不断增大，形成了共生演化下的边际报酬递增机制。

2. 数据驱动的创意产业发展

基于新一代互联网技术，新创企业通过把数据技术与创意产业的融合，实现了创意内容产业的平台化，衍生出新型科技型创意产业集群，是伦敦创意产业转型升级的内在动力。数据驱动对创意产业的渗透是全面的，几乎涉及伦敦创意产业的全部产业门类。在创意产业的产业链各个环

① 区块链在本质上是一个去中心化的数据库，属于比特币的底层技术。作为新兴技术，区块链通过计算机建立信任，大大节约了交易成本，实现了风险控制和提高了交易效率。

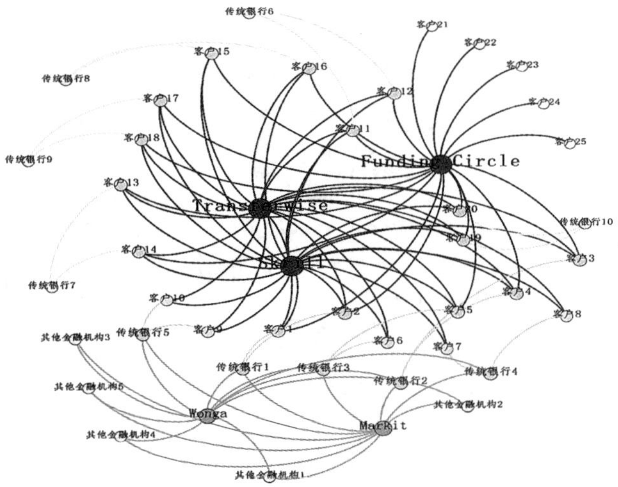

图 11-3　伦敦金融科技产业价值网络逻辑图

注：图形由 Gephi 软件自动生成；数据来源由 5 家代表性金融科技企业核心关系抽象而成。图形内节点颜色的深浅以及节点大小与节点中心度成正比。

资料来源：根据 5 家企业官网及公开资料整理，2016.

节，从创意的创造到制作、流通和传播，数据科技都提供了技术支撑，甚至在某些产业领域起到颠覆性作用。一批数据科技公司的涌现打破了原有产业的竞争格局，同样形成了以数据平台为主导的新产业生态系统。

对四家数据平台企业价值网络的分析表明，新创的数据平台企业呈现出爆发式增长的趋势。如图 11-4 所示，四家数据平台企业依托数据的实时在线分享一旦形成对内容制作商和内容需求方的吸附力和黏着性，在虚拟服务空间里的网络拓展速度是爆发式的。平台对数字内容的链接不受物理空间限制，四家企业不仅服务伦敦和英国的内容制作企业，而且服务于全球内容制作方和需求方。因为四家企业均位于东伦敦，企业的快速扩张使东伦敦科技城同样获得了高速增长，逐渐成为全球数字经济网络的核心节点。

在数字内容平台产生之前，四家企业所处的行业均是拥有成熟运作模式的传统行业，即广播、买手连锁、电影和剧院业。每个行业的运行均基于行业特有的成熟技术，比如广播行业的电波技术，电影业的胶片影像技术。在原有制作和运作模式下，受制于技术条件，原有行业企业规模都是小型化的，属于典型的碎片化产业。例如，传统的买手店与客户的链接基

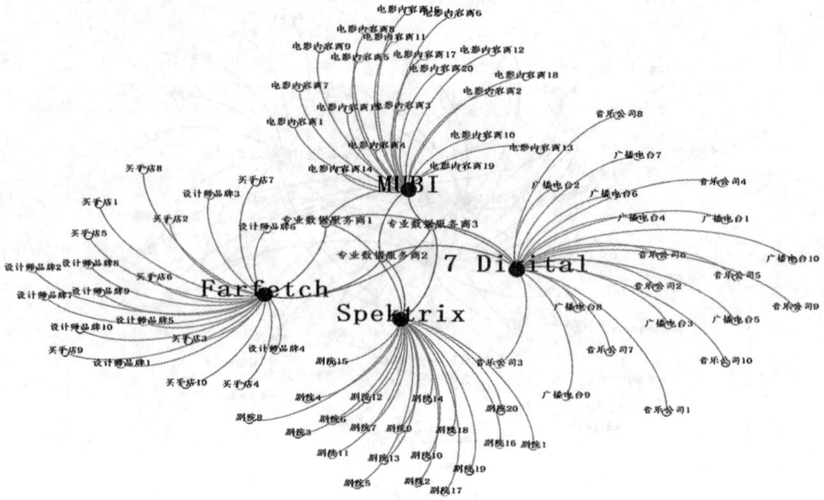

图 11-4　创意科技产业价值网络逻辑图

注：图形由 Gephi 软件自动生成；数据来源由 4 家代表性文化创意科技企业核心关系抽象而成。图形内节点颜色的深浅以及节点大小与节点中心度成正比。

资料来源：作者根据 4 家企业官网及公开资料整理，2016.

于店所在物理空间的人流量，大量消费者难以识别买手店的商品信息。同样道理，剧院与消费者的链接能力也是有限的。而网络平台的出现彻底打破了物理空间的限制。作为网络平台，Farfetch 能够将遍布全球的买手店商品和销售数据做到实时在线共享，极大增强了买手店与消费者的链接能力。Spektrix 则在帮助传统剧院提供数字化和数据化服务的过程中，彻底改变了剧院与观众的互动关系。不仅提高了剧院的吸引力，而且通过消费端实时数据的共享帮助剧院创作出更多更好的作品（见表 11-3、表 11-4）。

表 11-3　　　　　　伦敦创意科技企业类目表

伦敦传统创意产业	比重	东伦敦科技型创意产业
出版	14%	数字出版、互联网出版平台、电子书、云印刷等
娱乐	14%	网络游戏、移动游戏软件、旅游互联网平台等
音乐、视觉和表演艺术	13%	数字音乐软件、互联网音乐平台、音乐电商等
广播、电视	9%	数字电视、网络电视剧等
广告	7%	互联网精准广告、消费大数据服务等

续表

伦敦传统创意产业	比重	东伦敦科技型创意产业
电影、视频	5%	电影互联网平台、视频网站等
建筑	2%	智慧建筑、计算机辅助设计软件等
艺术、古董	1%	图像数字化、艺术品电商平台等
时尚	1%	数字设计等
其他	35%	其他等

资料来源：Freeman A. London's Creative Sector：2011 Update [J]. 2011.

表 11–4　　伦敦四家创意科技企业性质和链接内容一览

企业名称	企业性质	链接内容
7 Digital	数字音乐平台 数字广播平台	唱片公司、广播内容制作公司、广播电台、手机制造商
Farfetch	买手店电商平台	买手店、品牌商
MUBI	电影视频平台	电影制作公司、电影版权公司、电影节、独立制片人、电视机制造商
Spektrix	艺术电商平台	剧院、剧团、表演内容制作商

资料来源：根据网上公开资料整理，2016.

作为世界城市，伦敦长盛不衰的秘诀是争当每一次科技产业革命的先锋。从早期基于工业革命的世界制造和贸易中心，到今天基于数据革命的全球金融科技和文化创意中心，伦敦都是科技产业革命的弄潮儿。从数据经济兴起和发展的实践看，全球金融中心和文化创意之都的产业基础是伦敦经济转型成功的关键因素之一。以数据科技的产业化为导向，以数据平台为主导的产业创新生态的形成和完善，是伦敦数据经济兴起和发展的逻辑主线。

第二节　从服务业聚集区到创新区的演化——以天津市和平区为例

天津市的中心区包括和平、河西、河东、河北、南开和红桥。其中，和平区是中心城区的核心区，是天津市政治、商贸、金融、教育和医疗卫生中心。作为近代工业的发祥地，在和平区曾经创立了中国近代工业史上著名的工业企业，例如，天津机器局、轮船招商局、启新洋灰公司、开滦矿务局、东亚毛纺厂和中天电机厂。直到 20 世纪 90 年代初期，包括和平区在内的中心城区仍然是工商业聚集区。随着工业东移和滨海新区的开发开放，第三产业成为中心城区，尤其是和平区的主导产业。随着经济新常态的到来，在城市的更新改造过程中，包括大数据和电子商务在内的新兴技术与第三产业的融合发展，创新要素开始在中心城区聚集。从商贸聚集区向新型创新区的演化，成为和平区发展的方向。

一、和平区现代服务业的发展状况

（一）和平区近年来的第三产业发展现状和趋势 ①

自 2006 年至 2013 年，和平区第三产业的生产总值不断增加，数额从 2006 年的 255.51 亿元增加到 2014 年的 749.04 亿元，年均增幅达 14.3%；在这 8 年中，和平区第三产业产值占总产值的比重也是一个不断上升的趋势，从 2006 年的 81.41% 提高到 2013 年的 94.76%。另外，在 2008 年末的金融危机中，和平区第三产业总量并没有受到影响，2009 年的产值为 369.6 亿元，比 2008 年提高了 21.6 亿元，而其在总产值中占比却从 2008 年的 86% 下降到 2009 年的 83.85%，并且直到 2011 年才超过 2008 年的水平，达到 87.55%。可见，相对于第一和第二产业，第三产业在金融危机中受到的冲击更大（见图 11-5、图 11-6）。

从第三产业产值的增速中可以看到，和平区第三产业产值增速基本在 10% 到 20% 之间。只有 2009 年受到金融危机影响，第三产业产值增速降到 8%，这也使得和平区第三产业占总产值比重下滑；2013 年第三产业增速降至 9%，而占总产值比却较上年提高了 3.56%，在 2014 年达到了 97%，可以推断和平区总产值的增速也处于下滑状态。

---

① 由于资料有限，和平区第三产业增加值只有四年数据，因而，本章选用第三产业产值作为衡量和平区近八年第三产业发展情况的指标。

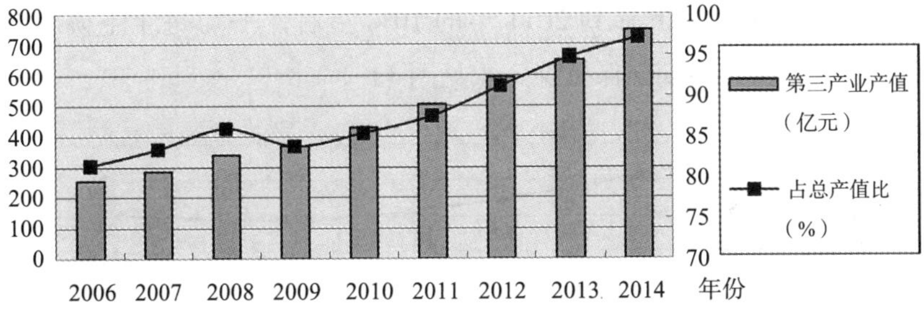

图 11-5　2006 年以来和平区第三产业发展趋势

资料来源：和平区社会经济统计资料、天津市统计年鉴、研究团队的调研数据，2014.

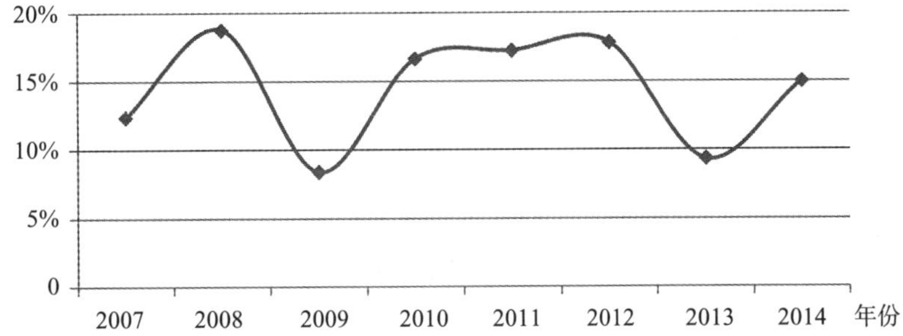

图 11-6　2007 年以来和平区第三产业增速变化情况

资料来源：和平区社会经济统计资料、天津市统计年鉴、研究团队的调研数据，2014.

图 11-7 为近四年和平区第三产业增加值以及对总增加值增长的贡献度。其中，和平区第三产业增加值同总产值一样具有逐年递增的趋势，此外，除 2012 年外和平区第三产业增加值的贡献度都在 100% 以上，这说明在这三年和平区第一、第二产业的增加值都较上一年有所下滑。

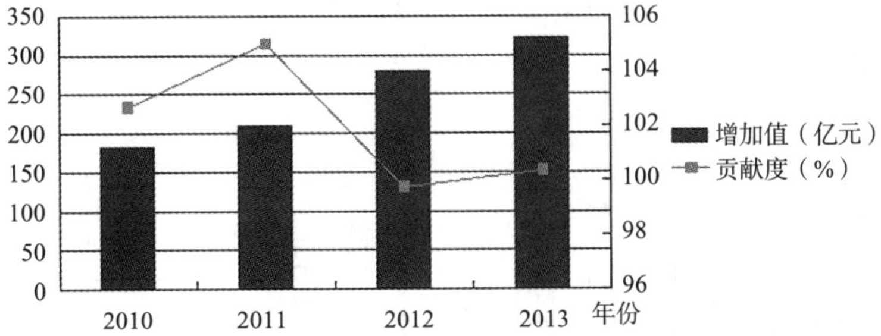

图 11-7　和平区第三产业增加值及其对 GDP 的贡献度测度

自 2006 年以来，和平区第三产业产值占天津市比重呈总的下降态势，从 2006 年的 13.43% 下降到 2011 年的 10% 左右，平均每年下降 0.8%，并在此之后直至考察期末保持稳定（见图 11-8）。

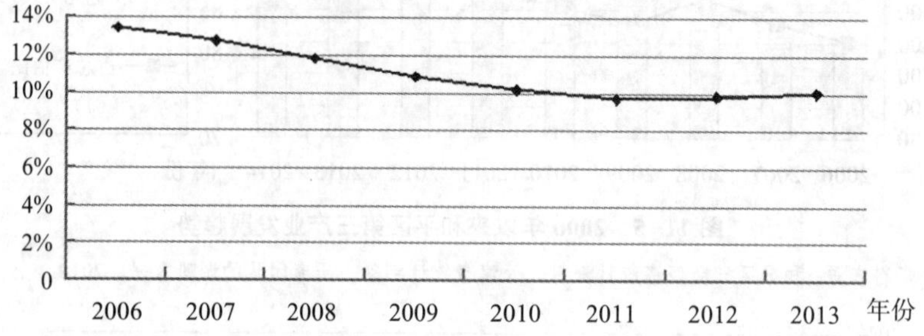

图 11-8　和平区第三产业产值占天津市比重的变化情况

（二）近年来和平区社会消费品零售情况

社会零售品零售总额包括了批发、零售、住宿、餐饮等行业所出售的所有消费品总额，可以反映一个地区消费服务业的发展情况。

如图 11-9，和平区社会零售品的销售总额从 2006 年的 120 亿元增加到 2014 年的 408 亿元，年均增幅 17.73%，高于和平区第三产业的年均增幅。其主要原因是和平区社会零售品自2006年到2010年的持续快速增长，同时其未受金融危机影响，因此可以推断和平区的消费型服务业对外依赖性不大，其占第三产业的比重从 2006 年的 47% 增加到 2010 年的 78%。然而自 2011 年开始，和平区社会零售总额占第三产业比重经历了 2011 年下滑之后（从 78.13% 下降到 2011 年的 61.66%），占第三产业的比重一直徘徊在 60% 左右，可能是由于市政府迁址导致和平区的消费服务业进行了调整。

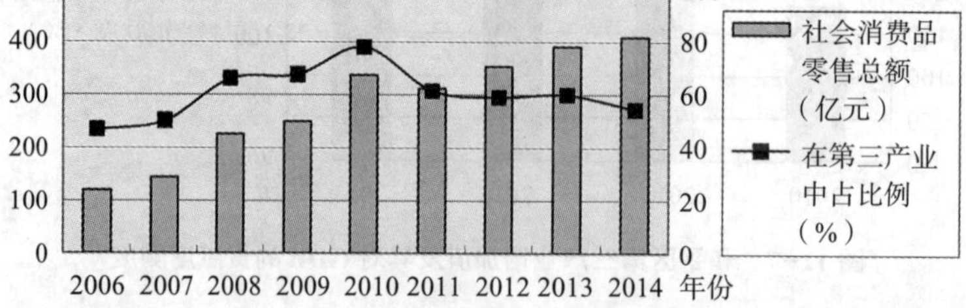

图 11-9　和平区社会消费品零售总额及占比变化情况

从社会零售总额增速图中可以看出，和平区社会消费品零售总额增速呈下降趋势，2010 年为增速最高期，达到 26%，而 2011 年出现了增速大幅下滑，为 12%，随后其增速也维持在 15% 左右，基本保持稳定（见图 11–10）。

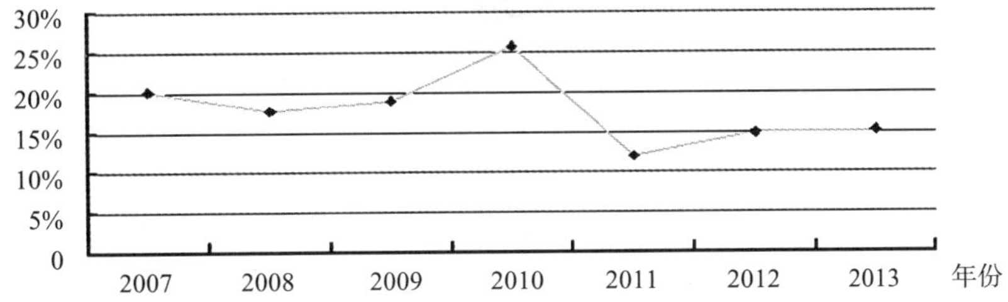

图 11–10　和平区社会消费品零售总额增速变动情况

图 11–11 为和平区社会零售品销售额占天津市总量的变化，可见占比最高点为 2007 年的 8.9%，一年以后便下滑至考察期的最低点 8.16%，随后的 2009 年为第二低点 8.3%，在考察期的最后趋于稳定，保持在 8.4% 左右。

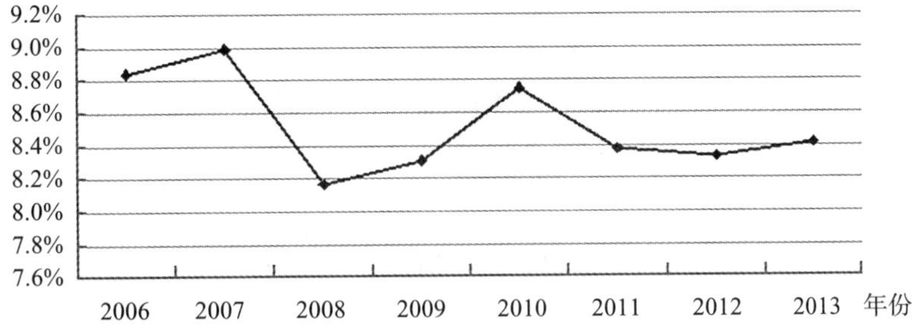

图 11–11　和平区社会零售品销售额占天津总量的变动情况

近四年和平区社会消费品行业零售额占比（见图 11–12）显示，批发业发展较快，从 2011 年的占比 3% 上升到 2014 年的 10%，最高时在 2012 年占比 14%；餐饮业在考察其的前两年占比一直保持稳定，分别为 7%、6%，而在考察期最后两年下降到 3%；由于行业性质，住宿业消费品零售额占比一直很小，不足 1%；零售业在社会消费品销售额中占比最大，除 2012 年占比为 79% 之外，其余年份一直接近 90%，其 2012 年的

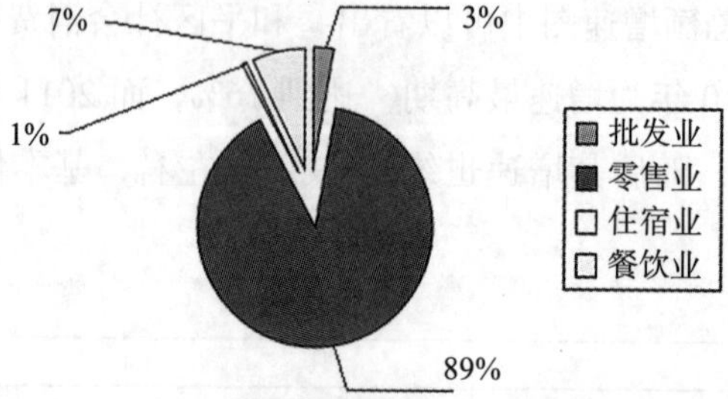

2011 年社会消费品行业零售额占比

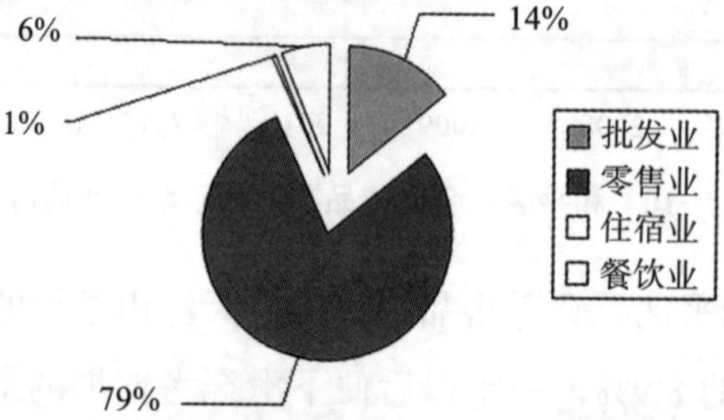

2012 年社会消费品行业零售额占比

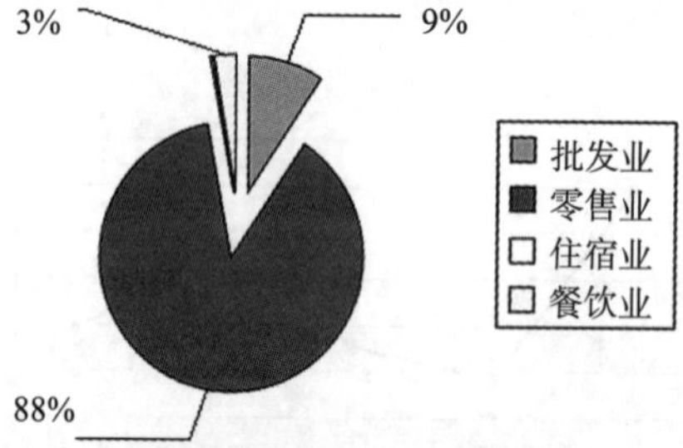

2013 年社会消费品行业零售额占比

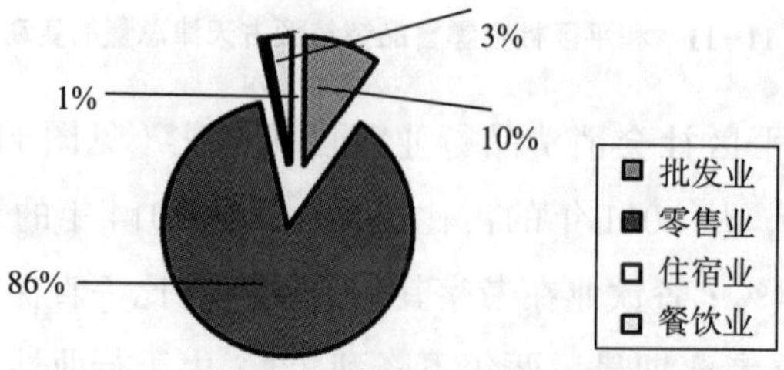

2014 年社会消费品行业产值占比

图 11-12 2011—2014 年社会消费品行业零售额占比情况

占比下降可能与批发业的迅速增长有关。

二、和平区现代服务业发展的重点领域

由于悠久的金融发展历史以及得天独厚的区位优势等因素，和平区在发展服务产业的过程中逐渐形成了金融、批发零售、房地产等占据主导地位的产业，近五年和平区各个服务产业增长情况如图 11-13 所示。

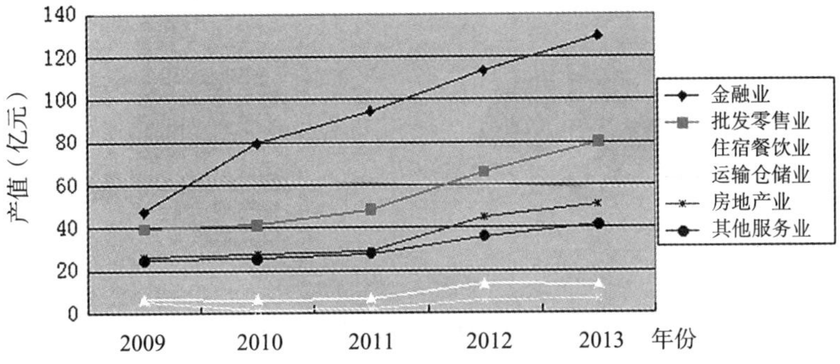

图 11-13　和平区现代服务业发展的重点产业近五年发展情况

从图 11-13 刻画了和平区服务业重点领域近五年产值的增长情况可以看到，金融业、批发零售业、房地产业、其他服务业、住宿餐饮业、运输仓储业按产值大小依次为和平区的服务业发展的重点领域。其中，金融业增长幅度最大，产值总量增长了两倍左右，且每年都有较大幅度的增长；增速排名第二的是批发零售业，其在 2010 年同除金融业外的其他行业发展都有停滞，而自 2011 年和平区的批发零售业开始逐年增长；房地产业与住宿餐饮业、仓储运输业的增长在考察期前三年产值都基本停滞，仓储运输业在 2010 年甚至出现负增长，自 2012 年起，这些产业才出现了较为显著的增长（见图 11-14）。

从图 11-14 中可以看出，占和平区服务业比重最大的是金融业，2010 年以来比重始终达到 40% 以上，其次是批发零售业，考察期内比重达 25% 左右，第三是房地产业，考察期内比重达 15% 左右，三者共同占据了和平区服务业增加值的八成以上。

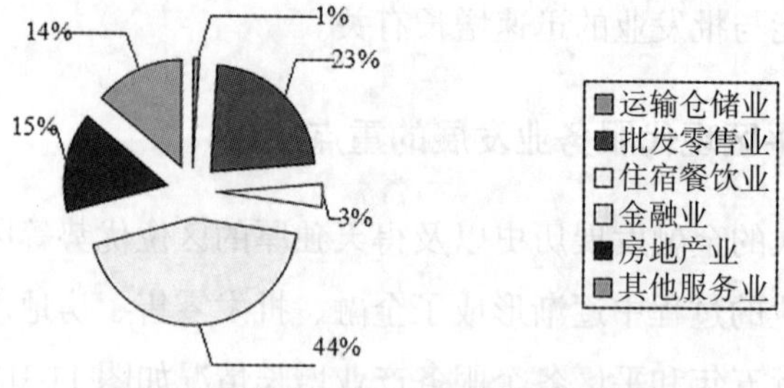

2010 年和平区第三产业各行业增加值占比

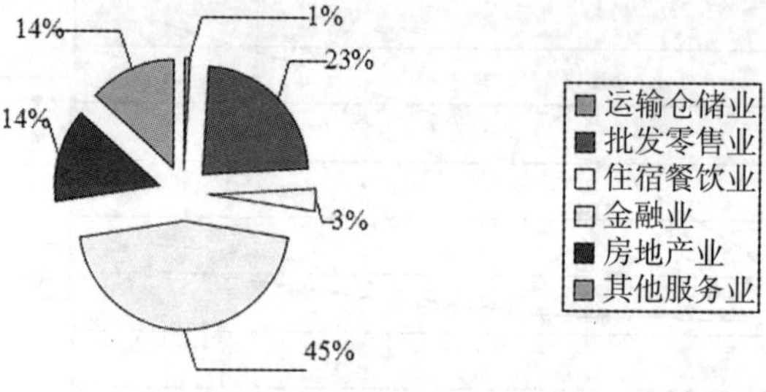

2011 年和平区第三产业各行业增加值占比

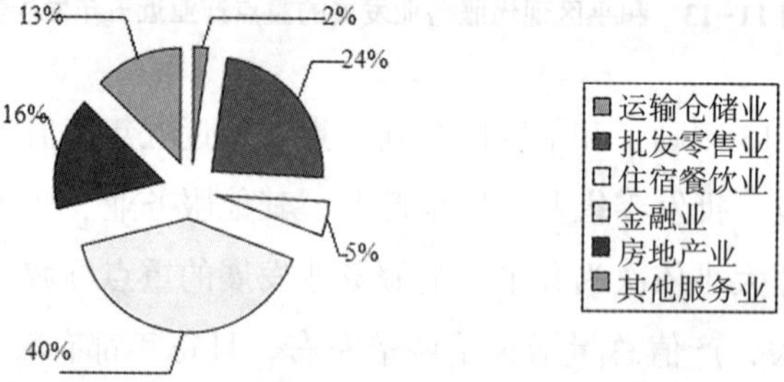

2012 年和平区第三产业各行业增加值占比

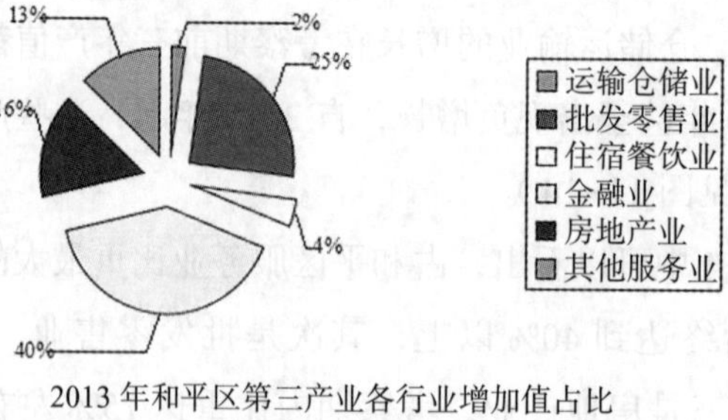

2013 年和平区第三产业各行业增加值占比

图 11-14 2010 年以来和平区服务业重点领域的占比情况

（一）金融业

和平区金融业历史悠久，解放北路素有北方“华尔街”之称。银行、保险、证券等金融机构地区总部达 126 家；3 家外资银行中国总部和近 90% 的外资银行地区总部入驻。建设中的天津“金融城”，聚集金融发展优势，大力吸引各类优质金融机构，“金融和平”的辐射力和影响力进一步扩大。

截至2014年，天津市和平区共有金融类机构676家。其中银行214家，保险及保险代理机构 39 家，证券机构 17 家，期货机构 12 家，小额贷款公司 20 家，担保公司 18 家，资产管理公司 4 家，财务、典当、拍卖等企业 40 家，投资公司 306 家。各类金融机构占比如图 11-15 所示。

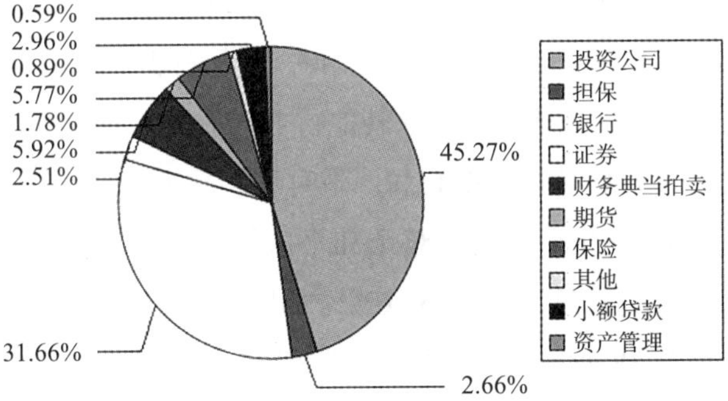

图 11-15　和平区各类金融机构数量占比情况

图 11-16 展示了自 2003 年开始每年新成立的金融机构数。从 2007 年开始，和平区新成立的金融机构数从以往的每年 20 多家达到每年四五十家；自 2010 年开始，每年新成立的金融机构数量达到了 80 家左右，2012 年甚至超过了一百家，和平区金融产业的集中度在这几年不断提高。借助国家金融改革的东风，和平区加快了发展金融业的脚步，围绕“金融和平”定位，发挥百年金融历史名街优势，全力推动天津“金融城”加快建设，大力引进各类金融机构，初步形成了门类较为齐全的金融服务体系。2014 年上半年共有包括邮储银行天津分行、台湾合作金库银行天津分行、大都会寿险、人保寿险、民生寿险、渤海寿险、华安财险、物产集团财务公司、兴业银行天津分行在内的 9 家金融机构落户和平。

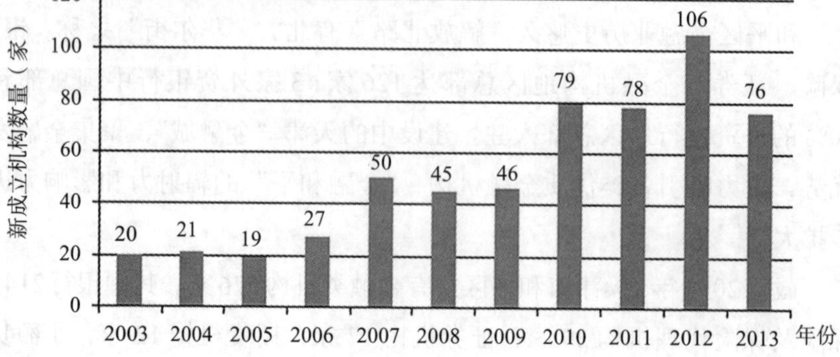

图 11-16　2003 年以来和平区每年新成立的金融机构情况

金融业增加值在考察期内逐年提高。从 2010 年的 79.74 亿元增长到 2013 年的 129.51 亿元。而与此同时，和平区金融业产值的增加值对总增加值的贡献度却逐年下降，这表示其他行业较金融业来讲增长更为迅速。2010 年金融业的贡献度达 102.18%，同时和平区整个第三产业的贡献度为 102.69%，金融业几乎带动了整个和平区第三产业乃至全产业的发展。而到了 2011 年其贡献度下降至 57.6%，并以每年下降 9 个百分点的速度下降至 2013 年的 38.43%，不过其贡献度仍为各行业最高。批发零售业以 33.62% 位居第二，房地产业以 14.46% 位居第三，其他服务业以 13.14% 位居第四，四者占据位次与在服务业中所占份额的位次相同，更加说明了金融业、批发零售业、房地产业在和平区的优势地位（见图 11-17）。

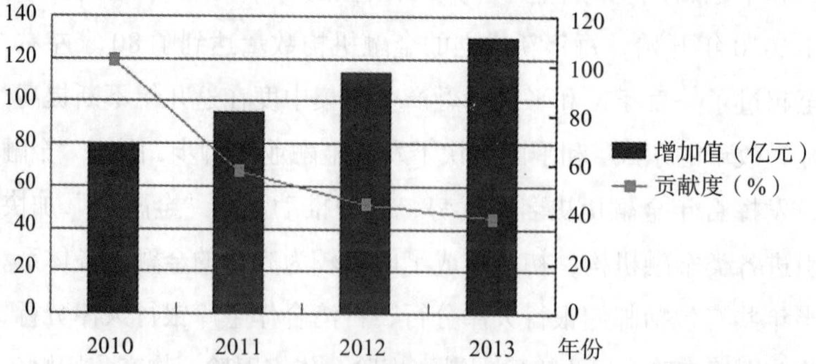

图 11-17　和平区金融业增加值对各产业总增加值的贡献度

在银行业中，共有 31 家来自国内其他地区的银行以及国外的跨国银行在和平区设立天津分行。其中，国内银行有 9 家，来自于北京、威海、锦州、宁夏；境外银行为 22 家，来自于德国、法国、韩国、日本、新加坡、中国香港、中国台湾、印度。和平区外资银行数量占据天津市外资银行总数的 90%，这些银行往往是跟随外企在天津落户而来，服务外企而不开展传统的银行业务。和平区的国内外银行按照来源地分布如图 11–18。

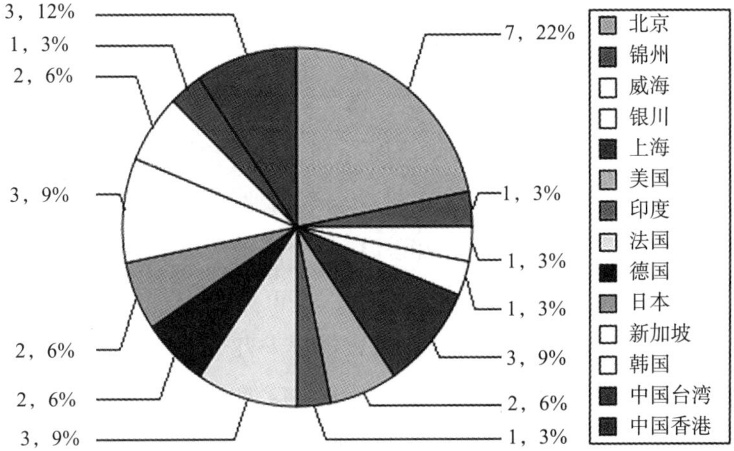

图 11–18　和平区银行的来源地分析

国内银行中，来自北京的银行占比最大，为 7 家，境外的银行中来自法国、新加坡、中国香港的金融机构占比最大。

近年来，受各个区竞争招商以及部分城区具有政策优势的影响，新进驻天津的银行开始到于家堡落户，和平区内的部分国有银行也有向河西区转移的趋势。

由于辖区面积只有 9.98 平方公里并且无法增扩，银行企业需要租用门面房经营，使得和平区遭遇容纳银行业空间不足的难题。因此，和平区在利用自身优势加大对外资银行招商力度的同时，也注重了对占据空间较小的咨询、投资公司等金融新业态的发展。目前进驻和平区比较大的新业态金融业企业有渤海钢铁（财务公司）、工行租赁（融资租赁）等企业。

金融业具有高附加值、高密集度、低外部性的特征，同时也能为当地贡献大量税收。2011 年，和平区金融业贡献税收 5 亿多元，2012 年高达

10亿元，2013年保持了上年水平。金融业的发展需要极高的集聚度，而天津市金融业近年来的多级发展严重影响了金融业的发展效率，作者发现不少金融机构在滨海新区注册而在和平区经营，这一点佐证了金融业的天然集聚性。金融业的发展需要会计、审计、法律咨询业等配套产业的支撑，而和平区在这一点上做的还不足。

（二）批发零售业

和平区商贸业繁荣发达，自近代以来，一直是天津市最具影响力的中心商贸区。目前和平区拥有1万平方米以上的商业设施30多家。改造后的和平路—滨江道—南京路“两横一纵”中心商业区，是中外游客来津观光购物的首选之地。海信广场等3座高端卖场年销售额超10亿元。和平区拥有特色商业街12条，致力于推动高端商业发展，打造大气、洋气小白楼高端商务区。改造提升后的滨江道（全国十大商业街最长，2553米）节假日有100万人次流量，平日也能达到40万至50万人次，年销售额118亿元，是天津市唯一中心商圈，可以提供十万个工作岗位，970家商场，里面商户接近万户。随着恒隆广场（为和平区拥有的唯一一个大型城市综合体）等高端商业设施加快建设，和平区整体商业规模和品质将得到更大提升，成为天津繁华的标志区、全国一流的商业中心区。

和平区商业底蕴深厚，有聚集效应。近年来，和平区设计了10—20个主题商贸活动。其中啤酒节具有高层次和较强的凝聚力。利用良好的消费环境。啤酒节带来了60万名游客、600吨啤酒的消费、6000万元的效益。

从2010年至2013年，和平区批发零售业的产业增加值逐年提高，从2010年的41.46亿元提高到2013年的80.1亿元，提高了将近一倍，其对总产业增加值的贡献度也是大幅提高，从2010年的5.6%提高到2013年的33.62%，提高了将近5倍，可见该行业对和平区服务业发展的重要性日益增加，从近三年的数据来看，未来其贡献度依旧会保持30%以上（见图11-19）。

从消费品零售额来看，和平区批发业2012、2013年相较于2011、2010年的数量情况有了大幅飞跃。2012年批发业零售额为46.47亿元，相比2011年的7.66亿元提高了将近6倍。而规模以上企业占比在2011

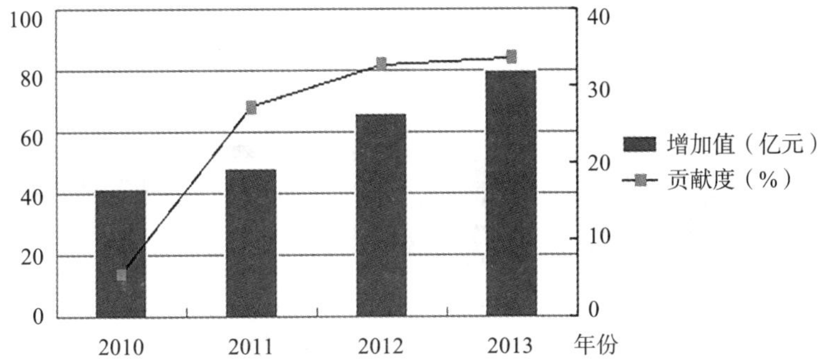

图 11-19　2013 年和平区批发零售业增加值及其对产业总增加值的贡献度

年为 5.75%，较 2010 年下降了 4.63 个百分点，在 2012 年限上企业零售额占比迅速攀升，在 2012 年与 2013 年分别为 19.44%，28.26%。由此可以看出，伴随着批发业零售额迅速增加的同时是产业的集中度大幅提高（见图 11-20）。

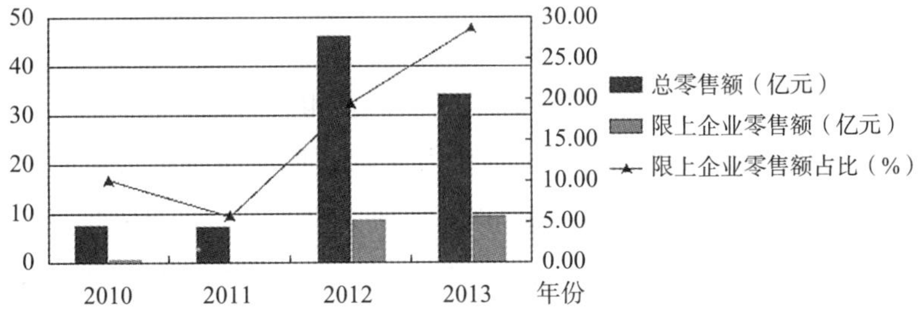

图 11-20　2010—2013 年和平区批发零售额变动情况

零售业的消费品销售额增长较为平缓，除 2013 年行业总销售额有了显著增长，从 2012 年的 258.07 亿元增长到 2013 年的 330.4 亿元外，规模以上企业增幅较缓，致使其零售额占总零售额的比重从 2012 年的 60.58% 下降到 2013 年的 54.65%（见图 11-21）。

在和平区商贸业发展势头良好的同时也暴露了一些问题。第一，交通建设发展滞后，对高速发展的零售业构成了空间压力，同时也限制了 O2O 发展；第二，尽管高度重视电子商务对商贸业的推动作用，但和平区的电子商务依旧发展迟缓，尽快找到电子商务与和平区传统商贸的结合点

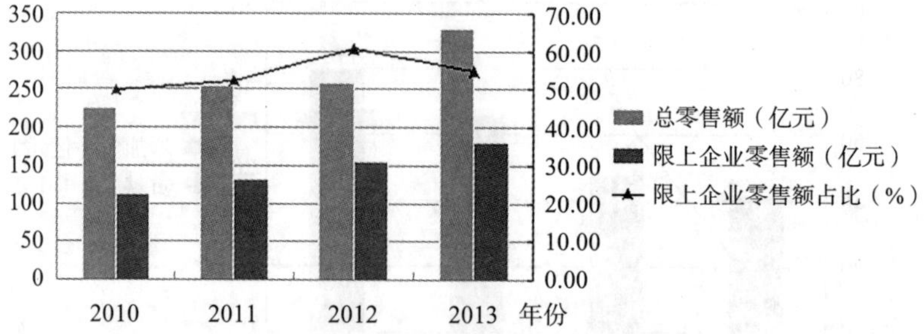

图 11-21　2010—2013 年和平区零售额变动情况

对今后和平区商业的发展至关重要；第三，某些商业区定位不准，“五大道”的商业业态过于复杂，缺乏清晰定位，而“五大院”立足的高端路线由于宣传不足等原因而使消费者认同度不高。

电子商务的发展对传统商贸业的经营模式造成了较为严重的冲击。传统商贸业的特点在于生产与销售的分离，商贸业在其中担任了流通的独立职能。然而电子商务的出现使得消费者可以在网上直接与销售方进行交易，革新的物流体系对批发业冲击巨大；另外，互联网为广大消费者提供更多的便利及选择权，消费者通过点击鼠标就能买到想要的商品，购物时间与所需精力大为减少。同时，消费者能够利用网络掌握大量的商品信息，对不同商品进行对比，选择的余地更大。因此，以批发零售业为主的传统商贸业必须借助信息技术进行自身革新，避免在电商新模式的冲击下被淘汰。

（三）**房地产业**

房地产业行业增加值在 2012 年有了大幅提高，从 2011 年的 29.4 亿元增长到 2012 年的 44.91 亿元，其大幅增长可能与四万亿元财政刺激政策有关，然而其贡献度却较 2011 年有所下滑，从 2011 年的 7.5% 下降到 2012 年的 3.66%，可见同年的其他产业有了更大提高。但是到了 2013 年，房地产业增加值的贡献度却大幅上升，达到了 14.46%，据此推断其他产业增加值的增速放缓甚至停滞衰退（见图 11-22）。

从住宅竣工面积变化看出，只有 2012 年的住宅竣工面积为 101.55 万平方米，其余时间段均为 120 万平方米左右，可能因 2011 年房地产增加

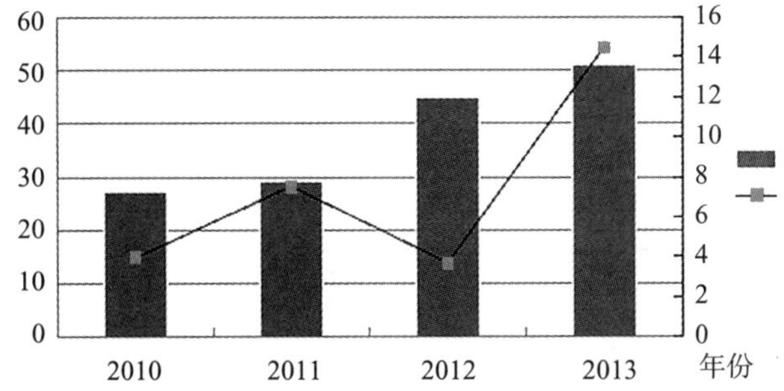

图 11-22　2010—2013 年和平区房地产增加值及对 GDP 的贡献度

值增长较缓导致房地产商存在房地产增长缓慢的预期，使得 2012 年竣工面积较小，而受 2012 年房地产产值迅速提高所致，2013 年的竣工面积又回复的原来的水平（见图 11-23）。

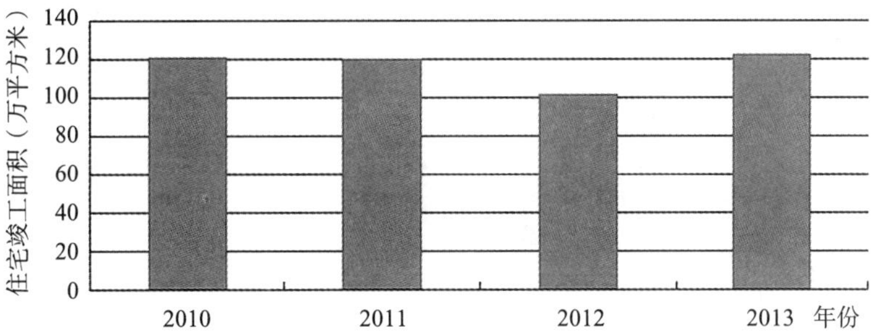

图 11-23　2010—2013 年住宅竣工面积变动情况

（四）住宿餐饮业

住宿餐饮业增加值在 2012 年相比于 2011 年有了快速增长，从 6.94 亿元增长到 13.76 亿元，增幅将近一倍，其对总产值的贡献度也在 2012 年达到了 9.1%，位居金融业、批发零售之后，高于房地产业。然而，在 2013 年住宿餐饮业的产业增加值却下降了 0.41 亿元，导致了其对总增加值的贡献度呈负数，为-1.21%。另外，住宿餐饮业在 2010 年对总产值的贡献度也呈负数，为-0.25%（参见图 11-24）。

住宿业零售额不论总量还是规模以上企业的销售量，都在呈下降趋势，而规模以上企业零售额占总量的比的趋势却呈一个震荡上升的趋势，可见住宿业发展的滞缓导致了行业洗牌，加速了小企业的衰落（参见图11-25）。

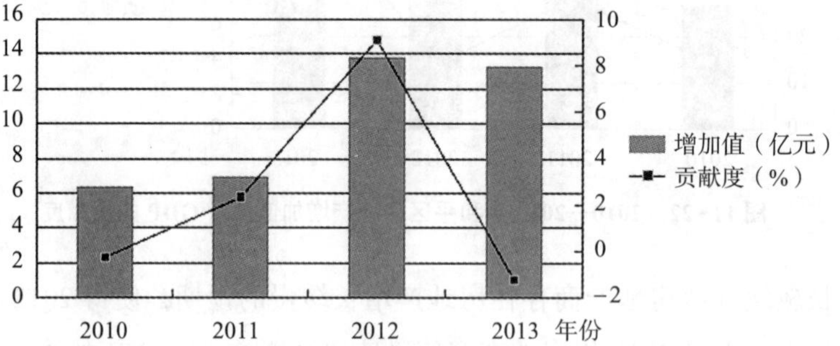

图 11-24　2010—2013 年和平区住宿餐饮业增加值及其对总增加值的贡献度

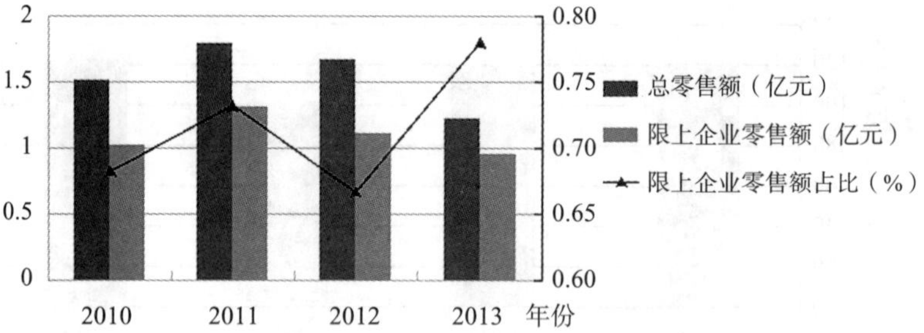

图 11-25　2010—2013 年和平区住宿零售额变动情况

餐饮业零售额在 2010 年至 2012 年缓慢提高，到 2013 年的零售总额急剧下滑，从 20.51 亿元跌至 10.07 亿元，下降为原先的一半水平，规模以上企业零售占比经历前三年的缓慢下降之后在考察期最后一年突然增加，从 32.52% 增加到 47.8%（见图 11-26）。

（五）运输仓储业

经历 2008 年的经济危机之后，和平区运输仓储业在 2010 年的产业增加值依旧在下滑。从图 11-27 中可以看到，当年其对总产值的贡献度为−10.72%。随后在 2011 年有了缓慢增长，为 1.77 亿元，增长了 0.1 亿元。到了 2012 年，和平区的运输仓储业迅速恢复，其增加值增长到 6.03 亿元，较上年上涨了两倍多，在 2013 年依旧维持上涨势头，为 6.84 亿元。同时，

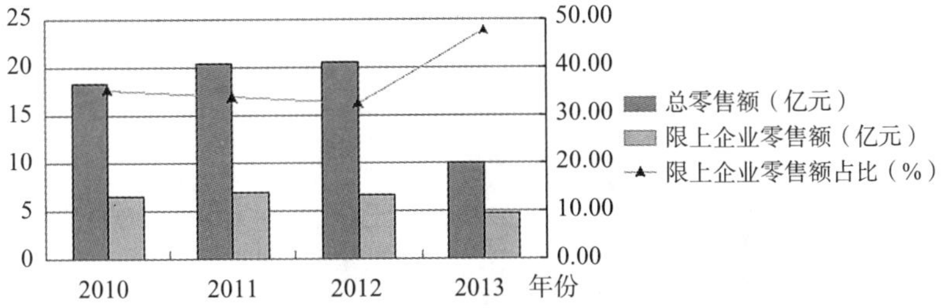

图 11–26　2010 年至 2013 年餐饮业零售额变动情况

和平区仓储运输业在和平区的楼宇经济中占据了十分重要的地位，在和平区最重要的三座楼宇中其企业数占总企业的比重都在第一位。

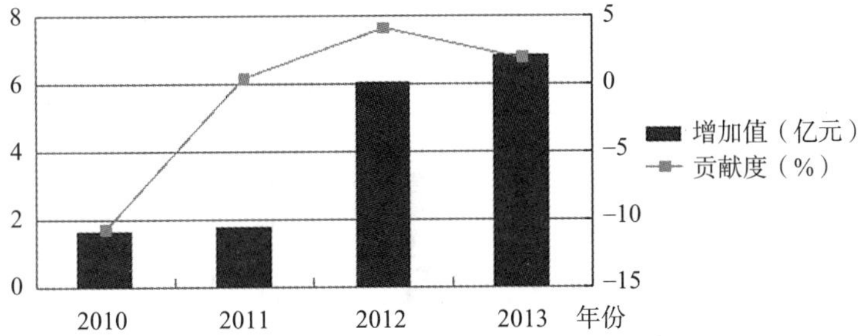

图 11–27　运输仓储业增加值及其对 GDP 的贡献度

（六）其他服务业

和平区的其他服务业包含了社会服务业、科技服务业、咨询业（非金融）等业态。在考察期内，和平区其他服务业一直呈上涨态势，从 2010 年的 25.51 亿元增长到 2013 年 41.49 亿元，其增加值对总增加值的贡献度也呈上升趋势，除 2012 年消费型服务业的迅速上涨对其他服务业的贡献度有所挤占之外（见图 11–28）。

和平区社会服务业一般包括科教文化事业与公共服务事业。通过对社会服务业的单独考察来看，和平区社会服务业在近三年有了跨越式发展，无论是收入还是利润，最高时呈几倍、十几倍的增长。但是和平区狭窄的地域空间制约了文化产业的发展。由于中心商业区的产业集聚带来了地价上升使和平区的文化产业不断的边缘化，原有的 17 家电影院如今只剩和平影院 1 家（见图 11-29）。

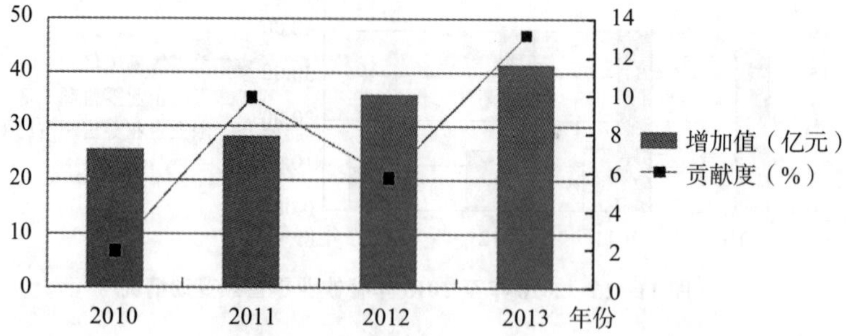

图 11-28　2010—2013 年和平区其他服务业增加值及其对总增加值的贡献度

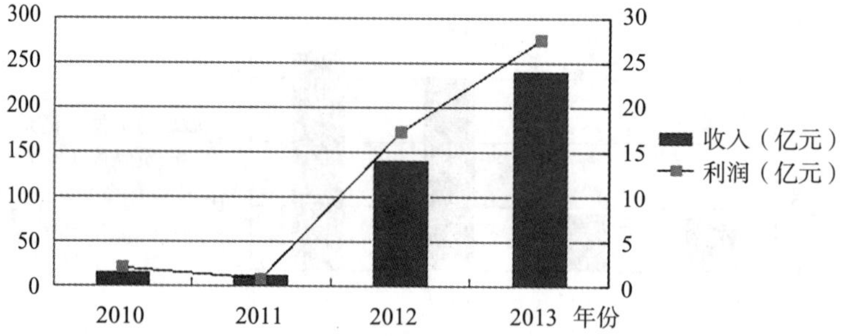

图 11-29　2010—2013 年和平区社会服务业的发展情况

第三节　创新要素的引进和聚集与新型创新区的建设

尽管和平区第三产业的比重越来高，但是随着包括电子商务和互联网金融在内的新兴科技产业发展对现有产业的冲击，和平区传统商贸服务业上的优势逐步减弱。在新的形势下，如何通过创新要素的引进和聚集，把城市更新改造与实施创新驱动发展相结合建设新型创业区，成为和平区城市转型发展战略新取向。

一、以新型创新区建设为目标的城市更新改造思路

作为中心城区核心区，由于受到发展空间的限制，在新的发展阶段和平区的经济发展要探索走创新驱动的精明增长道路。立足存量空间的开在和利用，发挥基础设施完善的优势，通过城市的更新改造和创新发展实现知识密集和创新活力的提升，推动经济的可持续发展。

（一）新动力来源

要实现创新驱动的精明增长，首先是摈弃依赖要素投入的粗放式经济增长模式，探索经济转型发展的新动力。在新的发展阶段，推动和平区经济和社会可持续发展的新动力来源主要包括：

第一，创新驱动。与要素驱动的经济增长方式不同，创新驱动发展不再立足于城市的比较优势，而是通过新知识的创造及其商业化推动经济结构的变革和发展。在和平区的未来发展中，创新驱动主要指通过新知识的创造和商业化实现经济的可持续发展。在实施创新驱动发展的过程中，不仅可以依托现有的交通区位和基础设施完善的优势，通过新科技创新因素的引进和应用改造现有的产业，而且可以推动战略性新兴产业的发展和新兴服务业的聚集。在改造现有产业的过程中，重点发展包括体验式消费和电子商务为代表的新兴商业形态。在战略性新兴产业发方面，依托商务中心区和中心商圈，重点发展大数据处理、数字展示、软件服务和健康产业在内的新兴产业领域。

第二，知识密集。基于和平区发展的实际，知识密集主要指发展知识密集型服务业。知识密集型服务业主要指知识的生产、储备、使用和扩散服务的行业。在新的发展阶段，服务于商务中心区的建设，和平区将重点发展包括金融服务、信息服务、研发服务、法律服务、健康管理和咨询、专业服务业、广告和工业设计、管理咨询和人力资源开发管理在内的知识密集型服务业。与知识密集相关的是创新人才密集和知识型员工密集。创新人才不仅指技术创新人才，而且指管理和运营创新人才。通过创新人才的创新和创业活动推动产业的高端化和新兴产业的发展。知识型员工主要利用知识和信息掌握和运用创造价值。在知识经济浪潮的推动下，通过知

识型员工的引进和聚集，推动和平区信息技术、金融服务、法律服务、管理咨询等知识密集型产业的发展。

第三，创意创造。作为知识经济的前沿，创意经济依赖的不再是要素投入，而是以个性化的创意创造为基本推动力的经济形态和社会组织形态。创意经济的主导产业主要包括时尚设计、电影与录像、交互式互动软件、音乐、表演艺术、出版业、软件及计算机服务、电视和广播等等。此外，还包括旅游、博物馆和美术馆、遗产和体育等。在和平区创意经济的发展过程中，通过创意创造人群的引入和培育，充分挖掘现有的时尚和历史文化元素，积极发展包括时尚设计、影视、互动软件、表演、数字内容在内的新兴产业。

（二）新的机制和路径

围绕着新增长动力的成长和壮大，在新的发展阶段，和平区的可持续发展的基本机制和路径是精明增长策略和智慧城市建设。通过精明增长策略选择和智慧城市建设，为实施创新驱动、知识密集和创意创造提供发展环境和空间。

第一，精明增长策略。在土地资源约束下，和平区城市发展要积极探索精明增长道路。作为协同社会、经济与环境保护和促进城市发展的新城市增长模式，精明增长强调对现有城市空间的再开发和更新改造，实现城市的可持续发展。作为一种发展理念和思路，精明增长强调城市土地的混合使用，严格控制城市增长的边界，提高土地利用效率、保护自然环境，大力发展公共交通，解决城市过度蔓延中出现的经济、社会和环境问题。

基于精明增长策略，在和平区城市发展过程中，第一，明确城市的增长边界，不再强调地理空间的扩张，而是强调城市的垂直或纵向拓展；第二，充分实现城市土地的混合利用，融合产业、商业和居住，创造 24 小时城市活力；第三，发展多元化交通方式，尤其是低碳和公共交通方式；第四，充分保护公共开放空间和自然景观，建设宜居城市环境；第五，引导和增加城市社区的发展和有效利用；第六，积极引导居民参与城市发展，提高政府决策的公平性和效益性。

第二，智慧城市建设。作为和平区实施创新驱动的精明增长战略的重要支撑，智慧城市建设一方面提升了城市的软环境，另一方面推动包括物联网和云计算在内的战略性新兴产业的发展。智慧城市是数字城市建设的延续，是城市信息化发展到更高阶段的必然产物。同时，智慧城市不仅表现为知识经济条件下城市发展的新形态，而且是发展城市的新思维。作为信息化和网络化的产物，智慧城市在本质上是以物联网为基础，以先进信息技术、智能技术和多网融合为依托，以智慧技术、智慧产业、智慧服务、智慧管理、智慧人文、智慧生活等为重要内容的城市发展新模式和新形态。通过智慧城市建设，使和平区在城市发展中不仅能够实现知识和人才密集，而且能够创造新的城市文明，使城市发展步入科学发展的轨道。

和平区智慧城市建设可以实现五个维度的城市发展，一是建设以城市信息化为主导的物联网基础设施；二是利用和融合更为先进的技术，促进人和物之间的互动能力，提高城市的智能化管理程度；三是推动包括大数据、物联网和软件服务在内的战略性新兴产业的发展；四是以物联网为基础的基础设施建设不仅节约空间，而且促进环境的保护和改善。以智慧城市建设为抓手，真正实现了城市管理、产业发展和环境友好的协调发展，是和平区城市未来发展的方向。

作为新型创新区发展的主要机制和路径，精明增长策略主要解决城市空间的资源再配置和拓展问题，智慧城市建设则主要解决城市的软环境和软实力问题。通过精明增长策略和智慧城市建设，持续提高和平区城市的可持续发展能力和竞争力，探索城市发展的新模式和新形态。

二、新型创新区的经济形态

为了实施创新驱动发展战略，在物理空间稀缺的约束下，和平区把商务楼宇作为创新要素聚集的空间载体。截至 2015 年底，和平区拥有商务楼宇 116 座，把楼宇更新改造为创新要素聚集地，构建新型创新区，成为实施创新驱动发展战略的基本依托。在新战略的推动下，包括创新大厦、君隆广场和诚基在内的商务楼宇开始成为科技型中小企业的聚集地，是新型创业区发展的空间组织形态。

例如，2009 年建成的创新大厦，到现在为止共聚集了 70 多家科技型中小企业和多家孵化器及众创空间，已经成为和平区重要的创新创业聚集区。2015 年，创新大厦的税收达到 13.6 亿元。商务楼宇不仅成为创新型企业的聚集区，而且成为“双创”的孵化基地。

本部分通过对位于和平区的君降和诚基两座商务大厦进行调研数据分析，可以看出以商务楼宇为空间载体，中心城区新型创新区的基本经济形态和特征。

（1）君隆广场。君隆广场位于和平区南京路 99 号，是一座高端商务楼宇。入驻君隆广场的商家共有 79 家，其中内资 55 家，外资 24 家。数量上在君隆广场占据位置最多的行业是货运代理，达到 22%；其次是金融业，达到 21%；第三是批发零售业，达到 17%（见图 11–30）。

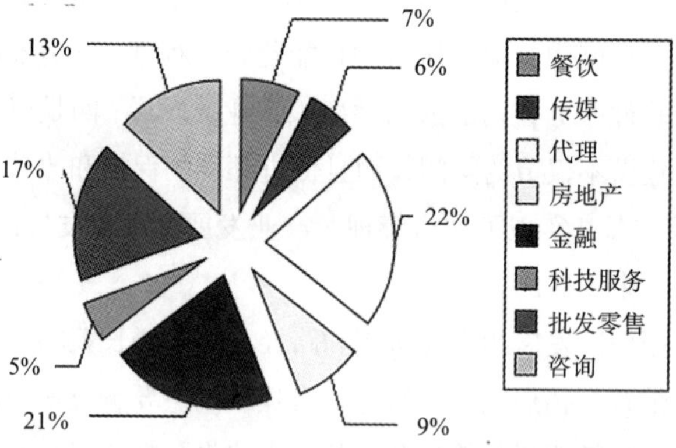

图 11–30　2013 年君隆广场行业分析

在外资企业中，货运代理行业占比依旧最高，高达 42%，其次是金融业，占据 17%，与金融业占所有企业的份额大致相当。君隆广场的货运代理行业中国际贸易占绝对份额，充分地利用了天津港口城市的优势（见图 11–31）。

君隆广场中近三年成立的企业以批发零售（30%）和咨询行业（24%）为主，而货运代理与金融业占比不高，分别只占 13% 与 10%（见图 11–32）。

（2）诚基经贸中心。诚基经贸中心位于和平区南京路与山西路交口，是一座中低端的商务楼宇。从行业企业数占比数中可以看到，占诚基经贸

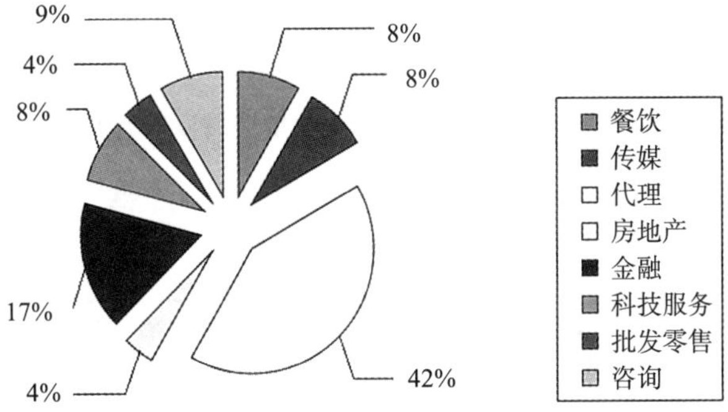

图 11-31　2013 年君隆广场外资企业在行业中的占比情况

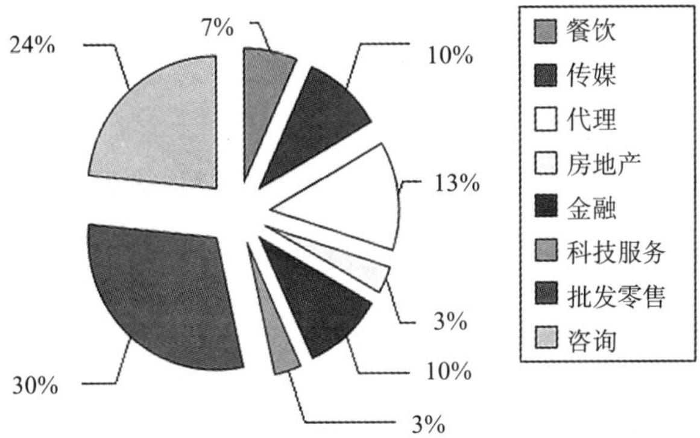

图 11-32　君隆广场近三年新成立的企业在各行业中的分布

中心入驻企业前三名的行业分别是批发零售，达 28%；咨询业，达 23%；广告传媒业，达 15%（见图 11-33）。

入驻诚基经贸中心的企业并没有外资企业，除天津外，企业来自于北

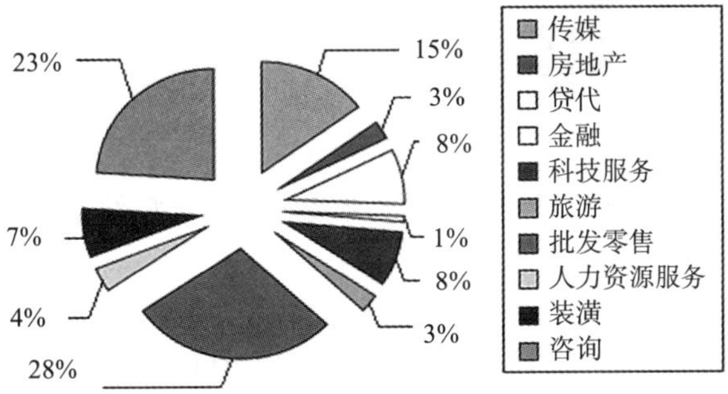

图 11-33　2013 年诚基经贸中心企业在各行业的分布

京、上海、广州、深圳、大连、武汉。其中，来自北京的企业与来自上海的企业占大多数，二者各占 36%。从进驻诚基经贸中心的企业中近三年成立的按行业分的图表中可以看出，占份额最大的是咨询业，其次是广告传媒业与室内装潢业（见图 11–34）。

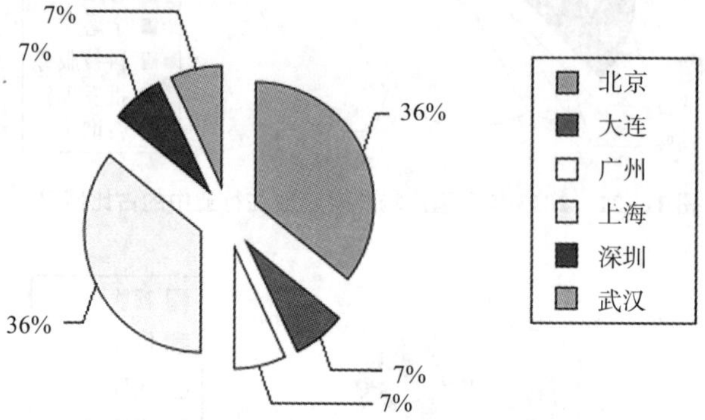

图 11–34　诚基经贸中心企业的来源地分析

因为对两座商务楼宇企业的产业分类是按照现有的统计分类标准进行的，实际上大量的企业都属于科技型企业。包括大数据、互联网和电子商务在内的新兴技术与现代服务业的融合发展，是商务楼宇发展的基础和方向。例如，落户于创新大厦的企商网，是百度在天津市的落地公司，主要从事的是互联网和数据业务，属于典型的科技型企业（见图 11–35）。

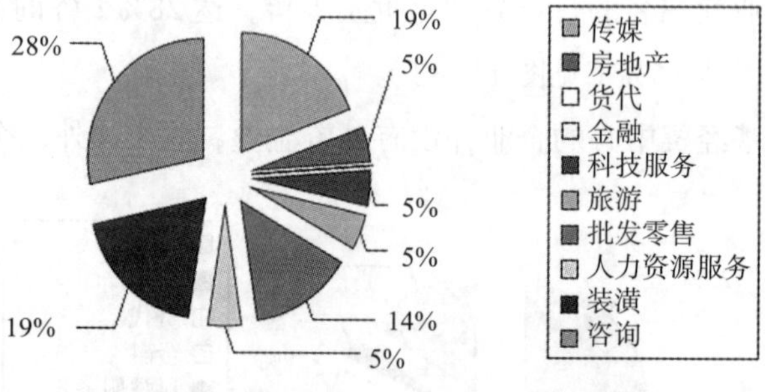

图 11–35　诚基近三年新进入企业的行业分布

2010 年以来，以商务楼宇为集聚地，科技型中小企业成为新型创业区发展的主力军。和平区的科技型中小企业从 2011 年的 1062 家增加到 2016 年的 3221 家，主要从事互联网金融、科技研发和电子商务（见图 11–36）。

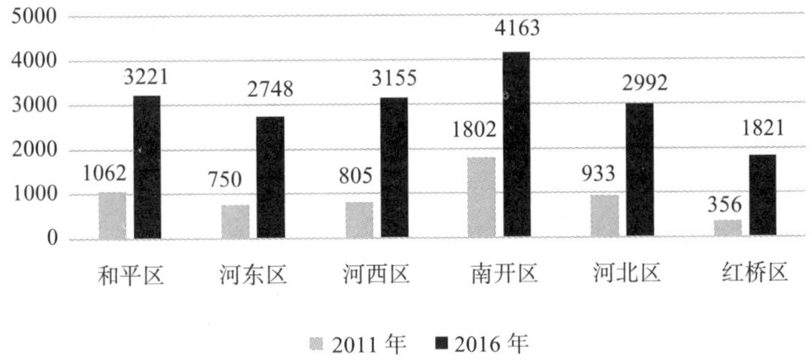

图 11-36　2011 年至 2016 年天津市中心城区科技型中小企业发展情况

从科技型中小企业的业务领域发展看，新型创新区发展的路径和方向表现在三个方面：

第一，通过数据产业与现有金融业的融合，发展科技金融产业。利用现有金融业集聚和科技人才富集的优势，和平区的互联网金融产业得以快速发展。到目前为止，和平区已聚集了 10 余家互联网金融企业。

第二，推动“互联网 +”行动计划，推动互联网技术与商贸和城市管理相融合。通过“互联网 + 商贸”计划，建设“微和平”项目，集中发布商务咨询、贸易指数、招商引资等咨询，建设综合性商务流通服务平台。通过开展“云创众商”活动，推广智能移动支付系统应用领域，引导更多的商贸企业开展在线交易、营销、结算。加快以城市管理、便民服务、应急指挥三位一体的新一代智慧和平建设，建立大数据和网络平台。在提高城市管理水平的同时，发展智慧城市产业。

第三，以商务楼宇为节点，以街区为廊道，Mini 科技城将成为新型创新区的基本空间组织形态。

随着天津行政中心从和平区迁往河西区，以“五大院”及周边区域为轴心，城市更新改造带来的空间价值提升被互联网平台企业看中。创新要素的加速聚集，正在形成以重点商务楼宇为节点的、以街区为道路的 Mini 科技城。

通过 Mini 科技城的建设，带动南京路、解放北路和沿海河带的发展，重点发展总部经济、金融服务、供应链管理、航运服务、新一代信息技术在内的生产型服务业。保护开发周边区域的历史文化街区，引入与Mini科技城相关的配套产业，实现历史文化街区的保护开发与经济高效产出的结合。

参考文献

(一) 英文文献

Acs, Zoltan J. and Audretsch, David B. 2003. The International Handbook of Entrepreneurship, Dordrecht：Kluwer Academic Publishers.

Acs, Zoltan J., Audretsch, David B. and Feldman, Maryann P. 1994. R&D Spillovers and Recipient Firm Size, Review of Economic and Statistics, 76（2）: 336–340.

Arthur, W. B. Increasing Returns and the New World of Business, Harvard Business Review（July–August）. 1996：100–109.

Arthur, W. B., S. Durlauf, and D. A. Lane . The Economy as an Evolving Complex System II. Reading, MA：Addison–Wesley, 1997.

Arthur, W. B.Increasing Returns and Path Dependence in the Economy. Ann Arbor：Michigan University Press, 1994.

Audretsch, David B. and Feldman, Maryann P. 1996. R&D Spillovers and the Geography of Innovation and Production, American Economic Review, 86：630–640.

Audretsch, David B., Max Keilbach and Eric Lehmann. 2006. Entrepreneurship and Economic Growth, New York：Oxford University Press.

AnnaLee Saxenian. Regional Advantage：Culture and Competition in

Silicon Valley and Route 128 , Harvard University Press, 1994.

Abramovitz. Resource and Output Trends in the United States since 1970. American Economic Review, vol. 46, no.2, 1956, 5–23.

Aiginger, K., Sieber, S. Toward a Renewed Industrial Policy in Europe. Chapter 1 for the Report of the Competitiveness of European Manufacturing 2005, European Commission , DG Entreprise and Industry, 2005.

Amit, R., Schoemaker, P.J.H. Strategic Assets and Organizational Rent. Strategic Management Journal, 1993, 13 : 33–46.

Andaç. T. Arıkan. Regional Entrepreneurial Transformation : A Complex Systems Perspective. Journal of Small Business Management, 2010, 48 (2): 152–173.

Annalee Saxenian, Jinn-Yuh Hsu. The Silicon Vally-Hsinchu Connection : Technical Communities and Industrial Upgrading. Industrial and Corporate Change, 2001, Vol. 10 : 893–920.

Ardichvili A., Cardozo R. & Ray S. A Theory of entrepreneurial Opportunity Indentification and Development. Journal of Business Venturing, 2003, Vol 18 : 105–123.

Atkinson, G. , Hamilton, K.Savings, Growth and the Resource Curse Hypothesis. World Development, 2003 (31.11): 1793–1807.

Atsushi Iimi. Did Botswana Escape from the Resource Curse ? IMF Working Paper, 2006, WP/06/138 : 1–31.

Auty Richard. Sustaining Development in Mineral Economies : The Resource Curse Thesis. Oxford University Press, New York, 1993.

Bengt-Åke Lundvall. National Systems of Innovation : Toward a Theory of Innovation and Interactive Learning, Anthem Press, 1992.

Baumol, W. J. What Marshall Didn't Know : On the Twentieth Century's Contributions to Economics, Quarterly Journal of Economics, 2000115, (1): 1–44 .

Baumol, W. J. The Free Market Innovation Machine : Analyzing the Growth Miracle of Capitalism, Princeton University Press , 2002.

Baumol, W.J. Entrepreneurship : Productive, Unproductive, and Destructive, Journal of Political Economy, 1990 : 98 (5) : 893–921.

Baldwin, C. Y., and K. B. Clark.. "Managing in an Age of Modularity." Harvard Business Review (September–October 1997) 75, no. 5 : 84–93.

Birch, David G.W., Job Creation in America : How Our Smallest Companies Put the Most People to Work. University of Illinois at Urbana-Champaign's Academy for Entrepreneurial Leadership Historical Research Reference in Entrepreneurship , 1987.

Bravo-Ortega, C., J. de Gregorio . The Relative Richness of the Poor : Natural Resources, Human Capital and Economic Growth. Mimeo Ministry of Economics, 2000.

Bravo-Ortega, C., J. de Gregorio . The Relative Richness of the Poor : Natural Resources, Human Capital and Economic Growth. Central Bank of Chile Working Papers, 2002, 139 : 1–36.

Bravo-Ortega, C., J. de Gregorio . The Relative Richness of the Poor : Natural Resources, Human Capital and Economic Growth. World Bank Working Paper, 2005.

Burt R. S. The Network Structure of Social Capital. In R .I. Sutton and B. M. Greenwich (Eds.), Research in Organizational Behavior, CT : JAI Press, 2000.

Carlsson, B. and Erol Taymaz. Flexible Technology and Industrial Structure in the U.S., Small Business Economics, 1994 : 6 (3) : 193–209.

Carree. Martin A. and Roy Thurik. Industrial Structure and Economic Growth, in David BAudretsch and A. Roy Thurik (eds.), Innovation, Industry Evolution and Employment, Cambridge : Cambridge University Press, 1999 : 86–110.

Christopher Freeman and Francisco Louca, As Time Goes By-From the

Industruial Revolutions to the Information Revolution, Oxford University, 2001.

Cantillon R. The Circulation and Exchange of Good and Merchandise. In Casson M.（eds.）. Entrepreneurship. Edward Elgar Publishing Ltd., 1990：5-10.

Castanhar et al. Regional Transformation and Regeneration Through Entrepreneurship：Evidences from Brazilian Industrial Districts. Frontiers of Entrepreneurship Research, 2008, Vol.28, Issue 20.

Cohen W. M. and Levinthal D. A. Absorptive Capacity：A New Perspective on Learning and Innovation. Administrative Science Quarterly, 1990, Vol. 35：128-152.

Collier, P., Hoeffler, A. Resource Rents, Governance, and Conflict. Journal of Conflict Resolution, 2005（49.4）：625-633.

Collis, D.J., Montgomery, C.A. Competing on Resource Strategy in the 1990s. Harvard Business Review, 1995, 73（4）：118-128.

Clayton. M. Christensen Richard S. Rosenbloom. Explaining the attacker's advantage：technological paradigms, organization dynamics, and the value network. Research Policy, 24（1995）：233-257.

Competition and multiscaling in evolving networks, G.Bianconi and A.L.Barabasi, 2001.

Dosi, Giovanni. Technical Change and Industrial Transformation, New York：St Martins Press. 1984.

Drucker, P. Innovation and entrepreneurship, London：Collins. 1985.

Foster, Richard and Sarah Kaplan. 2001. Creative Destruction：Why Companies that Are Built to Last Underperform the Market—and How to Successfully Transform Them. New York：Currency Books.

Devi R. Gnyawali, Daniel S. Fogel. Entrepreneurship Development：Key Dimensions and Research Implications. Entrepreneurship Theory and Practice, 1994, Summer：43-62.

DCMS. Creative Industries Economic Estimates Report[J]. 2011.

Eric von Hippel. The Sources of Innovation ISBN 0-19-509422-0, Oxford University Press, 1988.

Eric von Hippel. Democratizing Innovation ISBN 0-262-22074-1, Creative Commons , 2005.

Elhanan Helpman. Innovation and Growth in the Global Economy. (with Gene M. Grossman) Cambridge, MA : The MIT Press, 1991.

Eckhardt, J. T. & Shane, S. Opportunities and Entrepreneurship. Journal of Management, 2003, Vol. 29, Issue 3 : 333–349.

Elissaios Papyrakis, Reyer Gerlagh. Resource Abundance and Economic Growth in the United States. European Economic Review, 2007, Volume 51, Issue 4, May : 1011–1039.

Erik S. Reinert (ed.) . Economic Development and Inequality—An Alternative Perspective. Edward Elgar Publishing, Inc., 2004.

Esben Sloth Andersen. A note on Erik Reinert's Listian-Schumpeterian Development Economics. Workshop on "Institutions, Innovation and Development", 6th May 2008.

Freeman, J., G.R. Carroll, and M.T. Hannan. The Liability of Newness : Age Dependence in Organizational Death Rates, American Sociological Review, 1983.48 : 692–710.

Foster J. Competitive Selection, Self Organization and Joseph A.Schumpeter. Journal of Evolutionary Economics , 2000 (10) : 311–328.

Foster J. From Simplistic to Complex Systems in Economics. Cambridge Journal of Economics , 2005, 29 : 873–892.

Foster J. The Analytical Founda-tions of Evolutionary Economics : From Biological Analogy to Economic Self-Organization. Structural Change and Economic Dynamics, 1997 (8) : 427–451.

Family Spending : A Report on the 2000-2001 Family Expenditure Survey[M]. Stationery Office, The, 2002.

Freeman A. London's Creative Sector：2007 Update[J]. 2007.

Freeman A. London's Creative Sector：2009 Update[J]. 2010.

Freeman A. London's Creative Sector：2011 Update[J]. 2011.

Freeman A，Economics G L A. London' s creative workforce：2009 update[J]. London：Greater London Authority，2010.

Florida R. Cities and the creative class[M]. Routledge，2005.

Grossman，Gene M. and Helpman，Elhanan. Innovation and Growth in the Global Economy. Cambridge，MA：MIT Press，1991.

GEM. Global Entrepreneurship Monitor：2000 Executive Report. http：//www.gemconsortium.org/docs/2408/gem-2000-global-report.

Georgine Fogel. An Analysis of Entrepreneurial Environment and Enterprise Development in Hungary. Journal of Small Business Management，2001，39（1）：103–109.

Grant R.M. The Resource-based Theory of Competitive Advantage：Implications for Strategy Formulation. California Management Review，1991，Spring：114–135.

Guido Buenstorf. Creation and Persuit of Entrepreneurial Opportunities：An Evolutionary Economics Perspective，Small Business Economics，2007（28）：323–337.

Gylfason Thorvaldur. Natural Resources，Education，and Economic Development. European Economic Review，2001（45）：847–859.

Glaeser E. L. Do Regional Economies Need Regional Coordination？[J]. Harvard Institute of Economic Research Discussion Paper，2007（2131）.

Hall，R. The Strategic Analysis of Intangible Resource. Strategic Management Journal，1992，13（2）：35–144.

Hirschman，A.O. The Strategy of Economic Development. New Haven，CT：Yale University Press，1958.

Hitt，M.A.，Ireland，R.D & Hoskisson，R.E. Strategic Management Competitiveness and Globalization，2nd edn. New York：West，1997.

Hitt, M.A., Ireland, R.D. Relationships among Corporate Level Distinctive Competencies, Diversification Strategy, Corporate Strategy and Performance. Journal of Management Studies, 1986（23）: 401–416.

Hospers G. J. Creative cities : Breeding places in the knowledge economy[J]. Knowledge, Technology & Policy, 2003, 16（3）: 143–162.

Higgs P., Cunningham S. Creative Industries Mapping : Where have we come from and where are we going ? Creative Industries Journal, 2008, 1（1）: 7–30.

Hall P. G., Raumplaner S. Cities in civilization. New York : Pantheon Books, 1998.

Jeffry Timmons A., Spinelli Stephen. New Venture Creation : Entrepreneurship for the 21st Century. 6th Edition. Boston : Irwin McGraw Hill, 2004.

Jezierski, Louise. Pittsburgh : Partnership in a Regional City. In Regional Policies, America in A Post-city Age Urban Affairs, H. V. Savitch and Ronald K. Vlgel (eds.), Urban Affairs Annual Review Vol. 45, Thousand Oaks, Sage Publications, 1996, p173.

John H. Holland. Emergence : From Chaos to Order. 1998.

John H. Holland. Hidden Order : How Adaptation Builds Complexity. 1995.

Joseph Schumpeter. Depressions : Can We Learn from Past Experience ? Reprinted from the Economics of Recovery Program, 1934, 3–21.

John H. The creative economy : how people make money from ideas. 2001.

Kaish S. & Gilad B. Characteristics of Opportunities Search of Entrepreneurs Versus Executives : Sources, Interest and General Alertness, Business Venturing, 1991, 6 : 56–61.

Keith Smith. Innovation and Growth in resource-based economies. In CEDA. Growth 58 : Competing from Australia. 2007, July : 50–57.

Knight Frank H. Risk, Uncertainty and Profit. New York : A.M. Kelly, 1921.

Kristen A. Harkness. Escaping the Resource Curse ? Lessons From Kentucky Coal Counties. Presented at the APSA Annual Conference, Toronto : September 5, 2009 : 1–43.

Knell J, Oakley K. London's Creative Economy : An Accidental Success ? [M]. Work Foundation, 2007.

Landry C, Bianchini F. The creative city[M]. Demos, 1995.

Larson, A. Network Dyads in Entrepreneurial Settings : A Study of the Governance of Exchange Relationships. Administrative Science Quarterly, 1992, Vol. 37 : 76–104.

Ledermann, D., F.M. William. Trade Structure and Growth. World Bank Policy Research Working Paper, 2003, 3025.

Lin N.Social Capital : A Theory of Social Structure and Action. Cambridge : Cambridge University Press, 2001.

Lucas, Robert E. Jr. 1988. On the mechanics of economic development, Journal of Monetary Economics, 22 : 3–42.

Iansiti, Marco, and Roy Levien. (March 2004) Strategy as Ecology. Harvard Business Review 82, no. 3 .

Moore, James .1993. Predators and Prey : A new ecology of competition. Harvard Business Review.

Olav Wicken. The Norwegian Path Creating Resources and Building Enabling Sectors. Working Paper, Centre for Technology, Innovation and Culture University of Oslo, 2010, October : 1–37.

Mehlum Halvor, Karl Moene, and Ragnar Torvik. Institutions and the Resource Curse. Economic Journal, 2006, vol. 508 : 1–20.

Michael H. Morris, Donald F. Kuratko, Minet Schindehutte. Toward Integration : understanding entrepreneurship through framework. Entrepreneurship and Innovation, 2001 February : 35–49.

Mises, Lugwig von, Profit and Loss, New Haven : Yale University Press, Planning for Freedom, 4ed, Spring Mills, Pa. : Libertarian Press, 1951.

Myrdal, G. Economic Theory and Under-developed Regions. London : Duckworth, 1957.

M.E.J.Newman.The Structure and Function of Complex Networks, SIAM Review, 2003 : 167–256.

Nelson R. R. Diffusion of Development : Post World Ⅱ convergence among advanced industrial nations. American Economic Review, 1991 (81): 271–275.

NICHOLAS SHAXSON. Oil, corruption and the resource curse. International Aff airs 83, 2007 (6): 1123–1140.

Porter, Michael E.1998. Competitive Advantage : Creating and Sustaining Superior Performance. [2nd ed.] New York : Free Press.

Porter, Michael E. 1998. Competitive Strategy : Techniques for Analyzing Industries and Competitors. New York : Free Press.

Porter, M. E. 1998. On Competition. Boston : Harvard Business School Press.

Paul Krugman. 1979. A Model of Innovation, Technology Transfer, and the World Distribution of Income, Journal of Political Economy, 87 (2): 253–266.

Perez C. and Soete L. Catching Up in Technology : Entry Barriers and Windows of Opportunity in Dosi G. edited Technical change and economic theory London, Pinter Publishers, 1988.

Papyrakis E., Gerlagh R. Resource abundance and economic growth in the United States. European Economic Review, 2006(4): 253–282.

Papyrakis, E., and G. Reyer. The Resource Curse Hypothesis and its Transmission Channels. Journal of Comparative Economics, 2004 (32): 181–193.

Prebisch, R. The Economic Development of Latin America and its Principal Problems. New York : United Nations. Reprinted in Economic Bulletin for Latin America 1950, 7（1）: 1–22.

Richard Nelson.National Innovation Systems : A Comparative Analysis, Oxford University Press, 1993.

Richard Dorf C. & Thomas Byers H. Technology Vensure : From Idea to Entreprise. New York, McGraw Hill, 2005.

Richard Nelson. 1987.Understanding Technical Change as an Evolutionary Process ISBN 0-674-01916-4, Oxford University Press.

Romer, P.Endogenous Technological Change, Journal of Political Economy, 1990.98 : 71-102.

Rosenberg, Nathan. Schumpeter and the Endogeneity of Technology : Some American Perspectives, London : Routledge , 2000.

Rosenstein-Rodan, P. Problems of Industrialization of Eastern and South-eastern Europe.Economic Journal, 1943（111, 210–11, June–September）: 202–211.

Schramm, C. Your Place in the Entrepreneurial Economy, Http : //www.kauffman.org, 2007.

Schumpeter, J. A. Capitalism, Socialism and Democracy, 3rd ed., Harper and Brothers, New York , 1950.

Schumpeter, J. A.. The Theory of Economic Development, Harvard University Press , 1934.

Sheshinski.E, Robert Stromberg, William Baumol. Entrepreneurship, Innovtion and the Growth Mechanism of the Free-enterprise Economies, Oriental Press, 1999.

Sachs Jeffrey and Andrew Warner. Natural Resource Abundance and Economic Growth. in G. Meier and J. Rauch, eds., Leading Issues in Economic Development. New York : Oxford University Press, 1995.

Sachs Jeffrey and Andrew Warner. The Curse of Natural Resources.

European Economic Review (Elsevier), 2001, vol. 45 (4-6) : 827–838.

Sala-i-Martin, X., Subramanian, A. Addressing the Natural Resource Curse : An Illustration from Nigeria, Washington, DC, 2003 : International Monetary Fund.

Salmani, B., K. Yavari . Economic Growth in Oil Exporter Countries. Journal of Business Researches, 2004 (3) : 1–24.

Sankaran Venkataraman. Regional Transformation Through Technological Entrepreneurship. Journal of Business Venturing , 2004 (19) : 153–167.

Santiago Roca, Luis Simabuko. Natural Resource, industrialization and fluctuating standards of living in Peru, 1950—1997 : a case study of activity -specific economic growth.in Erik S. Reinert (edt.) Economic Development and Inequality. Edward Elgar, 2004 : 115–156.

Shane S. A. & Venkataraman S. The Promise of Entrepreneurship as A Field of Research, Academy of Management Review, 2000, 25 (1) : 217–226.

Shane S. A., A General Theory of Entrepreneurship : The Individual-Opportunity Nexus, Cheltenham : Edward Elgar, 2003 : 123–128.

Shane, S. Prior Knowledge and the Discovery of Entrepreneurial Opportunities. Organizational Science, 2000, Vol. 11, Issue 4 : 448–469.

Sharon A. Alvarez, Lowell W. Busenitz. The Entrepreneurship of Resource-Based Theory. Journal of Management, 2001, vol. 27 : 755–775.

Simon Ville. The Dynamics of Resource-Based Economic Development : Evidence from Australia and Norway. Economics Working Paper Series 2012 (http : //www.uow.edu.au/commerce/econ/wpapers.html), University of Wollongong , 2012, WP 12–04 : 1–56.

Singer, H. The Distribution of Gains between Investing and Borrowing Countries. American Economic Review, 1950, 40 (May) : 473–485.

Starr, J. A. and Bygrave, W. D. The Second Time Around : The Outcomes, Assets, and Liabilities of Prior Start - up Experience. In S. Birley and I.C. MacMillan (Eds.) . International Perspectives on Entrepreneurship Research 1991 : Proceedings of the First Annual Global Conference on Entrepreneurship Research (pp.340–363), Amsterdam, The Netherlands : North Holland, 1992.

S.Boccaletti, V.Latora, Y.moreno, M.Chavez, D.U.Hwang, Complex networks : structure and dynamics, 2006 : 175–220.

Teece, David J.. 1993. The Dynamics of Industrial Capitalism : Perspectives on Alfred Chandler's Scale and Scope, Journal of Economic Literature, 31 : 199–225.

Thomas A. Garrett, Howard J. Wall. Creating a Policy Environment for Entrepreneurs. Working Paper 2005-064B, http : //research.stlouisfed.org/wp/2005/2005-064.pdf.

Thomas A. Garrett, Howard J. Wall. Creating a Policy Environment for Entrepreneurs. FEDERAL RESERVE BANK OF ST. LOUIS Research Division Working Paper 2005-064B : 1–34.

Timmons, J. A. New Venture Creation : Entrepreneurship for 21 Century. Illinois, Irwin, 1999.

Tomer, J.F. Organizational Capital : The Path to High-Productivity and Well-being. New York : Praeger, 1987.

Utterback, J.M. and G. Reitberger. Technology and Industrial Innovation in Sweden : A Study of New-Technology Based Firm, Center for Policy Alternatives, MIT and STU, Stockholm, 1982.

Verna Allee.Understanding Complexity, 1994.

Verna Allee.Understanding Value Networks, Retrieved November, 2001.

Wennekers Sander and Roy Thurik. Linking Entrepreneurship and Economic Growth, Small Business Economics, 1999, 13 (1) : 27–55.

Winter, Sidney. Knowledge and competence as strategic assets. In The Competitive Challenge, Teece DJ (ed), Ballinger : Cambridge, 1987.MA ;

159-184.

Winter，Sidney.Schumpeterian Competition in Alternative Technological Regimes，Journal of Economic Behavior and Organization，1984. 5：287–320.

W. M. Corden，J. P. Neary. Booming Sector and Deindustrialization in a Small Economy. The Economic Journal，1982，vol. 92：825–848.

W.F. Maloney. Missed Opportunities：Innovation and Resource-Based Growth in Latin America. World Bank Policy Research Working Paper 2935，December 2002：1–41.

Weight G. The Origins of American Industrial success，1879—1940. American Economic Review，1990，80（4）：651–668.

Williamson，O.E. Markets and Hierarchies：Analysis and Antitrust Implications. New York Free Press，1975.

Yannis Georgellis，Howard J. Wall. Entrepreneurship and the Policy Environment. FEDERAL RESERVE BANK OF ST. LOUIS Research Division Working Paper 2002-019B：1–28.

Young E.C.，H.P.Welsch. Major Elements in Entrepreneurial Development in Central Mexico. Journal of Small Business Management，1993（10）：80–85.

Zahra Shaker A. Predictors and financial outcomes of corporate entrepreneurship. Journal of Business Venturing，1991（6）：259–285.

Zahra Shaker A.，Nielsen Anders P. & Bonger William C. Corporate Entrepreneurship，Knowledge，and Competence Development. Entrepreneurship Theory and Practice，1999，23（3）：169–189.

（二）中文文献

艾伯特·巴拉巴西．链接：网络新科学 [M]. 长沙：湖南科学技术出版社，2007.

阿西莫格鲁，约翰逊和鲁滨逊．一个来自非洲的成功故事——博茨瓦

纳 . 载丹尼·罗德里克主编 . 探索经济繁荣——对经济增长的描述性分析 [M]. 北京：中信出版社，2009：85-126.

埃里克·S. 赖纳特 . 穷国的富国论（上、下卷）[M]. 贾根良，王中华等译 . 北京：高等教育出版社，2007.

埃里克·S. 赖纳特 . 富国为什么富 穷国为什么穷 [M]. 杨虎涛，陈国涛等译 . 北京：中国人民大学出版社，2010.

贝塔朗菲 . 一般系统论 [M]. 魏宏森等译 . 北京：清华大学出版社，1987.

彼得·L. 佩恩 . 大不列颠的工业企业家与企业管理 . 载剑桥欧洲经济史（第七卷）——工业经济：资本、劳动力与企业 [M] . 北京：经济科学出版社，2004：216-301.

彼得·德鲁克 . 创新与企业家精神 [M]. 蔡文燕 译 . 北京：机械工业出版社，2010.

包彦明 . 从复杂适应系统理论的角度探讨高新技术园区生命周期的演化 [J]. 科学决策，2006（5）.

保罗·诺克斯，琳达·迈克卡西 . 城市化 [M]. 科学出版社，2009.

蔡宁，潘松挺 . 网络关系强度与企业技术创新模式的耦合性及其协同演化——以海正药业技术创新网络为例 [J]. 中国工业经济，2008（4）.

陈国宏，郭弢 . 我国 FDI、知识产权保护与自主创新能力关系实证研究 [J]. 中国工业经济，2008（4）.

陈劲 . 集成创新的理论模式 [J]. 中国软科学，2002（12）.

陈禹 . 复杂适应系统（CAS）理论及其应用——由来、内容与启示 [J]. 系统辩证学学报，2001（4）.

陈琳 . 企业技术创新的制度环境分析 [M]. 中国经济出版社，2007.

陈清泰 . 促进企业自主创新的政策思考 [J]. 管理世界，2006（7）.

陈至立 . 提高自主创新能力是科技工作的首要任务 [J]. 求是，2005（7）.

陈志武 . 重新思考中国奇迹 [J]. 中国品牌，2008（3）.

陈益升 . 高科技产业创新的空间：科学工业园区研究 [M]. 北京：中国经济出版社，2008.

池仁勇．区域中小企业创新网络的结点联结及其效率评价研究 [J]. 管理世界，2007（1）.

迟福林，殷仲义．市场经济发展不同阶段的政府职能 [J]. 改革，2010（9）.

蔡莉，王旭，李雪灵．科技型企业创生要素的系统分析 [J]. 科研管理，2005（2）.

崔国红．产业技术政策与山西传统产业新型化 [J]. 山西大学学报（哲学社会科学版），2004（1）.

侯合银．复杂适应系统的特征及其可持续发展问题研究 [J]. 系统科学学报，2008（4）.

诸大建，易华．面向都市经济增长的创意产业发展——以伦敦、纽约为例 [J]. 同济大学学报（社会科学版），2007（2）.

杜传忠，王金杰．我国区域创新系统绩效分析 [J]. 中国科技论坛，2008（11）.

狄帕克·拉尔．发展经济学的贫困 [M]. 刘泸生译．上海：生活·读书·新知三联书店上海分店，1992.

邓肯·J. 瓦茨．小小世界——有序与无序之间的网络动力学 [M]. 中国人民大学出版社，2006.

段楠．城市便利性，弱连接与“逃回北上广”——兼论创意阶层的区位选择 [J]. 城市观察，2012（2）.

范承泽，胡一帆，郑红亮．FDI 对国内企业技术创新影响的理论与实证研究 [J]. 经济研究，2008（1）.

范红忠．有效需求规模假说、研发投入与国家自主创新能力 [J]. 经济研究，2007（3）.

冯进路．企业联盟知识转移与技术创新 [M]. 经济管理出版社，2007.

冯之浚．国家创新系统的理论与政策 [M]. 经济科学出版社，1999.

冯晓琦，万军．从产业政策到竞争政策：东亚地区政府干预方式的转型 [J]. 南开经济研究，2005（5）.

弗兰克·道宾．打造产业政策——铁路时代的美国、英国和法国 [M].

张网成，张海东 译 . 上海：上海人民出版社，2008.

干春晖，郑若谷，余典范 . 中国产业结构变迁对经济增长和波动的影响 [J]. 经济研究，2011（5）.

郭克莎 . 结构优化与经济发展 [M]. 广州：广东经济出版社，2001.

郭熙保，文礼朋 . 从技术模仿到自主创新——后发国家的技术成长之路 [J]. 南京大学学报（哲学 · 人文科学 · 社会科学版），2008（1）.

高柏 . 经济意识形态与日本产业政策 [M]. 上海：上海人民出版社，2008.

高柏 . 经济意识形态与日本产业政策—— 1931—1965 年的发展主义 [M]. 安佳译 . 上海：上海人民出版社，2008.

顾朝林 . 转型发展与未来城市的思考 [J]. 城市规划，2012（11）.

韩世坤，陈继勇 . 中国企业跨国并购的智力支持和组织创新 [J]. 管理世界，2002（1）.

韩宇 . 美国高技术城市研究 [M]. 北京：清华大学出版社，2009.

韩忠 . 美国圣何塞城市发展战略的转变与评价 [J]. 求是学刊，2008（1）.

韩静，陈莎莉 . 创意型城市的构建模式及选择路径探讨 [J]. 商业时代，2010（16）.

韩舒舒 . 创新驱动：海安工业园区转型发展主引擎 [N]. 新华日报，2011-06-14.

黄建清，郑胜利 . 国内集群研究述论 [J]. 学术论坛，2002（6）.

黄寰 . 自主创新与区域产业结构优化升级 [M]. 中国经济出版社，2006：128-133.

何德旭，姚战琪 . 中国产业结构调整的效应、优化升级目标和政策措施 [J]. 中国工业经济，2008（5）.

洪银兴 . 创新型经济：经济发展的新阶段 [M]. 北京：经济科学出版社，2010.

杰弗里 · 蒂蒙斯 . 战略与商业机会 [M]. 北京：华夏出版社，2002.

简新华，殷保胜 . 中国自主创新的动力和实现机制 [J]. 江海学刊，2008（2）.

江小涓．理解科技全球化——资源重组、优势集成和自主创新能力的提升 [J]. 管理世界，2004（6）.

金碚，吕铁，邓洲．中国工业结构转型升级：进展、问题与趋势 [J]. 中国工业经济，2011（2）.

金吾伦，郭元林．运用复杂适应系统理论推进国家创新系统建设 [J]. 湖南社会科学，2004（8）.

景敏．文化产业：资源型城市转型新思路 [J]. 全国商情：经济理论研究，2012（7）.

贾根良．国际大循环经济发展战略的致命弊端 [J]. 马克思主义研究，2010（1）.

贾根良．演化经济学的综合：第三种经济学理论体系的发展 [M]. 北京：科学出版社，2012.

杰弗里·蒂蒙斯．战略与商业机会 [M]. 北京：华夏出版社，2002：125-139.

杰伊·B. 巴尼，德文·N. 克拉克．资源基础理论——创建并保持竞争优势 [M]. 张书军，苏晓华 译．上海：格致出版社·上海三联书店·上海人民出版社，2011.

克里斯·弗里曼，弗朗西斯科·卢桑．光阴似箭——从工业革命到信息革命 [M]. 沈宏亮主译．北京：中国人民大学出版社，2007.

李克强．积极发展新能源和节能环保等战略性新兴产业 [J]. 理论参考，2010（11）.

李克强．关于调整经济结构促进持续发展的几个问题 [J]. 求是，2010（6）.

李克强．深刻理解《建议》主题主线促进经济社会全面协调可持续发展 [N]. 光明日报，2010-11-15.

李晓钟，张小蒂．江浙基于 FDI 提高区域技术创新能力的比较 [J]. 中国工业经济，2007（12）.

李玉梅，桑百川 .FDI 与我国内资企业自主创新互动关系的实证分析 [J]. 国际贸易问题，2011（2）.

李士勇．非线性科学与复杂性科学 [M]. 哈尔滨：哈尔滨工业大学出版社，2006.

李博婵．中国创意城市评价指标体系研究 [J]. 城市问题，2008（8）.

李海东．基于社会网络分析方法的产业集群创新网络结构特征研究——以广东佛山陶瓷产业集群为例 [J]. 中国经济问题，2010（6）.

李金华．创新网络的结构及其与知识流动的关系 [M]. 北京：经济科学出版社，2009.

李振营．美国“钢都”匹兹堡转型战略及政策初探 [J]. 泉州师范学院学报（社会科学版），2009（3）.

李志强，容和平．山西资源型经济转型发展报告（2012）[M]. 北京：社会科学文献出版社，2012.

李明超．创意城市在英国兴起的基础与启示 [N]. 2008 年度上海市社会科学界第六届学术年会文集（青年学者文集），2008.

雷新军．城市产业转型比较研究 [M]. 上海：上海人民出版社，2011.

林毅夫．繁荣的求索——发展中经济如何崛起 [M]. 张建华译．北京：北京大学出版社，2012.

林毅夫．关于制度变迁的经济学理论：诱致性制度变迁和强制性制度变迁．载《财产权利与制度变迁——产权学派与新制度学派译文集》[M]. 上海：上海三联书店，1999：268-279.

林毅夫．新结构经济学——反思经济发展与政策的理论框架 [M]. 北京：北京大学出版社，2012.

林毅夫．“后发优势”与“后发劣势”——与杨小凯先生商榷 [J]. 新闻周刊，2002（18）.

梁正，薛澜，朱琴，朱雪祎．研发全球化与本土知识交流：对北京跨国公司研发机构的经验分析 [J]. 世界经济，2008（2）.

刘刚．中国经济的第二次转型：从制造经济到创新经济 [M]. 北京：中国财政经济出版社，2010.

刘刚．从制造经济到创新经济的逻辑主线——从中国经济的第二次转型谈起 [J]. 人民论坛，2010（12）.

刘刚．经济增长的新来源与中国经济的第二次转型 [J]. 南开学报（哲学社会科学版），2011（5）.

刘刚等．中国经济的第二次转型：从制造经济到创新经济 [M]. 北京：中国财政经济出版社，2010.

刘臣，张庆普．知识创造的复杂适应系统角度分析 [J]. 科技管理研究，2008（10）.

刘洪．组织结构变革的复杂适应系统观 [J]. 组织管理，2004（3）.

刘伟，吕庆华．创意城市评价实证研究——以长江三角洲 10 市为样本 [J]. 科技管理研究，2014（4）.

刘平．文化创意驱动城市转型发展的模式及作用机制 [J]. 社会科学，2012（7）.

梁姝娜，张友祥，张学春．创意城市形成发展条件及推进机制探讨 [J]. 社会科学家，2014（10）.

刘世锦．关于我国增长模式转型的若干问题 [J]. 管理世界，2006（2）.

刘夏明，魏英琪，李国平．收敛还是发散？——中国区域经济发展争论的文献综述 [J]. 经济研究，2004（7）.

刘志彪．从后发到先发：关于实施创新驱动战略的理论思考 [J]. 产业经济研究，2011（4）.

刘海涛，刘玲．广东产业集群的创新演化路径研究 [J]. 科技管理研究，2011（8）.

刘群．我国工业园区发展现状及建议 [J]. 中国国情国力，2011（5）.

柳卸林，胡志坚．中国区域创新能力的分布与成因 [J]. 科学学研究，2002（5）.

柳卸林，陈傲主编．中国区域创新能力报告（2011）[M]. 北京：科学出版社，2012.

罗斯托．这一切是怎么开始的 [M]. 北京：商务印书馆，1997.

陆铭，陈钊．分割市场的经济增长——为什么经济开放可能加剧地方保护？ [J]. 经济研究，2009（3）.

路风，走向自主创新——寻求中国力量的源泉 [M]. 南宁：广西师范大学出版社，2006.

路甬祥．提高创新能力，推动自主创新 [J]. 求是，2005（13）.

厉无畏．文化创意的产业化与产业创新 [J]. 同济大学学报（社会科学版），2009，20（1：41-44）.

厉无畏，王慧敏．创意产业促进经济增长方式转变——机理·模式·路径 [J]. 中国工业经济，2007（11）.

毛蕴诗，汪建成．基于产品升级的自主创新路径研究 [J]. 管理世界，2006（5）.

迈克尔·赫德森．保护主义：美国经济崛起的秘诀（1815—1914）[M]. 贾根良等译．北京：中国人民大学出版社，2010.

米歇尔·沃尔德罗普．复杂——诞生于秩序与混沌边缘的科学 [M]. 北京：三联书店，1997.

莫兰．复杂思想：自觉的科学 [M]. 陈一壮译．北京：北京大学出版社，2001.

彭纪生，刘春林．跨国公司对我国技术转移的冷思考 [J]. 研究与发展管理，2003（6）.

强卫．转变发展方式推动绿色发展 [J]. 求是，2010（1）.

青木昌彦，安藤晴彦著．模块时代：新产业结构的本质 [M]. 周国荣译．上海远东出版社，2003.

齐建珍．资源型城市转型学 [M]. 北京：人民出版社，2004.

钱勇．资源型城市产业转型研究 [M]. 北京：科学出版社，2012.

秦宗财，张喆．文化创意产业与城市转型研究——以芜湖为例 [J]. 安徽师范大学学报（自然科学版），2013（2）.

任正非．创新是华为发展的不竭动力 [N]. 光明日报，2000-07-18.

任保平．衰退工业区的产业重建与政策选择 [M]. 北京：中国经济出版社，2007.

任锦鸾．创新机理：基于复杂性科学的视角 [M]. 北京：科学出版社，2009.

施炳展，冼国明．要素价格扭曲与中国工业企业出口行为 [J]. 中国工业经济，2012（2）.

邵帅，齐中英 . 基于“资源诅咒”学说的能源输出型城市 R&D 行为研究 [J]. 财经研究，2009（1）.

沈华嵩 . 经济系统的自组织理论——现代科学与经济学方法论 [M]. 北京：上海社会科学出版社，1991.

宋冬林 . 东北老工业基地资源型城市发展接续产业问题研究 [M]. 北京：经济科学出版社，2009.

孙彦红 . 欧盟产业政策研究 [M]. 北京：社会科学文献出版社，2012.

托马斯·K. 麦格劳 . 现代资本主义——三次工业革命中的成功者 [M]. 南京：江苏人民出版社，2000：345.

谭长贵 . 复杂适应系统的主体性存在与实现 [J]. 学术研究，2007（4）.

汤培源，顾朝林 . 创意城市综述 [J]. 城市规划学刊，2007（3）.

谭跃进，邓宏钟 . 复杂适应系统理论及其应用研究 [J]. 系统工程，2001（5）.

唐晓云 . 产业升级研究综述 [J]. 科技进步与对策，2012.

王缉慈 . 中国新工业区的形成——开发区现象见解 [R]. 第四届东亚工业变化国际学术研讨会，1994.

万钢 . 把握全球产业调整机遇培育和发展战略性新兴产业 [J]. 求是，2010（1）.

王凤彬，陈建勋 . 动态环境下变革型领导行为对探索式技术创新和组织绩效的影响 [J]. 南开管理评论，2011（1）.

王缉慈 . 创新的空间——企业集群与区域发展 [M]. 北京大学出版社，2001.

王缉慈等 . 超越集群——中国产业集群的理论探索 [M]. 北京：科学出版社，2010.

王缉慈 . 创新的空间：企业集群与区域发展 [M]. 北京大学出版社，2001.

王振，朱荣林 . 台湾新竹科学工业园创新网络剖析 [J]. 世界经济研究，2003（6）.

王俭平，丁学智．当代山西产业发展研究 [M]. 北京：中国经济出版社，2006.

威廉·鲍莫尔．资本主义的增长奇迹［M］．北京：中信出版社，2004.

魏江，刘锦，杜静．自主性技术创新的知识整合过程机理研究 [J]. 科研管理，2005（4）.

魏礼群．转变政府职能为加快经济发展方式转变提供制度保障 [J]. 求是，2010（12）.

温家宝．关于科技工作的几个问题 [J]. 求是，2011（14）.

吴敬琏．中国增长模式抉择 [M]. 上海远东出版社，2008.

温宪．美国匹兹堡："锈带烟城"变身"绿色之都" [N]. 人民日报，2010-10-09.

吴江．新中国工业的基石—— 156 项建设研究 [M]. 广州：广东经济出版社，2004.

吴结冰，郭斌．企业适应性行为、网络化与产业集群的共同演化 [J]. 管理世界，2010（2）.

胥和平．以自主创新理解发展 [J]，中国软科学，2006（3）.

西利亚斯．复杂性与后现代主义 [M]. 曾国屏译．上海：上海科技出版社，2006.

徐井宏，张红敏（编著）．转型：国际创新型城市案例研究 [M]. 北京：清华大学出版社，2011.

徐康宁，王剑．自然资源丰裕程度与经济发展水平关系的研究 [J]. 经济研究，2006（1）.

徐海贤．转型驱动下的开发区重构——以苏州工业园区为例 [R]. 转型与重构——2011 中国城市规划年会论文集，2011.

薛捷．基于知识和交互式学习的区域创新系统研究 [M]. 北京：人民出版社，2009.

薛彦平．欧洲工业创新体制与政策分析 [M]. 北京：中国社会科学出版社，2009.

夏维力，陈晨，钟培．基于复杂适应系统理论的组织知识创造机制研

究 [J]. 情报杂志，2009（6）.

肖永亮，姜振宇 . 创意城市和创意指数研究 [J]. 同济大学学报：社会科学版，2010（3）.

姚洋 . 经济去国家化势在必行 [N]. 时代周报，2010-01-20.

伊坦·谢辛斯基，罗伯特·J. 斯特罗姆，威廉·J. 鲍莫尔 . 自由企业经济体的创业、创新与增长机制 [M]. 中国出版集团，2009.

杨晔，俞艳 . 上海创业环境的 GEM 模型分析和政策建议 [J]. 上海财经大学学报，2007（2）.

杨晔 . 长三角创业环境 GEM 分析及政策建议 [J]. 上海经济研究，2007（7）.

伊查克·爱迪思 . 企业生命周期 [M]. 北京：华夏出版社，2004.

伊恩·麦克莱，艾伦·泰勒 . 澳大利亚的经济增长 . 载丹尼·罗德里克主编 . 探索经济繁荣 [M]. 北京：中信出版社，2009：25-56.

于立，姜春海，于左 . 资源枯竭型城市产业转型问题研究 [M]. 北京：中国社会科学出版社，2008.

约翰·H. 霍兰 . 隐秩序：适应性造就复杂性 [M]. 周晓牧，韩晖译 . 上海：上海世纪出版集团，2011.

约翰·H. 霍兰 . 涌现：从混沌到有序 [M]. 陈禹译 . 上海：上海科学技术出版公司，2007.

杨晓耘，王敬敬，唐勃峰 . 复杂网络视角下的产业网络研究 [J]. 北京科技大学学报，2010（3）.

张来武 . 论创新驱动发展 [J]. 中国软科学，2013（1）.

张辉 . 技术创新、路径依赖与路径创造 [J]. 当代经济管理，2011（7）.

张艳，赵民 . 论开发区的政策效用与调整——国家级经济技术与高新产业开发区未来发展探讨 [J]. 城市规划，2007（7）.

张永安，付涛 . 焦点企业核型结构产业集群创新网络演化模型、问题及对策研究 [J]. 软科学，2010（2）.

张玉利 . 企业家型企业的创业与快速成长 [M]. 天津：南开大学出版社，2003.

张玉利 . 创业研究经典文献述评 [M]. 天津：南开大学出版社，2010.

张玉利，杨俊，任兵 . 社会资本、先前经验与创业机会——一个交互效应模型及其启示 [J]. 管理世界，2008（7）.

张玉台，刘世锦，张军扩，侯永志 . 制约经济发展方式转变的深层矛盾及其影响路径 [J]. 新经济导刊，2010（6）.

张小兰 . 美国硅谷和台湾新竹科学院的经验启示 [J]. 中国集体经济，2007（5）.

赵晓庆，徐庆瑞 . 自主创新模式的比较研究 [J]. 浙江大学学报（人文社会科学版），2009（4）.

周晨 . FDI 影响技术创新中间传导环节的实证分析——基于苏州地区 1995—2008 年的数据 [J]. 管理评论，2011（3）.

周丽 . GEM 框架下珠三角欠发达城市创业环境研究——以广东省肇庆市为例 [J]. 特区经济，2006（11）.

周振华 . 产业政策的经济系统分析 [M]. 北京：中国人民大学出版社，1991.

后 记

对创新如何驱动中国经济转型和发展的研究，始于 2001 年至 2005 年对中国制造业发展的实际调研。印象最深的是在对天津电子信息产业的调研中发现，在跨国公司的技术控制下，因为缺乏创新系统支撑，中国本土生产网络仅仅处于全球价值链的低附加值和非核心技术环节，即存在着“低端锁定”效应。随着调查研究范围的扩大和和内容的深入，进一步发现中国制造的“低端锁定”似乎是一种普遍现象。如何突破中国制造的“低端锁定”，实现从中国制造到中国创造的转型，成为 2005 年之后研究团队研究的重点领域和方向。

从 2006 开始，中国正式把建设创新型国家列为国家战略。为了准确把握中国制造业转型和升级的前沿，研究团队集中对处于创新经济发展前沿地带的北京、深圳、杭州、成都、重庆、无锡和天津展开系统调研。调研的结论是：中国走向创新经济始于 2005 年，包括深圳和无锡在内的先进地区的地方政府通过“创新租金”的设置推动创新创业活动和科技型中小企业的发展。以创新为导向的创业活动和科技型中小企业的发展，不仅打破了中国制造的“低端锁定”，而且诱发了产业结构和经济结构的深刻变革。

通过十年系统调查研究，研究团队认识到从要素驱动向创新驱动的转变是中国经济的第二次转型。如果说社会主义基本制度与市场经济的结合是第一次经济转型逻辑主线的话，那么第二次经济转型的主导逻辑就是从制造经济向创新经济的转变。而从制造经济走向创新经济，不是简单的技术创新问题，而是涉及企业、产业、区域、组织和制度创新在内的结构性变革过程。

本书得到国家社科基金一般项目的资助（10BJL017）。作为集体研究成果，刘刚教授负责研究方案和计划的制定和实施，在提炼本书主要观点的同时，撰写了部分章节。作为课题组主要成员的李强治、张长令、荣欣、王超贤、侯玥、马犇和崔鹏博士都在实际调查和研究的基础上，完成了部分书稿的撰写工作。要感谢在课题调研过程中给予过无私帮助的政府官员和企业家，没有他们的协助，研究工作是无法顺利展开的。

同时，要感谢中国财政经济出版社的周桂元老师，在书稿的撰写和修改上，他都提出了许多宝贵建议。作为南开大学的校友，多年来周桂元老师一直支持和帮助我们的研究工作，在某种程度上已经被我们视为研究团队的一员。

刘　刚

于南开经济研究所

2017 年 1 月 8 日